P9-AGQ-109

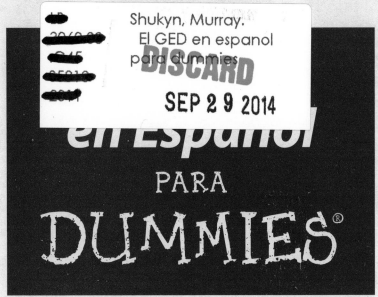

en Español

PARA

DUMMIES®

por Murray Shukyn y Dale E. Shuttleworth, PhD

WILEY

John Wiley & Sons, Inc.

El GED® en Español Para Dummies®

Publicado por
John Wiley & Sons, Inc.
111 River St.
Hoboken, NJ 07030-5774
www.wiley.com

Copyright © 2011 por John Wiley & Son, Inc., Hoboken, New Jersey

Publicado simultáneamente en Canadá

Todos los derechos reservados. Esta publicación no puede ser reproducida, ni en todo ni en parte, ni registrada en, o transmitida por, un sistema de recuperación de información, en ninguna forma ni por ningún medio, sea mecánico, fotoquímico, electrónico, magnético, electro óptico, por fotocopia, o cualquier otro, sin la autorización previa por escrito de los titulares del *Copyright*, bajo las sanciones establecidas en las leyes, excepto de acuerdo con lo permitido por la ley bajo las secciones 107 y 108 de la Ley del Derecho de Autor de 1976, de los EE.UU. (*United States Copyright Act*), o por retribución monetaria de acuerdo con el número de ejemplares solicitados al Copyright Clearance Center, 222 Rosewood Drive, Danvers, MA 01923, 978-750-8400, fax 978-646-8600. Para solicitar permisos, por favor comuníquese con Permissions Department, John Wiley & Sons, Inc., 111 River Street, Hoboken, NJ 07030, (201) 748-6011, fax (201) 748-6008, o en línea en http://www.wiley.com/go/permissions.

Marcas registradas: la Editorial Wiley, los Logotipos de Wiley Publishing, For Dummies, Para Dummies, Dummies Man, A Reference for the Rest of Us!, The Dummies Way, Dummies Daily, Dummies.com, Making Everything Easier y otros logotipos relacionados son marcas registradas de John Wiley & Sons, Inc. y de sus compañías afiliadas en los EE.UU. y en otros países, y no pueden ser usados sin la autorización previa por escrito. Las otras marcas registradas son propiedad de sus respectivos autores. La Editorial John Wiley & Sons, Inc. no está asociada con ningún producto o compañía mencionados en este libro.

RESPONSABILIDAD LIMITADA/DESISTIMIENTO DE GARANTÍA: LA EDITORIAL Y EL AUTOR NO SE HACEN RESPONSABLES NI GARANTIZAN LA EXACTITUD O INTEGRIDAD DEL CONTENIDO DE ESTA OBRA Y ESPECÍFICAMENTE SE DESISTEN DE TODAS LAS GARANTÍAS, QUE INCLUYE SIN LIMITACIONES, LA GARANTIA DE APTITUD PARA UN PROPÓSITO EN PARTICULAR. NINGUNA GARANTÍA PUEDE SER CREADA NI EXTENDIDA POR MEDIO DE SU VENTA O DEL MATERIAL DE PROMOCIÓN. LOS CONSEJOS Y ESTRATEGIAS QUE CONTIENE LA MISMA PUDIERAN NO SER LA ADECUADA PARA TODA CIRCUNSTANCIA. ESTA OBRA SE VENDE CON EL CONOCIMIENTO DE QUE LA EDITORIAL NO ESTÁ INVOLUCRADA EN OFRECER CONSEJOS LEGALES, EN CONTADURÍA U OTROS SERVICIOS PROFESIONALES. SI SE NECESITA DEL ASESORAMIENTO PROFESIONAL, ÉSTE DEBERÁ OBTENERSE POR MEDIO DEL ASESORAMIENTO DE UN PROFESIONAL COMPETENTE. NI LA EDITORIAL NI EL AUTOR PUEDEN RESPONSABILIZARSE POR DAÑOS O PERJUICIOS QUE SURJAN COMO CONSECUENCIA DE ESTA OBRA. EL HECHO DE HACER MENCIÓN AQUÍ DE CUALQUIER ORGANIZACIÓN O PÁGINA DE INTERNET Y QUE SEAN POTENCIALMENTE FUENTES DE MÁS INFORMACIÓN NO SIGNIFICA QUE EL AUTOR O LA EDITORIAL RATIFIQUEN LA INFORMACIÓN QUE ESAS ORGANIZACIONES O PÁGINAS DE INTERNET CONTEMPLEN O RECOMIENDEN. ADEMÁS DE LO ANTERIOR, LOS LECTORES DEBERÁN DARSE CUENTA QUE LOS SITIOS DE INTERNET MENCIONADOS EN ESTA OBRA PUDIERAN HABERSE MODIFICADO O DESAPARECIDO EN EL LAPSO DE TIEMPO EN EL CUAL SE IMPRIMIÓ ESTA OBRA Y AL LEERSE.

Para obtener información sobre otros productos y servicios, por favor comuníquese con nuestro Departamento de Servicio al Cliente. En los EE.UU. llame al teléfono 877-762-2974, y desde fuera del país al 317-572-3993, o envíenos un fax al 317-572-4002.

Para ayuda técnica, por favor visite la página Web www.wiley.com/techsupport.

La Editorial Wiley también publica sus libros en una gran variedad de formatos electrónicos. Algunos materiales impresos podrían no estar disponibles en formato electrónico.

Número de Control de la Biblioteca del Congreso: 2010939777

ISBN: 978-0-470-76915-7 (pbk); ISBN: 978-1-118-00304-6 (ebk); ISBN: 978-1-118-00305-3 (ebk); and ISBN: 978-1-118-00306-0 (ebk)

Impreso en los Estados Unidos de América

10 9 8 7 6 5 4 3 2

Acerca de los Autores

Murray Shukyn: Murray Shukyn, director adjunto de *The Training Renewal Foundation*, es egresado de la Universidad de Toronto con un título docente para los ciclos primario y secundario y para la educación especial. A lo largo de su extensa carrera de más de treinta años, se desempeñó como docente en los ciclos primario, secundario y universitario. Murray también estuvo a cargo de programas de desarrollo profesional para docentes y de cursos de capacitación para estudiantes adultos. Es considerado un líder canadiense en el ámbito de la educación alternativa por su trabajo en la creación de programas para el Consejo de Educación de Toronto tan innovadores como SEED, Learnxs, Subway Academy, SOLE y ACE. En 1995, asumió como director adjunto de *The Training Renewal Foundation*, institución responsable de introducir el GED en la provincia de Ontario. A lo largo de los años, se desempeñó como consultor del gobierno, empresas de medios de comunicación y de relaciones públicas, y como autor de libros de texto y de numerosos artículos para revistas y periódicos. Es coautor de la tercera y cuarta edición canadiense de *How to Prepare for the GED [Cómo prepararse para el GED],* publicadas en los Estados Unidos por Barron's Educational Series.

Dale E. Shuttleworth, PhD: Dale Shuttleworth es el director ejecutivo de *The Training Renewal Foundation.* La trayectoria de Dale como educador incluye el ejercicio de la docencia, trabajo escolar comunitario, consultoría, dirección de escuelas, coordinación, superintendencia y docencia universitaria. En el ámbito de la educación y el desarrollo económico comunitario, es uno de los fundadores de *Learnxs Foundation, Inc., Youth Ventures Developments of Metropolitan Toronto, Learning Enrichment Foundation, York Business Opportunities Centre, Centre for Community and Economic Renewal* y *The Training Renewal Foundation.* Es coautor de la tercera y cuarta edición canadiense de *How to Prepare for the GED [Cómo prepararse para el GED]*, publicadas en los Estados Unidos por Barron's Educational Series y coautor de *School Management in Transition, publicado por* Routledge Falmer en 2003, *Enterprise Learning in Action,* publicado por Routledge en Londres y Nueva York y *Schooling for Life,* de próxima publicación por University of Toronto Press en 2010. Ha recibido la prestigiosa Medalla de Oro Dag Hammarskjold por la Excelencia en Educación.

En 1995, Dale creó el proyecto piloto sobre el Centro de Preparación GED, permitiendo que el Certificado de Equivalencia Secundaria llegara a la provincia de Ontario. En 2000, Dale fue designado autor/consultor principal para un estudio sobre "Innovaciones en Gestión de Escuelas", realizado por la Organización para la Cooperación y el Desarrollo Económico (OCDE) en París, Francia, lo que dio lugar a la publicación del libro, *New School Management Approaches*, en 2001.

Agradecimientos de los Autores

Queremos agradecer a Marilyn Shuttleworth, por ayudarnos a elaborar este manuscrito; a *The Training Renewal Foundation*, por la oportunidad de trabajar en el mundo de los GED; y al fallecido Peter Kilburn, ex administrador del GED canadiense, por su inspiración, amistad y estímulo al presentarnos el potencial que ofrece el GED como recurso de realización y emancipación en la vida y la carrera de tantos estudiantes adultos que abandonaron los sistemas tradicionales de graduación escolar.

Reconocimientos de la Editorial

Estamos orgullosos de este libro. Por favor envíenos sus comentarios a `http://dummies.custhelp.com`. Si desea enviar otros comentarios, puede comunicarse con el Departamento de Atención al Cliente, al 877-762-2974 dentro de los Estados Unidos, o al 317-572-3993 fuera de los Estados Unidos, o fax 317-572-4002.

Entre las personas que ayudaron a colocar este libro en el mercado figuran:

Contrataciones, Editorial y Desarrollo de Publicación

Editores de Proyecto: Chad R. Sievers, Elizabeth Kuball

(En publicaciones anteriores: Tere Drenth)

Editoras de Contratos: Lindsay Lefevere, Erin Calligan-Mooney

(En publicaciones anteriores: Kathy Cox)

Correctora de Estilo: Amanda M. Langferman

Asistente Editorial Sénior: David Lutton

Traductora: Grecia Levy, word-it translations; Saskia Gorospe Rombouts

Editoras Técnicas: Betsy Delgado, Joan Borders, Diane de Avalle-Arce, Laura Elizabeth Gómez Guerrero

Gerente Editorial Sénior: Jennifer Ehrlich

Supervisora Editorial y Editora de Reimpresiones: Carmen Krikorian

Asistentes Editoriales: Rachelle Amick, Jennette ElNaggar

Foto de Portada: © iStockphoto.com/zentilia

Caricaturas: Rich Tennant (`www.the5thwave.com`)

Producción

Coordinadora de Proyecto: Lynsey Stanford

Diseño Gráfico: Carl Byers, Carrie A. Cesavice, Nikki Gately

Artes Gráficas: Ricardo Checa

Corrector de Pruebas: BIM Indexing & Proofreading Services, John Greenough

Índice: BIM Indexing & Proofreading Services

Cuerpo Editorial del Departamento de Libros de Interés General Para Dummies

Diane Graves Steele, Vicepresidenta y Editora del Departamento de Libros de Interés General Para Dummies

Kristin Ferguson-Wagstaffe, Directora de Desarrollo de Productos del Departamento de Libros de Interés General Para Dummies

Cuerpo Editorial del Departamento de Libros sobre Temas de Tecnología Para Dummies

Andy Cummings, Vicepresidente y Editor del Departamento de Libros sobre Temas de Tecnología Para Dummies/Público General

División de Producción

Debbie Stailey, Directora de la División de Producción

Un Vistazo al Contenido

Tabla de Materias

Introducción

al vez te hayas postulado para un trabajo y tu solicitud haya sido rechazada porque no tienes un diploma de secundario o un GED. O quizás esperabas un ascenso en el trabajo, pero cuando tu jefe se percató de que no habías terminado el secundario, anunció que no reunías las condiciones para el nuevo puesto. A lo mejor siempre quisiste ir a la universidad pero ni siquiera pudiste aplicar porque la universidad que elegiste exige un diploma de secundario o su equivalente (el GED) para ser admitido. O posiblemente tus hijos estén por graduarse del secundario, y tú te sentiste lo bastante motivado como para terminarlo también.

No importan tus razones para querer obtener un diploma de secundario — las hayamos mencionado aquí o no — este libro es para ti. Te guiará a través del proceso de preparación para rendir los exámenes GED — que si los apruebas, te ofrecerán el equivalente a un diploma de secundario sin todos los bombos y platillos y la pérdida de tiempo que implica cursar la educación secundaria.

Acerca de este Libro

Si quieres un diploma de secundario, siempre puedes volver a la escuela y terminar el secundario a la antigua. Claro que puede consumirte un par de años y es posible que debas renunciar a tu empleo para hacerlo. Además, tendrás que sentarte en una clase con adolescentes durante ocho horas o más al día (y probablemente también te traten como uno).

Para la mayoría de la gente, esta situación no suena atractiva. Este libro presenta otra solución: obtener un diploma de secundario en el menor tiempo posible. Si no te molesta prepararte tú mismo para una serie de exámenes difíciles que determinan si has logrado dominar habilidades clave, puedes obtener un diploma de Desarrollo Educativo General (GED, por sus siglas en inglés) que es equivalente a una educación secundaria — y puedes lograrlo en mucho menos que cuatro años.

Si tomar los exámenes GED para obtener tu diploma suena como una idea fantástica en tus oídos, este libro se convierte en una herramienta de estudio necesaria ya que es un manual de instrucciones amigable y divertido para aprobar exitosamente los exámenes GED. No es un libro de preparación específico para una materia — es decir, no te lleva desde los conceptos básicos matemáticos para luego avanzar hacia álgebra, geometría, etc. Sin embargo, te prepara para los GED brindándote información detallada sobre cada examen, dos series de exámenes de práctica completos, y muchas respuestas y explicaciones fáciles de entender para esos exámenes. Considera a este libro tu primera parada. Hemos incluido varios exámenes de práctica que puedes hacer como preparación para rendir los exámenes GED. Luego de completar la primera serie de exámenes de práctica y analizar las respuestas y explicaciones, podrás determinar qué áreas temáticas necesitas reforzar.

Convenciones Utilizadas en este Libro

Para ayudarte a abrirte paso a través de este libro, hemos utilizados las siguientes convenciones:

- *Cursiva* para enfatizar ciertas palabras y destacar palabras o frases nuevas que definimos en el texto.

- **Negrita** para señalar palabras clave en listas con viñetas y acciones que deben ejecutarse según un orden establecido a través de pasos numerados

- `Fuentemono` para distinguir direcciones de sitios web del resto del texto.

Suposiciones Absurdas

Éste es quien creemos que eres:

- Cumples con los requisitos que tu estado exige respecto a edad, zona de residencia, y tiempo transcurrido desde que abandonaste la escuela para poder tomar los exámenes GED. (Verifica con tu administrador GED local cuáles son los requisitos de tu estado.)

- Estás seriamente comprometido a obtener un diploma de secundario tan pronto como sea posible.

- Estás dispuesto a invertir el tiempo necesario para la preparación, teniendo en cuenta que además tienes muchas otras responsabilidades.

- Obtener un diploma de secundaria es una prioridad en tu vida.

- Buscas una guía amigable y divertida que te permita alcanzar tu objetivo.

- Quieres enriquecerte con la experiencia de los demás.

Si alguna de estas descripciones encaja contigo, bienvenido abordo. Hemos preparado un entretenido paseo a través del GED.

Lo Que No Necesitas Leer

Probablemente tengas una vida muy ocupada con diversas responsabilidades como hijos, uno o dos trabajos y actividades sociales. Tal vez no tengas tiempo de leer cada palabra que escribimos. La buena noticia es que no tienes que leer todo. Si sólo quieres leer la información principal que te ayudará a prepararte para el GED, puedes saltear los recuadros. Los recuadros son áreas de texto sobre un fondo gris. Añaden información de referencia, pero no resulta esencial para tu comprensión de la materia.

Cómo Está Organizado este Libro

Este libro tiene siete partes, cada una de las cuales te prepara para el GED. Hemos organizado esta segunda edición un poco diferente a la primera. La primera parte revela las ventajas e inconvenientes de el GED, cada una de las siguientes cinco partes trata específicamente de uno de los cinco exámenes, y la última parte incluye consejos prácticos para maximizar tu puntaje en los exámenes y aprobar con éxito el GED. Las siguientes secciones explican cada parte un poco más detalladamente.

Parte 1: Poner en Perspectiva a los GED

Si jamás oíste nada acerca de los exámenes GED, aprovecha la Parte I para averiguar todo lo que necesitas sobre los GED en forma integral, incluyendo las materias que abarca y quiénes califican para rendirlo. Si ya has oído algo acerca de los GED, dirígete a esta parte para encontrar información adicional y consejos útiles para salir airoso de los cinco exámenes. También encontrarás cómo registrarte para los exámenes y cómo calcular tu puntaje una vez recibidos los resultados.

Parte II: Poner los Puntos sobre las Íes: El Examen de Redacción de Artes del Lenguaje

Esta parte te dice todo lo que siempre quisiste saber sobre el examen de redacción de artes del lenguaje y te brinda dos exámenes de práctica (junto con sus correspondientes respuestas) como preparación para este examen. Aquí tendrás la oportunidad de evaluar tus habilidades para organizar contenidos, mejorar la estructura de una oración y corregir errores gramaticales. También probarás tu talento para escribir un ensayo en la Parte II de este examen. ¡No sientas miedo! Este ensayo no es un ensayo de investigación exhaustiva — es un ensayo breve que utiliza tu propio conocimiento y experiencia como fuente de investigación. Y para mejorar tu rendimiento, esta parte brinda un puñado de consejos prácticos y estrategias para tener en cuenta al momento de tomar el examen.

Parte III: Encontrar Tu Camino: El Examen de Estudios Sociales

Esta parte se concentra exclusivamente en el examen de estudios sociales. Aquí tienes la oportunidad de inventariar tus habilidades para comprender principios y conceptos de historia, geografía, economía y educación cívica. Obtendrás práctica para responder preguntas de opción múltiple basadas en material tanto textual como visual (los materiales visuales incluyen mapas, ilustraciones y gráficos). También encontrarás consejos prácticos y estrategias que te ayudarán a rendir mejor en el examen. Al igual que las otras partes del libro centradas específicamente en un examen, esta parte incluye dos exámenes de práctica completos con sus correspondientes respuestas. Tómate tu tiempo para realizar estos exámenes y leer las respuestas y explicaciones que los acompañan mientras te preparas para el examen de estudios sociales.

Parte IV: Investigar al Espécimen: El Examen de Ciencias

Para el examen de ciencias se espera que conozcas un poco el vocabulario científico y hayas adquirido una comprensión bastante básica de los principios científicos. ¡No sientas miedo! No tienes que entender la base de datos de Beilstein sobre los compuestos orgánicos, pero sí necesitas conocer conceptos básicos como el hecho de que el carbono está presente de distintas formas en la Tierra. Con un poco de práctica (**pista:** ¡consulta la Parte IV!) y un poco de lectura referencial podrás sentirte más cómodo con el examen de ciencias y asombrarte de todo lo que ya sabes sobre los temas que abarca.

Esta parte brinda todos los detalles que necesitas saber sobre el examen de ciencias, incluyendo las habilidades que evalúa, el formato del examen, y algunas estrategias para ayudarte a rendir mejor durante el examen verdadero. También te brinda muchísima práctica para responder preguntas sobre física, química y ciencias de la tierra. Luego, para prepararte para el examen real, ofrece todas las respuestas y explicaciones que necesitas para determinar en qué preguntas te fue bien y en qué preguntaste te equivocaste.

Parte V: Poner a Prueba Tu Comprensión: El Examen de Lectura de Artes del Lenguaje

Esta parte se concentra en prepararte para el examen de lectura de artes del lenguaje mostrándote el formato del examen, las habilidades que evalúa, y algunas estrategias para ayudarte a rendir mejor el día del examen. Puede que lo sepas o no, pero este examen evalúa tu capacidad para comprender fragmentos literarios. Para prepararte para responder las preguntas basadas en los fragmentos que aparecen en este examen, toma los dos exámenes de práctica que incluye esta parte. Luego dedica algo de tiempo a leer las respuestas y explicaciones correspondientes para averiguar qué necesitas practicar un poco más antes de tomar el examen de verdad.

Parte VI: Contar Todas las Soluciones Posibles: El Examen de Matemáticas

Para aquellos que sienten náuseas ante las palabras *matemáticas, cálculos* y *resolución de problemas* — o para aquellos raros entre ustedes que sienten entusiasmo al escucharlas — dedicamos esta parte. Aquí descubrirán todos los detalles que necesitan saber sobre el examen de matemáticas, incluyendo las habilidades que evalúa, los distintos formatos de respuesta que utiliza (e instrucciones sobre cómo usarlos) y algunas estrategias que pueden ayudarte a rendir mejor en el examen. Dedica algo de tiempo para hacer los exámenes de práctica que incluye esta parte, y luego lee todas las respuestas y explicaciones para averiguar qué hiciste bien y qué hiciste mal (y por qué). Si no eres hábil para las matemáticas, no te preocupes. Estamos aquí para ayudarte a familiarizarte con el examen de matemáticas para que puedas sentirte tranquilo y seguro al momento de sentarte a rendir el examen verdadero.

Parte VII: La Parte de los Diez

Es un placer leer esta parte — y no te llevará mucho tiempo. Aquí descubrirás formas clave para prepararte para los exámenes y mejorar tu puntaje, diez maneras de aprobar con éxito los GED, y diez maneras de usar tu diploma GED una vez aprobados los exámenes.

Convenciones Utilizadas en este Libro

Los iconos — pequeñas imágenes que verás en los márgenes de este libro — destacan fragmentos de texto a los que debes prestar especial atención. Esto es lo que significan:

Cuando queramos contarte un truco o técnica especial que pueda ayudarte a aprobar los exámenes GED, lo marcaremos con este icono. Mantente alerta ante ellos.

Este icono destaca información que querrás grabar en tu cerebro. Piensa en el texto señalado con este icono como si fuera ese tipo de cosas que pondrías en un tablero de anuncios o en la puerta de tu refrigerador.

¡Tómate bien en serio a este icono! Aunque el mundo no va a terminarse porque no escuches el consejo próximo a estos iconos, las advertencias son importantes para tu éxito en la preparación de los GED.

Utilizamos este icono a cuentagotas para señalar información técnica adicional que no debería quitarte el sueño. Cuando veas este icono, siéntete libre de saltear el material próximo a él si estás con poco tiempo.

A Dónde Ir desde Aquí

Hay quienes disfrutan de leer un libro de principio a fin. Otros prefieren leer sólo los capítulos o secciones que les interesan. También hay quienes buscan en el índice o la tabla de contenidos información específica que necesitan saber ya. Cualquier modo que elijas para abordar este libro nos parecerá bien — pero no espíes los exámenes de práctica hasta el momento en que estés listo para tomarlos (¡y asegúrate de no mirar las respuestas hasta *después* de haber hecho los exámenes correspondientes!).

Parte I
Poner en Perspectiva a los GED

The 5ᵗʰ Wave   By Rich Tennant

"Siempre duermo bien la noche anterior a un examen para estar atento y relajado a la mañana siguiente. Luego, tomo el bolígrafo, como una banana y emprendo el camino."

En esta parte . . .

*B*ien, quieres obtener tu diploma de secundaria pero no tienes tiempo de asistir a clase ocho horas al día durante cuatro años, así que te has vuelto hacia el GED en busca de ayuda. ¡Y ahora necesitas ayuda para prepararte para el GED! Por suerte para ti, esta parte del libro te ayudará a poner en marcha tus planes y preparación para los exámenes. Te presenta los GED y te ofrece una mirada rápida sobre cada uno de los cinco exámenes. Te da la oportunidad de ver qué es lo que los GED esperan que sepas para obtener tu diploma equivalente al del secundario, como así también qué y cómo prepararse para los exámenes. Ofrece además ayuda logística sobre cómo programar los exámenes para asegurarte de que reúnes los requisitos para rendirlos antes de inscribirte. Incluso te brinda información confidencial de cómo se califican los exámenes, algo que sin duda te resultará ventajoso conocer.

También encontrarás aquí muchos consejos para salir exitoso de los exámenes GED. Descubrirás qué llevar contigo y qué dejar en casa, cómo proceder si tienes necesidades especiales y cómo administrar tu tiempo. Por último, esta parte explica la importancia de tomar exámenes de práctica. Cuánto más practiques, más preparado estarás para lo que el examen te presente, así que ni lo dudes — da vuelta la página y ¡prepárate para conocer cara a cara a los GED!

Capítulo 1

Una Mirada Rápida sobre el GED

En Este Capítulo

▶ Repasar las distintas secciones y preguntas de los exámenes GED

▶ Inscribirse para el examen

▶ Saber que puedes rendir el GED aunque el inglés sea tu segunda lengua

▶ Entender lo que significan tus puntajes y cómo se determinan

Los exámenes GED evalúan si comprendes los contenidos que se supone que los graduados de todas las escuelas secundarias del país han adquirido antes de egresar. Si apruebas tus exámenes, recibes un diploma de equivalencia de educación secundaria, lo que puede abrirte muchas puertas — tal vez puertas que hasta ahora ni siquiera sabías que existían.

¿Listo para empezar? En este capítulo se detallan los aspectos fundamentales de los exámenes GED: el formato de los exámenes, cómo anotar las respuestas, cómo programar los exámenes y qué hacer después de recibir los resultados.

Revisión de las Secciones de los Exámenes

Los exámenes GED incluyen los siguientes cinco exámenes, que se pueden rendir por separado:

- ✔ Artes del Lenguaje, Redacción, Partes I y II
- ✔ Estudios sociales
- ✔ Ciencias
- ✔ Artes del Lenguaje, Lectura
- ✔ Matemáticas, Partes I y II

Ten en cuenta que, si bien se puede rendir cada uno de los cinco exámenes por separado, ambas partes de los exámenes de Redacción de Artes del Lenguaje o de Matemática se deben rendir al mismo tiempo.

En las siguientes secciones se describe en mayor detalle los contenidos que abarcan los exámenes y la forma en que están diseñados.

Examen de Redacción de Artes del Lenguaje

El examen de Redacción de Artes del Lenguaje se divide en dos partes (que más adelante se explican en profundidad):

- ✔ La Parte I consiste en reescribir y analizar fragmentos de un texto. Esta parte se concentra en la gramática, la puntuación y la ortografía.

- ✔ La Parte II consiste en escribir un ensayo sobre un tema dado. En esta parte se examina tu habilidad para organizar tus pensamientos y escribir en forma clara.

Para obtener una calificación en este examen se deben aprobar ambas partes. Si apruebas una parte del examen pero no la otra, debes volver a rendir ambas partes la próxima vez.

Examen de Redacción de Artes del Lenguaje, Parte 1

El examen de Redacción de Artes del Lenguaje, Parte I contiene 50 preguntas de opción múltiple, que debes responder en un máximo de 75 minutos. El examen consiste en corregir y analizar el material que recibas. El material proviene de las siguientes fuentes:

- ✔ **Materiales laborales:** Cartas, memorandos e instrucciones de trabajo que podrías encontrar en tu empleo

- ✔ **Libros de autosuperación:** Extractos de cualquier libro de referencia general que podría hacerte más rico, más fuerte, más delgado o mejor cocinero, conductor, inversor, estudiante (o cualquier otra cosa en la que quieras perfeccionarte)

- ✔ **Obras informativas:** Documentos que te ofrecen información (por lo general, información árida y aburrida), tales como manuales de instrucciones que explican cómo poner a hora el reloj de tu reproductor de DVD

Encontrarás tres tipos de pregunta en esta parte del examen de Redacción de Artes del Lenguaje:

- ✔ **Corrección:** En estas preguntas se presentan oraciones que debes corregir.

- ✔ **Revisión:** En estas preguntas se presentan oraciones con una palabra o frase subrayada. Si hay que corregir la oración, una de las opciones de respuesta será más correcta que las palabras o frase subrayadas. Si no hay que corregir, o bien una de las opciones de respuesta será igual a la parte subrayada, una de las opciones dirá algo así como "no se necesita corrección".

- ✔ **Modificación de la estructura:** En estas preguntas se debe corregir una oración alterando su estructura. Puede que la oración original no sea completamente incorrecta, pero puede mejorarse con un pequeño cambio.

Consulta el Capítulo 4 para encontrar datos de interés sobre este examen, los Capítulos 5 y 7 para encontrar los exámenes de práctica extensiva de Artes del Lenguaje, Redacción y los Capítulos 6 y 8 para encontrar respuestas y explicaciones sobre estos exámenes.

Para que tengas una idea de cómo se ven las preguntas en el examen, observa los siguientes ejemplos:

Las preguntas 1 y 2 se basan en la siguiente carta comercial.

Estimado Sr. Snyder,

(1) Hemos recibido su carta del 3 de febrero y le pedimos perdon por el error en su cuenta. (2) El cargo por los cheques que recibió debe ser de $16,20, no $1.620,00. (3) Le hemos devuelto todo el dinero, y sus cheques van a ser gratis. (4) Esperamos que esté usted satisfecho y se arregle así el asunto.

1. Oración 1: **Hemos recibido su carta del 3 de febrero y le pedimos perdon por el error en su cuenta.**

   ¿Cómo se puede mejorar esta oración?

   (1) poner un punto y coma después de <u>3 de febrero</u>

   (2) cambiar <u>febrero</u> a <u>Feb.</u>

   (3) poner un punto después de <u>3 de febrero</u> y comenzar con la <u>Y</u> mayúscula

   (4) cambiar <u>perdon</u> a <u>perdón</u>

   (5) no se requiere ninguna corrección

   La respuesta correcta es la Opción (4). *Perdón* se escribe con tilde en la *ó*.

2. Oración 3: **Le hemos devuelto todo el dinero, y sus cheques van a ser gratis.**

   ¿Cómo se puede mejorar esta oración?

   (1) cambiar <u>devuelto</u> a <u>devolver</u>

   (2) quitar la coma después de <u>dinero</u> y poner un punto y coma

   (3) cambiar <u>gratis</u> a <u>libre</u>

   (4) cambiar la coma después de <u>dinero</u> a dos puntos

   (5) no se requiere ninguna corrección

   La respuesta correcta es la Opción (5). La oración está correcta como está.

Examen de Redacción de Artes del Lenguaje, Parte II

En esta parte del examen de Redacción de Artes del Lenguaje, escribes un ensayo en 45 minutos. Como las dos partes del Examen de Redacción se entregan juntas, puedes distribuir el tiempo como quieras. Si terminas la Parte I en menos de 75 minutos, puedes usar el tiempo restante para la Parte II.

El tema sobre el que tienes que escribir posiblemente suene como una pregunta típica de un concurso de belleza Miss América. Aquí tienes dos ejemplos:

✔ ¿Cuál es el invento más importante que se ha descubierto en el transcurso de tu vida?

✔ ¿Cómo te han permitido las computadoras realizar tus tareas cotidianas de un modo más eficiente?

Consulta el Capítulo 4 para encontrar otros ejemplos de temas del ensayo y prueba tu suerte escribiendo ensayos completos utilizando los exámenes de práctica extensiva de los Capítulos 5 y 7. Mide el tiempo a fin de hacer los exámenes bajo las mismas condiciones en que realizarás los verdaderos GED.

En el ensayo deberás dar tu opinión o explicar tu punto de vista y luego respaldarlo mediante tus propias experiencias y hechos que hayas conocido a lo largo de tu vida. El ensayo no es una prueba de investigación. La información sobre los temas del ensayo está en tu cabeza, no en una biblioteca especializada.

Asegúrate de que el ensayo sea una sucesión de párrafos interconectados referidos a un tema único. No sólo el ensayo debe empezar con una introducción y terminar con una conclusión, sino que también cada párrafo necesita una oración introductoria y una oración final a modo de conclusión.

Escribe únicamente sobre el tema que te han dado. Lee el tema varias veces para estar seguro de entenderlo. Los ensayos que no se ciñen al tema no obtienen puntaje (y si no recibes puntos por la Parte II del Examen de Redacción, deberás volver a rendir tanto la Parte I como la Parte II).

El ensayo es corregido por dos personas, quienes buscan comprobar que:

✔ El material esté organizado en forma clara

✔ Los puntos principales estén bien acotados

✔ Las ideas estén bien desarrolladas

✔ Las palabras se usen correctamente

✔ Las oraciones estén estructuradas correctamente

✔ Las oraciones sean correctas desde el punto de vista de la gramática, la puntuación y la ortografía

Nota: Escribir o imprimir en forma prolija facilita el trabajo de los examinadores en la vida real, por lo que destinar algo de tiempo a practicar escribir con prolijidad antes del examen no es mala idea.

Lee los periódicos y mira los noticiosos por televisión durante unos meses antes del examen. Esto te proporcionará material para respaldar tus opiniones y puntos de vista en el ensayo.

Examen de Estudios Sociales

El Examen de Estudios Sociales consiste en 50 preguntas de opción múltiple, que debes responder en 70 minutos. Las preguntas se refieren a las siguientes disciplinas:

✔ Historia norteamericana (25 por ciento)

✔ Historia universal (15 por ciento)

✔ Instrucción cívica y gobierno (25 por ciento)

✔ Economía (20 por ciento)

✔ Geografía (15 por ciento)

Las preguntas de este examen se basan en textos escritos, imágenes, cuadros, tablas, gráficos, fotografías, viñetas políticas, diagramas o mapas. Estos extractos de texto o imágenes provienen de distintas fuentes, como documentos oficiales, textos académicos, materiales laborales y atlas.

Consulta el Capítulo 9 para encontrar más información sobre el Examen de Estudios Sociales y procura realizar los exámenes de práctica extensiva de los Capítulos 10 y 12. (Luego verifica las respuestas y explicaciones en los Capítulos 11 y 13.)

En el Examen de Estudios Sociales puedes encontrar la siguiente clase de problemas.

La pregunta 1 se basa en la tabla que aparece a continuación.

Tipo de religión	Fecha de surgimiento (aproximada)	Textos sagrados
Budismo	500 a.C.	Ninguno
Cristianismo	33 d.C.	Biblia (ViejoTestamento y Nuevo Testamento)
Hinduismo	4000 a.C.	Vedas; Upanishad
Islamismo	600 d.C.	Qur'an; Hadith
Judaísmo	2000 a.C.	Biblia hebrea; Talmud

1. Según la tabla, el Hinduismo

    (1) surgió en el año 600 d.C.

    (2) usa el Qur'an como uno de sus textos sagrados

    (3) es la religión más antigua

    (4) no posee textos sagrados conocidos

    (5) posee un texto sagrado conocido

La respuesta correcta es la Opción (3). La tabla muestra que el Hinduismo es la más antigua de las cinco religiones enumeradas, pues surgió en el año 4000 a.C.

La pregunta 2 se basa en el siguiente fragmento del diario de Cristóbal Colón.

> Lunes 6 de agosto. El timón de la carabela Pinta estaba suelto, se rompió o se salió de su sitio. Se creyó que esto ocurrió por un ardid de Gómez Rascón y Cristóbal Quintero, quienes estaban a bordo de la carabela, porque no les gustaba la travesía. El Almirante dijo que ya antes de partir los encontró en una mala disposición. El Almirante sentía gran turbación por no poder ofrecer ninguna ayuda, pero dijo que saber que Martín Alonzo Pinzón, Capitán de la Pinta, era un hombre valeroso y capaz, aliviaba un poco su inquietud. Lograron avanzar, durante el día y la noche, veintinueve leguas.

2. ¿Por qué Rascón y Quintero habrían de soltar el timón?

    (1) Estaban tratando de reparar el timón.

    (2) El Almirante los encontró en una mala disposición.

    (3) El capitán era muy competente.

    (4) Querían detenerse a pescar.

    (5) No querían ser parte de la travesía.

La respuesta correcta es la Opción (5). Esta respuesta es la única respaldada por el texto. Las demás pueden estar relacionadas con afirmaciones contenidas en el fragmento, pero no responden la pregunta.

Examen de Ciencias

El Examen de Ciencias consiste en 50 preguntas de opción múltiple, que debes responder en 80 minutos. Las preguntas se refieren a los siguientes temas:

- Ciencias biológicas (45 por ciento)
- Ciencias físicas, incluidas la química y la física (35 por ciento)
- Geociencia y astronomía (20 por ciento)

Parte de la información a la que se refieren las preguntas aparece en los pasajes que deberás leer antes de responder las preguntas. También hay información en los cuadros, figuras, gráficos, mapas o tablas. En el Capítulo 14 se analizan todos estos formatos en detalle. Consulta los Capítulos 15 y 17 para realizar dos modelos completos del Examen de Ciencias, similares a los exámenes verdaderos. (No olvides consultar los Capítulos 16 y 18 para encontrar las respuestas y explicaciones de estos exámenes — una vez que hayas terminado los exámenes, ¡por cierto!)

Si bien la mayor parte de la información necesaria para responder las preguntas del Examen de Ciencias figura en los pasajes y otros fragmentos, para obtener el máximo puntaje se presume que ya has adquirido los conocimientos básicos sobre ciencia. Sin embargo, aun si sólo respondes bien las preguntas basándote únicamente en la información presentada, deberías obtener un puntaje suficiente para aprobar.

A continuación se ofrecen algunos ejemplos de los problemas que pueden aparecer en el Examen de Ciencias.

Las preguntas 1 y 2 se basan en el siguiente fragmento de una gacetilla de prensa.

> Una de las características clave de la operación del Delta 4 es el uso de un lanzador denominado CBC *o common booster core,* una plataforma de lanzamiento de unos 150 pies de largo y 16 de ancho. Mediante la combinación de uno o más CBC con varias plataformas superiores o cohetes auxiliares anexados al fuselaje, el Delta 4 puede albergar una enorme diversidad de aplicaciones satelitales para clientes militares, civiles y comerciales.

1. En este contexto, el CBC es

   (1) compañía de *broadcasting* de Canadá

   (2) common booster core

   (3) cuerpos de *boosters* cooperativos

   (4) cooperativa de barberos civiles

   (5) caballero balístico común

La respuesta correcta es la Opción (2). En definitiva, es la única opción de respuesta que se menciona en el fragmento.

2. ¿De qué manera el Delta 4 puede albergar una gran diversidad de aplicaciones?

   (1) usando el Delta 4 con distintos nombres

   (2) desarrollando un Delta 5

   (3) investigación permanente

   (4) usando el CBC como base de una nave espacial

   (5) creando un lanzador denominado *common core booster*

La respuesta correcta es la Opción (4). El fragmento dice: "Mediante la combinación de uno o más CBC con varias plataformas superiores o cohetes auxiliares anexados al fuselaje...". Por lo tanto, la Opción (4) es la que mejor responde la pregunta.

Examen de Lectura de Artes del Lenguaje

El Examen de Lectura de Artes del Lenguaje consiste en 40 preguntas de opción múltiple, que debes responder en 65 minutos. El setenta y cinco por ciento de las preguntas se basa en fragmentos literarios e incluye al menos uno de los siguientes tipos de obra:

✔ Teatro

✔ Poesía

✔ Ficción en prosa (es decir, novelas y cuentos) anterior a 1920

✔ Ficción en prosa escrita entre 1920 y 1960

✔ Ficción en prosa posterior a 1960

El veinticinco por ciento de las preguntas se basa en textos que no pertenecen al género de ficción. Estos fragmentos provienen de las siguientes fuentes:

✔ **Críticas de artes visuales y teatrales:** La mayoría de las personas van al teatro, al cine o a un concierto con fines de esparcimiento. Pero si, al terminar la función, le expresas a otros tu opinión sobre lo que viste, estás haciendo algo más que mirar sólo para entretenerte — estás haciendo una crítica de la representación. En este examen, algunas preguntas pueden ser basadas en extractos de críticas de arte.

✔ **Prosa que no pertenece al género de la ficción:** *Prosa* es toda palabra escrita que no esté en forma de poesía. La prosa se divide en dos grandes categorías: ficción y no ficción. Si la historia es una invención del autor, en general se denomina *ficción en prosa*. Si el relato se basa en hechos, la obra se considera *prosa de no ficción*. Una biografía, un manual de instrucciones o un texto de historia (¡incluso este libro!) son todos ejemplos de prosa de no ficción.

✔ **Documentos relacionados con el empleo y la comunidad:** Estos documentos son la clase de material que encuentras en el ámbito laboral o la comunidad. Incluyen reglamentos de trabajo, contratos laborales, testamentos, escrituras, documentos hipotecarios, instrucciones de uso de una máquina para votar y formularios de impuesto a la renta.

El Capítulo 19 ofrece más información sobre el Examen de Lectura de Artes del Lenguaje y los Capítulos 20 y 22 evalúan tus conocimientos mediante exámenes extensivos modelo. (No olvides consultar los Capítulos 21 y 23 para encontrar las respuestas y explicaciones de estos exámenes una vez que hayas terminado.)

El Examen de Lectura de Artes del Lenguaje puede contener preguntas como las que siguen.

Las preguntas 1 y 2 se basan en el siguiente extracto de una obra de teatro.

> *Irvin y Mervin aparecen desde la izquierda del escenario. Irvin va pobremente vestido, con unos vaqueros gastados y una camisa de franela echada encima de una sudadera sucia y tiene los cabellos revueltos. Mervin se ve más prolijo, lleva sus bermudas, una camisa azul con botones abierta al cuello y mocasines.*
>
> **Irvin:** ¿Qué quieres hacer, amigo?
>
> **Mervin:** *(riendo)* ¿Contigo o a ti?
>
> **Irvin:** *(alzando la vista)* ¿Qué quieres decir?
>
> **Mervin:** ¿Qué llevas puesto?
>
> **Irvin:** ¿Hay algo que se vea mal?
>
> **Mervin:** ¿Hay algo que no se vea mal?
>
> **Irvin:** ¿Bien, entonces? ¿Quieres ir ahora al centro comercial?
>
> **Mervin:** ¿Por qué querría ir al centro comercial contigo, con el aspecto que tienes?
>
> **Irvin:** ¿No soy tu mejor amigo?
>
> **Mervin:** ¿No podrías vestirte un poco mejor?
>
> **Irvin:** ¿Sería un mejor amigo si me vistiera como tú?
>
> *Irvin y Mervin se miran y se dirigen al centro comercial arrastrando los pies.*

1. ¿Qué tipo de oración usa el autor para crear esta conversación?

    (1) Todo el diálogo es aburrido.

    (2) Todo el diálogo consiste en preguntas.

    (3) Cada oración pertenece a una categoría diferente.

    (4) Este es el modo en que yo hablo con mis amigos.

    (5) Todo el diálogo consiste en oraciones exclamativas.

    La respuesta correcta es la Opción (2). Cada una de las líneas del diálogo es una pregunta.

2. Según el diálogo, ¿por qué Irvin y Mervin quieren ir al centro comercial?

    (1) Dan la última película de *Harry Potter*.

    (2) Van a encontrarse con amigos.

    (3) Irvin quiere comprar ropa.

    (4) Mervin trabaja allí.

    (5) Están buscando algo que hacer.

    La respuesta correcta es la Opción (5). Según la primera línea del diálogo, están buscando algo que hacer. Puede que en otra escena se revele que van a ver una película, encontrarse con amigos, comprar ropa o trabajar, pero las preguntas del GED se basan únicamente en el diálogo presentado.

Examen de Matemáticas, Partes 1 y 11

El Examen de Matemáticas tiene dos partes: en la Parte I se permite el uso de calculadora; en la Parte II, no. Cada parte tiene 25 preguntas. Tienes 45 minutos para completar cada parte. Es decir, tienes que responder 50 preguntas en 90 minutos. Responde todas las preguntas.

El Examen de Matemática abarca los siguientes cuatro grandes temas:

- ✔ Álgebra, ecuaciones y patrones (entre el 20 y el 30 por ciento)

- ✔ Análisis de datos, estadísticas y probabilidades (entre el 20 y el 30 por ciento)

- ✔ Medidas y geometría (entre el 20 y el 30 por ciento)

- ✔ Operaciones numéricas (entre el 20 y el 30 por ciento)

El ochenta por ciento de las preguntas son de opción múltiple; el 20 por ciento restante debes responderlo tú usando la denominada *grilla de formato alternativo*.

La grilla de formato alternativo puede ser una grilla común o bien una grilla del plano de coordenadas. En lugar de seleccionar una respuesta de un conjunto de opciones múltiples, debes producir una respuesta y anotarla en cualquiera de las dos grillas que hayas recibido en la hoja de respuesta. (Ten en cuenta que la grilla del plano de coordenadas puede requerir algo de práctica. Si necesitas ayuda, y leer el Capítulo 24 no te resulta suficiente, puedes pedirle ayuda a un tutor.)

El Capítulo 24 ofrece mucha más información sobre el Examen de Matemáticas, incluido el modo de responder los distintos tipos de pregunta y de estudiar las disciplinas que abarca el examen. Consulta los Capítulos 25 y 27 para encontrar los exámenes de práctica extensiva de Matemáticas y no olvides consultar los Capítulos 26 y 28 para encontrar las respuestas y explicaciones.

Analiza las siguientes preguntas (una pregunta tradicional de opción múltiple y dos preguntas que se responden empleando las grillas de formato alternativo), que se asemejan a las que pueden aparecer en un Examen de Matemáticas.

1. Un triángulo rectángulo tiene una hipotenusa de 5 pies y un cateto de 36 pulgadas de largo. ¿Cuál es la longitud, en pies, del otro cateto?

   (1) 3

   (2) 48

   (3) 243

   (4) 6

   (5) 4

   La respuesta correcta es la Opción (5). Por aplicación del teorema de Pitágoras (una fórmula que figura en la hoja de Fórmulas que recibirás con el examen), sabes que $a^2 + b^2 = c^2$, donde c es la hipotenusa y a y b son cualquiera de los otros dos catetos. Como sabes cuánto miden la hipotenusa y uno de los catetos, invierte la ecuación del siguiente modo $a^2 = c^2 - b^2$.

   Para despejar c^2, calcula el cuadrado de la hipotenusa: $5 \times 5 = 25$.

   El otro cateto se expresa en pulgadas — para convertir las pulgadas a pies, divide por 12: $36 \div 12 = 3$. Para despejar b^2, calcula el cuadrado de este cateto: $3 \times 3 = 9$.

   Ahora resuelve la ecuación para despejar a: $a^2 = 25 - 9$ o $a^2 = 16$. Tomando la raíz cuadrada de ambos catetos obtendrás que: $a = 4$

Las preguntas del Examen de Matemáticas reflejan situaciones de la vida real. De manera que si terminas respondiendo 37 pies cuando te preguntan por la altura de una habitación o $3,00 si te hablan del salario anual, revisa tu respuesta; probablemente será incorrecta.

2. Barb está contando la cantidad de cajas que hay en un depósito. En la primera área de almacenamiento encuentra 24 cajas. La segunda área contiene 30 cajas. La tercera, 28 cajas. Si el depósito tiene 6 áreas de almacenamiento donde se almacenan cajas y las áreas contienen un promedio de 28 cajas, ¿cuántas cajas hay en total en las últimas tres áreas? Anota tu respuesta en la grilla común escribiendo la cantidad de cajas en los recuadros superiores y sombreando los círculos debajo de los recuadros. Debes anotar tu respuesta en ambos lugares.

La respuesta correcta es 86 (lo que se anota en la grilla común que has recibido). Si el depósito tiene 6 áreas de almacenamiento que contienen un promedio de 28 cajas cada una, hay $6 \times 28 = 168$ en el depósito. Las primeras tres áreas contienen $24 + 30 + 28 = 82$ cajas. Las últimas tres áreas deben contener $168 - 82 = 86$ cajas.

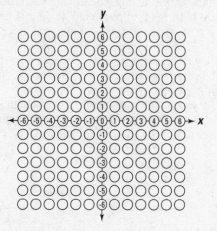

2. Un rectángulo tiene un ángulo en el origen. La base va desde el origen hasta el punto (3,0). El lado derecho va desde (3,0) hasta (3,4). Traza en la grilla del plano de coordenadas el punto que falta.

La respuesta correcta es sombrear el punto que falta en (0,4). Si sombreas los tres puntos dados en la grilla del plano de coordenadas, verás que un cuarto punto en (0,4) crea el rectángulo. Pero, ¡procura no dibujar sobre el libro de exámenes GED cuando hagas el examen! En cambio, traza el punto en la forma que se muestra en la siguiente grilla del plano de coordenadas:

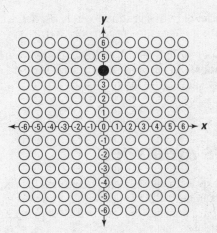

Tenemos una Cita: Cómo Programar el Examen

Para rendir el examen, no puedes sencillamente ingresar en el recinto y rendir el examen en el momento que desees. Debes acordar una fecha según las fechas de examen disponibles. Cada centro de examen local o estatal establece su propio cronograma para los cinco exámenes GED, lo que significa que tu estado es quien decide cómo y cuándo se pueden rendir los cinco exámenes. La oportunidad para programar los exámenes varía según cada centro de examen local o estatal y pueden ofrecerse tan a menudo como una vez a la semana o sólo una vez cada dos meses. Tu administrador GED local podrá proporcionarte toda la información que necesitas acerca de la programación de los exámenes. Identifica a tu administrador GED local en tu área de residencia ingresando a www.gedtest.org o llamando al 800-62-MYGED. Asimismo, los distritos escolares locales y los institutos de enseñanza superior pueden brindar información sobre centros de examen locales ubicados en tu área de residencia.

Rendir los cinco exámenes GED al mismo tiempo lleva siete horas y cinco minutos, con pausas entre cada examen. Según lo que establezca tu centro de examen local, puede ser que deban rendirse todos los exámenes en la misma fecha (disposición infrecuente), o que puedan distribuirse entre dos o más fechas. En algunos estados se permite rendir un examen por fecha y en otros se puede hacer el examen a última hora de la tarde o durante los fines de semana.

En las secciones que siguen se responden algunas preguntas que te podrían surgir a la hora de programar tu fecha de examen.

Cómo saber si cumples los requisitos para rendir los exámenes

Antes de programar tu examen, asegúrate de que cumples los requisitos para rendir los exámenes GED. Sólo puedes solicitar rendir los exámenes GED si

✔ **No estás actualmente matriculado en una escuela secundaria.** Si actualmente estás matriculado en una escuela secundaria, se espera que obtengas tu diploma en esa escuela. La finalidad de los exámenes GED es ofrecer a las personas que no asisten a la escuela secundaria la oportunidad de obtener un diploma equivalente al de la escuela secundaria.

✔ **No has terminado la escuela secundaria.** Si te has graduado en la escuela secundaria, deberías tener un diploma y por lo tanto no necesitas rendir los GED.

✔ **Cumples los requisitos estaduales respecto de la edad, el lugar de residencia y el lapso transcurrido desde que abandonaste la escuela secundaria.** Dirígete a tu administrador GED local para informarte acerca de los requisitos de tu estado en esta materia.

Cuándo puedes rendir los exámenes

¿Cuándo puedes rendir los exámenes? La respuesta sencilla es: si cumples los requisitos y has estudiado, puedes solicitar rendir los exámenes GED tan pronto como desees. Sólo comunícate con tu centro de examen local para acordar una fecha de examen y luego elige un día (o varios días) que te resulte conveniente.

También puedes solicitar una fecha de examen aunque no hayas estudiado pero, si lo haces, no tendrás demasiadas posibilidades de aprobar el examen. Si necesitas volver a rendir alguno de los exámenes, aprovecha el tiempo que te quede antes de rendir el próximo examen para estudiar. Puedes volver a rendir los exámenes una cantidad de veces limitada y, en la mayoría de las jurisdicciones, rendir el examen cuesta dinero (dirígete a tu centro de examen local para averiguar cuántas veces puedes repetir el examen). A fin de ahorrar tiempo y dinero, estudia antes de concertar una fecha de examen.

Cómo inscribirte

Para inscribirte para el examen, sigue los siguientes pasos:

1. **Comunícate con tu administrador GED local para asegurarte de que cumples con los requisitos.**

2. **Pide a la oficina un formulario de solicitud (si hubiera) o una entrevista.**

3. **Completa el formulario de solicitud (si hubiera).**

4. **Entrega el formulario de solicitud ante la oficina que corresponda junto con el pago, si hubiera.**

   Como los derechos de examen varían de un estado a otro, comunícate con tu administrador local o centro de examen para averiguar cuánto tienes que pagar para rendir los exámenes. En algunos estados, si quedas comprendido en el segmento de bajos ingresos, es posible que alguien pague por ti.

Nunca envíes dinero en efectivo dentro de un sobre para pagar los GED. La mayoría de los administradores locales tienen normas sobre pagos y no aceptan dinero en efectivo.

Cómo proceder en circunstancias extraordinarias

Si consideras que te encuentras en circunstancias extraordinarias que te impiden rendir los exámenes GED, comunícate con el administrador GED de tu área de residencia. Si, por ejemplo, los exámenes van a tener lugar un día que tú consideras Sabbath, el centro de examen puede adoptar disposiciones especiales para ti.

¿Hay servicios especiales?

Los centros de examen GED toman todas las medidas posibles para asegurar que cualquier persona que cumpla los requisitos pueda rendir los exámenes. Si posees alguna discapacidad, es posible que no puedas inscribirte para los exámenes un lunes y rendirlos el viernes. Pero, planeando con un poco de anticipación, es probable que puedas rendir los exámenes cuando estés listo. Esto es lo que necesitas hacer:

✔ Comunícate con la Oficina de Exámenes GED o con tu centro GED local y explica tu discapacidad.

✔ Solicita los formularios que debas completar según tus circunstancias especiales.

✔ Asegúrate de contar con un diagnóstico reciente realizado por un médico clínico u otro profesional idóneo.

✔ Completa todos los formularios que corresponda y preséntalos junto con el diagnóstico médico o profesional.

✔ Planifica con anticipación, de modo que puedas rendir los exámenes cuando estés listo.

Ten en cuenta que, al margen de cuál sea tu discapacidad, igual deberás ser capaz de afrontar las exigencias intelectuales de los exámenes.

La Oficina de Exámenes GED de Washington, D.C. define algunas discapacidades específicas, como las que se enumeran a continuación, para las que puede disponer la prestación de servicios especiales, siempre que la discapacidad restrinja gravemente tu capacidad de aplicar destrezas esenciales necesarias para aprobar los GED:

✔ Discapacidades médicas, como la parálisis cerebral, la epilepsia o la ceguera

✔ Discapacidades emocionales, como la esquizofrenia, la depresión aguda, el trastorno por déficit de atención o el síndrome de Tourette

✔ Discapacidades de aprendizaje específicas, incluida la discapacidad perceptiva, el daño cerebral, la disfunción cerebral mínima, la dislexia y la afasia de desarrollo

RECUERDE

Al momento de presentar una solicitud referida a circunstancias especiales, ten en cuenta las siguientes pautas:

✔ Documenta todo lo que digas en tu petición de consideraciones especiales.

✔ Comunícate con el administrador GED de tu área de residencia lo antes posible.

✔ Ten paciencia. Las medidas especiales no se pueden adoptar de la noche a la mañana. Por lo general el administrador debe esperar a que se forme un grupo con necesidades similares a fin de adoptar medidas para todo el grupo.

✔ Haz preguntas. Se pueden realizar concesiones si lo solicitas. Por ejemplo, las concesiones especiales podrían incluir plazos más extensos para distintas discapacidades, material impreso en letras grandes o en Braille en caso de trastornos visuales y edad avanzada (personas mayores de 60 años que consideren que poseen una discapacidad de aprendizaje).

Rendir los GED cuando el Inglés Es Tu Segunda Lengua

Por suerte, los GED se pueden rendir aunque el inglés no sea tu primera lengua. Los exámenes GED se ofrecen en inglés, español y francés. Si deseas rendir el examen en español o francés, comunícate con tu administrador GED local para presentar la correspondiente solicitud.

Sitios Web que pueden ayudarte a planificar rendir los GED

Internet es un lugar útil y en ocasiones temible. Algunos sitios Web están hechos para ayudarte a preparar tus GED, pero otros sólo quieren venderte algo. Debes estar atento para distinguir lo bueno de lo malo. Aquí te presentamos algunos de los sitios fundamentales:

✔ **www.acenet.edu/AM/Template.cfm?Section= GED_TS:** Este sitio Web es el sitio principal de la Oficina de Exámenes GED. Contiene la información fundamental que deberías conocer cuando te preparas para los GED. Echa un vistazo a los distintos enlaces del sitio – encontrarás mucha información útil y pertinente.

✔ **www.acenet.edu/Content/NavigationMenu/ged/ test/admin.htm:** Si no estás seguro de quién es el administrador GED de tu área de residencia, consulta este sitio para encontrar una lista de todos los administradores clasificados por ubicación.

Si sientes curiosidad y deseas ver qué información hay disponible, ingresa *GED* en cualquier motor de búsqueda y relájate mientras tratas de leer los casi 22.000.000 de resultados, que van desde los útiles hasta los inservibles. Te recomendamos realizar esta actividad sólo después de haber aprobado los exámenes. Si bien Internet puede ser muy útil, también ofrece la mejor oportunidad de perder inmensa cantidad de tiempo. Y, en este momento, necesitas dedicar tu tiempo a estudiar para los exámenes – deja el resto para cuando hayas obtenido tu diploma.

En caso de que el inglés, el español o el francés no sean tu primera lengua, deberás determinar si tu habilidad de leer y escribir en inglés es igual o mejor que la del 40 por ciento de los graduados de la escuela secundaria, ya que tal vez tengas que aprobar un examen de nivel de Inglés como Segunda Lengua (ISL). Si puedes leer y escribir bien en inglés, prepara y rinde los exámenes (en inglés, español o francés). Si no puedes leer o escribir bien en inglés, toma clases de apoyo para aprender inglés hasta que sientas que estás listo. Si deseas o necesitas más información sobre el componente de idioma de los exámenes GED, consulta la sección "Your Language" en www.acenet.edu/Content/ NavigationMenu/ged/test/take/Take_GED.htm.

En muchos aspectos, los exámenes GED son como los exámenes de comprensión TOEFL (*Test of English as a Foreign Language*, o Examen de Inglés como Lengua Extranjera). Si has aprobado los exámenes TOEFL con buenas calificaciones, es probable que estés listo para rendir los GED. Si no has rendido los exámenes TOEFL, inscríbete en un curso de preparación para los GED para comprobar si tienes dificultades para entender los temas y las habilidades que se evalúan en el examen. Los cursos GED no sólo te darán una idea de tus habilidades de comprensión, sino que te permitirán tener un maestro con quien analizar tus habilidades y dificultades.

Qué Puntaje Debes Obtener para Aprobar los GED

Para aprobar los exámenes debes obtener al menos 410 puntos en cada examen y un promedio de 450 puntos en los cinco exámenes. Si alcanzas el puntaje necesario para aprobar, felicítate: has obtenido más puntos que al menos el 40 por ciento de los actuales graduados de la escuela secundaria y te has graduado en la escuela virtual más grande del país.

Las secciones que siguen abordan algunas otras cuestiones que deberías saber sobre cómo se califican los exámenes GED y sobre qué hacer si obtienes un puntaje bajo en uno o más exámenes.

Cómo se determina el puntaje

A excepción del ensayo, cada respuesta correcta vale un punto. No importa cuán fácil o difícil sea la pregunta, si la respondes bien, obtienes un punto. Los puntos que obtienes en cada examen se suman y la suma se convierte a un puntaje estándar, que va desde los 200 hasta los 800 puntos para cada examen.

Como no pierdes puntos por las respuestas incorrectas, procura responder todas las preguntas en todos los exámenes. Al fin y al cabo, adivinar una respuesta puede valerte un punto. En cambio, dejar una pregunta sin responder sólo te vale un cero.

Qué hacer si obtienes un puntaje bajo en uno o más exámenes

Si adviertes que tu puntaje promedio en alguno de los exámenes es inferior a 450, empieza a hacer planes para volver a rendir el/los exámenes — y asegúrate de destinar una buena cantidad de tiempo para estudiar y prepararte mejor.

Una vez que recibas los resultados, comunícate lo antes posible con tu administrador GED local para informarte sobre las normas aplicables en caso de rendir un examen nuevamente. En algunos estados, puede que debas dejar pasar cierto tiempo. En otros, es posible que debas asistir a un curso de preparación y demostrar que lo has terminado para poder volver a rendir los exámenes GED. En algunos otros, tal vez te cobren derechos de examen adicionales.

Al margen del puntaje que hayas obtenido en tu primera ronda de exámenes, no temas volver a rendir cualquiera de los que no hayas aprobado. Ahora que ya los has rendido una vez, comprendes qué cosas debes reforzar y sabes exactamente qué esperar el día del examen. Respira profundo y disponte a estudiar un poco más antes de rendir la próxima ronda de exámenes.

Capítulo 2

Cómo Abrirse Paso por el Sistema de Exámenes GED

En Este Capítulo

▶ Determinar quién rinde el GED

▶ Comprender por qué la gente toma el examen

▶ Usar pre-exámenes como preparación para el GED

▶ Administrar tu tiempo antes y durante el examen

Puede que te preguntes por qué deberías pensar en hacer el GED. O, si finalmente te has decidido a hacerlo, quizás tengas curiosidad sobre si deberías dedicar mucho tiempo para prepararte. Bueno, la verdad es que el GED es el mejor sustituto para un diploma de secundaria que puedas encontrar en Estados Unidos hoy en día.

Pero ¿por qué puedes necesitar un diploma de secundaria o su equivalente? Para responder a esta pregunta, observa cuidadosamente el mundo de hoy. En Estados Unidos, la cantidad de personas que ha completado estudios secundarios aumentó drásticamente en los últimos años. Cada vez más gente completa carreras de enseñanza superior, lo que nos lleva al problema central. Cuando llenas una solicitud de empleo, hay muchas posibilidades de que otras personas solicitando el mismo empleo tengan un nivel de educación superior al tuyo. Si has estado trabajando durante un tiempo y perdiste el trabajo tras un recorte de personal, probablemente hayas entrado a la fuerza laboral antes de que la educación se convirtiera en una de las herramientas principales para filtrar postulantes. Con el desplazamiento de industrias de un lugar a otro, tus habilidades han dejado de ser lo único que cuenta. Por lo tanto, para ganarte la vida debes ser más competitivo. Por suerte para ti, el GED es una forma de lograr exactamente eso.

Piensa en ti mismo como un producto que la gente querría comprar. Los ingredientes de tu producto deben ser interesantes y tentadores, y el marketing de esos ingredientes debe ser sublime. Un diploma de secundaria es uno de los ingredientes necesarios y debe aparecer en forma destacada en tu curriculum vitae, para que lo vean todos los empleadores potenciales.

Este capítulo brinda una idea clara de por qué tú querrías rendir el GED, al igual que otros en una situación similar a la tuya. Este capítulo también destaca algunos puntos interesantes que pueden ayudarte a encontrar el camino para atravesar el laberinto del examen GED y salir airoso. Si bien prepararte para el GED definitivamente reducirá tu tiempo dedicado a mirar TV y tu vida social (e implica algunos sacrificios y un enorme compromiso de tu parte), al final, aprobar el examen y recibir el GED habrá valido el tiempo y el esfuerzo.

Identificar Quién Toma el GED

La gente que toma el GED son personas como tú que quieren o necesitan un diploma de secundaria, pero por un motivo u otro, no lo tienen. Échale un vistazo a las siguientes secciones para tener un panorama más claro de quiénes toman el GED.

Gente que no terminó la secundaria

La mayoría de las personas que toman el examen GED tuvieron que dejar la secundaria por algún motivo y no pudieron terminarla. Por eso, no recibieron su diploma. Quizás hayas dejado la secundaria para ayudar a mantener a tu familia. Tal vez la escuela no era para ti. Quizás tuviste un bebé y no podías hacerte cargo de tu recién nacido e ir al colegio al mismo tiempo. La razón por la que no terminaste la secundaria no importa.

Si lo que buscas es tomar el GED, lo único que importa es que:

- ✔ No estés inscrito en una escuela actualmente (y no lo hayas estado por un período de tiempo específico).
- ✔ Hayas llegado a una edad mínima determinada.

La cantidad de tiempo que hayas estado sin asistir a clases y la edad que necesitas tener para hacer el examen GED dependen de tu distrito escolar local. Puedes averiguar esos requisitos y si calificas contactando al administrador GED de tu zona. Visita www.acenet.edu/Content/NavigationMenu/ged/test/admin.htm para encontrar tu administrador local.

Si cumples con ambos requisitos, puedes tomar los exámenes. Si quieres inscribirte y tomar los exámenes, el siguiente paso es asegurarse de estar preparado. Aquí es donde podemos ayudarte. Este libro está repleto de información y consejos útiles para guiarte durante todo el proceso del GED.

Recién llegados a los Estados Unidos

Si vienes de otro país a los EE.UU., puede que te hayas graduado de una escuela equivalente a una escuela secundaria estadounidense, pero tengas dificultades para presentar pruebas de esto. No todos los empleadores o escuelas estadounidenses aceptan directamente documentos de otro país, especialmente si están en otro idioma, lo que te plantea un problema. Por suerte, el GED viene al rescate. El GED se reconoce en todo Estados Unidos y Canadá. Es lo más parecido a un diploma universal que puedes conseguir. Aprobar los exámenes GED te otorga un diploma que certifica que alcanzaste un nivel equivalente a un graduado de secundaria, lo que es útil para alguien que tiene dificultades para probar su nivel de educación.

Si el inglés no es tu lengua materna y tienes problemas para leerlo, puede que necesites mejorar tus habilidades para hablar y leer inglés antes de tomar el GED. Los exámenes GED están en inglés y exigen un nivel de comprensión de inglés equivalente a la mayoría de los estudiantes de último año de la secundaria. Te sugerimos que tomes algunas clases de inglés para mejorar tus habilidades de lectura antes de tomar el GED. Aunque el examen GED está disponible en francés y español además de inglés, no todos los centros de examen ofrecen las pruebas en todos los idiomas, por lo que debes verificar este asunto con tu centro de examen local. Algunos centros de examen también exigen que puedas leer inglés y puede que requieran que tomes un examen ESL (inglés como segundo idioma) además del examen GED. Comprueba todo esto primero con tu administrador de examen local para evitar sorpresas al último momento. Para averiguar más sobre este examen, visita www.acenet.edu y busca "GED Test of English as a Second Language" (Examen GED de inglés como segundo idioma). Para averiguar si tu jurisdicción solicita el examen ESL, contacta a tu centro de examen local.

Abriendo Puertas: Por Qué la Gente Toma el GED

La gente toma el GED porque todos quieren aumentar sus posibilidades, ya sea en la fuerza laboral o en el mundo de la educación. En cualquier caso, el GED puede abrirte muchas puertas. Si estás considerando hacer el examen GED, quizás te encuentres en una de las siguientes situaciones:

- ✔ **Quieres un trabajo en el que te paguen más.** La mayoría de los empleadores basan sus ofertas de sueldo en tu capacitación y experiencia. El diploma GED es una credencial reconocida ampliamente y puede ayudarte a subir niveles en la escala de pagos.

- ✔ **Quieres entrar a una universidad u otra institución de estudio posterior a la secundaria.** Las instituciones de estudio superiores quieren comprobar que tienes la capacidad para cursar sus carreras. Algunos pueden aceptarte si tienes una determinada edad y piden que apruebes ciertas asignaturas o completes algunos exámenes antes de admitirte. La mayoría acepta un diploma de secundaria o equivalente. El diploma GED definitivamente funciona como equivalente y se acepta ampliamente como diploma de secundaria.

- ✔ **Quieres ingresar a un campo en el que necesitas un diploma de secundaria.** Muchas ocupaciones y pasantías requieren un diploma de secundaria o equivalente para ingresar. El diploma GED es la solución a este problema.

- ✔ **Quieres sentirte mejor contigo mismo.** Las personas, en general, se sienten mejor consigo mismas cuando han superado un desafío importante. Aprobar el examen GED es ese tipo de desafío y, cuando lo hayas logrado, puedes pasar más tiempo dándote palmaditas en la espalda por el trabajo bien hecho, siempre que no sufras una torcedura en el proceso. Tal vez sea mejor contárselo a tus amigos y parientes para que ellos te den las palmaditas. Y disfrutar de toda la atención.

No importa cuál sea tu situación, el GED te ofrece un modo de alcanzar tus objetivos.

Apreciar la Importancia de los Exámenes de Práctica

Si supieras todo lo que habrá en un examen en particular, simplemente te quedaría entrar y completarlo como un experto, ¿no? Y supongamos que no apruebes. Sencillamente lo tomarías una y otra vez hasta aprobarlo, ¿no? En la realidad, esto es imposible. El GED tiene reglas estrictas para tomarlo más de una vez. En general, tienes que esperar un período de tiempo antes de rendir otra vez. Estos límites los fijan las autoridades locales, así que verifica el tema con tu administrador local. Como no puedes tomar el examen todas las veces que quieras, debes asegurarte de estar preparado *antes* de tomar el examen para aprobarlo la primera vez.

Las siguientes secciones detallan una de las mejores maneras de prepararse para los exámenes GED: los pre-exámenes. Un *pre-examen* o *examen de práctica*, como suele llamarse, es un examen informal que abarca el mismo material que el examen real. Estos exámenes te ayudan a tener una idea del contenido y el formato del examen. Sigue leyendo para averiguar cómo puedes sacar ventaja de los pre-exámenes y así prepararte para el GED.

Usar exámenes de práctica como preparación para el GED

La forma en la que usas los exámenes de práctica es esencial para determinar cómo te irá cuando tomes el GED real. Puedes tomar los exámenes de práctica solo o en grupo (como prefieras) para tener una idea de cómo saldrás del examen real. Básicamente, los exámenes de práctica te sirven para prepararte para el GED real, ya que te ayudan a averiguar lo que no sabes y lo que sí sabes. Con esta información, puedes prepararte más eficazmente para el examen.

Sólo porque "examen de práctica" incluye la palabra *examen*, esto no significa que debas entrar en pánico. Repite esto: "este examen de práctica es mi amigo y sólo quiere ayudarme". Esto puede servir para relajarte y comprender que los exámenes de práctica de este libro están preparados para eso: ayudar a relajarte y practicar para los exámenes reales. Estos exámenes de práctica te ayudan a descubrir tus fortalezas y debilidades, para que así puedas concentrarte en las áreas que necesitas estudiar, lo que definitivamente puede mejorar tus posibilidades de éxito en los exámenes reales.

A lo largo de este libro, te daremos varios exámenes de práctica que te ayudarán a familiarizarte con lo que puedes esperar el día del examen. Antes de cada serie de exámenes en cada sección, te daremos un capítulo que describe las particularidades de ese examen específico. *Nota:* No todos los exámenes GED son iguales. Y saber todo lo que puedas sobre cada examen puede ayudarte a aprobarlos. (Por ejemplo, el examen de artes del lenguaje tiene un formato distinto del examen de matemáticas.) Después de leer el capítulo inicial de cada parte, estarás listo para tomar los exámenes de práctica correspondientes.

Abrirse paso en un examen de práctica

Para sacarle el mayor provecho a los exámenes de práctica de este libro, necesitas saber cuándo hacerlos. Prepárate como si fueras a tomar el examen real. Mide el tiempo y no te tomes un descanso para revisar las respuestas. Cuanto más te acerques a las condiciones del examen real, mejor será el resultado que obtendrás al tomar el examen verdadero.

Cuando tomes cualquier examen de práctica de este libro, ten siempre en mente los siguientes pasos para ayudarte en el proceso:

1. **Lee cuidadosamente las instrucciones al comenzar cada examen.**

   Tómate unos minutos para leer y comprender todo. Normalmente, una persona que toma el examen real se asegura de que entiende las instrucciones antes de comenzar a escribir. Si tienes dudas sobre las instrucciones de algún examen de práctica en particular, pregunta. El mejor momento para interiorizarte sobre las instrucciones es antes del examen. Las instrucciones de los exámenes de práctica son lo más parecidas posibles a los exámenes reales. Puedes conseguir muchísima información sobre los exámenes en este libro, además de en el sitio Web de GED en www.acenet.edu. Si todo lo demás falla, solicita instrucciones a tu administrador local antes del examen. El administrador te ayudará, siempre que la respuesta sea de conocimiento público. Si la respuesta sólo puede darse cuando tomas el examen, ten paciencia.

2. **Conoce las restricciones de tiempo del examen real y respétalas cuando completes el examen de prueba.**

   El manejo del tiempo es muy importante durante los exámenes GED. En el comienzo de cada examen, las instrucciones te dirán cuánto tiempo tienes para completar el examen. Asegúrate de mantenerte dentro del tiempo asignado. Usa un reloj con alarma, haz que un amigo te tome el tiempo o haz lo que sea que necesites para comprobar que no te excedes del tiempo límite.

   Durante el examen real, la persona que dirige el examen te recordará el tiempo asignado y lo que pasará al final del examen. Generalmente, te dirá que coloques tus implementos para escribir en la mesa y cierres tu libro. Asegúrate de hacer todo lo que te diga el examinador. Este no es el momento de expresar tu individualidad. Debes ser parte de la multitud y seguir las instrucciones.

3. **Prepárate para el examen de práctica del mismo modo que te preparas para un examen real.**

   Ten tus implementos para escribir listos para usar. Prepara suficiente papel borrador para tomar notas. Toma fotocopias de las hojas de respuesta o arráncalas de este libro para no tener que dar vuelta a la página a cada rato. Busca una silla incómoda para sentarte. Los centros de examen no se caracterizan por la comodidad de sus asientos.

Concéntrate en el examen, no en la silla, y estarás bien. Si pasa al revés, tienes la fórmula para el desastre.

4. **Planifica mentalmente de antemano para saber cómo responder a las preguntas en el tiempo asignado.**

Antes de comenzar el examen, sabes cuántas preguntas tiene y cuánto tiempo tendrás para responder a ellas. También sabes cuántos minutos puedes dedicarle a cada pregunta sin arriesgarte. Planifica mentalmente cómo vas a aprovechar esa información. Obviamente, no puedes tomar el tiempo para cada pregunta, pero puede ayudarte tomar el tiempo que tardas cada cinco o diez preguntas para asegurarte de que estás en carrera. Puede que quieras reservarte unos minutos al principio para revisar el material y detectar las preguntas fáciles. O puede que quieras leer todas las preguntas, comenzar con las pares y terminar con las impares. No importa lo que elijas. Toma una decisión de antemano y apégate a ella.

5. **Lee superficialmente las preguntas, responde a las fáciles primero y luego concéntrate en las más difíciles.**

Asegúrate de registrar todas tus respuestas en la hoja de respuestas. Si puedes, deja algo de tiempo al final del examen para revisar. No analices demasiado las preguntas. Lo que buscas es la mejor respuesta que establezca o sugiera la pregunta y cualquier otro material presentado. Si tu conocimiento previo te indica que la mejor respuesta según el párrafo no es la respuesta correcta, apuesta al juego de opción múltiple. Elige la mejor respuesta según el material presentado. Al hacerlo, si tu conocimiento previo está errado, o si olvidaste algo que deberías haber recordado, aún así puedes obtener la respuesta correcta y aprobar el examen. Y, por supuesto, este es el objetivo del ejercicio.

6. **Cuando hayas terminado todas las preguntas o no te quede más tiempo, toma algunas notas en un papel borrador sobre la dificultad del examen.**

Toma notas sobre qué preguntas te resultaron difíciles de responder y cuáles te resultaron fáciles. Toma nota de cómo te sentiste al tomar el examen. ¿Tuviste suficiente tiempo? ¿Hubo secciones específicas que te causaron problemas? Toma notas de todo lo que recuerdes del examen. Estas notas te serán útiles más adelante.

7. **Revisa las respuestas para ver cómo te fue.**

Puedes encontrar las respuestas y explicaciones en el capítulo siguiente al capítulo del examen de práctica. En cada pregunta, compara tu respuesta con la respuesta correcta. Si respondiste mal, lee la explicación para averiguar por qué. Si no estás seguro de por qué está mal, intenta leer la pregunta y la explicación de la respuesta nuevamente. Si todavía no estás seguro, pide ayuda. Si tu respuesta fue correcta, puedes felicitarte, pero lee la explicación de todos modos. Descubrirás un poco más sobre cómo responder a un tipo de pregunta en particular, o descubrirás todo lo que ya sabes. Si no lees la explicación, no descubrirás nada nuevo.

8. **Cuando termines de revisar tus respuestas, suma el número de preguntas que contestaste correctamente.**

En el examen real, los puntajes se procesan con un cálculo complejo que no podemos hacer aquí. Para no correr riesgos, piensa que obtener un 80 por ciento de respuestas correctas te brinda un margen de error confiable. Si respondes a más del 20 por ciento de las preguntas erróneamente, todavía tienes trabajo que hacer.

9. **Revisa las preguntas que hayas errado, incluso si fue una sola, y lee las notas que hiciste luego de terminar el examen (ver Paso 6).**

Si tus notas indican que sabías que tenías problemas con esas preguntas al responderlas, compara tus anotaciones con las respuestas. Por ejemplo, si sentiste que tenías problemas con las preguntas sobre gráficos y respondiste mal la mayoría de las preguntas relacionadas con gráficos, necesitas más ayuda con los gráficos. Si las respondiste bien, puede que te estés preocupando demasiado o solamente necesites repasar rápidamente los gráficos. A esta altura, puedes revisar tu plan de acción o armar uno si no lo tienes aún. Así tendrás un plan para aprobar el examen sobre la base de tu experiencia. A partir de allí, decide tú mismo qué quieres hacer para seguir preparándote.

En el capítulo introductorio de cada examen, te diremos qué se está evaluando en ese examen en particular. Visita las secciones del capítulo introductorio con títulos que se centren en las áreas que necesites más ayuda (según tu análisis de respuestas y notas después del examen). Si has cometido la mayoría de los errores en una o más áreas, dedícale más tiempo a trabajar en esa área mientras te preparas para otro examen de práctica. Y recuerda: A veces necesitas desviarte levemente para llegar a tu objetivo. Si tienes muchos problemas con un examen o una sección en particular, piensa si te convendría averiguar sobre algún curso, preguntarle a un amigo o consultar a un tutor sobre ese examen o sección. Cualquiera que sea tu decisión, practica, practica y practica.

10. **Sigue con el segundo examen de práctica si te fue bien en el primero o si has completado cualquier preparación adicional que te propusiste.**

Sigue los Pasos 1 a 9 para completar el examen del mismo modo que el primero. Si tu puntaje mejora, puedes felicitarte. Si no mejora y consigues un puntaje no tan bueno, analiza tus errores y averigua tus áreas de mayor dificultad para concentrarte en ellas. En este punto, quizás quieras practicar un poco más o considerar la posibilidad de unirte a una clase de preparación para el GED. También puedes conseguir algunas preguntas de muestra para el GED en www.acenet.edu/Content/NavigationMenu/ged/test/ prep/sample_questions.htm. Lo importante es conseguir ayuda y prepararse más. Ya sea que te vaya bien o no en los exámenes de práctica, los instructores del GED pueden ayudarte a decidir si estás listo para tomar los exámenes reales.

Administrar Tu Tiempo para el GED

La administración del tiempo se vuelve un tema importante cuando decides que necesitas una equivalencia para un diploma de secundaria. Si tuvieras todo el tiempo del mundo, podrías pasar el rato tranquilamente sin preparar ni planear nada. Desafortunadamente, tienes fechas límites impuestas por ti o por otras personas, lo que significa que cuentas con tiempo limitado para hacer algo. Administrar bien tu tiempo significa tener muy buenas probabilidades de terminar a tiempo. Cuanto más acertadamente sepas administrar tu tiempo, mayores posibilidades tendrás de cumplir con tus objetivos en el tiempo asignado.

En esta sección te daremos algunas pistas de cómo administrar bien tu tiempo. Para comenzar, esta sección tiene aproximadamente 800 palabras. Piensa cuánto tiempo te toma leer y comprender un texto de 800 palabras. Lleva un registro del tiempo que te toma terminar esta actividad. Esa información te servirá para planear cómo administrar tu tiempo al tomar el examen.

Antes de los exámenes

Antes de tomar el GED tendrás que encargarte de muchas tareas para las que tienes que reservar tiempo. Antes de comenzar a estudiar o hacer cualquier otro trabajo de preparación, debes comprender muy bien lo que necesitas hacer y cuánto tiempo necesitas dedicarle a cada tarea. Aquí es donde nosotros podemos ayudarte:

Antes del examen, asegúrate de hacer lo siguiente:

1. **Haz una lista de todas las cosas que necesitas hacer como preparación para el GED.**

Te sugerimos primero que visites el sitio Web del GED en www.acenet.edu/AM/ Template.cfm?Section=GED_TS, consultes con tu administrador local y leas material como el de este libro para ayudarte con tu preparación. Crea tu propia lista según tus habilidades y las áreas de examen en las que necesites más ayuda. Puedes crear una tabla como la que te mostramos aquí para mantenerte organizado.

Paso	Tarea	Tiempo estimado	Fecha de Finalización
1	Asegurarme de que puedo probar que cumplo con los requisitos para tomar el examen GED.		
	Obtener una copia de mi certificado de nacimiento (si no la tengo ya).		
	Obtener una copia de mi expediente académico de secundaria para probar cuándo abandoné los estudios (si no la tengo ya).		
	Consultar con mi administrador local de GED para averiguar los requisitos reales y si los cumplo.		
2	Comprar un buen libro de preparación como éste.		
3	Contactar a mi administrador local de GED para conseguir un cronograma de exámenes.		
4	Averiguar cuánto tiempo de preparación tengo para cada examen.		
5	Ver mi informe académico de secundaria y hacer una lista de las asignaturas en las que tenía más problemas para saber a qué dedicarle más tiempo.		
6	Comenzar a prepararme para los exámenes de práctica, leyendo las secciones correspondientes en este libro.		
7	Tomar los primeros exámenes de práctica, revisar mis respuestas y leer las explicaciones.		
8	Hacer una lista de los exámenes, ordenando mis puntajes más bajos al principio y mis puntajes más altos al final.		
9	Revisar el tiempo que tengo para cada examen y hacer cualquier modificación que me parezca conveniente.		
10	Si mis puntajes en el examen son bajos, evaluar si tomar una clase de preparación, anotarme en un grupo de preparación para el GED o cualquier tipo de ayuda adicional y estimar cuánto tiempo me llevará.		
11	Comenzar a prepararme, empezando por mi área más débil.		
12	Hacer revisiones periódicas de todas las áreas, dedicándole más tiempo a mis áreas de mayor dificultad.		

(continua)

Paso	Tarea	Tiempo estimado	Fecha de Finalización
13	Cuando considere que estoy mejor preparado, tomar el segundo examen de práctica y repetir los pasos 7 a 12.		
14	Revisar y modificar, si es necesario, el tiempo para el examen.		
15	Registrarme para el examen.		
16	Leer las secciones de este libro que hablan sobre qué esperar del examen.		
17	Preparar un cronograma de revisión, dedicándole más tiempo a las áreas de mayor dificultad.		
18	Practicar mi ruta hacia el examen.		
19	Tomar el examen.		
20	Esperar los resultados mientras considero un plan realista y un cronograma para volver a tomarlo si los resultados son bajos.		

2. **Después de preparar tu lista, anota el tiempo aproximado que necesitas para completar cada tarea, indicando cuándo quieres tenerla lista y dejando espacio para llenar con la fecha en la que realmente la completaste.**

Haz un cálculo aproximado de cuánto piensas que te tomará terminar una tarea. Recuerda que algunas tareas toman más tiempo que otras. Por ejemplo, obtener una copia de tu expediente académico de secundaria puede tomar sólo un par de horas, mientras que prepararte para la asignatura que te cuesta más puede tomarte 30 o 40 horas, según cuánto tiempo necesites. Ten en cuenta que pueden producirse demoras, porque no siempre obtendrás respuestas inmediatas a tus preguntas. A veces deberás esperar a reunirte con gente o recibir una carta. Toma un calendario y estima cuándo deberías finalizar una tarea específica.

Tu plan para administrar el tiempo está escrito en papel, no grabado en piedra. A medida que pasas por el proceso de preparación, puede que descubras que necesitas más tiempo para una tarea, como tomar más pre-exámenes de matemáticas, y menos para otras tareas. Si es así, está bien. Puedes revisar tu cronograma para tomar en cuenta tus nuevas necesidades. A veces un lápiz y una goma son los mejores amigos de un administrador del tiempo. Asegúrate de escribir la fecha en que hayas completado cada tarea.

Durante los exámenes

Después de empezar el GED, tienes plazos estrictos para completar cada examen. Lo mejor que puedes hacer para administrar tu tiempo durante los exámenes es simple: Relájate. Muchos estudiantes se preocupan tanto al momento de sentarse a completar los exámenes que les resulta difícil concentrarse y pierden tiempo valioso.

Durante el examen, utiliza las siguientes estrategias de administración del tiempo para mantenerte en carrera y terminar a tiempo. Incluimos estrategias de administración del tiempo específicas para cada examen en la parte del libro que trata cada examen en particular.

✔ **Respira profundamente y haz lo que puedas para relajarte y concentrarte en la tarea en cuestión.** A alguna gente le gusta meditar. A otros les gusta visualizarse haciendo bien el examen. Otros prefieren cerrar los ojos y rezar un poco. No importa cómo prefieras hacerlo, tómate unos minutos para relajarte, pero recuerda que no te darán tiempo adicional en el examen para hacerlo.

✔ **Repasa las preguntas para identificar las fáciles y completa esas primero.** Después de esto, mira tu reloj y calcula rápidamente cuántas preguntas quedan y cuánto tiempo te queda para responderlas. Para determinar cuánto tiempo puedes dedicarle a cada pregunta, divide el tiempo restante por el número de preguntas que te quedan. Asegúrate de agregar un poco de tiempo extra al final del examen para revisar (lee el siguiente punto para más detalles). *Nota:* En cada sección, te ofrecemos un capítulo que detalla cuántas preguntas hay en cada examen y cuánto tiempo tienes para responderlas. Usa estos capítulos para ayudarte a crear un plan de juego mental antes del examen, de modo que estés mejor preparado para administrar tu tiempo cuando rindas el examen real.

✔ **Deja unos minutos al final para revisar tus respuestas.** Necesitarás unos minutos para asegurarte de que respondes todo correctamente. Lee tus respuestas rápidamente, pero no entres en pánico y las cambies porque crees que una respuesta está mal en el último minuto. Lo más probable es que la respuesta que seleccionaste primero sea la correcta. Intenta reflexionar sobre todos los cambios que quieras hacer en forma realista.

Después de aprobar el examen: Lo que puedes hacer con tu GED.

Después de aprobar el GED y recibir ese hermoso diploma, estás listo para pensar en tu futuro. Además de los festejos obvios por tu graduación personal, tienes mucho más por hacer. Piensa en las siguientes maneras en que puedes mejorar tu vida con tu nuevo GED en mano.

✔ **Puedes calificar para un mejor trabajo.** Si tomaste el GED para conseguir un mejor trabajo, ve por él. Tener un GED puede aumentar tus posibilidades de aprobar el primer proceso de selección y conseguir una entrevista. Durante la entrevista, puedes destacarte por encima de los otros aspirantes. Asegúrate de que tu posible empleador sepa que aprobaste un examen que casi el 40 por ciento de los graduados de secundaria tendrían problemas para aprobar. Además, has demostrado que eres un trabajador dedicado al prepararte y aprobar el GED después de abandonar los estudios. Eres dedicado, sabes cómo prepararte, y aprendes bien. Si no fuera así, no habrías pasado el examen. Básicamente, eres digno de contratar. Con esta actitud, debe irte bien en las entrevistas y estarás en camino a conseguir un mejor trabajo.

Lleva información sobre los exámenes GED y el diploma cuando vayas a la entrevista. No asumas que todos los que trabajan en Recursos Humanos saben del GED. Ve a la página web principal del GED y descarga información para fortalecer tu caso. Puedes ingresar *GED ace* en un motor de búsqueda o visitar www.acenet.edu/AM/Template.cfm?Section=GED_TS.

Si consigues el trabajo, podrás ganar un salario mejor para ayudarte a solventar tu futuro. Si eres bueno en lo que haces y asciendes en tu empleo, podrás solventar tus necesidades presentes y futuras.

✔ **Puedes ir a la universidad o a cualquier instituto de enseñanza superior.** Con un GED puedes inscribirte y tener mayores posibilidades de ser admitido en muchos institutos de enseñanza superior. Pregunta en la institución en la que quieres inscribirte y averigua los requisitos de admisión, revisa las fechas límites de inscripción y las carreras que ofrece. Consulta con la oficina de ayuda financiera para averiguar cuáles son tus opciones de pago.

Capítulo 3

Cómo Aprobar con Éxito el GED

• •

En Este Capítulo

▶ Prepararse la noche anterior y el día del examen

▶ Qué esperar el día del examen

▶ Dominar importantes estrategias de examen

▶ Mantenerse en calma y relajado durante el examen

• •

Tal vez nunca antes hayas tomado un examen estandarizado. O quizás, si ya has pasado por esto, te despiertes sudando en medio de la noche con pesadillas que te recuerdan amargas experiencias pasadas. Hayas experimentado o no las alegrías y las penas de un examen estandarizado, para aprobar con éxito el GED, debes saber desempeñarte bien en este tipo de examen, que consiste principalmente en preguntas de opción múltiple.

La buena noticia es que has dado con el lugar correcto para conocer más acerca de este tipo de examen. Este capítulo brinda consejos prácticos sobre lo que puedes hacer los días y las noches previos al examen, la mañana misma del examen, e incluso lo que debes hacer durante el examen para salir airoso. También describe algunas importantes estrategias de examen que te ayudarán a sentirte seguro.

Prepárate para el Momento del Examen

Aprobar exitosamente el GED implica algo más que ingresar al salón de exámenes y responder las preguntas. Debes estar preparado para los desafíos que plantea el examen. Si quieres estar seguro de poder enfrentar sin tregua el examen, prepárate así:

✔ **Duerme lo suficiente.** No queremos sonar como tus padres, pero esto es absolutamente cierto: no deberías tomar un examen si estás al borde del agotamiento. Planifica tu tiempo para dormir bien durante varias noches antes del examen. Si te preparas con anticipación, te sentirás seguro y será más fácil conciliar el sueño.

✔ **Toma un buen desayuno.** Un desayuno saludable alimenta el cuerpo y la mente. El examen dura varias horas, y definitivamente no querrás flaquear en ningún momento. Ingiere proteínas, por ejemplo huevos, tocino o salchichas con tostadas para el desayuno. Evita los dulces (rosquillas, mermelada y fruta) porque pueden fácilmente provocarte fatiga. No querrás que tu estómago vacío pelee contra tu cerebro recargado.

✔ **Respira profundo.** Mientras viajas al lugar de examen, prepárate mentalmente. Evita toda distracción, practica respirar profundamente e imagínate saliendo airoso del examen. No sientas miedo.

✔ **Empieza por el principio, no por el final.** Recuerda que el día del examen es la culminación de un largo período de preparación y no el comienzo. Lleva tiempo fortificar los músculos mentales.

✔ **Llega puntualmente.** Asegúrate de saber con precisión la hora en que comienza el examen y la ubicación exacta del lugar de examen. La mayoría de los centros de examen no te permiten ingresar si llegas tarde. No corras ningún riesgo; llega temprano. Si te parece necesario, haz un viaje de prueba para asegurarte de tener tiempo suficiente desde tu casa o lugar de trabajo hasta el centro de examen. No necesitas la presión extra de estar preocupado por si llegas a tiempo o no al examen. De hecho, esta presión adicional puede generar pánico incluso en las personas más sosegadas.

Suele haber tráfico. Es imposible saberlo de antemano, pero puedes reservar tiempo adicional para no arruinarte el día. Planea tu ruta y familiarízate con ella. Luego, asigna un tiempo adicional por si un meteoro se estrella contra el pavimento y la multitud que se aglutina alrededor no te permite avanzar. Los examinadores no sentirán compasión por ti si llegas tarde por no haber verificado bien la hora de inicio. Demostrarán incluso menos compasión si te presentas en la fecha equivocada.

Qué Llevar contigo cuando Tomes los Exámenes GED

El GED puede ser el examen más importante de tu vida. Tómalo con seriedad y ve preparado. Asegúrate de llevar los siguientes elementos el día del examen:

✔ **Tú:** Lo más importante para llevar el día de los exámenes GED eres tú. Si te inscribes para tomar el examen, debes presentarte; de lo contrario, recibirás un enorme, redondísimo cero. Si luego de inscribirte sucede algún hecho infortunado, ponte en contacto con el centro de exámenes y explica tu situación a los administradores.

✔ **Identificación correcta:** Antes de que los directivos te permitan ingresar a la sala para tomar el examen, querrán verificar que tú eres realmente tú. Lleva la identificación oficial con fotografía — tu oficina estatal de GED puede explicarte en qué consiste el formulario de identificación con foto expedido por el estado. Coloca tu identificación en un lugar de fácil acceso. Y cuando te pidan que te identifiques, no saques un espejo y digas: "Sí, éste soy yo".

✔ **Aranceles que debes pagar:** Para tomar el GED, debes pagar un arancel de inscripción, que varía según el estado. (Consulta con tu administrador local cuándo debe pagarse el arancel y la forma de pago.) Si no pagas, no puedes tomar el examen. Lleva el recibo para evitar cualquier malentendido.

✔ **Confirmación de inscripción:** La confirmación de inscripción es tu comprobante de que te has matriculado. Si tomas el examen en una zona donde todos te conocen y conocen todo lo que haces, es posible que no necesites la confirmación, pero aún así te sugerimos que la lleves. Es liviana y no ocupa mucho lugar en el bolsillo.

✔ **Otros elementos varios:** En las instrucciones que recibes al inscribirte para el examen, se incluye una lista de lo que necesitas llevar contigo. Además de tu persona y de los elementos que mencionamos anteriormente, otros elementos que puedes llevar o usar son los siguientes:

- Ropa cómoda

- Calzado cómodo

- Reloj de pulsera con segundero, de ser posible (Si hace mucho que no le cambias las pilas, es recomendable que lo hagas antes del examen.)

- Dos lápices N° 2 o lápices mecánicos HB; un bolígrafo para el ensayo (todo esto pueden proporcionártelo en el centro de examen, pero... ¿para qué arriesgarse?)

Las reglas sobre lo que se puede ingresar a la sala de examen son estrictas. No corras riesgos. Si un elemento no figura en la lista de elementos admitidos y no se trata de indumentaria normal, déjalo en casa. El último lugar sobre la tierra para debatir sobre si puedes ingresar o no un elemento dentro de la sala de exámenes es la puerta de entrada en el día del examen. Si tienes alguna duda, comunícate antes con el centro de examen. Visita www.acenet.edu/resources/GED/center_locator.cfm para encontrar una lista de los sitios más cercanos a tu hogar con su dirección y número de teléfono. También puedes llamar al 800-62-MYGED para ser atendido por un operador. En cualquier caso, asegúrate de no llevar los siguientes elementos:

- ✔ Libros

- ✔ Calculadora (te proporcionarán una — consulta el Capítulo 24)

- ✔ Notas o papel borrador

- ✔ Reproductor de MP3

- ✔ Teléfono celular (déjalo en casa o en el auto)

- ✔ Objetos de valor, como una computadora portátil o una radio, que no te sientas seguro de dejarlos fuera de la sala mientras tomas el examen

Qué Debes Esperar al Llegar

Por lo general, tomas el examen GED en una gran sala de examen con al menos un funcionario oficial (en ocasiones denominado supervisor o examinador) quien está a cargo del examen. El supervisor entrega a cada estudiante un cuadernillo y una hoja de respuestas en el momento programado para el inicio del examen: Luego lee las instrucciones a todos los estudiantes. Escucha atentamente las instrucciones para saber si te permiten salir para ir al baño, y en tal caso, en qué momento, cuánto tiempo tienes para tomar el examen y cualquier otra información importante.

En cuanto el supervisor te autorice a abrir el cuadernillo del examen, lee superficialmente las preguntas. No le dediques demasiado tiempo a eso — lo suficiente para detectar las preguntas que sabes responder con certeza y las que necesitarás más tiempo para responder. Utiliza tu propio código para marcar las preguntas fáciles en el cuadernillo de examen. Una vez que termines de dar esta lectura rápida, responde primero todas las preguntas que sabes; de esta manera estarás reservando mucho más tiempo para las preguntas difíciles.

En cada pregunta — con excepción de unas pocas en el Examen de Matemáticas (consulta el Capítulo 24) y el ensayo en la Parte II del Examen de Redacción de Artes del Lenguaje, (consulta el Capítulo 4) — tienes que escoger entre cinco respuestas. Lee cada pregunta con atención, y recuerda que sólo una de las respuestas es la correcta. Selecciona la respuesta más próxima a la respuesta correcta según lo establezca la pregunta. Si lo que sabes no coincide con lo que enuncia la pregunta, confía en la información que figura en la pregunta. Por lo general una máquina califica los exámenes y la máquina no sabe lo que tú estás pensando. A veces debes escoger la mejor respuesta, no la absolutamente correcta.

No debes seguir un orden para responder las preguntas. Nadie, excepto tú, sabrá en qué orden has respondido las preguntas, por lo tanto responde primero las más fáciles.

Tomar exámenes estandarizados probablemente no sea lo habitual para ti y es posible que te sientas nervioso. Esto es perfectamente normal. Simplemente trata de concentrarte en responder una pregunta por vez y aleja otros pensamientos de tu mente. En ocasiones inhalar profundo puede ayudarte a despejar la mente; aunque tampoco dediques demasiado tiempo a respirar. Después de todo, tu principal objetivo es aprobar el examen.

Durante el examen, mantén la mirada en tu examen. Si tus ojos vagan por la sala, el examinador del GED puede preguntarse qué estás haciendo. Nunca te conviertas en el objeto de atención del examinador durante un examen. En el peor de los casos, puede pensar que estás copiando y descalificarte.

Durante el examen, el examinador te informará periódicamente cuánto tiempo ha transcurrido y cuánto tiempo queda. Presta atención a estos recordatorios. Cuando se acabe el tiempo, deja inmediatamente de escribir, apoya el lápiz sobre el escritorio y suspira aliviado. Finalizado el examen, entrega tu hoja de respuestas y el cuadernillo del examen. Escucha las instrucciones sobre qué debes hacer o hacia dónde debes dirigirte.

Descubre Importantes Estrategias de Examen

Puedes mejorar tu calificación practicando — y dominando — algunas perspicaces estrategias de examen. Para ayudarte, incluimos en esta sección sugerencias para planificar tu tiempo, determinar el tipo de pregunta, decidir cómo responder los distintos tipos de preguntas, adivinar con astucia y revisar tu trabajo.

Controlar el tiempo

Dispones de una cantidad limitada de tiempo para cada sección del los exámenes GED, por lo que la buena administración del tiempo es fundamental para alcanzar el éxito en el examen. Debes planificar con antelación y utilizar sabiamente tu tiempo a medida que avanzas por las distintas secciones.

Cuando comience el examen, observá tu reloj y anota la hora en que comienzas y la hora en que debes finalizar. (Anota estas horas en la parte superior de tu hoja de respuestas con una marca suave de lápiz que puedas borrar antes de entregar.) De esta forma, no perderás tiempo calculando cuánto tiempo te queda cuando estés a mitad del examen. No intentes recordar la hora; por el contrario, anótala.

Durante el examen, tu supervisor probablemente te advertirá — tal vez más de una vez — sobre cuánto tiempo resta. Compara la hora que te anuncian con la hora que has anotado al comienzo del examen. La Tabla 3-1 muestra cuánto tiempo tienes, en promedio, para cada pregunta del examen.

Tabla 3-1	Tiempo por Pregunta para Cada Examen GED		
Examen	**Cantidad de Preguntas**	**Límite de Tiempo (En Minutos)**	**Tiempo por Pregunta (En Minutos)**
Artes del Lenguaje, Redacción, Parte I	50	75	1,5
Artes del Lenguaje, Redacción, Parte II	1 ensayo	45	45
Estudios Sociales	50	70	1,4
Ciencias	50	80	1,6
Artes del Lenguaje, Lectura	40	65	1,6
Matemáticas, Parte I y II	50	90	1,8

Como puedes observar en esta tabla, si demoras dos minutos en cada pregunta, no tendrás tiempo de responder todas las preguntas del examen. Ten en cuenta los siguientes consejos prácticos para administrar bien tu tiempo y poder completar cada examen:

- ✔ **Calcula el tiempo que tienes para responder cada pregunta sin pasar más tiempo calculando el tiempo que respondiendo.** Agrupa las preguntas; por ejemplo, planea completar cinco preguntas en siete minutos. Esto te ayudará a completar todas las preguntas y te dejará unos minutos para la revisión.

- ✔ **Mantén la calma y no entres en pánico.** El tiempo que pases en estado de pánico se puede aprovechar mejor respondiendo preguntas.

- ✔ **Practica utilizando los modelos de examen que se incluyen en este libro.** Cuanto más practiques con modelos de examen cronometrados, más fácil resultará enfrentar un examen cronometrado. Si practicas, te acostumbrarás a completar una tarea con límite de tiempo.

Identificar distintos tipos de preguntas

Si bien no resulta necesario saber en profundidad cómo los examinadores elaboraron las preguntas para responderlas correctamente, una cierta comprensión acerca de cómo fueron desarrolladas no está de más. Conocer los tipos de pregunta con las que te enfrentarás, facilitará las respuestas y te deparará menos sorpresas. Algunas preguntas de matemáticas exigen un formato especial de respuesta. Conocer el tipo de pregunta puede determinar la forma en que pienses la respuesta. Algunas preguntas te pedirán que analices fragmentos de texto, lo que significa que la información que necesitas figura en el texto. Otras te pedirán deducir información de un texto, lo que significa que no toda la información estará incluida en el texto. Aunque ninguno de los exámenes posee los títulos que siguen, las preguntas de los exámenes GED evalúan tus habilidades en las siguientes áreas.

Análisis

Las preguntas de análisis requieren que desgloses información y observes cómo las distintas porciones de información se relacionan entre sí. Analizar información de esta manera forma parte del proceso de razonamiento y requiere que

- ✔ Separes hechos de opiniones.

- ✔ Te des cuenta de que cuando un supuesto no está expresado, no es necesariamente cierto. Los supuestos expresados en el texto o en la pregunta te ayudarán a encontrar la mejor respuesta.

- ✔ Identifiques una relación de causa-efecto. Por ejemplo, debes tomar un helado rápidamente cuando hace calor. La causa es el clima cálido y el efecto es que el helado se derrite rápidamente.

- ✔ Deduzcas. Pueden pedirte que arribes a una conclusión basándote en las pruebas presentadas en la pregunta. *Deducir* es una forma elegante de decir que arribarás a una conclusión. En el ejemplo anterior, puedes deducir que debes permanecer en un espacio con aire acondicionado para tomar tu helado o que lo debes tomar rápidamente.

- ✔ Compares. Si consideras las similitudes entre ideas u objetos, estás comparándolos. El mundo se parece a un balón de baloncesto porque ambos son redondos, por ejemplo.

- ✔ Confrontes. Si consideras las diferencias entre ideas u objetos, estás confrontándolos. Por ejemplo, el mundo no se parece a un balón de baloncesto porque es mucho más grande y posee una superficie irregular.

Relacionarse con otras personas en situaciones sociales pone en evidencia estas habilidades. Por ejemplo, en la mayoría de las conversaciones entre amigos (o rivales) sobre deporte, en seguida puedes diferenciar hechos de opiniones, puedes deducir, comparar, confrontar e identificar relaciones de causa-efecto. En otras situaciones sociales, puedes darte cuenta cuando no se está expresando un supuesto. Por ejemplo, tal vez supongas que tu mejor amigo o pareja se encontrará contigo para un café la noche anterior a un importante examen, como el GED, pero en realidad tu amigo puede estar planeando irse temprano a la cama. Los supuestos no expresados que des por hecho pueden ocasionarte problemas en la vida y en los exámenes GED.

Aplicación

Las preguntas de aplicación exigen que uses la información presentada en una situación y la apliques a una situación diferente. Has estado aplicando información a diestra y siniestra la mayor parte de tu vida, pero quizás ni te diste cuenta. Por ejemplo, cuando usas la información del periódico de la mañana para expresar una idea en una discusión por la tarde, estás recurriendo a tu capacidad de aplicación.

Comprensión

Una pregunta de *comprensión* verifica si has comprendido material escrito. Quienes elaboran los exámenes GED esperan que puedas expresar información incluida en el examen con tus propias palabras, desarrollar un resumen de las ideas presentadas, discutir las implicaciones de estas ideas y sacar conclusiones a partir de estas implicaciones. Necesitas desarrollar estas habilidades de comprensión para entender qué están preguntando las preguntas de opción múltiple y poder responder acertadamente estas preguntas.

La mejor forma de aumentar tu comprensión es leer mucho y pedir a otra persona que te haga preguntas sobre lo que lees. También puedes recurrir a libros que específicamente te ayudan a mejorar tu comprensión presentando material escrito y posteriormente formulando preguntas acerca de él. Tienes en tus manos uno de estos libros. Los demás libros de preparación para exámenes de la serie *Para Dummies* , al igual que el libro *AP English Literature & Composition For Dummies* de Geraldine Woods (Wiley), se centran específicamente en la comprensión de lectura. Puedes consultar estos libros para mejorar tu comprensión si aún tienes dificultades después de leer este libro.

Síntesis

Las preguntas de *síntesis* exigen que separes bloques de información presentada y vuelvas a armar las piezas para formular una hipótesis, teoría o relato. Al hacerlo obtienes una comprensión distinta, una nueva interpretación de la información que no tenías anteriormente. ¿Alguna vez has debatido sobre algo que pasó, dando tu propia interpretación de los hechos hasta generar un nuevo relato? Si tu respuesta es afirmativa, ya has estado utilizando tu capacidad de síntesis.

Evaluación

Cada vez que alguien te presenta información o una opinión, la juzgas para asegurarte de su veracidad. Esta evaluación te ayuda a formar una opinión sobre la información presentada antes de decidir utilizarla. Si el empleado que vende helados te sugiere que compres un cono de frambuesa en lugar del sabor que deseas porque todos saben que la frambuesa se derrite más lentamente que los demás sabores, es posible que sientas una leve sospecha. Especialmente si observas que el empleado posee cuatro contenedores de helado de frambuesa y sólo uno de los demás sabores, entonces puedes juzgar su sugerencia como tendenciosa o incluso invalidarla.

Habilidades cognitivas

Las habilidades mentales que utilizas para adquirir conocimientos se denominan habilidades cognitivas e incluyen el razonamiento, la percepción y la intuición. Son particularmente importantes en la lectura comprensiva, que es lo que evalúa el examen GED. Puedes aumentar tu conocimiento y comprensión leyendo libros, investigando en Internet o mirando documentales. Después de leer o ver algún material nuevo, analízalo con otras personas para asegurarte de haber comprendido y poder conversar acerca de ello.

Formular y responder preguntas

Al comenzar el examen, resulta útil tener un plan de acción para responder las preguntas. Ten en cuentas los siguientes consejos para responder cada pregunta de opción múltiple:

- **Cuando leas una pregunta, pregúntate: "¿Qué me están preguntando?"** Esto te ayudará a concentrarte en lo que necesitas averiguar para responder la pregunta. Incluso puedes decidir rápidamente qué habilidades necesitas para responder la pregunta (consulta la sección anterior para obtener más información sobre estas habilidades). Luego intenta responder la pregunta.

- **Intenta eliminar algunas respuestas.** Como todas las preguntas son directas, no busques significados ocultos ni pistas engañosas. Las preguntas requieren una respuesta basada en la información proporcionada. Si no tienes suficiente información para responder la pregunta, una de las respuestas expresará esto.

- **Encuentra la mejor respuesta y verifica rápidamente que responda la pregunta.** Si lo hace, marca esa respuesta y continúa. Si no lo hace, marca la pregunta en el cuadernillo del examen y vuelve a ella una vez que hayas respondido todas las demás preguntas, si tienes tiempo. Recuerda borrar todas las marcas en el cuadernillo del examen antes de entregarlo.

Adivinar para ganar: Adivina con astucia

Las preguntas de opción múltiple ofrecen cinco respuestas posibles. Obtienes un punto por cada respuesta correcta, y no se restan puntos por las respuestas incorrectas, lo que significa que puedes adivinar la respuesta para las preguntas que no sabes sin miedo a perder puntos. Resuelve adivinanzas en forma coherente eliminando la mayor cantidad posible de opciones incorrectas y seleccionando entre tan sólo dos o tres respuestas.

Cuando la pregunta ofrece cinco respuestas posibles y escoges una respuesta al azar, tienes una probabilidad del 20 por ciento de adivinar la respuesta correcta incluso sin leer la pregunta. Claro que no recomendamos usar este método en el examen.

Si sabes que una de las respuestas es definitivamente incorrecta, tienes que escoger entre tan sólo cuatro respuestas, lo que te brinda una probabilidad del 25 por ciento (1 de 4) de seleccionar la respuesta correcta. Si sabes que dos de las respuestas son incorrectas, sólo te quedan tres respuestas posibles entre las cuales escoger, por lo que tienes una probabilidad del 33 por ciento (1 en 3) de adivinar la respuesta correcta — ¡mucho mejor que el 20 por ciento! Y, finalmente, si sabes que tres de las respuestas son incorrectas, tu probabilidad de escoger la respuesta correcta aumenta al 50 por ciento, ¡que es la mejor probabilidad que puedes tener con una selección al azar!

Si no conoces la respuesta a una pregunta en particular, intenta detectar las opciones incorrectas teniendo en cuenta lo siguiente:

- **Asegúrate de que tu respuesta verdaderamente responde la pregunta en cuestión.** Las opciones incorrectas usualmente no responden la pregunta, es decir, pueden sonar bien, pero responden una pregunta diferente a la formulada en el examen.

- **Cuando dos respuestas se parecen demasiado, analízalas con atención porque ambas no pueden ser correctas; pero ambas *pueden* ser incorrectas.** Las respuestas similares en ocasiones se incluyen para verificar que realmente comprendes el material.

- **Busca respuestas opuestas con la esperanza de poder eliminar una.** Si dos respuestas se contradicen, ambas no pueden ser correctas, aunque sí pueden ser ambas incorrectas.

- **Confía en tus instintos.** Algunas opciones incorrectas te parecerán incorrectas cuando las leas por primera vez. Si has invertido tiempo en preparar este examen, probablemente sepas más de lo que crees.

Reservar tiempo para la revisión

Dedicar unos minutos al final del examen para comprobar tu trabajo ayuda a tranquilizarte. Estos minutos te brindan la oportunidad de revisar las preguntas difíciles. Si has seleccionado una respuesta para cada pregunta, disfruta los últimos minutos antes de que el tiempo se acabe, sin sufrir pánico. Recuerda las siguientes sugerencias cuando revises tus respuestas:

✔ Aunque técnicamente tienes un minuto y medio para cada pregunta, en promedio, intenta responder cada pregunta en el lapso de un minuto. Los segundos adicionales que no utilizas suman tiempo al final del examen para la revisión. Algunas preguntas exigen mayor análisis y capacidad de decisión que otras. Utiliza los segundos adicionales para responder esas preguntas.

✔ *No* intentes cambiar muchas respuestas en el último minuto. Dudar de ti mismo sólo te causará problemas. Si te has preparado bien y has practicado muchas modelos de examen, tienes grandes probabilidades de responder correctamente la primera vez. Ignorar toda tu preparación y conocimiento por apostar a una corazonada no es una buena idea tanto en el hipódromo como en un examen.

✔ La revisión es un buen momento para verificar que tus respuestas estén bien presentadas. Asegúrate de que los círculos estén rellenos y que no queden marcas fuera de lugar en la hoja de respuestas. La máquina puede leer estos garabatos como respuestas y pasar por alto un círculo semi-completo.

Concéntrate en el Juego

Para aprobar exitosamente el GED, debes estar preparado. Además de estudiar los contenidos y desarrollar las habilidades necesarias para los cinco exámenes, también es bueno estar mentalmente preparado. Aunque estés nervioso, no dejes que los nervios te traicionen. Mantén la calma y respira profundo. Ten en cuenta los siguientes consejos para mantenerte concentrado en la tarea:

✔ **Toma un tiempo para relajarte.** Aprobar los exámenes GED es un acontecimiento importante en la vida. Asegúrate de tener tiempo para relajarte, mientras te preparas para el examen y justo antes de tomar el examen. La relajación forma parte de la preparación, en tanto no se convierta en tu actividad principal.

✔ **Asegúrate de conocer las reglas del salón antes de comenzar.** Si tienes preguntas acerca del uso del baño durante el examen o qué hacer si terminas antes, pregunta al supervisor antes de comenzar. Si no deseas formular estas preguntas en público, llama a tu oficina local de GED antes del día del examen y haz tus preguntas por teléfono. Si eres miembro de Facebook, envía tus preguntas a www.facebook.com/group.php?gid=46193757671, que es la forma más sencilla de evitar quedar atrapado en una jungla de mensajes de correo de voz sin responder. Para preguntas generales acerca de los exámenes GED, llama al 800-62-MYGED o visita www.gedtest.org.

✔ **Mantén la mirada en tu examen.** Todos saben que no deben mirar las hojas de los demás durante un examen, pero para estar seguros, no te estires, mires hacia otro lado ni hagas ningún otro movimiento que pueda ser interpretado como espiar otro examen.

✔ **Mantén la calma.** Tus nervios pueden consumir mucha energía necesaria para el examen. Concéntrate en tu tarea. Siempre habrá otra oportunidad de ponerse nervioso o entrar en pánico.

Parte II

Poner los Puntos sobre las Íes: El Examen de Redacción de Artes del Lenguaje

The 5th Wave   By Rich Tennant

"Terminé rápido mi ensayo, así que escribí ensayos sobre todas las otras preguntas, y como me sobraba tiempo, escribí unos pocos ensayos más sobre una cosa siniestra en la que estuve pensando."

En esta parte . . .

Esta parte te interioriza sobre el examen de redacción de artes del lenguaje, brindándote datos esenciales tanto de la Parte I como la II. En este examen, tendrás la oportunidad de responder preguntas de opción múltiple y escribir un ensayo breve. ¡Qué suerte la tuya!

Para evitar el pánico, todo lo que tienes que hacer es prepararte para estas tareas —y ahí es donde esta parte resulta útil. Aquí descubrirás cómo está organizado el examen de redacción de artes del lenguaje y qué habilidades evalúa. Con esta información a mano, puedes familiarizarte con lo que se espera que sepas antes de tomar los exámenes — y esta familiaridad probará ser asombrosamente conveniente el día del examen. Como bono adicional, te ofrecemos además algunas estrategias que te ayudarán a rendir mejor en el examen.

Luego de atiborrar tu cabeza con detalles del examen, te damos la oportunidad de evaluar tus habilidades y preparación con dos exámenes de práctica completos. Cada uno de los exámenes tiene un capítulo de respuestas con explicaciones para ayudarte a comprender por qué las respuestas son como son, y también sugerencias sobre cómo escribir un ensayo bien estructurado.

Capítulo 4

Lo de Escribir: Prepararse para el Examen de Redacción de Artes del Lenguaje, Partes I y II

En Este Capítulo

▶ Fijarse en el formato del Examen de Redacción de Artes del Lenguaje, Partes I y II

▶ Identificar el tipo de preguntas que aparecen en la Parte I y saber cómo prepararse para ellas

▶ Prepararse para escribir el ensayo de la Parte II y practicar con algunas instrucciones de muestra

El Examen de Redacción de Artes del Lenguaje evalúa tu habilidad de comprender y aplicar los conceptos gramaticales y la escritura. Por si no lo sabes, la gramática es la estructura básica del lenguaje (ya sabes, los sujetos, los verbos, las oraciones, los fragmentos, los puntos, las comas y todo eso). La mayoría del contenido del examen (sobre la escritura y la gramática) son cosas que has adquirido con los años, bien sea en la escuela o simplemente viviendo, hablando y leyendo. Para ayudarte a estar mejor preparado para el examen, te damos unos consejos de cómo adquirir destrezas en este capítulo.

Como puedes ver en el título de este capítulo, el Examen de Redacción de Artes del Lenguaje se divide en dos partes. Gran parte de la Parte I determina tu dominio de la gramática con 50 preguntas de opción multiple.

La Parte II de este examen es diferente de todos los otros exámenes del GED, ya que tienes que escribir un ensayo. En vez de rellenar los circulitos, tendrás que escribir palabras de verdad y oraciones que estén conectadas de una manera u otra y que tengan sentido para el lector. Tienes 45 minutos para producir un ensayo coherente y legible sobre el tema que te den. A pesar del nombre, la Parte II no es un ensayo de verdad, sino una serie de párrafos conectados. No se espera que produzcas un opus con investigaciones documentadas. Más bien se espera de ti que escribas una serie de párrafos coherentes y conectados sobre un tema y que uses las reglas de gramática y la ortografía correctas. Los evaluadores buscan un ensayo de cinco párrafos que esté bien organizado y que se adhiera al tema.

Este capítulo te ofrece detalles sobre el Examen de Redacción de Artes del Lenguaje y te da consejos útiles para que tengas éxito.

Entender el Formato del Examen

Como ya mencionamos, el Examen de Redacción de Artes del Lenguaje se divide en dos partes. Cada una tiene un tipo de preguntas diferente. Si tienes conocimientos básicos sobre estos dos tipos de preguntas, te ayudará a evitar sorpresas cuando te sientes a tomar el examen. La siguiente sección explica los tipos de preguntas que encontrarás en las Partes I y II. También contiene consejos de cómo prepararte de una manera más efectiva. Queremos que te sientas cómodo cuando confrontes estas preguntas en el examen.

Entender lo que hay en la Parte 1

La Parte I del Examen de Redacción de Artes del Lenguaje contiene 50 preguntas de opción múltiple, que debes responder en un máximo de 75 minutos. El examen consiste en leer, revisar y editar documentos como textos de instrucciones, textos informativos y materiales del lugar de trabajo. No te preocupes. El hecho de que no hayas estudiado gramática en años, no quiere decir que no sepas el contenido. Seguramente sabes más de lo que crees. Y, por suerte, todas las preguntas de esta sección son de opción multiple, lo que quiere decir que no tienes que crear la respuesta tú solo.

Tienes que leer el texto con atención para responder las preguntas en esta parte. Lee siempre todo el texto antes de responder las preguntas que le correspondan porque las preguntas tienen más sentido cuando tienes una idea clara del contenido. Al leer cada documento, piensa, "¿Puedo corregir este texto? Si la respuesta es sí, ¿cómo?"

Entender lo que hay en la Parte 11

Este examen de 45 minutos tiene sólo una pregunta, y es un tema sobre el que vas a tener que escribir un ensayo corto. Si te sobra tiempo después de haber terminado la Parte I del Examen de Redacción de Artes del Lenguaje, puedes usarlo para la Parte II.

En esta parte del examen, recibirás un tema con unas instrucciones. Tienes que escribir más o menos dos páginas (una en la parte por delante, una en la parte por detrás) sobre el tema. Recuerda que no puedes escribir sobre otro tema o sobre un tema similar. Si lo haces, recibirás cero puntos por el ensayo, y tendrás que tomar todo el Examen de Redacción de Artes del Lenguaje de nuevo.

Las instrucciones que acompañan al tema del ensayo requieren que uses tus conocimientos, observaciones y experiencias personales para escribir sobre el tema.

Pasar la Parte 1

El Examen de Redacción de Artes del Lenguaje, Parte I, requiere que uses todos tus conocimientos de gramática previos. En las siguientes secciones, te damos información reveladora para tener éxito en este examen. Esta información cubre las destrezas de esta parte del examen, el tipo de preguntas que encontrarás, lo que puedes hacer para prepararte, cómo puedes administrarte el tiempo, y cómo se ven los problemas en el examen de verdad. Con esta información a mano, puedes enfrentarte al examen con confianza el día del examen.

Un Vistazo a las destrezas que cubre la Parte 1

La Parte I del Examen de Redacción de Artes del Lenguaje evalúa las siguientes destrezas de gramática. Fíjate que, a diferencia de las otras partes del GED, en esta parte se espera que tú *sepas*, o por los menos que estés *familiarizado* con las reglas de gramática; simplemente leer los fragmentos de texto no te va a ayudar si no entiendes estas reglas básicas.

✔ **La mecánica del lenguaje (25 por ciento; 12 o 13 preguntas):** No tienes que ser experto en gramática para pasar este examen, pero deberías saberla o, si no la sabes, revisar la gramática básica. La mecánica del lenguaje se refiere a:

- **El uso de mayúsculas:** Tienes que saber qué palabras comienzan con mayúscula y cuáles no. Todas las oraciones comienzan con mayúscula. También se escriben con mayúscula los nombres propios (nombres y apellidos de personas, ciudades, países, eventos, etc.), y los títulos y cargos cuando vayan solos (el Presidente, el Senador, el Rey) o cuando vayan en la forma abreviada (Sr., Sra., Dr.). Si estos títulos van acompañados del apellido, van en minúscula (el rey Juan Carlos). Los nombres de eventos se escriben con mayúscula (el Día de Acción de Gracias), pero no los nombres de días, meses y las estaciones.

- **La puntuación:** Esta parte de la mecánica del lenguaje contiene un favorito de todos: las comas. (En realidad, la mayoría de nosotros odiamos las comas porque no estamos seguros de cómo usarlas, pero las reglas básicas son simples y se pueden aplicar fácilmente.) Cuanto más leas, serás mejor con la puntuación. Si estás leyendo, y no entiendes el uso de la puntuación, consulta algún manual de gramática en Internet. La regla general: No uses una coma a no ser que el grupo de palabras que separa exprese una idea completa. Por ejemplo: "Fue agonizador dejar a sus amigos atrás, pero ella quería ir a la universidad". Ella quería ir a la universidad es una oración completa que podría expresarse sola. Consulta www.elcastellano.org/gramatic.html, aunque te avisamos que esta página tiene anuncios.

- **La ortografía:** En el examen no tienes que encontrar muchas palabras que estén mal escritas, pero tienes que saber las reglas de acentuación.

- **La acentuación:** Todas las palabras tienen acento (la sílaba en la que pones el énfasis al decir la palabra), pero no todas llevan tilde (el "palito" encima de la vocal). Las palabras que se pronuncian con más intensidad en la última sílaba son palabras agudas, y llevan tilde cuando terminan en vocal, *n* o *s*: *sofá, Perú, volaré, París, canción.* Las palabras con el acento en la penúltima sílaba son palabras graves o llanas. Llevan tilde cuando terminan en una consonante que no sea *n* o *s*. Por ejemplo: *lápiz, árbol, azúcar.* Las palabras con el acento en la antepenúltima sílaba son palabras esdrújulas, y como *gramática* y *música*, todas llevan tilde. También llevan siempre tilde las palabras que tengan el acento antes de la antepenúltima sílaba, como *escríbeselo.*

  ¿Qué pasa con las palabras de una sola sílaba? En general, no llevan tilde, aunque hay excepciones. Existe una serie de palabras que llevan tilde para distinguirlas de otras que se escriben y dicen igual, pero que tienen un significado diferente. Algunos ejemplos son *de* (preposición: *la amiga de María*), *dé* (verbo: *no le dé eso a María*); *tu* (adjetivo posesivo: *tu mejor amigo*), *tú* (pronombre personal: *tú eres mi amigo*). Consulta un manual de gramática para ver el resto de las reglas de acentuación.

✔ **La organización (15 por ciento; 7 u 8 preguntas):** En el examen, te van a pedir que corrijas textos cambiando el orden de las oraciones u omitiendo ciertas oraciones cuando no queden bien. Tienes que revisar los textos para convertirlos en textos con párrafos lógicos y organizados. Es posible que te pidan que tengas que mover o editar párrafos u oraciones. Quizás tengas que añadir una oración que establezca el tema, o asegurarte de que todas las oraciones sean del mismo tema. Lo importante es recordar que todas las preguntas son de opción múltiple, lo que quiere decir que tienes un número limitado de opciones para mejorar el texto. Lee las preguntas atentamente y no tendrás problemas.

✔ **La estructura de las oraciones (30 por ciento; 15 preguntas):** Todos los idiomas tienen reglas sobre el orden en el que las palabras deben aparecer en una oración. En el examen, tendrás la oportunidad de mejorar las oraciones según creas que tengan más sentido. Si lees mucho antes del examen, te dará una idea de cómo se forman y se estructuran las oraciones. El consejo, como siempre, es lee, lee, y luego lee un poco más.

✔ **El uso del lenguaje (30 por ciento; 15 preguntas):** La mayor parte de este examen es sobre preguntas del uso del lenguaje. La gramática tiene una gran variedad de reglas, y estas preguntas evalúan tu conocimiento y entendimiento del lenguaje. Los sujetos y los predicados tienen que concordar. Los pronombres tienen que referirse a los nombres correctamente. Si las últimas tres oraciones que acabas de leer te suenan a chino, asegúrate de revisar un libro de las reglas y el uso de la gramática.

Si entiendes bien la mecánica del lenguaje, entenderás mejor el tipo de preguntas que vas a encontrar en la Parte I de este examen. La siguiente sección está dedicada a algunos puntos más específicos que vas a encontrar en el examen.

Identificar los tipos de textos en la Parte I

Existen tres tipos de textos en la Parte I:

✔ **Textos de instrucciones:** Cada uno de estos artículos o textos tiene de 200 a 300 palabras y trata de temas de interés para el lector, por ejemplo cómo pasar el examen de GED, cómo escribir un buen CV, cómo construir una valla, o cómo hacer cualquier cosa que le interese a la gente.

✔ **Textos informativos:** Estos artículos o textos ofrecen información o un análisis de un tema. Pueden ser ensayos de posición o evaluaciones críticas de algún tema. Cada uno de estos documentos contiene de 200 a 300 palabras e intenta transmitir información al lector.

✔ **Materiales del lugar de trabajo:** Estos artículos o fragmentos de texto son parte de tu vida diaria. Algunos ejemplos son cartas, anotaciones de una reunión, resúmenes ejecutivos y solicitudes. Cada uno de estos documentos contiene de 200 a 300 palabras y trata de temas de todos los días que te serán familiares.

Sea cual sea el tipo de texto que te toque, las preguntas de la Parte I te pedirán que corrijas la gramática. La gramática no cambia según el tipo de texto, así que tienes que familiarizarte con las reglas de gramática para mejorarlo. Deberías también estar familiarizado con los tipos de textos, pero lo más importante es la gramática.

Prepararse para la Parte I: Tácticas que funcionan

Para tener éxito en la Parte I del Examen de Redacción de Artes del Lenguaje, debes prepararte revisando las reglas de gramática, la puntuación y la ortografía. También debes familiarizarte con el formato y los temas de esta parte del examen. Aquí hay algunas maneras en las que te puedes preparar:

✔ **Lee cuanto más puedas.** Ésta es la mejor estrategia para pasar el examen, y es, por mucho, la más simple. La lectura te expone a la gramática correcta.

Recuerda que lo que leas cuenta. Si lees catálogos, aumentarán tus conocimientos sobre los productos y mejorarán tus destrezas de investigación, pero es mejor leer literatura ya que ésta te introduce a una variedad de reglas de gramática. Al leer ficción, encontrarás palabras y oraciones interesantes. Te expondrá a la manera en que deben unirse los párrafos y al hecho de que cada párrafo tiene un tema al que generalmente se adhiere. Si lees novelas de ficción históricas, te puede dar una idea de los eventos que resultaron en el mundo de hoy. También te puede ayudar a prepararte para el Examen de Estudios Sociales (consulta el Capítulo 9 para leer más sobre este examen). Si no mencionamos algún tipo de texto en este libro, no quiere decir que no deberías leerlo. Lee todo lo que encuentres, como periódicos, libros de texto y muchos más.

✔ **Domina las reglas de gramática.** En este examen, no tienes que definir un gerundio o dar un ejemplo de uno, pero tienes que saber la conjugación de los verbos, los tiempos verbales, la concordancia entre el verbo y el sujeto, la concordancia entre los sustantivos y los adjetivos, las reglas de acentuación y otros aspectos de la gramática. Cuando tus conocimientos de gramática y puntuación mejoren, diviértete corrigiendo lo que leas en periódicos locales o en las novelas baratitas, en donde la edición no es siempre lo que debería ser.

✔ **Practica la gramática en las conversaciones de todos los días.** Al revisar las reglas de gramática, úsalas todos los días al hablar con tus amigos, la familia y los colegas del trabajo. Aunque la gramática correcta a menudo "te suena" bien, a veces no te suena porque tú y los que te rodean se han acostumbrado a usar una gramática incorrecta. Si encuentras una regla que parece diferente de la manera en que hablas, escríbela en una tarjeta y practícala durante el día. Pronto, entrenarás a tus oídos para que la gramática correcta te suene bien.

Si corriges la gramática de otras personas en voz alta no vas a ser muy popular, pero si lo haces en tu cabeza, te ayudará a tener éxito en este examen.

✔ **Entiende la puntuación.** Aprende a usar la coma, el punto y coma, los dos puntos y otros signos de puntación. Consulta un manual de gramática en Internet.

✔ **Practica la lectura y la escritura.** Escribe cuanto más puedas y luego revisa en busca de errores. Busca y corrige los errores de puntuación, gramática y ortografía. Si no encuentras ninguno, pídele a alguien que sepa bien las reglas de gramática y puntuación que te ayude.

✔ **Escribe un diario o un blog.** Los diarios o los blog son simplemente cuadernos (que puedes tocar o virtuales) en los que escribes algo sobre tu vida todos los días. Ambos son una buena manera de practicar la escritura personal. Escribir en blogs o responder a los blogs de otros es una manera de escribir al público porque otros ven lo que escribes. Bien uses un diario personal o un blog público, acuérdate que el escribir es la parte importante. Si el escribir al público hace que escribas más y más a menudo, hazlo. Si no, considera usar un diario.

✔ **Mejora la ortografía.** Al practicar la escritura, ten un buen diccionario a tu disposición. Si no estás seguro de cómo escribir alguna palabra, búscala en el diccionario. De acuerdo, ¿cómo puedes buscar una palabra en el diccionario si no sabes cómo se escribe? Intenta buscarla en un diccionario en línea que te dé opciones similares. Elige la opción que te parezca correcta y lee el significado. Si no es ésa, elige otra. Si este sistema no funciona, pídele ayuda a alguien. Añade la palabra a la lista de palabras con la que practiques. Aunque el español es un idioma fonético en el que las palabras generalmente se escriben como se dicen, existen algunas reglas de ortografía (por ejemplo *n* nunca va antes de *b*) que deberías saber. Revisa estas reglas en un buen libro de gramática.

✔ **Recuerda que las preguntas son de opción múltiple.** Las preguntas de opción múltiple siempre te dan la respuesta correcta. Por supuesto, también te dan cuatro que son incorrectas, pero lo único que tienes que hacer es encontrar la correcta. Al practicar el hablar y escribir, estás entrenando a tu oído a identificar lo que suena bien, y, en serio, esto hace que encontrar la respuesta correcta en el examen sea más fácil.

✔ **Haz exámenes de práctica.** Haz todos los exámenes de práctica que puedas. Sé estricto con las limitaciones de tiempo, y comprueba las respuestas cuando hayas terminado. No te muevas hasta que no entiendas la respuesta correcta. (Consulta los Capítulos 5 y 7 para ver dos exámenes de muestra y los Capítulos 6 y 8 para ver las respuestas.) Merecerá la pena pasar tiempo haciendo y comprobando estos exámenes de muestra.

Administrar el tiempo en la Parte 1

Tienes que responder 50 preguntas en 75 minutos para completar la Parte I del Examen de Redacción de Artes del Lenguaje. Tienes 1½ minutos para cada pregunta. Sin embargo, ya que las preguntas de este examen están basadas en los textos (de unas 200 a 300 palabras), necesitas también el tiempo para leer los textos. La ventaja es que no tienes que leer un texto diferente para cada pregunta (ya que después de cada texto hay un grupo de preguntas). La desventaja es que tienes que recordar el contenido del texto lo suficiente como para responder todas las preguntas que lo siguen.

Básicamente, tienes dos opciones para leer el texto y responder las preguntas en esta parte del examen. Antes de explicarlas, imagínate que tienes delante un texto de unas 300 palabras y diez preguntas que lo siguen. Tienes 15 minutos para responder las diez preguntas (1½ minutos por 10). Aquí tienes las dos opciones:

- **Opción No. 1:** Puedes pasar medio minuto leyendo cada pregunta y las opciones que te dan como respuestas. Esto te tomará más o menos cinco minutos. Luego dedicas más o menos tres minutos a leer el texto según lo que busques. Puedes usar los siete minutos que te quedan respondiendo las preguntas, y revisándolas. Esta es la opción que nosotros sugerimos para administrar el tiempo en la mayoría de los exámenes de GED (consulta el Capítulo 2).

- **Opción No. 2:** Si usas esta opción, la estrategia es diferente de la que recomendamos para la mayoría de los exámenes de GED. Con esta opción, comienzas a leer el texto lo más rápido que puedas sin sacrificar la comprensión. Esta opción requiere que tengas destrezas de lectura rápida, que te permitirán pasar menos tiempo leyendo el texto. De esta manera tendrás más tiempo para elegir y revisar las respuestas.

Recuerda que el leer rápido te permite aumentar la velocidad con la que lees *sin* hacer que la comprensión sufra. Si quieres intentar hacer una lectura rápida, coge cualquier material de lectura e intenta entrenar tus ojos a que lean una línea más abajo, en el medio de la página. De esta manera usas a la visión periférica para leer las palabras que están a los lados. Puedes usar el dedo para incrementar la velocidad moviéndolo debajo de cada línea a medida que la leas. También puedes practicar las destrezas de lectura rápida usando un cronómetro. Cada vez que comiences a leer una página de un libro, reduce el tiempo que dediques a leerla. Intenta cualquier cosa que te ayude a leer más rápido. El desarrollar las destrezas de la lectura rápida te ayudará a mejorar el puntaje en todos los exámenes del GED, pero particularmente en éste, ya que contiene textos más largos.

Practicar para la Parte 1 con las preguntas de muestra

Antes de hacer la Parte I del Examen de Redacción de Artes del Lenguaje, asegúrate de que hayas hecho varios exámenes de muestra para que estés preparado para el tipo de preguntas que encontrarás. Haz las siguientes preguntas de muestra para empezar. Cuando las termines, ve a los Capítulos 5 y 7 para hacer los exámenes completos.

Las preguntas 1 a 4 se refieren al siguiente texto.

El Proyecto WKE

(1) **Solicitud de servicios:** Los empleados mandarán a persona al cargo de los participantes en WOW a WKE.

(2) **Admisión:** El proceso de admisión será una serie de entrevistas e inventarios de destrezas transferibles en combinación con la evaluación de las calificaciones.

(3) **Evaluación:** Se preparará una evaluación holística y se hablará con los clientes para prepararles para las experiencias y el entrenamiento adicionales.

(4) **Entrenamiento antes del empleo:** El entrenamiento antes del empleo incluirá áreas requeridas, como el desarrollo de la confianza, las habilidades interpersonales, el establecimiento de metas, la planeación de la carrera, la resolución de problemas, la preparación del curriculum vitae, las destrezas de computación básicas, el mejoramiento educativo y desarrollo infantil y el aprender a ser buenos padres.

(5) **Entrenamiento de preparación para el empleo:** Según sea necesario, se ofrecerán a los clientes experiencias como los trabajos "sombra" (visitas al lugar de trabajo) y la mentoría para entrar en el mundo del desempleo en un ambiente en el que se sientan apoyados. Otros clientes recibirán destrezas adicionales en las áreas de análisis de sectores, llamadas en frío, presupuestos, administración del tiempo, desarrollo de estrategias de busca de empleo, preparación y presentación de Portfolios de Evaluación y Reconocimiento de Aprendizaje Previo, desarrollo y evaluación de inventarios de destrezas transferibles y técnicas de primeras y segundas entrevistas.

(6) **Solicitud de servicios alternativos:** Si se requiere, los clientes serán dirigidos a las agencias comunitarias apropiadas. Si lo desea el/la cliente, se investigarán alternativas y se planearán trayectorias profesionales para estas alternativas.

(7) **Desarrollo de destrezas:** Los clientes tendrán la oportunidad de mejorar las siguientes destrezas: destrezas de computación, evaluación y reconocimiento de aprendizaje previo, ayuda para conseguir certificados adicionales, el uso de las computadoras y el Internet en la búsqueda de trabajo y en el desarrollo de trayectorias profesionales y las destrezas académicas.

(8) **Actividades de apoyo en la búsqueda de empleo (si desempleado):** Los clientes desempleados recibirán entrenamiento con actividades de Búsqueda de Trabajo Asistida, en las que podrán hacer de voluntario durante un periodo de tiempo en posiciones acorde con los planes de carrera que tengan para ganar experiencias reales de trabajo.

(9) **La retención del empleo (si empleado):** Podrán contar con WKE los clientes que estén empleados para asistirlos en la retención en el lugar de trabajo. Las empresas podrán contactar a WKE si surge algún problema en el lugar de trabajo y WKE proporcionará apoyo, consejo y mediación para intentar remediar la situación para que el/la cliente pueda mantener el empleo.

1. Sección 1: **Los empleados mandarán a persona al cargo de los participantes en WOW a WKE.**

   ¿Qué cambio se debe hacer en la Sección 1?

   (1) quitar las palabras <u>al cargo</u>

   (2) cambiar <u>persona</u> a <u>la(s) persona(s)</u>

   (3) poner una coma después de <u>trabajadores</u>

   (4) cambiar <u>mandarán</u> a <u>mandaran</u>

   (5) no se requiere ningún cambio

La respuesta correcta es la Opción (2). La oración se refiere al plural "participantes". No se puede asumir automáticamente que hay más de una persona a su cargo, pero hay que ofrecer la posibilidad.

2. Sección 3: **Se preparará una evaluacion holística y se hablará con los clientes para prepararles para las experiencias y el entrenamiento adicionales.**

   ¿Qué cambio se debe hacer en la Sección 3?

   (1) cambiar holística a holistíca

   (2) cambiar preparará a preparara

   (3) cambiar adicionales a adicional

   (4) cambiar evaluacion a evaluación

   (5) no se requiere ningún cambio

   La respuesta correcta es la Opción (4). Esta pregunta te pide que corrijas un error de ortografía (acentuación). Fíjate siempre en las tildes, o acentos escritos, o la falta de ellos. Todas las palabras que acaban en –*ción* llevan una tilde en la *o*.

3. Section 5: **Según sea necesario, se ofrecerán a los clientes experiencias como los trabajos "sombra" (visitas al lugar de trabajo) y la mentoría para entrar en el mundo del desempleo en un ambiente en el que se sientan apoyados. Otros clientes recibirán destrezas adicionales en las áreas de análisis de sectores, llamadas en frío, presupuestos, administración del tiempo, desarrollo de estrategias de busca de empleo, preparación y presentación de Portfolios de Evaluación y Reconocimiento de Aprendizaje Previo, desarrollo y evaluación de inventorios de destrezas transferibles y técnicas de primeras y segundas entrevistas.**

   ¿Qué cambio se debe hacer en la Sección 5?

   (1) cambiar necesario a necesarios

   (2) cambiar análisis a analisis

   (3) cambiar adicionales a muchas más

   (4) cambiar transferibles a traviesas

   (5) cambiar desempleo a empleo

   La respuesta correcta es la Opción (5). La palabra *desempleo* es el contrario de *empleo*, que tendría más sentido en este contexto. *Desempleo* quiere decir "sin empleo". Recuerda que al añadir un prefijo a una palabra se puede cambiar el significado.

4. Sección 9: **Podrán contar con WKE los clientes que estén empleados para ayudarlos en la retención en el lugar de trabajo. Las empresas podrán contactar a WKE si surge algún problema en el lugar de trabajo y WKE proporcionará apoyo, consejo y mediación para intentar remediar la situación para que el/la cliente pueda mantener el empleo.**

   ¿Qué cambio se debe hacer en la Sección 9?

   (1) cambiar retención a resistencia

   (2) Volver a escribir la primera oración así: Los clientes que estén empleados podrán contar con WKE para ayudarlos en la retención en el lugar de trabajo.

   (3) quitar si surge algún problema

   (4) cambiar apoyo, consejo y mediación a apoyo de consejo, y mediación

   (5) cambiar Las empresas podrán contactar a Las empresas habrían contactado

   La respuesta correcta es la Opción (2). De todas las sugerencias que se hacen, ésta tiene más sentido en el contexto del texto. Si lees el texto con atención, los clientes llaman a WKE cuando tienen problemas en el lugar de trabajo. La manera en que está escrita no fluye bien y es un poco confusa en relación a esta idea.

Al practicar con este tipo de preguntas (aquí y en los Capítulos 5 y 7), recuerda que debes leer la pregunta primero. Al hacerlo, te dará una idea de lo que vas a tener que buscar en el texto cuando lo leas. Además, asegúrate de leer las preguntas con atención. No son preguntas con truco, pero se espera que seas un buen lector.

Consejos útiles para la Parte I

Recuerda estos consejos al hacer la Parte I:

- **Lee las preguntas rápidamente antes de leer el texto completo.** De esta manera, sabrás lo que buscas al leer el texto.

- **Lee con atención.** Al leer los textos, busca errores y oraciones que sean difíciles de leer. Al leerlos con atención, tendrás más posibilidades de elegir la respuesta correcta cuando mires las respuestas.

Pasar la Parte II

La Parte II del Examen de Redacción de Artes del Lenguaje te pide que escribas un ensayo sobre el tema dado. Dos personas evaluarán este ensayo. (Para saber más sobre estas dos personas y lo que buscan, consulta la sección "Consejos Útiles para la Parte II".) Tienes 45 minutos para leer el tema que te hayan dado y escribir un ensayo. Esta parte del examen evalúa la lectoescritura y la comprensión. Aunque entiendas bien el tema del ensayo, tienes que aprender a usar el formato correcto y la gramática correcta al escribir el ensayo.

Recuerda que escribir un ensayo no es muy diferente a escribir una carta o en un blog. Eso sí, tienes que explicar y clarificar el tema para el lector sin divagar hasta que no te quede espacio.

Si no pasas esta parte del Examen de Redacción de Artes del Lenguaje tendrás que hacer las dos partes de nuevo. Este dato debería motivarte a practicar la escritura.

Las destrezas de escritura que cubre la Parte II

Dos lectores de ensayos cualificados van a leer y evaluar el ensayo según cinco criterios principales o destrezas. Si entiendes las destrezas principales que cubre esta parte del examen, puedes asegurarte de que las apliques todas cuando escribas tu ensayo. El Servicio de Evaluaciones de GED define los cinco criterios para el ensayo de la siguiente manera:

- **La respuesta al tema:** Este criterio se refiere a la manera en que respondes al tema. También se fija en si cambias de tema dentro del ensayo.

- **La organización:** Este criterio se refiere a la manera en que muestras el lector que tienes una idea clara sobre lo que estás escribiendo y que eres capaz de hacer un plan definible de para escribir el ensayo.

- **El desarrollo y los detalles:** Este criterio se refiere a tu habilidad de desarrollar los conceptos o las declaraciones iniciales a través del uso de ejemplos y detalles específicos en vez de usar listas genéricas o de reiterar la misma información.

✔ **Las convenciones de la lengua española estándar:** Este criterio se refiere a la manera en que usas la lengua española como se debe escribir y editar, según las reglas básicas de gramática que se cubren en la Parte I, como la estructura de las oraciones, la mécanica del lenguaje, el uso del lenguaje, etc.

✔ **La elección de palabras:** Este criterio se refiere a la manera en que eliges las palabras para expresar tus ideas.

Dos evaluadores darán un puntaje a tu ensayo que podrá ser insuficiente, marginal, suficiente, o efectivo, según lo bien que hayas cubierto las cinco categorías. Infórmate sobre los cinco criterios. Si no pasas el examen de redacción, tendrás que tomar el examen entero de nuevo.

Prepararse para la Parte II: Tácticas que funcionan

Al prepararte para el Examen de Redacción de Artes del Lenguaje, Parte II, haz lo siguiente:

✔ **Lee, lee, y luego lee más.** Igual que para la Parte I (y la mayoría de los exámenes del GED), leer es importante. Al leer, estás expuesto a oraciones que están bien construidas, que pueden ayudarte a mejorar la escritura. Leer también amplia los horizontes y te ayuda a aprender información que luego podrás incluir en tu ensayo.

Al leer, haz un resumen de los párrafos o capítulos que leas para poder ver cómo se relaciona el contenido. Intenta reescribir algunos de los párrafos del resumen, y compáralos con el párrafo original. Quizás el tuyo no esté listo para ser publicado, pero este ejercicio es una buena manera de practicar la organización de los párrafos y escribir oraciones y párrafos cohesivos, lo que te puede ayudar mucho en esta parte del examen.

✔ **Practica escribir de una manera legible.** No puedes usar la computadora ni la impresora en el examen de la Parte II, así que vas a tener que escribir tus pensamientos "a la antigua", con papel y lápiz. ¿Recuerdas en la escuela primaria, cuando aprendiste a escribir de una manera nítida? Ahora es el momento de usar la buena letra, o la caligrafía, que aprendiste. Los evaluadores tienen que ser capaces de leer lo que escribiste para evaluarlo, así que te interesa ayudarlos escribiendo de la manera más nítida posible.

La caligrafía nítida es fácil de leer, pero se tarda mucho en escribir de esta manera. Para este examen, tienes que encontrar una manera de escribir que esté entre un garabato rápido y la caligrafía nítida: una escritura legible que puedas escribir rápido. Ten en cuenta las palabras clave: rápida y nítida (como los otros, éste es un examen de tiempo limitado).

✔ **Practica editar lo que escribes.** Después de que comience el examen, la única persona que puede editar el ensayo eres tú. Toma parte en un taller de escritura, o pide ayuda a alguien que sepa cómo editar. Practica escribir muchos ensayos, y no te olvides de revisarlos y editarlos en cuanto hayas terminado.

✔ **Revisa cómo planear un ensayo.** Pocas personas pueden sentarse, escribir un borrador final de un ensayo, y recibir una nota satisfactoria la primera vez. La mayoría de la gente necesita planear lo que va a escribir. La mejor manera de comenzar es tomar notas sobre todo lo que sepas del tema sin preocuparse del orden. Una vez que tengas las notas, puedes organizar la información en grupos. Consulta la sección "Administrar el tiempo en la Parte II" para ver más consejos sobre cómo planear el ensayo.

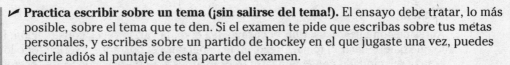

✔ **Practica escribir sobre un tema (¡sin salirse del tema!).** El ensayo debe tratar, lo más posible, sobre el tema que te den. Si el examen te pide que escribas sobre tus metas personales, y escribes sobre un partido de hockey en el que jugaste una vez, puedes decirle adiós al puntaje de esta parte del examen.

Practica mantenerte en un tema leyendo el periódico y escribiendo una carta al editor o una respuesta al periodista que escribió el artículo. Si quieres que tu carta se publique, tendrás que escribir de una manera clara y concisa, ya que estarás respondiendo a un tema específico de un artículo de periódico. (También puedes practicar mantenerte en el tema escribiendo un breve ensayo basado en el título del artículo. Lee luego el artículo y fíjate en cómo se parecen.)

✔ **Piensa en ejemplos relacionados y úsalos.** Si estás escribiendo sobre cómo las máquinas hacen que nuestras vidas sean más difíciles, un buen ejemplo sobre el cual escribir sería esa vez que te costó tanto conseguir que te arreglaran el tostador que estaba bajo garantía. Al contrario, el ejemplo de esa vez que pintaste tu bicicleta rosa fluorescente no es tan bueno. Recuerda que los ejemplos pueden apoyar los puntos principales del ensayo, pero, para hacerlo, tienen que estar relacionados con el tema.

✔ **Practica la escritura en general.** Si escribir párrafos bien conectados no es lo tuyo, ¡practícalo! Escribe correos electrónicos largos. Escribe cartas largas. Escribe a tu congresista. Escribe a tus amigos. Escribe artículos para periódicos de la comunidad. Escribe cuentos cortos. Escribe lo que quieras. Hagas lo que hagas, sigue escribiendo.

✔ **Escribe ensayos de práctica.** Consulta la sección "Practicar con ensayos de muestra" más adelante en este capítulo para ver un ensayo de muestra que puedes leer. Luego, consulta los Capítulos 5 y 7 para ver los temas de ensayos de muestra (en el formato del examen). Escribe ensayos basados en los temas que te dan, y luego pídele a un amigo o maestro que sepa lo que hace que te dé un puntaje. También puedes encontrar en los Capítulos 6 y 8 un par de ensayos de muestra basados en los mismos temas que te dieron en los Capítulos 5 y 7. También podrías tomar una clase de preparación, donde te den más temas de práctica sobre los que escribir. Cuando termines de practicar, practica un poco más.

Administrar el tiempo en la Parte 11

Tienes 45 minutos para terminar el ensayo de la Parte II del Examen de Redacción de Artes del Lenguaje. Durante este tiempo, tienes cuatro tareas por hacer:

✔ Planear

✔ Escribir un borrador

✔ Editar y revisar

✔ Volver a escribirlo

Las siguientes secciones se concentran en estas tareas y explican cómo puedes completar cada tarea con éxito con el tiempo que te dan.

Un buen plan es usar 10 minutos para planear, 20 minutos para escribir un borrador, 5 minutos para editarlo y 10 minutos para volver a escribirlo. Recuerda que no tienes mucho tiempo para escribir el ensayo. Si el poco tiempo hace que lo que escribas no sea legible, usa más tiempo para volver a escribirlo. Tú serás la única persona que verá el borrador y la versión editada. Los evaluadores sólo verán el ensayo final.

Planear

Antes de comenzar a escribir el ensayo, lee el tema varias veces con atención. Pregúntate lo que quiere decir el tema. Luego, en el papel para el borrador, escribe todo lo que se te ocurra relacionado con el tema. No te preocupes si te parece algo tonto (esta manera de tomar notas se llama "lluvia de ideas", y es como descargar partes de tu cerebro en el papel). No te preocupes del orden en que escribas las ideas o del tipo de ideas que se te ocurran. Simplemente anota en el papel todo lo que se te ocurra. Podrás categorizar y elegir la información que vayas a usar en el siguiente paso.

Por ejemplo, si el ensayo te pide que escribas sobre un momento importante que cambió tu vida, puedes elegir enfocar el ensayo en el siguiente tema: "Pasar el GED será un momento importante de mi vida". En el ensayo, explica las razones por las que pasar este examen va a ser un momento importante que cambie tu vida, y cómo planeas usar el resultado para mejorar tu vida. El paso de planear es cuando anotas todo lo que se te ocurra sobre el GED y el efecto que va a tener en tu vida. La información que anotes debe incluir tus observaciones personales, tus experiencias y tus conocimientos.

Después de haber anotado estas ideas, reflexiona un poco. (No pases demasiado tiempo reflexionando, ya que todavía tienes que escribir el ensayo. Tómate unos minutos.) Lee lo que escribiste y piensa en la introducción. Por ejemplo, "He logrado muchas cosas en la vida, pero un momento importante para mí será pasar los exámenes del GED". Escribe oraciones debajo de las notas de la lluvia de ideas. Debajo de cada oración, escribe los puntos en los que pensaste antes que puedan apoyar la introducción.

Escribe una oración con la conclusión, como "De todos mis logros, pasar los exámenes del GED será el más importante porque me abrirá varias puertas que ahora están cerradas para mí". Echa un vistazo a la introducción y al tema del ensayo, y selecciona los puntos que hacen que tu conclusión sea más fuerte. Algunos de estos puntos serán los mismos que usaste en la introducción.

A continuación, planea el contenido de la introducción a la conclusión, que contendrá varios puntos o ideas principales. Aquí tienes un ejemplo de un plan para el ensayo, de introducción a conclusión:

- **Introducción:** "He logrado muchas cosas en la vida, pero un momento importante para mí será pasar los exámenes del GED".

- **Cuerpo:** Aquí está el camino de la introducción a la conclusión:

    - Una lista de mis logros.

    - Una descripción de mis metas personales.

    - Una explicación de lo que me impide lograr mis metas.

    - Una explicación de cómo puedo eliminar estos obstáculos con el diploma de GED.

    - Una explicación de las metas que se pueden lograr con el diploma del GED.

    - Una descripción de cómo cambiará mi vida si logro estas metas.

- **Conclusión:** "De todos mis logros, pasar los exámenes del GED será el más importante porque me abrirá varias puertas que ahora están cerradas para mí".

Ahora, reflexiona de nuevo. ¿Puedes añadir más puntos para mejorar el ensayo? No añadas puntos simplemente por tener más. No es un concurso a ver quién tiene más puntos. Se trata de tener los mejores puntos, escritos de una manera lógica, para recibir un buen puntaje y pasar el examen.

Revisa lo que planeaste y los puntos, o ideas, principales. ¿Puedes combinar partes del plan para hacer que el plan sea más cohesivo? Por ejemplo:

✔ **Introducción:** "He logrado muchas cosas en la vida, pero un momento importante para mí será pasar los exámenes del GED".

✔ **Cuerpo:** Aquí tienes un plan más cohesivo de la introducción a la conclusión:

- Una lista de mis logros.

- Una descripción de mis metas personales y una explicación de lo que me impide lograrlas.

- La unión de los dos puntos: Explicación de cómo puedo eliminar estos obstáculos con el diploma de GED y de las metas que se pueden lograr con este diploma.

- Una descripción de cómo cambiará mi vida si logro estas metas.

✔ **Conclusión:** "De todos mis logros, pasar los exámenes del GED será el más importante porque me abrirá varias puertas que ahora están cerradas para mí".

Ahora que tienes un plan, estás listo para el siguiente paso: escribir un borrador del ensayo.

Escribir un Borrador

Al escribir el borrador del ensayo, tienes que pensar más sobre los puntos principales que anotaste al planear. Luego, tienes que añadir los detalles (que se llaman *puntos secundarios*) debajo de cada punto principal y el ensayo comenzará a tomar forma.

Aquí tienes un ejemplo del proceso de escribir el borrador para el tema "momentos importantes en mi vida":

✔ **Introducción:** "He logrado muchas cosas en la vida, pero un momento importante para mí será pasar los exámenes del GED".

✔ **Cuerpo:** Aquí están los puntos principales y los puntos secundarios:

✔ Lista de mis logros:

- Soy entrenador de un equipo juvenil de hockey.

- He mantenido un trabajo cuatro años.

- He recibido un pequeño ascenso.

- Me he casado.

✔ Una descripción de mis metas personales y una explicación de lo que me impide lograrlas:

- Se espera que los entrenadores de hockey en las ligas menores tengan más estudios.

- No me es posible recibir ciertos ascensos porque no tengo los estudios necesarios.

- Es posibles que mis hijos se avergüencen de tener un padre sin estudios.

- A mi jefe le gustan las personas con diplomas y certificados.

✔ La unión de los dos puntos: Explicación de cómo puedo eliminar estos obstáculos con el diploma de GED y de las metas que se pueden lograr con este diploma:

- Es posible que pueda entrenar en las ligas menores.

- Puedo presentarme a más trabajos.

- Es posible que le guste más a mi jefe.

- Mis hijos se sentirán orgullosos de mis logros.

- Me habré graduado de la escuela secundaria.

✔ Una descripción de cómo cambiará mi vida si logro estas metas

- Al ser entrenador de las ligas menores, mi foto saldrá en los periódicos.

- Podría hacerme gerente en la empresa en la que trabajo.

- Quizás mi jefe me invite a comer para hablar de ideas.

- Los maestros de mis hijos me invitarán a la escuela a hablar de la importancia de la educación.

- Tendré un diploma que podré colgar en la pared.

✔ **Conclusión:** "De todos mis logros, pasar los exámenes del GED será el más importante porque me abrirá varias puertas que ahora están cerradas para mí. Cuando las puertas están abiertas a ascensos, sueños y reconocimiento, hay un mundo de posibilidades".

Fíjate que cada punto se convierte en un párrafo. Los puntos secundarios formarán las oraciones del párrafo.

Cada párrafo debe comenzar con una *oración introductoria*, que da una idea de lo que sigue, y termina con una *oración de transición*, que te lleva del párrafo en el que estás al siguiente. Los puntos secundarios son las oraciones dentro de los párrafos. Si pones las oraciones en un orden lógico de la introducción a la transición, empezarás a ver párrafos, y tu ensayo.

Editar y revisar

Ahora viene la parte difícil. Tienes que ser tu propio editor. Apaga tu "ego" y recuerda que todas las palabras están escritas en papel de borrador. No están talladas en piedra. Mejora tu trabajo editándolo y revisándolo. Haz que éste sea el mejor ensayo que hayas escrito jamás; en 45 minutos, claro.

Volver a escribir

Vuelve a escribir el ensayo editado con bolígrafo de una manera clara y nítida en el cuaderno de evaluación. Dos evaluadores tienen que leer el ensayo, así que escríbelo clara y nítidamente. Escribe lo suficientemente grande como para que se pueda leer. Deja espacio entre las líneas. El ensayo tiene que estar bien escrito, y también tiene que ser legible. Si haces un error, táchalo con cuidado y sigue. El texto tachado no te quita puntos.

Practicar con algunos ensayos de muestra

Fíjate en el ensayo de muestra que sigue para hacerte una idea de cómo se evalúa tu ensayo. El ensayo de muestra está basado en este tema:

La Peor Idea de Cómo Controlar el Tráfico — Jamás

Escribe un ensayo que explique los aspectos positivos y los aspectos negativos de esta idea. Usa ejemplos para apoyar tu punto de vista y sé lo más específico que puedas.

Usa los cinco criterios que explicamos en la sección "Un Vistazo a las Destrezas de Escritura que Cubre la Parte II" para evaluar este ensayo, marcando los puntos fuertes y los puntos débiles. Ten en cuenta también las características de un buen ensayo que listamos en la sección "Consejos útiles para la Parte II".

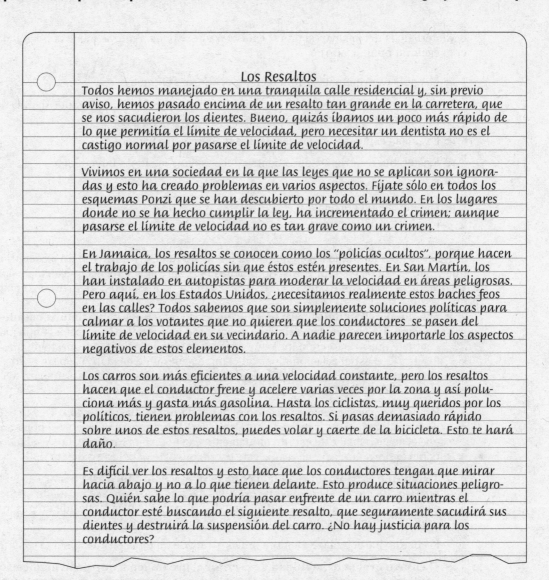

Los Resaltos

Todos hemos manejado en una tranquila calle residencial y, sin previo aviso, hemos pasado encima de un resalto tan grande en la carretera, que se nos sacudieron los dientes. Bueno, quizás íbamos un poco más rápido de lo que permitía el límite de velocidad, pero necesitar un dentista no es el castigo normal por pasarse el límite de velocidad.

Vivimos en una sociedad en la que las leyes que no se aplican son ignoradas y esto ha creado problemas en varios aspectos. Fíjate sólo en todos los esquemas Ponzi que se han descubierto por todo el mundo. En los lugares donde no se ha hecho cumplir la ley, ha incrementado el crimen; aunque pasarse el límite de velocidad no es tan grave como un crimen.

En Jamaica, los resaltos se conocen como los "policías ocultos", porque hacen el trabajo de los policías sin que éstos estén presentes. En San Martín, los han instalado en autopistas para moderar la velocidad en áreas peligrosas. Pero aquí, en los Estados Unidos, ¿necesitamos realmente estos baches feos en las calles? Todos sabemos que son simplemente soluciones políticas para calmar a los votantes que no quieren que los conductores se pasen del límite de velocidad en su vecindario. A nadie parecen importarle los aspectos negativos de estos elementos.

Los carros son más eficientes a una velocidad constante, pero los resaltos hacen que el conductor frene y acelere varias veces por la zona y así poluciona más y gasta más gasolina. Hasta los ciclistas, muy queridos por los políticos, tienen problemas con los resaltos. Si pasas demasiado rápido sobre unos de estos resaltos, puedes volar y caerte de la bicicleta. Esto te hará daño.

Es difícil ver los resaltos y esto hace que los conductores tengan que mirar hacia abajo y no a lo que tienen delante. Esto produce situaciones peligrosas. Quién sabe lo que podría pasar enfrente de un carro mientras el conductor esté buscando el siguiente resalto, que seguramente sacudirá sus dientes y destruirá la suspensión del carro. ¿No hay justicia para los conductores?

Ahora que tienes un ensayo de muestra de referencia, intenta escribir un ensayo sobre el tema del tráfico. Cuando hayas terminado, evalúalo usando los mismos criterios que usaste para evaluar el ensayo de muestra. Luego, escribe un ensayo sobre uno de los siguientes temas y evalúalo de la misma manera (no te olvides de usar tus conocimientos y experiencias personales para apoyar las ideas):

- ✔ ¿Tiene el gobierno la responsabilidad de rescatar económicamente a las empresas que están al borde de la bancarrota?

- ✔ Los videojuegos enseñan muchas destrezas

- ✔ Un trabajo que el Departamento de Orientación de mi escuela no mencionó

- ✔ Los programas de telerealidad son los menos reales de todos

Consejos útiles para la Parte II

Además de evaluar los criterios principales o destrezas que enlistamos en la sección "Las Destrezas de Escritura que cubre la Parte II", los evaluadores se fijan en las siguientes características del ensayo (si tienes estas características, tendrás muchas posibilidades de conseguir un puntaje alto):

- Los puntos principales están bien enfocados en el tema
- Los puntos principales y secundarios están claros y bien organizados dentro de los párrafos y en todo el ensayo
- Las ideas están desarrolladas de una manera clara y lógica
- Existen buenas transiciones dentro del ensayo y las ideas fluyen bien
- Un buen vocabulario
- La puntuación correcta
- La ortografía correcta

Si sabes lo que buscan los evaluadores al fijarse en tu ensayo, te ayudará a asegurarte de que cumples todos los requisitos. Aquí tienes más consejos y reglas que alguien sabio recordaría al prepararse para la Parte II del Examen de Redacción de Artes del Lenguaje.

- **Sólo tienes 45 minutos para escribir un ensayo de unas 250 palabras basado en un tema.** Un ensayo generalmente cuenta con un número de párrafos. Cada párrafo contiene una oración temática que expresa la idea principal. Asegúrate de que todos los párrafos estén relacionados con el tema general de ensayo. Y, sobre todo, asegúrate de poner una oración temática al comienzo de cada párrafo para ayudar al lector a seguir el tema principal que quieres que entienda.

- **Puedes preparar el ensayo usando el papel de borrador que te dan.** Te van a dar papel de borrador en el lugar del examen. Úsalo para tomar notas y escribir el borrador para que el ensayo final esté escrito nítidamente y esté bien organizado. Los evaluadores no miran el borrador, así que lo que esté escrito en este papel es sólo para ti.

- **Tienes que escribir sobre el tema que te den, y sólo sobre este tema.** Te van a dar un puntaje basado en el ensayo que escribas del tema, así que asegúrate de que realmente escribas sobre el tema que te dan. Una de las maneras más fáciles de no pasar este examen es escribir sobre algo que no tiene que ver con el tema.

  Recuerda que el tema es siempre breve y trata de un tema o situación que te será familiar.

- **El ensayo evalúa tu habilidad de escribir sobre un tema que tiene implicaciones positivas y/o negativas, y sobre el que tú tendrás conocimientos generales.** El ensayo no evalúa cuánto sabes sobre un tema, sino la habilidad de expresarse con la escritura.

- **Tienes que usar experiencias de tu vida para hacer que las ideas sean más fuertes.** Estás escribiendo un ensayo sobre ti, tu vida y tus experiencias, así que no te olvides de usar ejemplos de la vida real para hacer que las ideas sean más fuertes. Usa los ejemplos específicos y los detalles generosamente, ya que apoyan tu punto de vista.

- **Los párrafos efectivos usan una variedad de oraciones: declaraciones, preguntas, órdenes, exclamaciones y hasta citas:** Varía el tipo de oraciones que usas, en la estructura y el vocabulario, para despertar el interés del lector. Algunas oraciones serán cortas, otras más largas, según lo que funcione para captar la atención del lector.

- **Los párrafos crean interés de varias maneras: desarrollando los detalles, usando visualizaciones y ejemplos, presentando eventos en una secuencia de espacio o tiempo, con definiciones, clasificando personas u objetos, comparando y contrastando y demostrando las razones y la prueba.** Organiza los párrafos y las oraciones de manera que expresen tus ideas y que creen interés.

- **Los lectores quieren ver que puedes expresar tus ideas de una manera clara y lógica.** También leen el ensayo para asegurarse de que no te salgas del tema.

Capítulo 5

Examen de Práctica — Examen de Redacción de Artes del Lenguaje: Partes I y II

- -

El examen de Redacción de Artes del Lenguaje evalúa tu habilidad de usar un español claro y efectivo. Es un examen del español como se debe escribir, no como se habla. Este examen incluye preguntas de opción múltiple y un ensayo o redacción. Las siguientes instrucciones se aplican solamente a la sección de preguntas de opción múltiple. Existe otra sección para el ensayo.

La sección de preguntas de opción múltiple contiene documentos con párrafos ordenados alfabéticamente y oraciones numeradas. Algunas de las oraciones contienen un error de estructura, uso o reglas de ortografía (la puntuación y el uso de mayúsculas). Después de leer las oraciones numeradas, responde las preguntas de opción múltiple que siguen. Algunas de las preguntas se refieren a oraciones que están escritas correctamente. La mejor respuesta para estas preguntas es la que deja la oración como estaba escrita originalmente. La mejor respuesta para las otras preguntas es la que produce un documento en el que los tiempos verbales y el punto de vista sean consistentes en todo el texto.

Tienes 120 minutos (2 horas) para completar ambas partes del examen. Puedes pasar hasta 75 minutos en la sección de 50 preguntas de opción múltiple, dejando el resto del tiempo para el ensayo. Tómate tu tiempo, pero no te demores demasiado con una sola pregunta. Asegúrate de responder todas las preguntas. No te van a quitar puntos por respuestas que no sean correctas. Puedes comenzar a trabajar en la sección del ensayo en cuanto hayas completado la sección de preguntas de opción múltiple.

Hoja de Respuestas para el Examen de Redacción de Artes del Lenguaje: Parte 1

1 ① ② ③ ④ ⑤   26 ① ② ③ ④ ⑤

2 ① ② ③ ④ ⑤   27 ① ② ③ ④ ⑤

3 ① ② ③ ④ ⑤   28 ① ② ③ ④ ⑤

4 ① ② ③ ④ ⑤   29 ① ② ③ ④ ⑤

5 ① ② ③ ④ ⑤   30 ① ② ③ ④ ⑤

6 ① ② ③ ④ ⑤   31 ① ② ③ ④ ⑤

7 ① ② ③ ④ ⑤   32 ① ② ③ ④ ⑤

8 ① ② ③ ④ ⑤   33 ① ② ③ ④ ⑤

9 ① ② ③ ④ ⑤   34 ① ② ③ ④ ⑤

10 ① ② ③ ④ ⑤   35 ① ② ③ ④ ⑤

11 ① ② ③ ④ ⑤   36 ① ② ③ ④ ⑤

12 ① ② ③ ④ ⑤   37 ① ② ③ ④ ⑤

13 ① ② ③ ④ ⑤   38 ① ② ③ ④ ⑤

14 ① ② ③ ④ ⑤   39 ① ② ③ ④ ⑤

15 ① ② ③ ④ ⑤   40 ① ② ③ ④ ⑤

16 ① ② ③ ④ ⑤   41 ① ② ③ ④ ⑤

17 ① ② ③ ④ ⑤   42 ① ② ③ ④ ⑤

18 ① ② ③ ④ ⑤   43 ① ② ③ ④ ⑤

19 ① ② ③ ④ ⑤   44 ① ② ③ ④ ⑤

20 ① ② ③ ④ ⑤   45 ① ② ③ ④ ⑤

21 ① ② ③ ④ ⑤   46 ① ② ③ ④ ⑤

22 ① ② ③ ④ ⑤   47 ① ② ③ ④ ⑤

23 ① ② ③ ④ ⑤   48 ① ② ③ ④ ⑤

24 ① ② ③ ④ ⑤   49 ① ② ③ ④ ⑤

25 ① ② ③ ④ ⑤   50 ① ② ③ ④ ⑤

Examen de Redacción de Artes del Lenguaje: Parte 1

No marques las respuestas en este cuadernillo. Registra tus respuestas en la hoja de respuestas adicional provista. Para registrar tus respuestas, rellena el círculo en la hoja de respuestas con el número que corresponde a la respuesta que tú seleccionaste para cada pregunta del cuadernillo de examen.

EJEMPLO:

Oración 1:   **Era un honor para todos nosotros conocer al Gobernador Sandoval y a su equipo.**

¿Qué corrección se debe hacer en la oración 1?

(1) cambiar Era a Eran

(2) cambiar conocer a saber

(3) cambiar Gobernador a gobernador

(4) poner una coma después de Sandoval

(5) no se requiere ninguna corrección

(En la Hoja de Evaluaciones)

① ② ● ④ ⑤

En este ejemplo, no se debe usar mayúscula en la palabra "gobernador", ya que va seguida del nombre propio. Por eso, se marcaría el círculo con el 3 en la hoja de evaluaciones.

No apoyes la punta del lápiz en la hoja de respuestas mientras estás pensando tu respuesta. No hagas marcas fuera de lugar o innecesarias. Si cambias una respuesta, borra completamente tu primera marca. Sólo marca una respuesta para cada pregunta; las respuestas múltiples serán consideradas incorrectas. No dobles o pliegues tu hoja de respuestas. Todos los materiales del examen deben devolverse al administrador del examen.

Nota: Consulta el Capítulo 6 para obtener las respuestas a este examen de práctica.

NO COMIENCES A HACER ESTE EXAMEN HASTA QUE TE LO DIGAN

Instrucciones: Elige la <u>mejor respuesta</u> para cada pregunta.

Las preguntas 1 a 10 se refieren a la siguiente carta de negocios.

Máquinas de Café BETA, S.A.700 Avenida Millway, Unidad 6, Concordia, MA 12345

John Charles, Director Ejecutivo, Asociación de Especialistas de Café, 425 Paseo Pacific, Suite 301, San Diego, CA 56789

Estimado Sr. Charles:

(A)

(1) Gracias por mi interés en nuestra empresa nueva, que sirve a la industria de las especialidades cafeteras, un área en rápida expansión. (2) La Empresa Máquinas de Cafés BETA formó en 2002 para proveer a los negocios que estén comenzando en la industria unas máquinas de expresso/cappuccino italiano más económicas.

(B)

(3) En nuestro primer año de funcionamiento BETA tiene planes de reparar y recondicionar 500 máquinas para restaurantes y cafeterías. (4) Esto generara ganancias de más de $1.000.000. (5) Casi medio millón de dólares también se crearán al devolver trece puestos de trabajo a la economía local.

(C)

(6) Beta adquirirá materiales usados, que se mandarán a la oficina central de reparaciónes y materiales recondicionados. (7) Después de ser totalmente recondicionados, se mandarán los materiales a las oficinas regionales para que éstas los vendan a restaurantes y cafeterías locales a un precio más reducido. (8) Los empresarios que deseen comenzar un negocio especializado particularmente estarán interesados en nuestros productos.

(D)

(9) Para aprender más sobre BETA, por favor consulte nuestra página Web en www.betace.com, o llámenos a nuestro número de teléfono gratis, 1-800-USE-BETA. (10) Le agradeceríamos si pudiera compartir esta información con los mienbros de su grupo.

Su servidor,

Edwin Dale, Presidente

Ve a la siguiente página

1. Oración 1: **Gracias por mi interés en nuestra empresa nueva, que sirve a la industria de las especialidades cafeteras, un área en rápida expansión.**

   ¿Qué corrección se debe hacer en la oración 1?

   (1) cambiar <u>mi</u> a <u>su</u>
   (2) poner una coma después de <u>gracias</u>
   (3) cambiar <u>interés</u> a <u>preocupación</u>
   (4) poner <u>pero</u> después de <u>cafeteras,</u>
   (5) poner <u>rápida</u> antes de <u>área</u>

2. Oración 2: **La empresa Máquinas de Café BETA <u>formó</u> en 2002 para proveer a los negocios que estén comenzando en la industria unas máquinas de expresso/ cappuccino italiano más económicas.**

   ¿Cuál es la mejor manera de escribir la parte subrayada de esta oración?

   (1) se estaban formando
   (2) se formarían
   (3) se formó
   (4) se formaron
   (5) se hubieran formado

3. Oración 3: **En nuestro primer año de funcionamiento BETA tiene planes de reparar y recondicionar 500 máquinas para restaurantes y cafeterías.**

   ¿Qué corrección se debe hacer en la oración 3?

   (1) poner dos puntos después de <u>funcionamiento</u>
   (2) poner una coma después de <u>funcionamiento</u>
   (3) poner una coma después de <u>recondicionar</u>
   (4) poner un punto y coma después de <u>máquinas</u>
   (5) poner un signo de interrogación después de <u>cafeterías</u>

4. Oración 4: **Esto generara ganancias de más de $1.000.000.**

   ¿Qué corrección se debe hacer en la oración 4?

   (1) cambiar <u>$1.000.000</u> a <u>$100.000</u>
   (2) cambiar <u>ganancias</u> a <u>ganará</u>
   (3) poner <u>más de</u> antes de <u>ganancias</u>
   (4) cambiar <u>esto</u> a <u>estos</u>
   (5) cambiar <u>generara</u> a <u>generará</u>

5. Oración 5: **Casi medio millón de dólares también se crearán al devolver trece puestos de trabajo a la economía local.**

   ¿La revisión más efectiva de la oración 5 comenzaría con qué grupo de palabras?

   (1) También se crearán casi medio millón de dólares al
   (2) Casi también medio millón de dólares se crearan al
   (3) Devolver trece puestos de trabajo a la economía local al
   (4) Se crearán casi medio millón de puestos de trabajo al devolver
   (5) no se requiere ninguna corrección

6. Oración 6: **Beta adquirirá materiales usados, que se mandarán a la oficina central de reparaciónes y materiales recondicionados.**

   ¿Qué corrección se debe hacer en la oración 6?

   (1) cambiar <u>reparaciones</u> a <u>reparar</u>
   (2) poner punto y coma después de <u>usados</u>
   (3) cambiar <u>reparaciónes</u> a <u>reparaciones</u>
   (4) cambiar <u>recondicionados</u> a <u>recondición</u>
   (5) poner una coma después de <u>reparaciones</u>

Ve a la siguiente página ⇒

7. Oración 7: **Después de ser totalmente recondicionados, <u>se mandarán los materiales</u> a las oficinas regionales para que éstas los vendan a restaurantes y cafeterías locales a un precio más reducido.**

¿Cuál es la mejor manera de volver a escribir la parte subrayada de esta oración?

(1) los materiales serán mandado

(2) será mandada los materiales

(3) los materiales mandan

(4) es mandado los materiales

(5) no se requiere ninguna corrección

8. Oración 8: **Los empresarios que deseen comenzar un <u>negocio especializado particularmente estarán interesados</u> en nuestros productos.**

¿Qué corrección se debe hacer en la parte subrayada?

(1) negocios especializados particularmente estarán interesados

(2) negocio especializado estarán particularmente interesados

(3) negocio particularmente especializado estarán interesados

(4) particularmente negocio especializado estarán interesados

(5) negocio especializado interesados particularmente estarán

9. Oración 9: **Para aprender más sobre BETA, por favor consulte nuestra página Web en www.betace.com, o llámenos a nuestro número de teléfono gratis, 1-800-USE-BETA.**

¿Qué cambio se debe hacer en la oración 9?

(1) quitar todas las comas

(2) poner dos puntos después de <u>página Web</u>

(3) poner una coma después de <u>por favor</u>

(4) quitar la coma después de <u>www.betace.com</u>, que está antes de <u>o</u>

(5) quitar la coma y poner un punto después de <u>www.betace.com</u>

10. Oración 10: **Le agradeceríamos si pudiera compartir esta información con los mienbros de su grupo.**

¿Qué corrección se debe hacer en la oración 10?

(1) quitar el punto después de <u>grupo</u>

(2) poner una coma después de <u>información</u>

(3) cambiar <u>agradeceríamos</u> a <u>agradeces</u>

(4) cambiar <u>mienbros</u> a <u>miembros</u>

(5) cambiar <u>esta</u> a <u>aquella</u>

Ve a la siguiente página

Las preguntas 11 a 20 se refieren al siguiente folleto.

Márketing

(A)

(1) Los productos para BETA son máquinas para hacer café italiano recondicionados.

(2) La prioridad iniciales será producir máquinas de espresso/cappuccino.

(3) Hay cuatro maneras de hacer márketing para las máquinas recondicionadas (2) la venta directa (b) la venta a través de una red de distribuidores (c) el arrendamiento directo (d) el arrendamiento a través de una red de distribuidores.

(4) La venta directa y el arrendamiento tomarán tiempo porque establecer una red de distribuidores será la prioridad en el primer año.

(5) Para que BETA tenga éxito, se necesitan una mano de obra cualificada.

(6) Un negocio secundario recondicionará las máquinas desde encargo.

Ventas

(B)

(7) Todas las estimaciones de posibles unidades que se vayan a vender o a arrendar son prudentes.

(8) Se estima el primer año que la combinación inicial de arrendamiento y ventas será 20 por ciento de arrendamiento y 80 por ciento de ventas.

Material Primo

(C)

(9) El medio por el cambio de una máquina de espresso será $75, mientras que el precio medio que se paga por las máquinas usadas será $250.

(10) El veinte por ciento de las máquinas adquiridas serán máquinas usadas que se han devuelto por un precio, el resto serán compradas.

Ve a la siguiente página

11. Oración 1: **Los productos para BETA son máquinas para hacer café italiano recondicionados.**

    ¿Qué corrección se debe hacer en la oración 1?

    (1) cambiar para BETA a de BETA

    (2) cambiar italiano a Italiano

    (3) cambiar son a es

    (4) poner una coma después de BETA

    (5) cambiar recondicionados a recondicionado.

12. Oración 2: **La prioridad iniciales será producir máquinas de espresso/cappuccino.**

    ¿Qué cambio se debe hacer en la oración 2?

    (1) poner por después de prioridad

    (2) poner prioridades en vez de prioridad

    (3) cambiar máquinas a máquina

    (4) cambiar iniciales a inicial

    (5) no se requiere ninguna corrección

13. Oración 3: **Hay cuatro maneras de hacer márketing para las máquinas recondicionadas (a) la venta directa (b) la venta a través de una red de distribuidores (c) el arrendamiento directo (d) el arrendamiento a través de una red de distribuidores.**

    ¿Qué signo de puntuación hay que añadir en la oración 3?

    (1) añadir dos puntos después de recondicionadas

    (2) añadir punto y coma después de maneras

    (3) añadir una coma después de directa

    (4) añadir una coma después de maneras

    (5) añadir punto y coma después de márketing

14. Oración 4: **La venta directa y el arrendamiento tomarán tiempo porque establecer una red de distribuidores será la prioridad en el primer año.**

    La revisión más efectiva en la oración 5 comenzaría con

    (1) Debido a que la prioridad del primer año sera establecer una red de distribuidores,

    (2) La venta directa y el márketing para establecer una red de distribuidores

    (3) La prioridad en un año tomará tiempo,

    (4) Una red de distribuidores tomará tiempo,

    (5) Porque las ventas directas y el márketing tomarán tiempo,

15. Oración 5: **Para que BETA tenga éxito, se necesitan una mano de obra cualificada.**

    ¿Qué corrección se debe hacer en la oración 5?

    (1) cambiar tenga a sea

    (2) cambiar para a por

    (3) cambiar se necesitan a se necesita

    (4) cambiar cualificada a cualificadas

    (5) cambiar mano a grupo

16. Oración 6: **Un negocio secundario recondicionará las máquinas desde encargo.**

    ¿Qué cambio se debe hacer en la oración 6?

    (1) cambiar recondicionará a recondicionar

    (2) cambiar secundario a secundarias

    (3) cambiar máquinas a máquina

    (4) cambiar desde a de

    (5) cambiar negocio a encargo

Ve a la siguiente página

17. Oración 7: **Todas las estimaciones de posibles unidades qué se vayan a vender o a arrendar son prudentes.**

    ¿Qué corrección se debe hacer en la oración 7?

    (1) cambiar de a dé

    (2) cambiar qué a que

    (3) cambiar son a es

    (4) cambiar estimaciones a estimaciónes

    (5) poner una coma después de arrendar

18. Oración 8: **Se estima el primer año que la combinación inicial de arrendamiento y ventas será 20 por ciento de arrendamiento y 80 por ciento de ventas.**

    ¿Qué revisión se debe hacer en la oración 8?

    (1) mover el primer año entre ventas y será

    (2) cambiar será a serán

    (3) cambiar ventas a betas

    (4) mover se estima entre combinación y inicial

    (5) cambiar primer a 1º

19. Oración 9: **El medio por el cambio de una máquina de espresso será $75, mientras que el precio medio que se paga por las máquinas usadas será $250.**

    ¿Qué revisión se debe hacer en la oración 9?

    (1) quitar la coma después de $75

    (2) cambiar se paga a paga

    (3) cambiar por el cambio a para el cambio

    (4) cambiar será a serás

    (5) poner precio después de El y antes del medio

20. Oración 10: **El veinte por ciento de las máquinas adquiridas serán máquinas usadas que se han devuelto por un precio, el resto serán compradas.**

    ¿Cuál es la mejor manera de mejorar la parte subrayada en la oración 10?

    (1) quitar la coma después de un precio

    (2) cambiarla a un precio, mientras que el resto

    (3) cambiarla a precio, resto

    (4) cambiarla a un presio, el resto

    (5) no se requiere ninguna corrección

Ve a la siguiente página

> *Las preguntas 21 a 30 se refieren al siguiente resumen ejecutivo.*

Márketing

Informe del Comité de Ajustes de Limpieza en Seco y Servicio de Lavandería sobre el Proyecto de la Asociación de Mercados Locales, Abril 2007 – Agosto 2009

Resumen Ejecutivo

(A)

(1) En los últimos dos años, el Comité de Ajustes de Limpieza en Seco y Servicio de Lavandería ha trabajado duro para convertirse en un grupo más cohesivo, enfocado en evalúar y asesorar las implicaciones asociadas con los cambios en la industria de limpieza de textiles en relación a los recursos humanos. (2) A partir de agosto del 2009, el comité tiene más de 15 miembros activos que participan en todos los aspectos del proyecto. (3) El Comité, que tiene gran dificultad al hablar con una voz uniforme, ha tomado la responsabilidad de actuar en el beneficio de esta industria tan grande y fragmentada.

(B)

(4) Durante el periodo inicial de la existencia del Comité, el enfoque fue cercanía a y establecer una relación con los individuos clave de la industria. (5) Uno de los primeros pasos fue desarrollar una Encuesta de Evaluación de Necesidades dentro de la industria.

(C)

(6) Durante el primer año, el Comité exploró maneras de satisfacer las necesidades que se identificaron en la Encuesta de Evaluación de Necesidades, incluyendo la mejora del perfil de la industria y los programas de entrenamiento actuales, en particular en las áreas de quitar manchas y planchado. (7) A pesar de que se dedicó mucho tiempo a la factibilidad durante esta fase la implementación de todas las posibles soluciones de entrenamiento resultó difícil y costosa.

(D)

(8) En el segundo año del Comité, éste estableció oficialmente un proyecto junto con la Asociación Nacional de Limpieza de Textiles para alcanzar metas en dos áreas de prioridad: tutoría, entrenamiento y creación de un perfil.

(E)

(9) Durante ese último año, se ha dedicado mucho esfuerzo y visión a alcanzar las metas establecidas por el Comité de Ajustes y la Asociación. (10) Las nuevas áreas de prioridad ofrecen a la industria la oportunidad de hacer lo siguiente

- Introducir tecnología
- Fomentar la capacidad y los conocimientos
- Mejorar las destrezas
- Desarrollar asociaciones y redes

Ve a la siguiente página ⟶

21. Oración 1: **En los últimos dos años, el Comité de Ajustes de Limpieza en Seco y Servicio de Lavandería ha trabajado duro para convertirse en un grupo más cohesivo, enfocado en evaluar y asesorar las implicaciones asociadas con los cambios en la industria de limpieza de textiles en relación a los recursos humanos.**

    ¿Cuál es la mejor manera de mejorar la oración 1?

    (1) quitar la coma después de <u>cohesivo</u>

    (2) poner un punto después de <u>cohesivo</u> y comenzar una oración nueva con <u>El enfoque ha sido</u>

    (3) poner una coma después de <u>evaluar</u>

    (4) cambiar <u>enfocado a enfocados</u>

    (5) poner un punto después de <u>cohesivo</u> y comenzar una oración nueva con <u>Para ser enfocado en</u>

22. Oración 2: **A partir de agosto del 2009, el comité tiene más de 15 miembros activos que participan en todos los aspectos del proyecto.**

    ¿Qué revisión se debe hacer en la oración 2?

    (1) cambiar <u>tiene</u> a <u>tienen</u>

    (2) cambiar <u>agosto de</u> a <u>Agosto de</u>

    (3) cambiar <u>miembros activos</u> a <u>miembros de activos</u>

    (4) cambiar <u>aspectos</u> a <u>aspects</u>

    (5) quitar <u>más de</u>

23. Oración 3: **El Comité, que tiene gran dificultad al hablar con una voz uniforme, ha tomado la responsabilidad de actuar en el beneficio de esta industria tan grande y fragmentada.**

    ¿Qué revisión se debe hacer para mejorar la oración 3?

    (1) quitar la coma después de <u>uniforme</u>

    (2) cambiar <u>dificultad</u> a <u>dificultades</u>

    (3) mover <u>que tiene gran dificultad al hablar con una voz uniforme,</u> al final de la oración después de <u>fragmentada</u>

    (4) cambiar a <u>ha tomado</u> a <u>han tomado</u>

    (5) no se requiere ninguna corrección

24. Oración 4: **Durante el periodo inicial de la existencia del Comité, el enfoque fue cercanía a y establecer una relación con los individuos clave de la industria.**

    ¿Qué revisión se debe hacer para mejorar la oración 4?

    (1) cambiar <u>Durante</u> a <u>Después</u>

    (2) cambiar <u>cercanía</u> a <u>acercarse</u>

    (3) poner una coma después de <u>relación</u>

    (4) cambiar <u>enfoque a</u> <u>enfocarse</u>

    (5) cambiar <u>clave</u> a <u>clavos</u>

25. Oración 5: **Uno de los primeros pasos fue desarrollar una Encuesta de Evaluación de Necesidades dentro de la industria.**

    ¿Qué cambio se debe hacer en la oración 5?

    (1) cambiar <u>Uno</u> a <u>un</u>

    (2) cambiar <u>primeros</u> a <u>1er</u>

    (3) cambiar <u>dentro de</u> a <u>fuera</u>

    (4) cambiar <u>fue</u> a <u>fueron</u>

    (5) no se requiere ninguna corrección

26. Oración 6: **Durante el primer año, el Comité exploró maneras de satisfacer las necesidades que se identificaron en la Encuesta de Evaluación de Necesidades, incluyendo la mejora del perfil de la industria y los programas de entrenamiento actuales, en particular en las áreas de quitar manchas y planchado.**

    ¿Cuál es la mejor manera de mejorar la oración 6?

    (1) poner una coma después de <u>incluyendo</u>

    (2) poner un punto después de <u>Necesidades</u> y comenzar una oración nueva con <u>Entre ellas está</u>

    (3) poner un punto después de <u>actuales</u> y comenzar una oración nueva con <u>En particular</u>

    (4) quitar la coma después de <u>actuales</u>

    (5) no se requiere ninguna corrección

Ve a la siguiente página ⟶

27. Oración 7: **A pesar de que se dedicó mucho tiempo a la factibilidad durante esta fase la implementación de todas las posibles soluciones de entrenamiento resultó difícil y costosa.**

    ¿Qué corrección se debe hacer en la oración 7?

    (1) cambiar <u>dedicó</u> a <u>dedicaron</u>

    (2) cambiar <u>costosa</u> a <u>costosas</u>

    (3) poner una coma después de <u>factibilidad</u>

    (4) poner una coma después de <u>fase</u>

    (5) cambiar <u>implementación</u> a <u>implementar</u>

28. Oración 8: **En el segundo año del Comité, éste estableció oficialmente un proyecto junto con la Asociación Nacional de Limpieza de Textiles para alcanzar metas en dos áreas de prioridad: tutoría, entrenamiento y creación de un perfil.**

    ¿Qué corrección se debe hacer en la oración 8?

    (1) cambiar <u>del Comité</u> a <u>de el Comité</u>

    (2) cambiar <u>Asociación</u> a <u>asociación</u>

    (3) cambiar <u>éste</u> a <u>aquel</u>

    (4) cambiar <u>dos</u> a <u>tres</u>

    (5) no se requiere ninguna corrección

29. Oración 9: **Durante ese último año, se ha dedicado mucho esfuerzo y visión a alcanzar las metas establecidas por el Comité de Ajustes en la Industria y la Asociación.**

    ¿Qué corrección se debe hacer en la oración 9?

    (1) poner una coma después de <u>Comité</u>

    (2) cambiar <u>ese</u> a <u>este</u>

    (3) cambiar <u>por</u> a <u>desde</u>

    (4) cambiar <u>metas</u> a <u>meta</u>

    (5) quitar la coma después de <u>año</u>

30. Oración 10: **Las nuevas áreas de prioridad ofrecen a la industria la oportunidad de hacer lo siguiente**

    • **Introducir tecnología**

    • **Fomentar la capacidad y los conocimientos**

    • **Mejorar las destrezas**

    • **Desarrollar asociaciones y redes**

    ¿Qué signo de puntuación se debe añadir en la oración 10?

    (1) poner punto y coma después de <u>tecnología</u>

    (2) poner punto y coma después de <u>conocimientos</u>

    (3) poner punto y coma después de <u>destrezas</u>

    (4) poner punto y coma después de <u>siguiente</u>

    (5) poner dos puntos después de <u>siguiente</u>

Ve a la siguiente página

Las preguntas 31 a 40 se refieren al siguiente texto informativo.

El Aprendizaje Previo y el Reconocimiento

Introducción

(A)

(1) Este curso está basado en el Modelo de Evaluación de Conocimientos Previos y Reconocimiento (ECPR), como una parte del ECPR, que facilita la preparación para un examen estandarizado. (2) Además se entrena, a los candidatos a crear un portfolio, que puede ser evaluado por la universidad en relación a las admisiones o al derecho a excepciones. (3) Es una oportunidad por los adultos que hayan aprendido en instituciones formales y en ambientes informales para documentar y evaluar sus conocimientos previos. (4) Este curso es intención y concentrado y no es para todos.

(B)

(5) Los candidatos, que reciban una puntuación baja, en el examen inicial deberán ser dirigidos a programas remediadores antes de comenzar un curso tan riguroso. (6) Aquellos que una puntuación muy alta reciban en el examen inicial podrán prepararse inmediatamente para tomar un examen más difícil, como uno de los exámenes del GED. (7) Este curso está diseñado para candidatos que se beneficiarán de la revisión y la remediacion, pero que no requieren clases intensivas.

Lógica

(C)

(8) Este curso está diseñado para ayudar los estudiantes adultos a ganar reconocimiento y acreditación del aprendizaje previo en preparación para la educación secundaria. (9) Los estudiantes aprenderán métodos para documentar sus conocimientos previos y desarrollarán las destrezas necesarias para tener éxito al volver a familiarizarse con los ambientes educativos y desarrollan las destrezas necesarias para tener éxito en tales ambientes. (10) A través del uso de herramientas de evaluación y de asesorar, los estudiantes aprenderán a reconocer de una manera realista sus niveles de capacidad, sus puntos fuertes personales, las áreas en las que necesitan mejoría y su estilo de aprendizaje.

Ve a la siguiente página

31. Oración 1: **Este curso está basado en el Modelo de Evaluación de Conocimientos Previos y Reconocimiento (ECPR), como una parte del ECPR, que facilita la preparación para un examen estandarizado.**

    ¿Cuál es la mejor manera de mejorar la oración 1?

    (1) no se necesita mejorarla

    (2) borrar , como una parte del ECPR,

    (3) cambiar Este a Ese

    (4) cambiar facilita a facilitan

    (5) poner una coma después de Evaluación

32. Oración 2: **Además se entrena, a los candidatos a crear un portfolio, que puede ser evaluado por la universidad en relación a las admisiones o al derecho a excepciones.**

    ¿Qué corrección se debe hacer en la oración 2?

    (1) poner una coma después de candidatos

    (2) cambiar se entrena a entrenaron

    (3) cambiar a crear a por crear

    (4) quitar la coma después de se entrena

    (5) cambiar portfolio a port-folio

33. Oración 3: **Es una oportunidad por los adultos que hayan aprendido en instituciones formales y en ambientes informales para documentar y evaluar sus conocimientos previos.**

    ¿Qué corrección se debe hacer en la oración 3?

    (1) cambiar por a para

    (2) poner una coma después de oportunidad

    (3) cambiar que a qué

    (4) cambiar ambientes a ambiente

    (5) no se requiere ninguna corrección

34. Oración 4: **Este curso es intención y concentrado y no es para todos.**

    ¿Qué corrección se debe hacer en la oración 4?

    (1) cambiar no es a no son

    (2) cambiar Este a Esto

    (3) cambiar concentrado a concentrados

    (4) poner una coma después de intención

    (5) cambiar intención a intensivo

35. Oración 5: **Los candidatos, que reciban una puntuación baja en el examen inicial, deberán ser dirigidos a programas remediadores antes de comenzar un curso tan riguroso.**

    ¿Qué mejora se debe hacer en la oración 5?

    (1) quitar la coma después de candidatos

    (2) quitar la coma después de inicial

    (3) quitar la coma después de candidatos y la coma después de inicial

    (4) cambiar antes de a después

    (5) cambiar examen inicial a examen posterior

36. Oración 6: **Aquellos que una puntuación muy alta reciban en el examen inicial podrán prepararse inmediatamente para tomar un examen más difícil, como uno de los exámenes del GED.**

    ¿Cuál es la mejor manera de escribir la parte subrayada en esta oración?

    (1) Puntuación muy alta aquellos que reciban

    (2) Aquellos que muy alta reciban una puntuación

    (3) Aquellos que reciban una puntuación muy alta

    (4) Reciban ya muy alta la puntuación

    (5) no se requiere ninguna corrección

Ve a la siguiente página

37. Oración 7: **Este curso está diseñado para candidatos que se beneficiarán de la revisión y la remediacion, pero que no requieren clases intensivas.**

    ¿Qué corrección se debe hacer en la oración 7?

    (1) cambiar <u>revisión</u> a <u>revisación</u>

    (2) poner una coma después de <u>revisión</u>

    (3) cambiar <u>requieren</u> a <u>requerir</u>

    (4) cambiar <u>remediacion</u> a <u>remediación</u>

    (5) no se requiere ninguna corrección

38. Oración 8: **Este curso está diseñado para ayudar los estudiantes adultos a ganar reconocimiento y acreditación del aprendizaje previo en preparación para la educación secundaria.**

    ¿Qué cambio se debe hacer en la oración 8?

    (1) cambiar <u>ayudar</u> a <u>ayudar a</u>

    (2) cambiar <u>reconociento</u> a <u>conocer</u>

    (3) cambiar <u>aprendizaje previo</u> a <u>previas aprendizajes</u>

    (4) cambiar <u>para</u> a <u>hasta</u>

    (5) no se requiere ninguna corrección

39. Oración 9: **Los estudiantes aprenderán métodos para documentar sus conocimientos previos y desarrollarán las destrezas necesarias para tener éxito al volver a familiarizarse con los ambientes educativos y desarrollan las destrezas necesarias para tener éxito en tales ambientes.**

    ¿Cuál es la mejor manera de mejorar la oración 9?

    (1) quitar <u>para documentar</u>

    (2) quitar <u>y desarrollan las destrezas necesarias para tener éxito en tales ambientes</u>

    (3) quitar <u>conocimientos previos</u>

    (4) quitar <u>con los ambientes educativos</u>

    (5) no se requiere ninguna corrección

40. Oración 10: **A través del uso de herramientas de evaluación y de assesorar, los estudiantes aprenderán a reconocer de una manera realista sus niveles de capacidad, sus puntos fuertes personales, las áreas en las que necesitan mejoría y su estilo de aprendizaje.**

    ¿Qué cambio se debe hacer en la oración 10?

    (1) cambiar <u>realista</u> a <u>reales</u>

    (2) cambiar <u>niveles</u> a <u>nivel</u>

    (3) cambiar <u>mejoría</u> a <u>fortaleza</u>

    (4) cambiar <u>estudiantes</u> a <u>estudiante</u>

    (5) cambiar <u>assesorar</u> a <u>asesoramiento</u>

Ve a la siguiente página

Las preguntas 41 a 50 se refieren a esta carta de negocios.

Visitas Guiadas de Estudios SePuede, S.A., 2500 Calle Big Beaver, Troy, MI 70523

Dr. Dale Worth, Ph.D. Encargado de Registros Instituto de Tecnología BEST 75 Paseo Ingram Concord, MA 51234

Estimado Dr. Worth:

(A)

(1) La economía está cambiando rápidamente y esto quiere decir que hay ambos, retos nuevos. (2) Se dice que sólo las organizaciones quienes puedan mantener la lealtad y la dedicación de los empleados, los miembros y los clientes van a poder sobrevivir y prosperar en esta época de aprendizaje y globalización continuos.

(B)

(3) Desde 1974, la empresa Visitas Guiadas de Estudio SePuede han colaborado con universidades, distritos escolares, organizaciones de voluntarios, y empresas para cubrir las necesidades únicas de sus empleados y sus clientes (4) Éstas incluyen programas de viajes educativos que exploran lo siguiente, intereses artísticos y culturales, temas históricos y arqueológicos, experiencias del medioambiente y del bienestar y otros patrones de servicios. (5) En SePuede, hemos desarrollado estrategias de desarrollo profesional para mejorar la comprensión del mundo y estimular la creatividad. (6) Algunas organizaciones han usado de las visitas guiadas para crear y mantener a sus miembros o a su base de consumidores. (7) Otras organizaciones descubren una nueva puente de ingresos en estos tiempos económicos tan difíciles.

(C)

(8) Los formatos ha variado de una serie de seminarios locales, a congresos con incentivos, hasta reuniones para promocionar las ventas. (9) Nuestros servicios profesionales, entre ellos el mejor transporte y el alojamiento al mejor precio, han segurado el éxito de estos programas.

(D)

(10) Le agradecemos la oportunidad de poder compartir nuestras experiencias en la industria del viaje educativo para hablar de maneras en las que podamos ofrecer servicios a su organización.

Le saluda atentamente,

Todd Croft, M.A., Presidente   Visitas Guiadas de Estudios SePuede, S.A.

Ve a la siguiente página

41. Oración 1: **La economía está cambiando rápidamente y esto quiere decir que hay ambos, retos nuevos.**

    ¿Qué mejora se debe hacer en la oración 1?

    (1) poner y oportunidades entre retos y nuevos

    (2) cambiar quiere decir a quería decir

    (3) cambiar nuevos a nuevas

    (4) cambiar retos a reto

    (5) no se requiere ninguna corrección

42. Oración 2: **Se dice que sólo las organizaciones quienes puedan mantener la lealtad y la dedicación de los empleados, los miembros y los clientes van a poder sobrevivir y prosperar en esta época de aprendizaje y globalización continuos.**

    ¿Qué cambio se debe hacer en la oración 2?

    (1) poner una coma después de lealtad

    (2) cambiar van a poder a hubieran podido

    (3) cambiar quienes a que

    (4) cambiar esta a aquella

    (5) no se requiere ninguna corrección

43. Oración 3: **Desde 1974, la empresa Visitas Guiadas de Estudio SePuede han colaborado con universidades, distritos escolares, organizaciones de voluntarios, y empresas para cubrir las necesidades únicas de sus empleados y sus clientes.**

    ¿Cuál es la mejor manera de escribir la parte subrayada de la oración 3?

    (1) hubieran colaborado

    (2) ha colaborado

    (3) están colaborados

    (4) colaborarán

    (5) no se requiere ninguna corrección

44. Oración 4: **Éstas incluyen programas de viajes educativos que exploran lo siguiente, intereses artísticos y culturales, temas históricos y arqueológicos, experiencias del medioambiente y del bienestar, y otros patrones de servicios.**

    ¿Qué corrección se debe hacer en la oración 4?

    (1) poner una coma después de incluyen

    (2) cambiar la coma después de siguiente a dos puntos

    (3) cambiar la coma después de intereses a dos puntos

    (4) cambiar la coma antes de temas a dos puntos

    (5) cambiar la coma antes de experiencias a dos puntos

45. Oración 5: **En SePuede, hemos desarrollado estrategias de desarrollo profesional para mejorar la comprensión del mundo y estimular la creatividad.**

    ¿Qué cambio se debe hacer en la oración 5?

    (1) cambiar estrategias a estrategia

    (2) cambiar estimular a emular

    (3) cambiar hemos desarrollado a desarrollaríamos

    (4) cambiar mejorar a mejoría

    (5) no se requiere ninguna corrección

46. Oración 6: **Algunas organizaciones han usado de las visitas guiadas para crear y mantener a sus miembros o a su base de consumidores.**

    ¿Qué corrección se debe hacer en la oración 6?

    (1) cambiar Algunas a Todas

    (2) cambiar a sus miembros a los miembros

    (3) cambiar han usado a hayan usado

    (4) quitar de antes de las visitas guiadas

    (5) cambiar base a vaso

Ve a la siguiente página

47. Oración 7: **Otras organizaciones descubren una nueva puente de ingresos en estos tiempos económicos tan difíciles.**

¿Qué cambio se debe hacer en la oración 7?

(1) cambiar <u>organizaciones</u> a <u>organizacións</u>

(2) cambiar <u>puente</u> a <u>fuente</u>

(3) cambiar <u>tan</u> a <u>mucho</u>

(4) cambiar <u>descubren</u> a <u>descubriendo</u>

(5) no se requiere ninguna corrección

48. Oración 8: **Los formatos ha variado de una serie de seminarios locales, a congresos con incentivos, hasta reuniones para promocionar las ventas.**

¿Qué revisión se debe hacer en la oración 8?

(1) poner una coma después de <u>seminarios</u>

(2) poner una coma antes de <u>las ventas</u>

(3) cambiar <u>Los formatos</u> a <u>El formato</u>

(4) poner un punto después de <u>seminarios</u>

(5) no se requiere ninguna corrección

49. Oración 9: **Nuestros servicios profesionales, entre ellos el mejor transporte y el alojamiento al mejor precio, han segurado el éxito de estos programas.**

¿Qué revisión se debe hacer en la oración 9?

(1) cambiar <u>servicios</u> a <u>servicio</u>

(2) cambiar <u>segurado</u> a <u>asegurado</u>

(3) quitar la coma después de <u>profesionales</u>

(4) quitar la coma después de <u>precio</u>

(5) no se requiere ninguna corrección

50. Oración 10: **Le agradecemos la oportunidad de poder compartir nuestras experiencias en la industria del viaje educativo para hablar de maneras en las que podamos ofrecer servicios a su organización.**

¿Qué revisión se debe hacer en la oración 10?

(1) cambiar <u>Apreciamos</u> a <u>Apreciaron</u>

(2) poner una coma después de <u>ofrecer</u>

(3) poner una coma después de <u>hablar</u>

(4) cambiar <u>podamos</u> a <u>pudimos</u>

(5) no se requiere ninguna corrección

Ve a la siguiente página

Examen Redacción de Artes del Lenguaje: Parte II

Mira el recuadro en la siguiente página. En el recuadro, encontrarás el tema del ensayo y la letra del tema.

Tienes que escribir SOLAMENTE sobre el tema que te den.

Marca la letra del tema que te hayan dado en el espacio en la hoja de respuestas.

Tienes 45 minutos para escribir el ensayo sobre el tema que te hayan dado. Si te queda tiempo después de haber escrito el ensayo, puedes usar el tiempo restante para volver a la sección de preguntas de opción múltiple. No entregues el cuadernillo del Examen de Redacción de Artes del Lenguaje a no ser que hayas terminado las dos partes: la Parte I y la Parte II.

El ensayo es corregido por dos personas. Su evaluación estará basada en lo siguiente:

- Un claro enfoque de los puntos principales
- Una organización clara
- Ideas bien desarrolladas
- Un buen control de la estructura de las oraciones, la puntuación, la gramática, la elección de palabras y la ortografía

RECUERDA, TIENES QUE COMPLETAR AMBAS PARTES: LAS PREGUNTAS DE OPCIÓN MÚLTIPLE (PARTE I) Y EL ENSAYO (PARTE II) PARA RECIBIR UN PUNTAJE EN EL EXAMEN DE REDACCIÓN DE LAS ARTES DEL LENGUAJE

Para evitar que tengas que repetir ambas partes del examen, asegúrate de seguir las siguientes reglas:

- Antes de comenzar a escribir, toma notas u organiza el ensayo en las hojas que te dan.
- En la copia final, escribe con tinta de manera legible para que los evaluadores puedan leer lo que escribiste.
- Escribe sobre el tema que te den. Si escribes sobre otro tema, no recibirás el puntaje para el Examen de Redacción de Artes del Lenguaje.
- Escribe el ensayo en las páginas con líneas del cuadernillo. Sólo se corregirá lo que esté escrito en estas páginas.

Si no pasas una parte del examen, tendrás que tomar ambas partes de nuevo.

Ve a la siguiente página ⟶

Tema C

En su tiempo libre, muchas personas disfrutan de un hobby o de algún interés especial que tengan.

Escribe un ensayo que anime a alguien a disfrutar de un hobby o de algo que te interese. Usa tus experiencias personales, tus conocimientos, las relaciones que hayas formado, etc. para desarrollar las ideas.

La Parte II es un examen que examina la manera en que usas el lenguaje escrito para desarrollar las ideas.

Al prepararte para el ensayo, deberías seguir estos pasos:

- ✔ Tómate tu tiempo para leer las INSTRUCCIONES y el TEMA cuidadosamente.

- ✔ Haz un plan para el ensayo antes de escribir. Usa el papel que te den para tomar notas. Tendrás que entregar estas notas, pero no serán evaluadas.

- ✔ Antes de entregar el ensayo, vuelve a leer lo que hayas escrito y haz cambios que mejoren el ensayo.

El ensayo debe ser lo suficientemente largo como para que el tema se haya desarrollado adecuadamente.

Nota: Consulta el Capítulo 6 para las respuestas de las Partes I y II de este examen de práctica.

FIN DEL EXAMEN

Ve a la siguiente página ➡

Hoja de Respuestas para el Examen de Redacción de Artes del Lenguaje: Parte II

Usa un lápiz del Número 2 para escribir la letra del tema ensayo dentro del recuadro.
Luego, rellena el círculo que corresponda.

TEMA [ ] Ⓐ Ⓑ Ⓒ Ⓓ Ⓔ Ⓕ Ⓖ Ⓗ Ⓘ Ⓙ Ⓚ Ⓛ Ⓜ Ⓝ Ⓞ Ⓟ Ⓠ Ⓡ Ⓢ Ⓣ Ⓤ Ⓥ Ⓦ Ⓧ Ⓨ Ⓩ

_____

_____

_____

_____

_____

_____

_____

_____

_____

_____

_____

_____

_____

_____

_____

_____

_____

_____

_____

_____

_____

Ve a la siguiente página ⟹

_____

_____

_____

_____

_____

_____

_____

_____

_____

_____

_____

_____

_____

_____

_____

_____

_____

_____

_____

_____

_____

_____

_____

_____

ALTO — NO DES VUELTA LA PÁGINA HASTA QUE SE TE INDIQUE QUE LO HAGAS. NO REGRESES A UN EXAMEN ANTERIOR.

Capítulo 6

Respuestas y Explicaciones para el Examen de Redacción de Artes del Lenguaje

$\bullet \bullet$

Después de tomar el Examen de Redacción del Capítulo 5, usa este capítulo para revisar tus respuestas. Tómate tu tiempo para leer las explicaciones de las respuestas de la Parte I que damos en la primera sección. Pueden ayudarte a entender por qué te equivocaste en algunas respuestas. Quizás quieras leer las explicaciones de las preguntas que respondiste correctamente, porque al hacerlo puedes tener una mejor idea del razonamiento que te ayudó a elegir las respuestas correctas.

Asegúrate de leer los ensayos de muestra que hay en la sección "Ensayos de Muestra para la Parte II" de este capítulo. Compara tu ensayo con el de la muestra para poder entender mejor el puntaje que habrías recibido en el examen de verdad.

Si tienes poco tiempo, ve al final del capítulo para ver la clave de respuestas abreviada para la Parte I del Examen de Redacción de Artes del Lenguaje.

Análisis de las Respuestas de la Parte 1

1. **1.** Cambia *mi* a *su*. No tiene sentido dar las gracias por el interés de uno mismo. Las otras opciones hacen que la oración no sea correcta.

2. **3.** El tiempo verbal tiene que ser la voz pasiva refleja *se formó*. Si simplemente dejas el pasado *formó*, quiere decir que la empresa formó algo que no está especificado y la oración no tiene sentido.

3. **2.** La oración queda más clara con una coma después de *funcionamiento* para separar la expresión adverbial. Esta coma no separa el sujeto y el predicado, así que ayuda a que la oración fluya mejor. Las otras opciones hacen que la oración no sea correcta.

4. **5.** *Generara* es el subjuntivo del verbo "generar", que en este contexto no tiene sentido. *Generará*, con acento y tilde en la última *a*, es el futuro del mismo verbo y especifica lo que la empresa hará en el futuro.

5. **1.** Aunque esta oración se puede revisar de varias maneras, la respuesta que tiene más sentido es "También se crearán casi medio millón de dólares al devolver trece puestos de trabajo a la economía local." Este cambio mejora la organización de la oración. La opción 4 cambia el sentido de la oración.

6. **3.** *Reparaciones* es el plural del *reparación*. *Reparación* lleva tilde porque termina en *–n* y el acento es en la última sílaba, lo que hace que sea una palabra aguda. Las palabras agudas llevan tilde si terminan en una vocal, *n* o *s*. En *reparaciones*, el acento cae en la penúltima sílaba *cio*, lo que hace que la palabra sea llana o grave. Las palabras llanas sólo llevan tilde cuando terminan en una consonante distinta de n o s.

Una manera de mejorar la ortografía es leer lo más posible antes de tomar el examen GED de Artes del Lenguaje, Parte I. Al ver las palabras escritas correctamente con frecuencia (en textos que hayan sido publicados) aprenderás a reconocer palabras que están escritas incorrectamente en el examen.

7. **5.** La oración es correcta. No se necesita hacer ningún cambio.

Algunas de las oraciones en el examen están correctas. No hagas correcciones de gramática o puntuación si te parece que la oración está bien.

8. **2.** Para mejorar la estructura de la oración, pon *particularmente* (un adverbio que modifica al adjetivo *interesados*) antes de *interesados*. Esto hace que la oración sea más fácil de leer y de entender.

9. **4.** Se debe quitar la coma después de www.betace.com porque, en general, no se pone coma delante de las conjunciones *y, ni,* y *o,* salvo en el caso de oraciones de distinto sujeto o de una cláusula con varios miembros independientes entre sí. Las otras opciones hacen que la oración no sea correcta.

10. **4.** Corrige el error de ortografía: Cambia *mienbro* a *miembro.* Recuerda: Nunca encontrarás la letra *n* antes de *b.*

11. **1.** Los productos no son *para BETA,* sino que son de la marca *BETA.* Se requiere la preposición *de.* Recuerda que en español no se usan mayúsculas para los adjetivos que describen nacionalidad, lo que hace que la opción 2 sea incorrecta.

12. **4.** Tienes que cambiar el plural *iniciales* al singular *inicial* para que corresponda con el sustantivo singular *prioridad.*

13. **1.** Se necesitan dos puntos después de *recondicionadas* para indicar al lector que sigue una lista.

14. **1.** La oración "La venta directa y el arrendamiento tomarán tiempo, porque establecer una red de distribuidores será la prioridad en el primer año" no es fácil de entender y no fluye con facilidad dentro del texto. Oraciones que comienzan con *debido a* tienen más sentido en los casos en que la razón es la parte clave del contenido de la oración. La primera opción fluye mejor y mejora la parte inicial de la oración: "Debido a que la prioridad del primer año será establecer una red de distribuidores, la venta directa y el arrendamiento tomarán tiempo."

15. **3.** El sustantivo singular *una mano de obra* no corresponde con el plural *se necesitan.* El sujeto y el verbo en una oración siempre tienen que corresponder, así que hay que cambiar *se necesitan* al singular *se necesita.*

16. **4.** La preposición *desde* se refiere a la procedencia. En este caso se debe usar *de* antes de encargo, ya que describe el tipo de máquina que es.

Antes de tomar el Examen de Redacción de Artes del Lenguaje, Parte I, revisa las palabras cuyo significado cambia según lleven tilde (acento) o no, como *tú* (pronombre personal) y *tu* (pronombre posesivo). Muchas de estas palabras son de una sílaba, como *si/sí, de/dé, el/él.*

17. **2.** *Qué,* con tilde, se usa principalmente en oraciones interrogativas. En este contexto, se debe usar *que* sin tilde, ya que es un ejemplo pronombre relativo. En la oración *que* se refiere a *unidades.*

18. **1.** La oración "Se estima el primer año que la combinación inicial de arrendamiento y ventas será 20 por ciento de arrendamiento y 80 por ciento de ventas" no funciona porque es confusa. No se sabe si se estima *el primer año* o si *la combinacion* será *20 por ciento y 80 por ciento* en ese año. El orden de las palabras causa confusión. Al cambiarlo queda claro que es la estimación se refiere a la combinación inicial.

19. **5.** La idea principal de la oración es el "precio medio" y por eso hay que añadir la palabra *precio* para clarificar el significado.

20. **2.** Cambiar la oración con un precio, mientras que el resto mejora la estructura de la oración. Otra manera de mejorarla sería añadir un punto y coma después de precio. Sin embargo, esta opción no se da, así que tienes que elegir la Opción (2).

21. **2.** Evita una oración demasiado complicada y larga. Para mejorarla, divídela en dos oraciones: "En los últimos dos años, el Comité de Ajustes de la Limpieza en Seco y el Servicio de Lavandería ha trabajado duro para convertirse en un grupo más cohesivo. El enfoque ha sido evaluar y asesorar las implicaciones asociadas con los cambios en la industria de limpieza de textiles en relación a los recursos humanos."

22. **5.** Quita *más de* para clarificar el sentido de la oración. Si sabes el número de miembros que tiene el grupo, simplemente dilo.

23. **3.** La oración como está dice que el comité tiene "dificultad al hablar con una voz uniforme". Sin embargo, sabemos por el texto que no es así, y tiene más sentido decir que la industria (más grande y diversa) tiene dificultad al hablar con una voz uniforme. Además, esta industria se describe como *fragmentada* en esta misma oración. La oración estaría mejor así, "El Comité ha tomado la responsabilidad de actuar en el beneficio de esta industria tan grande y fragmentada, que tiene gran dificultad al hablar con una voz uniforme."

24. **2.** *Cercanía* no es un verbo y no funciona en este contexto, en la misma categoría que *establecer*. *Acercarse* es un verbo y tiene sentido en este contexto.

25. **5.** No se requiere ninguna corrección, porque ninguna de las opciones mejora la oración.

¿Crees que hicimos un error en la oración anterior? ¿Quizás pensaste que deberíamos cambiar *fue* a *fueron*, ya que *fue* va después del plural *pasos*? En realidad, la oración está correcta. *Fue* se refiere a *uno*, no a *primeros pasos*. La oración trata de un paso, en singular.

26. **2.** La oración "Durante el primer año, el Comité exploró maneras de satisfacer las necesidades que se identificaron en la Encuesta de Evaluación de Necesidades, incluyendo la mejora del perfil de la industria y los programas de entrenamiento actuales, en particular en las áreas de quitar manchas y planchado" es simplemente demasiado larga y complicada. La primera parte de la oración trata del uso de la encuesta, mientras que la segunda parte trata del tipo de entrenamiento. Esta oración se puede dividir fácilmente en dos oraciones más cortas y claras. "Durante el primer año, el Comité exploró maneras de satisfacer las necesidades que se identificaron en la Encuesta de Evaluación de Necesidades. Entre ellas está la mejora del perfil de la industria y los programas de entrenamiento actuales, en particular en las áreas de quitar manchas y planchado." La segunda oración dice *está* porque se refiere a *la mejora* de ambos: *el perfil* y *los programas*.

27. **4.** Pon una coma después de *fase* para mejorar la estructura de la oración, ya que comienza con la conjunción *A pesar de*. Se recomienda poner una coma allí para separar las dos ideas.

Una *oración compuesta* contiene dos cláusulas independientes o ideas. Generalmente las cláusulas están separadas por una conjunción copulativa, como *pero, a pesar de*, o *aunque*, y ésta va después de una coma. Una oración compuesta también puede comenzar con una conjunción. En este caso la coma va entre las dos cláusulas.

28. **4.** Esta respuesta es un "regalito" para el que preste atención: Se presentan tres áreas de prioridad, no dos.

29. **2.** El pronombre correcto es *este*, ya que no se refiere a un año en el pasado lejano, sino a uno más cercano.

30. **5.** La cláusula introductoria necesita dos puntos al final, ya que sigue una lista.

Si, en tu opinión, la lista necesita puntos y comas, tienes razón; aunque también puede no tenerlos. Esta decisión dependería de la editorial que publicara este material, que seguiría las reglas que establecieran. Sin embargo, si usas los puntos y coma, tendrías que añadirlos después de cada línea de la lista de una manera consistente. Esta opción no existe en el examen.

31. **2.** La cláusula *como una parte del ECPR* no es necesaria.

32. **4.** Se recomienda una coma después de *además.* Las otras opciones hacen que la oración no sea correcta.

33. **1.** El posesivo *nuestros* no tiene sentido en este contexto, ya que se refiere a los conocimientos de los adultos en cuestión.

Las preposiciones *por* y *para* probablemente confunden a más estudiantes de secundaria y universidad que cualquier preposición. Antes de tomar el GED de Artes del Lenguaje, asegúrate de que entiendas la diferencia entre estas dos preposiciones.

34. **5.** *Intenso* y *concentrado* son adjetivos sinónimos, y se usan juntos para enfatizar. *Intención* es un sustantivo y no tiene sentido en esta oración.

35. **3.** La cláusula *que reciban una puntuación baja en el examen inicial,* se refiere al sustantivo *candidatos* y especifica algo sobre este sustantivo. Aunque la oración no es incorrecta, no es necesario poner comas, porque esta cláusula es una parte integral de la oración. Las otras opciones cambian el significado o hacen que la oración no sea correcta.

Existen algunas reglas específicas del uso de las comas y otras más generales. La coma se usa para separar unidades de sentido en la oración. Siempre que se empleen dos o más partes de la oración consecutivas y de una misma clase, se separan con una coma para que al leerlas haya de hacerse una leve pausa y así fluya mejor la oración. Todas las cláusulas independientes separadas por una coma debe constituir un pensamiento independiente. Una coma no debe separar al sujeto y predicado que estén en una misma cláusula.

36. **3.** *Aquellos que reciban una puntuación muy alta* es el mejor orden para esta oración. El verbo *reciban* debe ir después del pronombre relativo *que* para que la oración sea más fácil de comprender.

37. **4.** Todas las palabras que terminan en *–ción* llevan tilde. *Remediación* lleva tilde.

En general, todas las palabras que tienen acento en la última sílaba y terminan en *–n, –s,* o una vocal (*a, e, i, o, u*) llevan tilde en la vocal de la última sílaba. Antes de tomar el examen, repasa las reglas de ortografía.

38. **1.** En esta oración el verbo *ayudar* va seguido de *los estudiantes*, que son personas, y por eso requiere la *a* personal. *Este examen esta diseñado para ayudar a los estudiantes adultos…*

No te olvides de incluir la preposición *a* antes del objeto directo cuando éste es una persona. Tú puedes ver *un libro* delante de ti, pero ves **a** *tu amigo*.

39. **2.** La oración "Los estudiantes aprenderán métodos para documentar sus conocimientos previos y desarrollarán las destrezas necesarias para tener éxito al volver a familiarizarse con los ambientes educativos y desarrollan las destrezas necesarias para tener éxito en tales ambientes" es compleja y redundante. Quita "y desarrollan las destrezas necesarias para tener éxito en tales ambientes."

A no ser que te paguen por palabra, intenta siempre usar el menor número de palabras posible para expresar una idea.

40. **5.** Esta oración contiene un error de ortografía: "*assesorar*" se escribe *asesorar*. Además, para mantener el texto consistente con el sustantivo anterior (*evaluación*), un sustantivo queda mejor: *asesoramiento*.

41. **1.** La palabra ambos se refiere a dos opciones, y en esta oración sólo se presenta una opción: *retos*. Si se añade *y oportunidades* entre *retos* y *nuevos* se incluye una segunda opcion y la oración tiene sentido.

42. **3.** Una organización es una cosa, no una persona, y el pronombre relativo *quienes* sólo se usa con personas. Aunque una organización está formada por personas, *organización* en sí es un nombre colectivo y por eso se usa el pronombre relativo *que*.

Aunque la oración parece demasiado larga, y podría reescribirse para ser mejorada, la oración no es técnicamente incorrecta. Aunque las comas a menudo hacen que las oraciones sean más claras, en el examen a menudo no tienes que incluir comas a menos que la oración sea incorrecta.

43. **2.** La empresa Visitas Guiadas de Estudios SePuede es una sola entidad, porque es sólo una empresa. Por eso, el verbo correcto es la forma singular *ha colaborado*, en vez de *han colaborado*.

A veces usamos el plural al referirnos a una empresa, aunque deberíamos siempre usar el singular. Muchas personas forman una empresa, pero la empresa en sí es una sola entidad.

44. **2.** Tienes que poner dos puntos antes de la lista para introducirla.

45. **5.** Las opciones que se dan no tienen sentido o hacen que la oración sea difícil de entender, así que la respuesta correcta es *no se requiere ninguna corrección*.

46. **4.** No se necesita la preposición *de* antes de *las visitas guiadas*, ya que *las visitas guiadas* es un objeto directo. Además el verbo *usar* no va seguido de *de*.

47. **2.** La palabra *puente* no tiene sentido en esta oración y es un sustantivo masculino que no corresponde con *una nueva*. La palabra *fuente* es la opción correcta.

48. **3.** *Los formatos* es plural, pero *ha variado* es un verbo singular. El sujeto y el verbo tienen que corresponder.

Revisa la conjugación de los verbos y las reglas de correspondencia del verbo y el sujeto antes de tomar el Examen de Redacción de Artes del Lenguaje.

49. **2.** Corrige el error de ortografía. *Segurado* no existe y debe escribirse *asegurado*.

50. **5.** No se requiere ninguna corrección. Las otras opciones no mejoran o hacen que la oración sea correcta.

Ensayo de Muestra para la Parte II

El tema del ensayo para el examen de práctica del Capítulo 5 es:

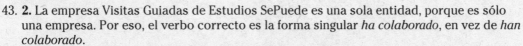

En su tiempo libre, muchas personas disfrutan de un hobby o de algún interés especial que tengan.

Escribe un ensayo que anime a alguien a disfrutar de un hobby o de algo que te interese. Usa tus experiencias personales, tus conocimientos, las relaciones que hayas formado, etc. para desarrollar las ideas.

Al leer y evaluar tu ensayo, se fijarán en lo siguiente:

- Los puntos principales están bien acotados
- Existe evidencia de una organización clara
- Las ideas están bien desarrolladas
- Las oraciones están estructuradas correctamente
- La gramática es correcta
- Se usa la puntuación necesaria
- El uso de las palabras es apropiado
- La ortografía es correcta

Aunque cada ensayo será único, presentamos aquí una muestra para ayudarte a entender mejor lo que se espera de tu ensayo. Compara la estructura de este ensayo con la del tuyo.

El senderismo, o hacer caminatas, es un hobby que recomiendo a todos. El estar afuera, hacer ejercicio, y pasar momentos tranquilos a solas son aspectos del senderismo que hacen que éste sea único en esta vida sedentaria, y a la vez muy ocupada, que vivimos. Muchas zonas (hasta las grandes ciudades) tienen parques con caminos de tierra o hierba que son perfectos para una caminata diaria.

El senderismo me hace salir y alejarme del aire del interior que puede ser potencialmente dañino. Si pasamos mucho tiempo adentro, recibimos menos luz del sol, y ésta es vital para la salud mental. El pasar tiempo dentro también puede resultar en alergias y otras enfermedades, ya que uno está más expuesto a los productos químicos que están atrapados dentro. Simplemente haciendo una caminata de una hora al día se puede contrarrestar muchos de los efectos de pasar demasiado tiempo dentro.

Hacer caminatas es también una buena manera de hacer ejercicio porque hace que el corazón, los pulmones y los músculos de las piernas trabajen sin añadir estrés a las rodillas o a los ligamentos. Puedes hacer una caminata en la ropa de calle (aunque comprar unas buenas botas de senderismo es siempre una buena idea), así que no requiere una inversión en un equipo como otras formas de hacer ejercicio.

Sin embargo, el mejor aspecto, y el más único, del senderismo es que ofrece un consuelo al vivir en este mundo tan ruidoso, rápido y materialista. Al hacer senderismo, aunque sea en un parque urbano, veo ciervos, escucho los pájaros que cantan, observo las ardillas ocupadas sin el sonido constante de la televisión o la radio, y así puedo concentrarme en mis propios pensamientos, no en lo que esperan de mí la sociedad y el mundo de la publicidad. En los senderos, puedo concentrarme en la belleza natural que me rodea, en vez de preocuparme por las cuentas o compararme con otros. Esta tranquila desconexión de la sociedad me ayuda a recordar lo que es importante en la vida.

En breve, el senderismo me ayuda a liberarme del mundo del trabajo ya que hace que salga al exterior a disfrutar de la naturaleza, me anima a hacer ejercicio, y me da largos periodos de tranquilidad. Recomiendo el senderismo a todos.

Después de leer la muestra del ensayo una vez, vuelve a leerla y contesta las siguientes preguntas:

✔ ¿Contiene el ensayo una serie de ideas principales que están claramente relacionadas con el tema? (Subraya las ideas principales para comprobarlas.)

✔ ¿Tiene cada párrafo una oración introductoria?

✔ ¿Tiene cada párrafo una oración final a modo de conclusión?

✔ ¿Están bien organizadas las oraciones dentro de cada párrafo?

✔ ¿Están los párrafos organizados de una manera natural de principio a final? En otras palabras, ¿existe una relación entre cada párrafo y el anterior? ¿Existe una relación con el párrafo que sigue?

✔ ¿Se han desarrollado las ideas del tema?

✔ ¿Están correctas las oraciones desde el punto de vista gramatical?

✔ ¿Están bien estructuradas las oraciones?

✔ ¿Es correcto el uso de la puntuación?

✔ ¿Es correcto el uso de todas las palabras?

✔ ¿Están bien escritas todas las palabras? En otras palabras, ¿hay faltas de ortografía?

En cuanto se refiere al ensayo de muestra, el evaluador del examen seguramente le habría dado un puntaje alto, ya que tiene todos los atributos de un buen ensayo que listamos antes en este capítulo. No es perfecto, pero nadie te pide que escribas un ensayo perfecto. Revisa la lista de características que se buscan, e intenta determinar si el ensayo de práctica satisface los requisitos. Si puedes, pide a un/a amigo(a) que responda las preguntas que listamos aquí sobre tu ensayo. Si tú o tu amigo(a) responde que no a alguna de estas preguntas, revisa el ensayo hasta que los dos respondan que sí a todas las preguntas.

Tu ensayo no debe ser simplemente una colección de oraciones que estén gramaticalmente correctas y que fluyan de principio a fin. El ensayo tiene que ser interesante y hasta entretenido de leer. Nadie — ni siquiera los evaluadores profesionales de exámenes — quiere leer un ensayo aburrido.

Los evaluadores no te conocen, así que asegúrate de impresionarles cuando escribas el ensayo, sobre todo con la conclusión. Cuando hayas terminado de escribir el ensayo, léelo otra vez para asegurarte de que tenga sentido y de que estés usando la gramática y ortografía correctas.

Nota: Consulta el Capítulo 4 para ver consejos e ideas de cómo sacar un buen puntaje en el Examen de Redacción de Artes del Lenguaje, Parte II.

Hoja de Respuestas para la Parte 1

1. **1**	11. **1**	21. **2**
2. **3**	12. **4**	22. **5**
3. **2**	13. **1**	23. **3**
4. **5**	14. **1**	24. **2**
5. **1**	15. **3**	25. **5**
6. **3**	16. **4**	26. **2**
7. **5**	17. **2**	27. **4**
8. **2**	18. **1**	28. **4**
9. **4**	19. **5**	29. **2**
10. **4**	20. **2**	30. **5**

31.	**2**	38.	**1**	45.	**5**
32.	**4**	39.	**2**	46.	**4**
33.	**1**	40.	**5**	47.	**2**
34.	**5**	41.	**1**	48.	**3**
35.	**3**	42.	**3**	49.	**2**
36.	**3**	43.	**2**	50.	**5**
37.	**4**	44.	**2**		

Capítulo 7

Otro Examen de Práctica — Examen de Redacción de Artes del Lenguaje: Partes I y II

*E*l examen de Redacción de Artes del Lenguaje evalúa tu habilidad de usar un español claro y efectivo. Es un examen del español como se debe escribir, no como se habla. Este examen incluye preguntas de opción múltiple y un ensayo o redacción. Las siguientes instrucciones se aplican solamente a la sección de preguntas de opción múltiple. Existe otra sección para el ensayo.

La sección de preguntas de opción múltiple contiene documentos con párrafos ordenados alfabéticamente y oraciones numeradas. Algunas de las oraciones contienen un error de estructura, uso o reglas de ortografía (la puntuación y el uso de mayúsculas). Después de leer las oraciones numeradas, responde las preguntas de opción múltiple que siguen. Algunas de las preguntas se refieren a oraciones que están escritas correctamente. La mejor respuesta para estas preguntas es la que deja la oración como estaba escrita originalmente. La mejor respuesta para las otras preguntas es la que produce un documento en el que los tiempos verbales y el punto de vista sean consistentes en todo el texto.

Tienes 120 minutos (2 horas) para completar ambas partes del examen. Puedes pasar hasta 75 minutos en la sección de 50 preguntas de opción múltiple, dejando el resto del tiempo para el ensayo. Tómate tu tiempo, pero no te demores demasiado con una sola pregunta. Asegúrate de responder todas las preguntas. No te van a quitar puntos por respuestas que no sean correctas. Puedes comenzar a trabajar en la sección del ensayo en cuanto hayas completado la sección de preguntas de opción múltiple.

Hoja de Respuestas para el Examen de Redacción de Artes del Lenguaje: Parte 1

1 ① ② ③ ④ ⑤	26 ① ② ③ ④ ⑤
2 ① ② ③ ④ ⑤	27 ① ② ③ ④ ⑤
3 ① ② ③ ④ ⑤	28 ① ② ③ ④ ⑤
4 ① ② ③ ④ ⑤	29 ① ② ③ ④ ⑤
5 ① ② ③ ④ ⑤	30 ① ② ③ ④ ⑤
6 ① ② ③ ④ ⑤	31 ① ② ③ ④ ⑤
7 ① ② ③ ④ ⑤	32 ① ② ③ ④ ⑤
8 ① ② ③ ④ ⑤	33 ① ② ③ ④ ⑤
9 ① ② ③ ④ ⑤	34 ① ② ③ ④ ⑤
10 ① ② ③ ④ ⑤	35 ① ② ③ ④ ⑤
11 ① ② ③ ④ ⑤	36 ① ② ③ ④ ⑤
12 ① ② ③ ④ ⑤	37 ① ② ③ ④ ⑤
13 ① ② ③ ④ ⑤	38 ① ② ③ ④ ⑤
14 ① ② ③ ④ ⑤	39 ① ② ③ ④ ⑤
15 ① ② ③ ④ ⑤	40 ① ② ③ ④ ⑤
16 ① ② ③ ④ ⑤	41 ① ② ③ ④ ⑤
17 ① ② ③ ④ ⑤	42 ① ② ③ ④ ⑤
18 ① ② ③ ④ ⑤	43 ① ② ③ ④ ⑤
19 ① ② ③ ④ ⑤	44 ① ② ③ ④ ⑤
20 ① ② ③ ④ ⑤	45 ① ② ③ ④ ⑤
21 ① ② ③ ④ ⑤	46 ① ② ③ ④ ⑤
22 ① ② ③ ④ ⑤	47 ① ② ③ ④ ⑤
23 ① ② ③ ④ ⑤	48 ① ② ③ ④ ⑤
24 ① ② ③ ④ ⑤	49 ① ② ③ ④ ⑤
25 ① ② ③ ④ ⑤	50 ① ② ③ ④ ⑤

Examen de Redacción de Artes del Lenguaje: Parte 1

No marques las respuestas en este cuadernillo. Registra tus respuestas en la hoja de respuestas adicional provista. Para registrar tus respuestas, rellena el círculo en la hoja de respuestas con el número que corresponde a la respuesta que tú seleccionaste para cada pregunta del cuadernillo de examen.

EJEMPLO:

Oración 1: **Era un honor para todos nosotros conocer al Gobernador Sandoval y a su equipo.**

¿Qué corrección se debe hacer en la oración 1?

(1) cambiar <u>Era</u> a <u>Eran</u>

(2) cambiar <u>conocer</u> a <u>saber</u>

(3) cambiar <u>Gobernador</u> a <u>gobernador</u>

(4) poner una coma después de <u>Sandoval</u>

(5) no se requiere ninguna corrección

(En la Hoja de Evaluaciones)

① ② ● ④ ⑤

En este ejemplo, no se debe usar mayúscula en la palabra "gobernador", ya que va seguida del nombre propio. Por eso, se marcaría el círculo con el 3 en la hoja de evaluaciones.

No apoyes la punta del lápiz en la hoja de respuestas mientras estás pensando tu respuesta. No hagas marcas fuera de lugar o innecesarias. Si cambias una respuesta, borra completamente tu primera marca. Sólo marca una respuesta para cada pregunta; las respuestas múltiples serán consideradas incorrectas. No dobles o pliegues tu hoja de respuestas. Todos los materiales del examen deben devolverse al administrador del examen.

Nota: Consulta el Capítulo 8 para obtener las respuestas a este examen de práctica.

NO COMIENCES A HACER ESTE EXAMEN HASTA QUE TE LO DIGAN

Instrucciones: Elige la <u>mejor respuesta</u> para cada pregunta.

Las preguntas 1 a 10 se refieren al siguiente texto, que es una adaptación de Customer Service for Dummies *(Servicio al Cliente para Dummies) por Karen Lelan y Keith Bailey (Wiley).*

Soluciona el Problema

(1) Este paso requiere que escuches la evaluación el cliente sobre el problema. (2) Tu trabajo cuando el cliente explique la situación desde su punto de vista, es escuchar atentamente lo que dice e identificar las circumstancias únicas de la situación. (3) Después de haber identificado el problema del cliente, el siguiente paso es, obviamente, solucionarlo. (4) A veces, el problema se puede solucionar fácilmente cambiando un recibo, volviendo a hacer un pedido, anunciando y devolviendo fondos, o reemplazando un producto defectuoso. (5) Otras veces solucionar el problema es más complejo porque, el daño o el error no se puede reparar con facilidad. (6) En estos casos, se necesita llegar a acuerdos mismos.

(7) Sea cual sea el problema, este paso es un buen comienzo para solucionar el problema y le da al cliente lo que necesita para resolver la fuente de conflicto. (8) No malgastes el tiempo y tus esfuerzos buscando el cascabel al gato e intentando arreglar un problema que no sea de verdad. (9) Él es fácil apresurarse y pensar que se sabe lo que va a decir el cliente, porque lo has oído cien veces antes. (10) Si lo haces, te pones en ventaja para llegar a un acuerdo y esto hace que el cliente se enoje aún más. (11) La mayoría de las veces, la primera impresión del problema, es diferente de lo que el problema es en realidad.

Ve a la siguiente página

1. Oración 1: **Este paso requiere que escuches la evaluación el cliente sobre el problema.**

   ¿Qué corrección se debe hacer en la oración 1?

   (1) cambiar <u>requiere</u> a <u>requieren</u>

   (2) cambiar <u>evaluación</u> a <u>evaluacion</u>

   (3) cambiar <u>sobre</u> a <u>desde</u>

   (4) cambiar <u>el cliente</u> a <u>del cliente</u>

   (5) no se requiere ninguna corrección

2. Oración 2: **Tu trabajo cuando el cliente explique la situación desde su punto de vista, es escuchar atentamente lo que dice e identificar las circunstancias únicas de la situación.**

   ¿La revisión más efectiva de la oración 2 comenzaría con qué grupo de palabras?

   (1) Cuando el cliente explique la situación desde su punto de vista,

   (2) Tu trabajo cuando explique,

   (3) Lo que dice es que,

   (4) Las circunstancias únicas de su situación,

   (5) no se requiere ninguna corrección

3. Oración 4: **A veces, el problema se puede solucionar fácilmente cambiando un recibo, volviendo a hacer un pedido, anunciando y devolviendo fondos o reemplazando un producto defectuoso.**

   ¿Qué corrección se debe hacer en la oración 4?

   (1) cambiar <u>fácilmente</u> a <u>fácil</u>

   (2) cambiar <u>recibo</u> a <u>recibir</u>

   (3) cambiar <u>anunciando</u> a <u>renunciando a</u>

   (4) cambiar <u>defectuoso</u> a <u>defectuosa</u>

   (5) no se requiere ninguna corrección

4. Oración 5: **Otras veces solucionar el problema es más complejo porque, el daño o el error no se puede reparar con facilidad.**

   ¿Cuál es la mejor manera de mejorar esta oración?

   (1) poner una coma antes de <u>porque</u>

   (2) poner un punto y coma después de <u>veces</u>

   (3) quitar la coma después de <u>porque</u>

   (4) poner una coma después de <u>error</u>

   (5) poner un punto y coma después de <u>error</u>

5. Oración 6: **En estos casos, se necesita llegar a acuerdos mismos.**

   ¿Qué corrección se debe hacer en la oración 6?

   (1) quitar la coma después de <u>casos</u>

   (2) cambiar <u>estos</u> a <u>aquel</u>

   (3) cambiar <u>necesita</u> a <u>necesitan</u>

   (4) cambiar <u>mismos</u> a <u>mutuos</u>

   (5) no se requiere ninguna corrección

6. Oración 7: **Sea cual sea el problema, este paso es un buen comienzo para solucionar el problema y le da al cliente lo que necesita para resolver la fuente de conflicto.**

   ¿Cuál es la mejor manera de comenzar la oración 7? Si la manera en la que está es la mejor, elige la opción (1).

   (1) Sea cual sea el problema,

   (2) Este paso comienza a remediar,

   (3) Lo que necesite para resolver,

   (4) Resolviendo la fuente de conflicto,

   (5) Para remediar, la situación

Ve a la siguiente página ⟶

7. Oración 8: **No malgastes el tiempo y tus esfuerzos buscando el cascabel al gato e intentando arreglar un problema que no sea de verdad.**

¿Qué cambio se debe hacer en la oración 8?

(1) cambiar <u>malgastes</u> a <u>gastan</u>

(2) revisar el texto para que diga <u>poniéndole el cascabel al gato</u>

(3) poner una coma antes de <u>e</u>

(4) cambiar <u>e</u> a <u>y</u>

(5) no se requiere ninguna corrección

8. Oración 9: **Él es fácil apresurarse y pensar que se sabe lo que va a decir el cliente, porque lo has oído cien veces antes.**

¿Qué corrección se debe hacer en la oración 9?

(1) cambiar <u>porque</u> a <u>por que</u>

(2) cambiar <u>oído</u> a <u>escuchaste</u>

(3) cambiar <u>se sabe</u> a <u>se supiera</u>

(4) cambiar <u>Él es</u> a <u>Es</u>

(5) no se requiere ninguna corrección

9. Oración 10: **Si lo haces, te pones en ventaja para llegar a un acuerdo y esto hace que el cliente se enoje aún más.**

¿Qué cambio se debe hacer en la oración 10?

(1) cambiar <u>llegar</u> a <u>tomar</u>

(2) cambiar <u>aún</u> a <u>poco</u>

(3) cambiar <u>ventaja</u> a <u>desventaja</u>

(4) cambiar <u>te pones</u> a <u>pusieras</u>

(5) no se requiere ninguna corrección

10. Oración 11: **La mayoría de las veces, la primera impresión del problema, es diferente de lo que el problema es en realidad.**

¿Qué corrección se debe hacer en la oración 11?

(1) quitar la coma después de <u>veces</u>

(2) quitar la coma después de <u>del problema</u>

(3) poner una coma después de <u>diferente</u>

(4) poner una coma antes de <u>es en realidad</u>

(5) no se requiere ninguna corrección

Ve a la siguiente página ⟹

Las preguntas 11 a 17 se refieren a la siguiente carta comercial.

Instituto de Tecnología BEST, 75 Ingram Drive, Concordia, MA 51234

A quien puede interesar:

(1) Es un placer comentar sobre la relación entre nuestra organización y Peta Jackson del Centro de recursos de Empleo de la Plaza York. (2) El Instituto de Tecnología BEST se ha asociado con el CR de la Plaza York para reclutar candidatos para nuestros programas de entrenamiento Café de Técnicos y Operadores desde abril del 2002.

(3) En apoyo de esta asociación, Peta ofreció los siguientes servicios a nuestros programas

- Organizó presentaciones informativas como parte de los seminarios sobre la preparación para el empleo
- Distribuyó materiales impresos
- Asesoró a los solicitantes
- Organizó reuniones con posibles solicitantes
- Organizó cinco ceremonias de graduación que tuvieron lugar en el CR de la Plaza York

(4) Peta ha sido siempre una gran defensora de nuestro programa, que ha entrenado a más de 50 técnicos y operadores durante los últimos 18 meses. (5) El hecho de que la Plaza York fuera la fuente principal de recomendaciones son un tributo a los esfuerzos y al apoyo de Peta. (6) Ella ha, con un alto nivel de capacidad y eficacia profesional, realizado sus responsabilidades. (7) A nivel personal, ha sido un placer trabajar con Peta y le deseo todo lo mejor en sus futuras actividades.

Dale Worth, Ph.D., Encargado de Registros

Ve a la siguiente página ⟩

11. Oración 1: **Es un placer comentar sobre la relación entre nuestra organización y Peta Jackson del Centro de recursos de Empleo de la Plaza York.**

   ¿Qué revisión se debe hacer en la oración 1?

   (1) cambiar y Peta Jackson a e Peta Jackson

   (2) cambiar placer a placeres

   (3) cambiar recursos a Recursos

   (4) cambiar Centro a Céntrico

   (5) no se requiere ninguna corrección

12. Oración 2: **El Instituto de Tecnología BEST se ha asociado con el CR de la Plaza York para reclutar candidatos para nuestros programas de entrenamiento Café de Técnicos y Operadores desde abril del 2002.**

   ¿Cuál es la mejor manera de mejorar la oración 2?

   (1) mover desde abril del 2002 al comienzo de la oración

   (2) cambiar se ha asociado a se han asociado

   (3) cambiar para reclutar a porque reclutar

   (4) cambiar programas de a programas

   (5) no se requiere ninguna corrección

13. Oración 3: **En apoyo de esta asociación, Peta ofreció los siguientes servicios a nuestros programas**

   • **Organizó presentaciones informativas como parte de los seminarios sobre la preparación para el empleo**

   • **Distribuyó materiales impresos**

   • **Asesoró a los solicitantes**

   • **Organizó reuniones con posibles solicitantes**

   • **Organizó cinco ceremonias de graduación que tuvieron lugar en el CR de la Plaza York**

   ¿Qué corrección se debe hacer en la oración 3?

   (1) quitar la coma después de asociación

   (2) poner punto y coma después de empleo

   (3) poner punto y coma después de impresos

   (4) poner dos puntos después de programas

   (5) poner una coma después de ceremonias

14. Oración 4: **Peta ha sido siempre una gran defensora de nuestro programa, que ha entrenado a más de 50 técnicos y operadores durante los últimos 18 meses.**

   ¿Cuál es la mejor manera de escribir la parte subrayada en esta oración? Si está correcto como está, elige la opción (1).

   (1) ha sido siempre

   (2) han siempre sido

   (3) sido siempre ha

   (4) hubiera sido siempre

   (5) siempre hubiese sido

Ve a la siguiente página ⟶

15. Oración 5: **El hecho de que la Plaza York fuera la fuente principal de recomendaciones son un tributo a los esfuerzos y al apoyo de Peta.**

¿Qué corrección se debe hacer en la oración 5?

(1) cambiar <u>de Peta</u> a <u>sobre Peta</u>

(2) cambiar <u>son</u> a <u>es</u>

(3) cambiar <u>fuera</u> a <u>hubiera sido</u>

(4) cambiar <u>principal</u> a <u>principales</u>

(5) no se requiere ninguna corrección

16. Oración 6: **Ella ha, con un alto nivel de capacidad y eficacia profesional, realizado sus responsabilidades.**

¿Qué revisión se debe hacer en la oración 6?

(1) mover <u>,con un alto nivel de capacidad y eficacia profesional,</u> después de <u>Ella</u>

(2) mover <u>,con un alto nivel de capacidad y eficacia profesional,</u> después de <u>realizado</u>

(3) mover <u>,con un alto nivel de capacidad y eficacia profesional,</u> al final de la oración, después de <u>responsabilidades</u>

(4) poner <u>,con un alto nivel de capacidad y eficacia profesional,</u> al comienzo de la oración, antes de <u>Ella</u>

(5) no se requiere ninguna corrección

17. Oración 7: **A nivel personal, ha sido un placer trabajar con Peta y le deseo todo lo mejor en sus futuras actividades.**

¿Qué mejora se debe hacer en la oración 7?

(1) poner una coma después de <u>Peta</u>

(2) cambiar <u>placer</u> a <u>placeres</u>

(3) cambiar <u>ha sido</u> a <u>hubiese sido</u>

(4) mover <u>a nivel personal</u> después de <u>Peta</u>

(5) no se requiere ninguna corrección

Ve a la siguiente página ➡

Las preguntas 18 a 28 se refieren al siguiente extracto de un texto traducido de Customer Service for Dummies *(Servicio al Cliente para Dummies), por Karen Leland y Keith Bailey (Wiley).*

El Cupón de Atención al Cliente

(1) Reciente, una tienda de fotocopias nueva abrió cerca de nuestra oficina. (2) Moderna, llena de lo último en copiadoras. (3) Esta tienda era exactamente lo que necesitaba. (4) La primera vez que fui tuve que esperar más de 45 minutos a que me atendieran, porque faltaba personal capacitado. (5) Me contestaron con una disculpa, explicando la situación, y me dieron un cupón de atención al cliente por más de 100 copias gratis. (6) Muy bien, pensé, me parece justo, son nuevos y están aprendiendo todavía, no pasa nada. (7) Una semana más tarde volví y tuve que esperar 30 minutos. (8) Me pidieron perdon, explicaron la situación y me dieron un cupón por 100 copias gratis. (9) Esta vez yo tuve menos paciencia. (10) Dos semanas más tarde, volví y ocurrió lo mismo otra vez. (11) Yo ya no quería otro cupón de copias gratis — había ocurrido lo mismo demasiadas veces. (12) Mi opinión de sus servicios eran tan baja, que comencé a buscar otra tienda de copias.

Ve a la siguiente página

18. Oración 1: **Reciente, una tienda de fotocopias nueva abrió cerca de nuestra oficina.**

    ¿Qué corrección se debe hacer en la oración 1?

    (1) cambiar <u>nueva</u> a <u>nuevas</u>

    (2) cambiar <u>Reciente</u> a <u>Recientemente</u>

    (3) cambiar <u>abrió</u> a <u>abrirá</u>

    (4) cambiar <u>cerca de</u> a <u>desde</u>

    (5) no se requiere ninguna corrección

19. Oraciones 2 y 3: **Moderna, llena de lo último en copiadoras. Esta tienda era exactamente lo que necesitaba.**

    ¿Qué mejora se debe hacer en las oraciones 2 y 3?

    (1) combinar las dos oraciones cambiando <u>Esta</u> a <u>esta</u> y cambiando el punto después de <u>copiadoras</u> a una coma

    (2) quitar la coma después de <u>Moderna</u>

    (3) cambiar <u>copiadoras</u> a <u>copia</u>

    (4) cambiar <u>necesitaba</u> a <u>necesité</u>

    (5) no se requiere ninguna corrección

20. Oración 4: **La primera vez que fui, tuve que esperar más de 45 minutos a que me atendieran, porque faltaba personal capacitado.**

    ¿Cuál es la mejor manera de comenzar la oración 4?

    (1) Porque para que me sirvieran

    (2) Esperé 45 minutos

    (3) Para que me sirvieran,

    (4) Porque faltaba personal

    (5) no se requiere ninguna corrección

21. Oración 5: **Me contestaron con una disculpa, explicando la situación, y me dieron un cupón de atención al cliente por más de 100 copias gratis.**

    ¿Qué corrección se debe hacer en la oración 5?

    (1) cambiar <u>contestaron</u> a <u>contestaran</u>

    (2) cambiar <u>me dieron</u> a <u>le dieron</u>

    (3) cambiar <u>explicando</u> a <u>explicaron</u>

    (4) cambiar <u>dieron</u> a <u>diesen</u>

    (5) no se requiere ninguna corrección

22. Oración 6: **Muy bien, pensé, me parece justo, son nuevos y están aprendiendo todavía, no pasa nada.**

    ¿Qué revisión se debe hacer en la oración 6?

    (1) cambiar <u>pensé</u> a <u>pensase</u>

    (2) hacer de una oración cuatro oraciones

    (3) cambiar <u>están aprendiendo</u> a <u>aprenderán</u>

    (4) cambiar <u>me parece</u> a <u>nos parece</u>

    (5) cambiar <u>son nuevos</u> a <u>están nuevos</u>

23. Oración 7: **Una semana más tarde volví y tuve que esperar 30 minutos.**

    ¿Qué se debe añadir en la oración 7?

    (1) poner una coma después de <u>tarde</u>

    (2) poner una coma después de <u>volví</u>

    (3) poner dos puntos después de <u>volví</u>

    (4) añadir <u>más</u> después de <u>30</u>

    (5) no se requiere ninguna corrección

24. Oración 8: **Me pidieron perdon, explicaron la situación y me dieron un cupón por 100 copias gratis.**

    ¿Qué corrección se requiere en la oración 8?

    (1) cambiar <u>dieron</u> a <u>dierón</u>

    (2) cambiar <u>explicaron</u> a <u>explicarán</u>

    (3) cambiar <u>perdon</u> a <u>perdón</u>

    (4) cambiar <u>gratis</u> a <u>gratís</u>

    (5) no se requiere ninguna corrección

25. Oración 9: **Esta vez yo tuve menos paciencia.**

    ¿Qué corrección se debe hacer en la oración 9?

    (1) poner una coma después de <u>vez</u>

    (2) cambiar <u>tuve</u> a <u>tuviera</u>

    (3) cambiar <u>menos</u> a <u>el que menos</u>

    (4) cambiar <u>paciencia</u> a <u>paciente</u>

    (5) cambiar <u>menos</u> a <u>más</u>

Ve a la siguiente página ⟹

26. Oración 10: **Dos semanas más <u>tarde, volví y ocurrió</u> lo mismo otra vez.**

    ¿Cuál es la mejor manera de escribir la parte subrayada de la oración?

    (1) tarde, y volví, y ocurrió

    (2) tarde, volviese y ocurriría

    (3) tarde, volví, y ocurrió

    (4) yo, volví, y ocurrió

    (5) volví más tarde ocurriendo

27. Oración 11: **Yo ya no quería otro cupón de copias gratis — había ocurrido lo mismo demasiadas veces.**

    ¿Cuál es la mejor manera de revisar la oración 11?

    (1) quitar <u>otro</u>

    (2) poner una coma después de <u>cupón</u>

    (3) cambiar <u>había</u> a <u>han</u>

    (4) cambiar <u>otro</u> a <u>ninguna</u>

    (5) no se requiere ninguna corrección

28. Oración 12: **Mi opinión de sus servicios eran tan baja, que comencé a buscar otra tienda de copias.**

    ¿Qué corrección se debe hacer en la oración 12?

    (1) cambiar <u>comencé</u> a <u>comenzáramos</u>

    (2) poner una coma después de <u>opinión</u>

    (3) cambiar <u>Mi</u> a <u>Su</u>

    (4) cambiar <u>eran</u> a <u>era</u>

    (5) no se requiere ninguna corrección

Ve a la siguiente página ⟹

Las preguntas 29 a 41 se refieren al siguiente resumen ejecutivo.

Resumen Ejecutivo: Centro de Servicios para Automóbiles KWIK

El enfoque correcto para el siglo 21

(1) En 1978, Morris James, el Presidente y Fundador de los Centros de Servicios para Automóbiles KWIK, previó cambios en la industria necesarios del servicio de automóbiles. (2) Los mercados se estaban haciendo mucho más sofisticados. (3) Junto con sus 5 años de experiencia como mecánico con licencia y dueño/operador de una instalación de reparaciones, estos conocimientos, lo ayudaron a abrir el primer taller de KWIK.

(4) Morris James analizó el concepto de "comida rápida" dé proveer productos de alta calidad a precios asequibles. (5) Este concepto en combinación con el servicio rápido ayudó a que la industria creciera cada año. (6) Morris decidió que se deberían aplicar los mismos principales a la industria de los automóbiles, y fundó la Parada KWIK como el primer paso lógico.

(7) En 1987, Morris fue transladado a Woodbridge y comenzó a buscar un lugar donde comenzar su franquicia. (8) La apertura de la franquicia concordia resultó muy lucrativa y probó que la teoría de Morris era correcta. (9) Luego abrió la tienda corporativa, después de haber establecido que el concepto era válido en Wellesley, en 1991.

(10) Ahora el reto es desarrollar la tienda corporativa de manera que sea lucrativa y funcione a su máxima capacidad, y que además se pueda usar como centro de entrenamiento y prácticas para los futuros dueños de franquicia.

(11) Los costos de arranque requerirán inversiones iniciales, pero estás se cubrirán en los primeros tres años. (12) Prestaremos atención más a esta situación dentro del plan. (13) La introducción de una selección más amplia de accesorios, para el cliente, ampliará el impacto de este nuevo concepto.

Ve a la siguiente página

29. Oración 1: **En 1978, Morris James, el Presidente y Fundador de los Centros de Servicios para Automóbiles KWIK, previó cambios en la industria necesarios del servicio de automóbiles.**

¿Qué cambio se debe hacer en la oración 1?

(1) cambiar previó a prever

(2) quitar la coma después de 1978

(3) quitar la coma después de KWIK y añadir una después de Fundador

(4) mover necesarios entre cambios y en

(5) no se requiere ninguna corrección

30. Oración 2: **Los mercados se estaban haciendo mucho más sofisticados.**

¿Cuál es la mejor manera de escribir la parte subrayada de la oración? Si está bien como está, elige la opción (1).

(1) se estaban haciendo

(2) estuvieron haciendo

(3) hicieran

(4) harán

(5) se harían

31. Oración 3: **Junto con sus 5 años de experiencia como mecánico con licencia y dueño/operador de una instalación de reparaciones, estos conocimientos, lo ayudaron a abrir el primer taller de KWIK.**

¿Qué mejora se debe hacer en la oración 3?

(1) cambiar experiencia a experiencias

(2) quitar la coma después de reparaciones

(3) cambiar con licencia a licenciada

(4) mover Estos conocimientos, al comienzo de la oración

(5) cambiar ayudaron a ayudarón

32. Oración 4: **Morris James analizó el concepto de "comida rápida" dé proveer productos de alta calidad a precios asequibles.**

¿Qué corrección se debe hacer en la oración 4?

(1) cambiar analizó a analizo

(2) cambiar dé a de

(3) cambiar concepto a concepto

(4) quitar dé

(5) no se requiere ninguna corrección

33. Oración 5: **Este concepto en combinación con el servicio rápido ayudó a que la industria creciera cada año.**

¿Qué cambio se debe hacer en la oración 5?

(1) poner comas después de concepto y rápido

(2) cambiar ayudó a ayudará

(3) cambiar creciera a crecieron

(4) cambiar servicio a servicios

(5) no se requiere ninguna corrección

34. Oración 6: **Morris decidió que se deberían aplicar los mismos principales a la industria de los automóbiles, y fundó la Parada KWIK como el primer paso lógico.**

¿Qué corrección se debe hacer en la oración 6?

(1) cambiar principales a principios

(2) cambiar decidió a decidirían

(3) cambiar se deberían a debería

(4) cambiar lógico a logico

(5) no se requiere ninguna corrección

35. Oración 7: **En 1987, Morris fue transladado a Woodbridge y comenzó a buscar un lugar donde comenzar su franquicia.**

¿Cuál es la mejor manera de escribir la parte subrayada de esta oración? Si está bien como está, elige la opción (1).

(1) fue transladado

(2) transladara

(3) está transladado

(4) se trasladó

(5) se transladará

Ve a la siguiente página →

36. Oración 8: **La apertura de la franquicia concordia resultó muy lucrativa y probó que la teoría de Morris era correcta.**

    ¿Qué corrección se debe hacer en la oración 8?

    (1) cambiar concordia a Concordia

    (2) cambiar franquicia a franquicio

    (3) cambiar de Morris a para Morris

    (4) cambiar lucrativa a más lucrativo

    (5) no se requiere ninguna corrección

37. Oración 9: **Luego abrió la tienda corporativa, después de haber establecido que el concepto era válido en Wellesley, en 1991.**

    ¿Cuál es la mejor manera de comenzar esta oración? Si comienza bien como está, elige la opción (1).

    (1) Luego abrió la tienda corporativa,

    (2) Después de haber establecido que el concepto era válido,

    (3) En Wellesley, en 1991, luego él abrió

    (4) En 1991, abrió el luego

    (5) Habiendo en 1991 establecido el concepto válido

38. Oración 10: **Ahora el reto es desarrollar la tienda corporativa de manera que sea lucrativa y funcione a su máxima capacidad, y que además se pueda usar como centro de entrenamiento y prácticas para los futuros dueños de franquicia.**

    ¿Cuál es la mejor manera de mejorar la oración 10?

    (1) poner , como un centro de ganancias, entre corporativa y de

    (2) cambiar de manera que a no sólo de manera que

    (3) poner una coma después de además

    (4) cambiar es a son

    (5) no se requiere ninguna corrección

39. Oración 11: **Los costos de arranque requerirán inversiones iniciales, pero estás se cubrirán en los primeros tres años.**

    ¿Qué corrección se debe hacer en la oración 11?

    (1) cambiar Los a Algún

    (2) cambiar estás a éstas

    (3) poner una coma después de cubrirán

    (4) quitar se antes de cubrirán

    (5) no se requiere ninguna corrección

40. Oración 12: **Prestaremos atención más a esta situación dentro del plan.**

    ¿Cuál es la mejor manera de mejorar esta oración? Si está bien como está, elige la opción (1).

    (1) atención más a esta situación

    (2) atención esta situación más

    (3) más atención a esta situación

    (4) más atención a está situación

    (5) más atención esta situación

41. Oración 13: **La introducción de una selección más amplia de accesorios, para el cliente, ampliará el impacto de este nuevo concepto.**

    ¿Qué revisión se debe hacer en la oración 13?

    (1) mover para el cliente al final de la oración y quitar las comas

    (2) cambiar ampliará a ampliara

    (3) comenzar la oración con El impacto de este nuevo concepto

    (4) comenzar la oración con El cliente ampliará el impacto

    (5) cambiar las comas entre accesorios y cliente a puntos y coma

Ve a la siguiente página ⟹

Las preguntas 42 a 50 se refieren al siguiente texto, que es una adaptación de Customer Service for Dummies *(Servicio al Cliente para Dummies) por Karen Lelan y Keith Bailey (Wiley).*

La Cadena de Clientes

(1) La relación a través de los clientes internos y los clientes externos es lo que forma la cadena de clientes. (2) Si tienes un trabajo en una habitación trasera, en el que no ves la luz del día, raramente, puedes comenzar a pensar que tienes muy poca influencia, o que no la tienes, en relación a los clientes externos. (3) Pero si contemplas la situación en general, verás que todas las personas de una empresa tienen un papel a la hora de cumplir las necesidades del clientes. (4) Rara vez pasa una hora durante el día en la que no estás, de una manera o otra, ofreciendo un servicio a alguien. (5) Cada vez que te comunicas con un cliente del interior son un eslabón importante en la cadena de eventos que siempre termina a los pies del cliente.

(6) Hace unos dos años, el periódico *Wall Street Journal* publicó un artículo titulado Los empleados que son tratados de una manera injusta, tratan injustamente al cliente. (7) A menudo hemos tenido que tratar con gerentes que no reconocen que sus empleados son los clientes internos. (8) Que la calidad del servicio que ofrece una empresa a sus clientes — estamos convencidos — es un reflejo directo de cómo los gerentes tratan a sus empleados. (9) Valora a tus empleados igual que a tus clientes más importantes, y trátales de la manera que merecen.

Ve a la siguiente página ⟹

42. Oración 1: **La relación a través de los clientes internos y los clientes externos es lo que forma la cadena de clientes.**

¿Qué corrección se debe hacer en la oración 1?

(1) cambiar a través de a entre

(2) cambiar relación a relaciones

(3) cambiar es lo que a quienes son los que

(4) cambiar forma a forman

(5) no se requiere ninguna corrección

43. Oración 2: **Si tienes un trabajo en una habitación trasera, en el que no ves la luz del día, raramente, puedes comenzar a pensar que tienes muy poca influencia, o que no la tienes, en relación a los clientes externos.**

¿Cuál es la mejor manera de escribir la parte subrayada de la oración? Si está bien como está, elige la opción (1).

(1) en el que no ves la luz del día raramente

(2) en donde que ves la luz del día ráramente,

(3) en el que raramente ves la luz del día,

(4) ráramente, en el que no ves la luz de día

(5) donde ráramente no ves nunca la luz de día

44. Oración 3: **Pero si contemplas la situación en general, verás que todas las personas de una empresa tienen un papel a la hora de cumplir las necesidades del clientes.**

¿Qué corrección se debe hacer en la oración 3?

(1) cambiar del clientes a de los clientes

(2) cambiar tienen a tiene

(3) cambiar todas las personas a todas la gente

(4) cambiar a la hora de a cuando

(5) no se requiere ninguna corrección

45. Oración 4: **Rara vez pasa una hora durante el día en la que no estás, de una manera o otra, ofreciendo un servicio a alguien.**

¿Qué revisión se debe hacer en la oración 4?

(1) cambiar durante el día a a través del día

(2) cambiar o otra a u otra

(3) cambiar a alguien a alguien

(4) cambiar Rara vez a Rára vez

(5) no se requiere ninguna corrección

46. Oración 5: **Cada vez que te comunicas con un cliente del interior son un eslabón importante en la cadena de eventos que siempre termina a los pies del cliente.**

¿Qué corrección se debe hacer en la oración 5?

(1) cambiar te a le

(2) cambiar del a de

(3) cambiar que siempre a quienes siempre

(4) cambiar son a es

(5) no se requiere ninguna corrección

47. Oración 6: **Hace unos dos años, el periódico *Wall Street Journal* publicó un artículo titulado Los empleados que son tratados de una manera injusta, tratan injustamente al cliente.**

¿Qué se debe añadir a la oración 6?

(1) poner comillas antes de Los empleados y después de cliente

(2) quitar la coma después de años

(3) poner una coma después de periódico

(4) quitar le letra cursiva de Wall Street Journal

(5) no se requiere ninguna corrección

Ve a la siguiente página

48. Oración 7: **A menudo hemos que tratar con gerentes que no reconocen que sus empleados son los clientes internos.**

    ¿Qué corrección se debe hacer en la oración 7?

    (1) cambiar <u>A menudo</u> a <u>Nunca jamás</u>

    (2) cambiar <u>que sus</u> a <u>qué sus</u>

    (3) cambiar <u>hemos que tratar</u> a <u>hemos tenido que tratar</u>

    (4) poner una coma después de <u>empleados</u>

    (5) no se requiere ninguna corrección

49. Oración 8: **Que la calidad del servicio que ofrece una empresa a sus clientes — estamos convencidos — es un reflejo directo de cómo los gerentes tratan a sus empleados.**

    ¿Cuál es la mejor manera de comenzar la oración 8? Si está bien como está, elige la opción (1).

    (1) Que la calidad de servicio

    (2) Estamos convencidos de que

    (3) Cómo los gerentes tratan a los empleados

    (4) Que la empresa ofrece

    (5) Un reflejo directo de

50. Oración 9: **Valora a tus empleados igual que a tus clientes más importantes, <u>y trátales como merecen.</u>**

    ¿Cuál es la mejor manera de revisar la parte subrayada de la oración?

    (1) y a tratarles como merecen

    (2) o trátales como unos merecen

    (3) y tratales de manera que merecen

    (4) quitar <u>y</u>

    (5) no se requiere ninguna corrección

Ve a la siguiente página ⟹

Examen de Redacción de Artes del Lenguaje: Parte II

Mira el recuadro en la siguiente página. En el recuadro, encontrarás el tema del ensayo y la letra del tema.

Tienes que escribir SOLAMENTE sobre el tema que te den.

Marca la letra del tema que te hayan dado en el espacio en la hoja de respuestas.

Tienes 45 minutos para escribir el ensayo sobre el tema que te hayan dado. Si te queda tiempo después de haber escrito el ensayo, puedes usar el tiempo restante para volver a la sección de preguntas de opción múltiple. No entregues el cuadernillo del Examen de Redacción de Artes del Lenguaje a no ser que hayas terminado las dos partes: la Parte I y la Parte II.

El ensayo es corregido por dos personas. Su evaluación estará basada en lo siguiente:

- ✔ Un claro enfoque de los puntos principales
- ✔ Una organización clara
- ✔ Ideas bien desarrolladas
- ✔ Un buen control de la estructura de las oraciones, la puntuación, la gramática, la elección de palabras y la ortografía

RECUERDA, TIENES QUE COMPLETAR AMBAS PARTES: LAS PREGUNTAS DE OPCIÓN MÚLTIPLE (PARTE I) Y EL ENSAYO (PARTE II) PARA RECIBIR UN PUNTAJE EN EL EXAMEN DE REDACCIÓN DE LAS ARTES DEL LENGUAJE

Para evitar que tengas que repetir ambas partes del examen, asegúrate de seguir las siguientes reglas:

- ✔ Antes de comenzar a escribir, toma notas u organiza el ensayo en las hojas que te dan.
- ✔ En la copia final, escribe con tinta de manera legible para que los evaluadores puedan leer lo que escribiste.
- ✔ Escribe sobre el tema que te den. Si escribes sobre otro tema, no recibirás el puntaje para el Examen de Redacción de Artes del Lenguaje.
- ✔ Escribe el ensayo en las páginas con líneas del cuadernillo. Sólo se corregirá lo que esté escrito en estas páginas.

Si no pasas una parte del examen, tendrás que tomar ambas partes de nuevo.

Ve a la siguiente página ➡

Tema B

Sin duda, los teléfonos celulares han cambiado nuestras vidas. Seguramente tienes uno, o has usado uno alguna vez. Es posible que hayas aguantado a alguien mientras lo usa conduciendo o en el cine. Los teléfonos celulares han mejorado nuestras vidas, y quizás las hayan complicado también. O quizás hayan hecho ambos.

Escribe un ensayo que explique los efectos positivos o los efectos negativos — o ambos — de esta innovación en el mundo de las telecomunicaciones. Usa ejemplos para apoyar tu punto de vista, y sé específico.

La Parte II es un examen que examina la manera en que usas el lenguaje escrito para desarrollar las ideas.

Al prepararte para el ensayo, deberías seguir estos pasos:

- ✔ Tómate tu tiempo para leer las INSTRUCCIONES y el TEMA cuidadosamente.
- ✔ Haz un plan para el ensayo antes de escribir. Usa el papel que te den para tomar notas. Tendrás que entregar estas notas, pero no serán evaluadas.
- ✔ Antes de entregar el ensayo, vuelve a leer lo que hayas escrito y haz cambios que mejoren el ensayo.

El ensayo debe ser lo suficientemente largo como para que el tema se haya desarrollado adecuadamente.

Nota: Consulta el Capítulo 8 para las respuestas de las Partes I y II de este examen de práctica.

FIN DEL EXAMEN

Ve a la siguiente página ⇨

Hoja de Respuestas para el Examen de Redacción de Artes del Lenguaje: Parte II

Usa un lápiz del Número 2 para escribir la letra del tema ensayo dentro del recuadro.
Luego, rellena el círculo que corresponda.

TEMA Ⓐ Ⓑ Ⓒ Ⓓ Ⓔ Ⓕ Ⓖ Ⓗ Ⓘ Ⓙ Ⓚ Ⓛ Ⓜ Ⓝ Ⓞ Ⓟ Ⓠ Ⓡ Ⓢ Ⓣ Ⓤ Ⓥ Ⓦ Ⓧ Ⓨ Ⓩ

Ve a la siguiente página ➡

ALTO NO DES VUELTA LA PÁGINA HASTA QUE SE TE INDIQUE QUE LO HAGAS. NO REGRESES A UN EXAMEN ANTERIOR.

Capítulo 8

Respuestas y Explicaciones para el Examen de Redacción de Artes del Lenguaje

Después de tomar el Examen de Redacción del Capítulo 7, usa este capítulo para revisar tus respuestas. Tómate tu tiempo para leer las explicaciones de las respuestas de la Parte I que damos en la primera sección. Pueden ayudarte a entender por qué te equivocaste en algunas respuestas. Quizás quieras leer las explicaciones de las preguntas que respondiste correctamente, porque al hacerlo puedes tener una mejor idea del razonamiento que te ayudó a elegir las respuestas correctas.

Asegúrate de leer los ensayos de muestra que hay en la sección "Ensayos de Muestra para la Parte II" de este capítulo. Compara tu ensayo con el de la muestra para poder entender mejor el puntaje que habrías recibido en el examen de verdad.

Si tienes poco tiempo, ve al final del capítulo para ver la clave de respuestas abreviada para la Parte I del Examen de Redacción de Artes del Lenguaje.

Análisis de las Respuestas para la Parte 1

1. **4.** La *evaluación* se refiere al cliente y requiere la preposición *de* que indica el posesivo. *De* seguido del artículo *el* se convierte en *del*. Las otras respuestas son incorrectas.

2. **1.** La parte más importante de esta oración es que el empleado debe escuchar al cliente, así que esta parte debería ir al comienzo. La mejor manera de comenzar esta oración es *Cuando el cliente explique la situación desde su punto de vista.*

3. **3.** *Anunciando* viene de "anunciar", y quiere decir "dar una noticia" o "avisar". En este contexto, no tiene sentido. *Renunciar* a algo quiere decir "dejar algo voluntariamente", que va mejor en esta oración ya que va en la misma categoría que "devolver fondos." El prefijo *re-* cambia el significado de la palabra.

4. **3.** En esta oración no se debe poner una coma antes o después de la conjunción *porque*. Recuerda que si la cláusula dependiente sigue a la cláusula independiente, no es necesario poner una coma.

5. **4.** Los acuerdos son entre el cliente y el empleado y el adjetivo *mismos* no funciona en esta oración, ya que se refiere a algo que es igual. *Mutuos* se refiere a algo entre dos partes, o en este caso, personas.

Lee todo lo que puedas para prepararte para el examen, ya que tendrás mejores posibilidades de reconocer los errores de ortografía y las palabras que no tienen sentido.

6. **1.** Un regalito para ti: No se requiere ninguna corrección.

7. **2.** ¿Puedes imaginarte lo difícil que sería ponerle un cascabel a un gato que no colabora? La expresión *ponerle el cascabel al gato* quiere decir "complicarse la vida" o "hacer las cosas más difíciles de los que tienen que ser" y funciona bien en este contexto. Aunque hay variaciones de esta expresión, es bastante usada.

8. **4.** *Él es* es un sujeto y predicado (verbo *ser*) y no tiene sentido en este contexto, ya que el verbo *es* se refiere a *fácil*, en la expresión impersonal *Es fácil*.

Recuerda que en español se puede omitir el sujeto (un sujeto elíptico). Una corrección que añade el sujeto correcto no va a ser necesariamente la opción correcta, ya que es posible que haya otra corrección más necesaria. Los sujetos elípticos son bastante comunes y a menudo hacen que la oración fluya mejor.

9. **3.** *Desventaja* es el contrario de *ventaja*. El prefijo *des-* quiere decir "no". El no escuchar atentamente a un cliente, no te va a dar ventajas, sino *desventajas*.

Si no sabías la respuesta, esta pregunta es un buen ejemplo de cómo puedes responder adivinando con astucia. La Opción (1) no es correcta porque la expresión es *llegar a un acuerdo*, no *tomar un acuerdo*. La Opción (2) no tiene sentido, ya que *aún más* tiene sentido, mientras que *poco más* es incompleto y no tiene sentido. La Opción (4) no es correcta, porque el tiempo verbal no se usa en este contexto, y se necesita la forma reflexiva de poner: *ponerse*. Entonces, tienes que elegir entre las Opciones (3) y (5).

10. **2.** Las comas deben usarse con moderación, y nunca deben separar un sujeto y verbo que van seguidos. Demasiadas comas no son sanas.

11. **3.** En la carta, *Centro de Recursos de Empleo de la Plaza York* es el nombre de un lugar y, por eso, es un nombre propio. Todas las palabras (excepto las preposiciones y los artículos) deben ir en mayúsculas.

12. **1.** Mover *desde abril del 2002* es la mejor respuesta. Sin hacer el cambio, la oración sugiere que los programas de entrenamiento han existido desde abril del 2002, aunque en realidad, es la asociación que ha existido desde esta fecha.

13. **4.** Casi todas las listas comienzan con dos puntos. No necesitas punto y coma después de cada línea de la lista (las viñetas separan ya las líneas). Se necesita una coma antes de la cláusula introductoria, lo que elimina la Opción (1), y *de graduación* modifica al sustantivo ceremonias, por lo que nunca deberían ir separados por una coma. Esto elimina la Opción (5).

14. **1.** No se requiere ninguna corrección.

15. **2.** El sujeto de la oración es *el hecho*, que es singular, pero el verbo *son* es plural. Cambia *son* a *es*, ya que el sujeto y el verbo siempre tienen que concordar.

16. **3.** Como está, esta oración hace que el lector tenga que pausar y recordar demasiado. De la siguiente manera fluye mejor y está más clara: *Ella ha realizado sus responsabilidades con un alto nivel de capacidad y eficacia profesional*. Además, de esta manera no separas dos partes del verbo; *ha realizado* van mejor juntas.

17. **1.** Esta oración tiene dos partes con dos sujetos y predicados distintos: *ha sido* (tercera persona, impersonal), y *le deseo* (yo). Por esta razón, se puede añadir una coma después de Peta para mejorar la oración.

18. **2.** *Reciente* es un adjetivo y los adjetivos modifican a un sustantivo. En esta oración se necesita un adverbio, *recientemente*, ya que se refiere a el hecho de que una tienda nueva *abrió*, que es una acción.

19. **1.** Antes del cambio, a la primera oración le falta el verbo, o predicado, lo que hace que sea una oración incompleta. Las otras opciones son incorrectas, porque no solucionan este problema.

20. **5.** No se requiere ninguna corrección en esta oración. Quizás la tienda debería cambiar la manera en que contratan a los empleados, pero eso es otra historia.

21. **3.** Las listas tienen que ser paralelas. En esta caso, *contestaron, explicando* y *dieron* no son paralelos (los tres son verbos, pero *explicando* es un gerundio. *Contestaron* y *dieron* son formas del verbo en pasado). Cambia *explicando* a *explicaron* y así harás que la lista sea paralela.

22. **2.** Éste es un ejemplo clásico de texto corridor: una oración que sigue y sigue sin la puntuación correcta. Tienes que hacer cuatro oraciones: "Muy bien, pensé. Me parece justo. Son nuevos y están aprendiendo todavía. No pasa nada."

23. **1.** Se recomienda añadir una coma después de *tarde,* y así separar la cláusula introductoria. Aunque la regla es que no siempre hay que añadir una coma para separar la cláusula introductoria (a veces éstas son cortas y no hace falta) en este examen encontrarás varias preguntas donde debes hacerlo. Fíjate en las otras opciones y siempre que sean incorrectas, sabes que tienes que hacerlo.

24. **3.** *Perdón* tiene acento en la última sílaba *dón*, que termina en *–n*, así que lleva tilde.

25. **1.** Pon una coma después de la cláusula introductoria. Recuerda la explicación en la 23.

26. **3.** Cuando una oración tenga dos cláusulas, cada una con su sujeto y su predicado (verbo), una coma las debe separar. En este caso, la cláusula *volví* (primera persona singular del verbo *volver*) y la cláusula *ocurrió* (tercera persona del verbo *ocurrir*) no comparten sujeto, así que pueden ir separadas por una coma.

27. **5.** Esta respuesta es un regalito para ti. La oración está correcta como está.

28. **4.** *Mi opinión* es un sujeto singular que requiere un verbo singular. Tienes que cambiar *eran* al singular *era*. No dejes que la frase preposicional *de sus servicios* te confunda: el sujeto es *opinión*. Imagínate que el plural "servicios" ni está allí.

Si tienes problemas a la hora de distinguir si el verbo y el sujeto concuerdan, intenta cambiar el sujeto al pronombre que corresponda. En este caso, si cambiamos *opinión* a "ella," esto concuerda con el predicado "tan baja." Sin embargo, si cambiamos *sus servicios* a "ellos", está claro que no concuerda.

Recuerda que en español es común tener un sujeto elíptico. En otras palabras, el sujeto no siempre se incluye en la oración. Por eso el truco de cambiar el sujeto a un pronombre puede sonar forzado, pero te ayudará a la hora de identificarlo.

29. **4.** Esta pregunta es un buen ejemplo de cuándo se debe usar el método de eliminación para conseguir la respuesta correcta. La Opción (1) no usa el verbo correctamente, ya que prever es el infinitivo y no está conjugado. La Opción (2) hace que la puntuación sea incorrecta, porque se necesita una coma. La Opción (3) también hace que la puntuación sea incorrecta: no se debe poner comas entre un sustantivo y su modificador. Si aplicas la Opción (4), la oración fluye mejor y sabes que tienes la respuesta correcta.

30. **1.** La Opción (1) es la única opción correcta ya que tiene el tiempo verbal y el significado correctos, según el texto. Las Opciones (2) y (3) no tienen sentido, y las Opciones (4) y (5) cambian el significado.

31. **4.** Las palabras *Estos conocimientos* están fuera de lugar, pero son necesarias en esta oración ya que afectan el significado. Puedes mejorar la oración moviendo estas palabras al comienzo. Otra manera de mejorar esta oración sería quitando la coma después de conocimientos (ya que esta parte pertenecería a la segunda cláusula de la oración), pero no se da esta opción.

32. **2.** *Dé*, con tilde, es una forma del verbo *dar. De*, sin tilde, es la preposición que debe usarse en esta oración.

33. **1.** Esta oración necesita comas desesperadamente. Debería ser: "Este concepto, en combinación con el servicio rápido, ayudó a que la industria creciera cada año". Las dos comas separan la parte de la oración que ofrece información extra sobre el concepto.

34. **1.** Esta oración es bastante larga, pero ninguna de las opciones ofrece la posibilidad de dividirla en dos. Sin embargo, existe un error: *Principales* es el plural del adjetivo *principal* o a veces también se usa para describir a la persona que dirige una escuela; las personas y los negocios (esperamos…) tienen *principios*. Estas dos palabras se parecen, pero tienen significados distintos.

35. **4.** Tienes que cambiar la parte subrayada a *se trasladó*. Si usas la pasiva *fue transladado*, es la empresa la que decide que el empleado se translade a un sitio. Esta opción no tiene sentido, ya que Morris es el presidente y fundador de la empresa, y él decidió transladarse.

36. **1.** Según el contexto, podemos asumir que Concordia es una ciudad, y por eso, un nombre propio. Los nombres propios se escriben con mayúscula.

37. **2.** Esta oración describe el hecho de que Morris James estableció que el concepto era válido primero (en 1991), y que más tarde abrió la tienda corporativa. Esta oración estará más clara si comienza con: "Después de haber establecido que el concepto era válido,…"

38. **5.** De acuerdo, esta oración parece demasiado larga, pero, en teoría, no es incorrecta. Si hubiera la opción de dividirla en dos oraciones, seguramente sería correcta. Pero ya que no tenemos esa opción… esta oración no requiere ninguna corrección.

39. **2.** *Estás* es la segunda persona singular del presente del verbo *estar: tú estás. Éstas* es el pronombre que se debe usar en esta oración. Se refiere a "las inversiones".

Recuerda que el significado de algunas palabras cambia según lleven tilde o no: tú (pronombre personal), tu (pronombre posesivo): *¿Tú no tienes tu diccionario aquí?*

40. **3.** *Más* debe ir delante de *atención*, ya que modifica este sustantivo.

41. **1.** Al mover *para el cliente* al final de la oración se mejora la organización, ya que este objeto indirecto estaría más cerca del objeto directo *al impacto*, al que se refiere.

42. **1.** *A través de* se usa, en general, para describir un intermediario. Uno de los usos de la preposición *entre* es describir la relación de dos personas. En esta oración se describen dos tipos de clientes, y *entre* es la preposición correcta.

43. **3.** *En el que raramente ves la luz del día* es la mejor opción, porque no cambia el significado de la oración, y el adverbio (*raramente*) está más cerca del verbo al que modifica (*ves*).

44. **1.** Las *necesidades* se refieren a *los clientes*, en plural. *Del* es *de* seguido de *el*, que es la forma singular del artículo.

45. **2.** Cuando la palabra que siga a *o* comience con la letra *o*, como en este caso *otra*, *o* se cambia a *u*.

46. **4.** Fíjate en las palabras *eslabón importante de la cadena*. ¿Qué es " importante"? La comunicación con el cliente, ¿verdad? En esta oración, las palabras *cada vez que te comunicas* se refieren a esta comunicación. Fíjate que *vez* es singular. Por eso el verbo debe ser *es*, no el plural *son*.

47. **1.** "Los empleados que son tratados de una manera injusta, tratan injustamente al cliente" es el título de un artículo de periódico y debe ir entre comillas. En general, los nombres de los periódicos can en letra cursiva, mientras que los títulos de los artículos van entre comillas.

En general, la idea de que "la gran parte" vaya en cursiva, y "las partes más pequeñas" entre comillas se aplica a otros ejemplos. Por ejemplo, el título de un libro va en cursiva, mientras que los capítulos van entre comillas. El nombre de una serie de televisión va en cursiva, mientras que los títulos de cada episodio van entre comillas.

48. **3.** El verbo *hemos que tratar* no tiene sentido, ya que *haber* no suele ir seguido de *que* en este contexto. *Hemos tenido que tratar* es la forma correcta.

49. **2.** El poner *estamos convencidos* en medio de la oración interrumpe la idea principal y no tiene sentido. Es mejor comenzar la oración con estas palabras.

50. **5.** Un regalito final para ti — no se requiere ninguna corrección, y todas las otras opciones hacen que la oración sea claramente incorrecta.

Ensayo de Muestra para la Parte II

El tema del ensayo para el examen de práctica del Capítulo 7 es:

Sin duda, los teléfonos celulares han cambiado nuestras vidas. Seguramente tienes uno, o has usado uno alguna vez. Es posible que hayas aguantado a alguien mientras lo usa conduciendo o en el cine. Los teléfonos celulares han mejorado nuestras vidas, y quizás las hayan complicado también. O quizás hayan hecho ambos.

Escribe un ensayo que explique los efectos positivos o los efectos negativos — o ambos — de esta innovación en el mundo de las telecomunicaciones. Usa ejemplos para apoyar tu punto de vista, y sé específico.

Al leer y evaluar tu ensayo, se fijarán en lo siguiente:

- ✔ Los puntos principales están bien acotados
- ✔ Existe evidencia de una organización clara
- ✔ Las ideas están bien desarrolladas
- ✔ Las oraciones están estructuradas correctamente
- ✔ La gramática es correcta
- ✔ Se usa la puntuación necesaria
- ✔ El uso de las palabras es apropiado
- ✔ La ortografía es correcta

Aunque cada ensayo será único, presentamos aquí una muestra para ayudarte a entender mejor lo que se espera de tu ensayo. Compara la estructura de este ensayo con la del tuyo.

Los teléfonos celulares hacen que la vida sea más fácil

Mis hijos y yo nos unimos recientemente a un plan de llamadas familiares para poder comunicarnos más fácilmente. El plan incluye cuatro teléfonos celulares y cuatro números de teléfono. Aunque me resistí a comprar este plan por muchos años, ya que pensaba que con él me encontraría la gente más fácilmente y nunca tendría tiempo para mí sola, la verdad es que los teléfonos celulares han hecho que nuestras vidas sean mucho más fáciles.

Mis tres hijos van a tres escuelas diferentes. El más joven, Daniel, está en el cuarto grado y toma clases de actuación en el teatro local todo el año. Las clases son de 4:00 a 5:00, tres días por semana, pero a veces lo traen en carro las familias de otros estudiantes. Yo trabajo hasta las 5:30, y por eso, mi hija mayor, Silvia, que asiste a la escuela secundaria, espera a que él la llame para ver si tiene que ir a buscarlo. Antes de que tuviéramos los teléfonos celulares, Daniel siempre tenía que buscar un teléfono público, y Silvia tenía que esperar en casa al lado del teléfono.

La mediana, Marta, está en el octavo grado y hace tres deportes: fútbol, baloncesto y atletismo. Generalmente la puedo recoger del entrenamiento de camino a casa, pero los entrenamientos terminan a horas diferentes cada día. Antes ella también tenía que buscar un teléfono público para llamarme al trabajo y hacerme saber a qué hora tenía que recogerla. Ahora, simplemente me llama del teléfono celular para decirme donde me va a esperar. De esta manera, puedo hacer encargos mientras espero su llamada, en vez de esperar en el trabajo o en la acera al lado de la escuela.

La mejor parte de tener estos teléfonos, sin embargo, es que cuando alguien quiere hablar con uno de nosotros, llama a esa persona directamente, no al teléfono de toda la familia. Ya no tengo que contestar las llamadas de los amigos de Daniel, Silvia o Marta, y los que quieren hablar conmigo no reciben la señal de que el teléfono está ocupado.

Para nosotros, los teléfonos celulares son lo último en comodidad. De hecho, nos gustan tanto, que ya no tenemos un teléfono fijo en casa.

Nota: Para evaluar tu ensayo y este ensayo de muestra consulta el Capítulo 6. Allí encontrarás una lista de preguntas que puedes hacerte sobre estos dos ensayos. También encontrarás consejos e ideas de cómo escribir un buen ensayo para el Examen de Redacción de Artes del Lenguaje en el Capítulo 4.

Hoja de Respuestas para la Parte 1

1. **4**	6. **1**	11. **3**
2. **1**	7. **2**	12. **1**
3. **3**	8. **4**	13. **4**
4. **3**	9. **3**	14. **1**
5. **4**	10. **2**	15. **2**

16.	**3**	28.	**4**	40.	**3**
17.	**1**	29.	**4**	41.	**1**
18.	**2**	30.	**1**	42.	**1**
19.	**1**	31.	**4**	43.	**3**
20.	**5**	32.	**2**	44.	**1**
21.	**3**	33.	**1**	45.	**2**
22.	**2**	34.	**1**	46.	**4**
23.	**1**	35.	**4**	47.	**1**
24.	**3**	36.	**1**	48.	**3**
25.	**1**	37.	**2**	49.	**2**
26.	**3**	38.	**5**	50.	**5**
27.	**5**	39.	**2**		

Parte III

Encontrar Tu Camino: El Examen de Estudios Sociales

En esta parte . . .

En esta parte, encontrarás preguntas, preguntas y todavía más preguntas sobre estudios sociales en forma de preguntas de ejemplo — pero por suerte, también obtendrás respuestas y explicaciones. Además, esta parte explica qué habilidades espera que domines el examen de estudios sociales, qué áreas temáticas abarca y de qué forma está organizado para que tengas una mejor idea de lo que necesitas hacer para sacar buenas notas en este examen. También te ofrece estrategias útiles a las que puedes recurrir para rendir mejor.

Antes de tomar el verdadero examen de estudios sociales, toma los dos exámenes de práctica incluidos en esta parte para determinar qué tan bien dominas las habilidades requeridas en estudios sociales. Simula que son exámenes reales tomándote el tiempo, siguiendo las instrucciones y pidiéndole a alguien que actúe de administrador de examen para ser fiel a las circunstancias reales (si es que encuentras a alguien dispuesto a ayudar). Cuánto mejor puedas emular las condiciones reales de examen, más te beneficiarás de las prácticas que ofrecemos aquí y en los otros exámenes.

Capítulo 9

Un Gráfico, un Mapa y Tú: Preparación para el Examen de Estudios Sociales

En Este Capítulo

▶ Conocer los contenidos y el formato del Examen de Estudios Sociales

▶ Estudiar los tipos de preguntas incluidas en este examen y la forma de prepararte para responderlas

▶ Utilizar las estrategias que te proporcionen los mejores resultados

▶ Aprender a administrar tu tiempo para este examen y analizar problemas modelo

¿Disfrutas al saber cómo los hechos del pasado pueden ayudarte a predecir el futuro? ¿Te interesan las vidas de las personas que viven en lugares remotos? ¿Estás interesado en la política? Si tu respuesta a alguna de estas preguntas fue afirmativa, ¡te gustarán los estudios sociales! Después de todo, los estudios sociales te ayudan a descubrir la forma en que los seres humanos se relacionan con el medio ambiente y con otras personas. Esta área de estudio de gran alcance incluye materias como historia, gobierno, geografía y economía.

El Examen de Estudios Sociales del GED evalúa tus habilidades en la comprensión e interpretación de conceptos y principios de historia, geografía, economía e instrucción cívica. Considera este examen como una especie de curso intensivo acerca de dónde has estado, dónde estás y cómo puedes seguir viviendo allí. Puedes aplicar los tipos de habilidades evaluadas en el Examen de Estudios Sociales a tu propia experiencia en situaciones visuales, académicas y laborales como ciudadano, consumidor o empleado. Este examen incluye preguntas basadas en una serie de fragmentos escritos y visuales tomados de materiales académicos y laborales, al igual que de fuentes primarias y secundarias. Los fragmentos en este examen son similares a los que tú lees o encuentras en la mayoría de los periódicos y revistas de noticias. La lectura de cualquiera de estas fuentes de noticias, o de ambas, puede ayudarte a familiarizarte con el estilo y el vocabulario de los textos que encontrarás aquí.

La información contenida en este capítulo te ayudará a prepararte para el Examen de Estudios Sociales.

Habilidades que Abarca el Examen de Estudios Sociales

El Examen de Estudios Sociales del GED requiere que utilices tus conocimientos previos acerca de diferentes acontecimientos, ideas, términos y situaciones que puedan estar relacionadas con los estudios sociales. Desde una perspectiva global, podemos dividir el Examen de Estudios Sociales y las habilidades que éste evalúa de la siguiente manera:

✔ **20 por ciento:** Se relaciona con tu habilidad para identificar información e ideas e interpretar su significado.

✔ **20 por ciento:** Evalúa tu habilidad para utilizar la información y las ideas de distintas maneras para explorar sus significados o resolver un problema.

✔ **40 por ciento:** Califica tu habilidad para utilizar la información y las ideas para realizar lo siguiente:

• Determinar la diferencia entre hechos y opiniones.

• Llegar a conclusiones a partir de un material.

• Ejercer una influencia sobre las actitudes de otras personas.

• Encontrar otros significados o errores de lógica.

• Identificar las causas y sus efectos.

• Reconocer el punto de vista histórico de un escritor.

• Comparar y contrastar puntos de vista y opiniones diferentes.

• Establecer el posible impacto de estos puntos de vista y opiniones en el presente y en el futuro.

✔ **20 por ciento:** Determina tu habilidad para emitir juicios acerca de la adecuación, precisión y diferencias de opinión en los materiales, al igual que la influencia que pueden ejercer la información y las ideas sobre la toma de decisiones actuales y futuras. Estas preguntas te piden que pienses acerca de distintos temas y acontecimientos que te afectan cada día. Este hecho por sí solo es interesante y tiene el potencial de convertirte en un ciudadano del mundo moderno más informado. ¡Excelente bonificación para un examen!

Tener conocimiento de las habilidades que abarca el Examen de Estudios Sociales puede ayudarte a obtener una imagen más precisa de los tipos de preguntas que podrás encontrar. La próxima sección está centrada en los contenidos de las asignaturas específicas que encontrarás en este examen.

Comprensión del Formato del Examen

El Examen de Estudios Sociales consiste en 50 preguntas de opción múltiple que debes responder en 70 minutos, lo que significa que tienes menos de 1½ minutos por pregunta. Estas 50 preguntas evalúan tus conocimientos en las siguientes áreas temáticas:

✔ **Historia norteamericana (25 por ciento; 12 o 13 preguntas):** Probablemente tengas que leer fragmentos acerca de la Revolución Norteamericana, la Guerra Civil, la colonización, la reconstrucción, el asentamiento, el desarrollo industrial o la Gran Depresión, y responder preguntas acerca de ellos, por supuesto. Si no fuera porque tienes que responder preguntas, la lectura de estos fragmentos sería una tarea soñada ya que la historia norteamericana puede ser muy divertida.

Para practicar para esta sección del examen, lee artículos y libros acerca de acontecimientos y tendencias históricas. Recuerda que el 60 por ciento de estas preguntas están basado en material visual, incluyendo ilustraciones, mapas y gráficos, por lo tanto, también debes tenerlos en cuenta. Con la práctica, puedes aprender a leer material visual de la misma forma que lees un texto.

✔ **Historia universal (15 por ciento; 7 u 8 preguntas):** Los tipos de preguntas y fuentes potenciales de información que puedes encontrar para las preguntas acerca de la historia universal son idénticos a los que encuentras en las preguntas de historia norteamericana, excepto que se refieren a la historia de todo el mundo, y por lo tanto, se remontan mucho más al pasado que la historia norteamericana.

✔ **Instrucción cívica y gobierno (25 por ciento; 12 o 13 preguntas):** Todos estos fragmentos se refieren a la vida cívica, el gobierno, la política (especialmente el sistema político norteamericano), a la relación de los norteamericanos con otros países, y al papel de Norteamérica en el mundo. Tu misión, si decides aceptarla, es leer y comprender los fragmentos y responder preguntas acerca de los mismos. Puedes encontrar gran cantidad de material sobre instrucción cívica y gobierno en los periódicos y revistas de noticias. Si no lees esta clase de publicaciones en forma regular y deseas ver ediciones anteriores, visita tu biblioteca pública (o la sala de espera de tu médico). Intenta comprender lo que está sucediendo simulando que deseas explicar el tema a un amigo. (Pero no intentes en la vida real explicar todos los temas de actualidad a tus amigos, o te quedarás sin amigos antes de que se te acaben los temas.)

✔ **Economía (20 por ciento; 10 preguntas):** La economía es el estudio de la forma en que se utilizan los recursos de la tierra para crear riqueza, que es luego distribuida y utilizada para satisfacer las necesidades de la humanidad. Abarca el mundo de la banca y las finanzas, tanto en pequeños negocios como en grandes empresas. Incluye a los trabajadores y propietarios que importan y exportan bienes manufacturados y recursos naturales y servicios. Puedes encontrar fuentes de artículos económicos en Internet y en periódicos, revistas, libros de texto y programas de software.

✔ **Geografía (15 por ciento; 7 u 8 preguntas):** Los extractos de geografía generalmente aparecen como una lista de lugares a los que deseas ir. La geografía se refiere al mundo y a lo que sucede en él, incluyendo el impacto de las condiciones atmosféricas y ambientales y las divisiones políticas de la tierra y el uso de la misma por parte de los seres vivos. Para las preguntas de geografía, generalmente debes leer mapas y luego responder preguntas acerca de los mismos. Si bien la lectura de mapas es un tipo de lectura diferente, con un poco de práctica puede ser una manera divertida y maravillosa de soñar despierto acerca de a dónde te gustaría ir en tus próximas vacaciones.

Para ayudarte en la preparación de las preguntas de geografía, puedes leer distintas publicaciones geográficas que incluyen artículos fascinantes y bellas fotografías. Además, puedes encontrar páginas en Internet y libros en la biblioteca acerca de todos los lugares del mundo. Lo importante es leer, leer y leer un poco más para sentirte cómodo con el lenguaje de la geografía.

Los fragmentos en el Examen de Estudios Sociales están tomados de los siguientes dos tipos de fuente:

✔ **Material académico:** El tipo de material que encuentras en una escuela: libros, mapas, periódicos, revistas, software y material de Internet.

✔ **Material laboral:** El tipo de material que encuentras en el trabajo: manuales, documentos, planes de negocio, materiales de publicidad y comercialización, correspondencia, etc.

El material puede ser de fuentes primarias o secundarias, lo que significa lo siguiente:

✔ **Fuentes primarias:** Los documentos originales, como por ejemplo, la Declaración de la Independencia.

✔ **Fuentes secundarias:** Material escrito acerca de un acontecimiento o persona, a veces mucho después de que se haya producido el acontecimiento o que haya fallecido la persona.

Identificar los Tipos de Pregunta y Saber Cómo Prepararte para Responderlas

El Examen de Estudios Sociales contiene dos tipos principales de preguntas. Una comprensión básica de estos dos tipos de pregunta puede ayudarte a prepararte y evitar sorpresas al sentarte a rendir el examen.

Cuando lees los fragmentos para prepararte a responder las preguntas referidas a los mismos, se espera que utilices las siguientes habilidades:

- Comprensión
- Aplicación
- Análisis
- Evaluación

Se considera que estas habilidades son habilidades de pensamiento de nivel superior, y que son las utilizadas regularmente por la mayoría de los adultos. Para comprender mejor estas habilidades, considera los siguientes tres ejemplos:

- Cuando compras algo nuevo, probablemente debas leer el manual del usuario que viene incluido para entender cómo se usa lo que has comprado. A medida que lees el manual y sigues sus instrucciones, utilizas las habilidades de *comprensión* y *aplicación*. Primero debes comprender lo que dice el manual y luego utilizar esa información para hacer que funcione lo que has comprado. Sin las habilidades de comprensión y aplicación, el reloj de tus dispositivos electrónicos puede quedar titilando en la hora *12:00* para siempre.

- Si estuvieras en la línea de caja de tu almacén favorito y vieras una revista que dice que el presidente nació en Marte, probablemente no saldrías corriendo directamente a contarles a tus amigos acerca de este fascinante descubrimiento. En lugar de esto, probablemente quieras determinar primero si hay algo de cierto en este nuevo "hecho" e investigar un poco más y clarificar tus ideas. Cuando lees o escuchas algo y te tomas un tiempo para pensar acerca de ello antes de utilizar la información en una discusión con tus amigos, estás utilizando las habilidades de *evaluación* y *aplicación*.

- Si alguien te dijera: "Los Estados Unidos son una dictadura con brotes ocasionales de democracia", deberías utilizar la habilidad de *análisis* para estar o no de acuerdo con esta declaración. ¿Los "brotes ocasionales de democracia" se refieren a las elecciones? Es ese caso, ¿qué sucede entre las elecciones? ¿El presidente puede tomar decisiones sin consultar al pueblo o a los representantes electos? ¿Un representante electo puede votar lo que desee sin considerar las necesidades de sus electores? Al analizar la declaración inicial, obtienes las respuestas a estas preguntas.

Las siguientes secciones explican las dos clases de preguntas que encontrarás en este examen y te ofrecen consejos para prepararte a responderlas y resolverlas con facilidad en el día del examen.

Preguntas acerca de fragmentos de texto

La primera clase de pregunta que debes responder en el Examen de Estudios Sociales está basada en fragmentos de texto. Lees un extracto o fragmento de un texto y luego respondes preguntas acerca del mismo.

La mejor forma de prepararte para esta clase de preguntas es leer, leer, leer. En especial, estas preguntas requieren que leas extractos de algunos de los siguientes documentos, por ejemplo:

- Declaración de la Independencia
- Constitución de los Estados Unidos
- Casos de la Corte Suprema que han sentado precedente
- Guías de información para el consumidor
- Guías para los votantes
- Atlas
- Formularios impositivos
- Gráficos presupuestarios
- Discursos políticos
- Almanaques
- Resúmenes estadísticos

Cuanto más lees estas clases de documentos, más piensas acerca de lo que lees, y cuanto más piensas acerca de lo que lees, mejor preparado estás para las preguntas basadas en textos que aparecen en este examen. Puedes encontrar ejemplos de cada una de estas fuentes posibles en bibliotecas y en Internet.

Cuando estás preparándote para el examen y luego nuevamente cuando estás leyendo estos pasajes en el examen, lee entre líneas y busca las implicaciones y supuestos en los pasajes de texto. Una *implicación* es algo que puedes entender a partir de lo que está escrito aún cuando no esté directamente expresado. Un *supuesto* es algo que puedes aceptar como cierto aunque el texto no presente pruebas de ello.

Cuando rindas el examen, asegúrate de leer cada pregunta con cuidado para saber exactamente qué se te está preguntando. Si se te pregunta acerca de hechos, estos están presentados en el fragmento. Si se te piden opiniones, éstas pueden estar expresadas o implícitas en los fragmentos (y pueden diferir de las tuyas propias; sin embargo, debes responder con la mejor opción en base al material presentado). Ten en cuenta que generalmente puedes encontrar opiniones en fragmentos de texto, viñetas políticas y obras de arte.

Si una pregunta no te indica específicamente que utilices información adicional que no está presentada en el fragmento, utiliza *solamente* la información proporcionada. Una respuesta puede ser incorrecta en tu opinión, pero de acuerdo con la información presentada, es correcta (o viceversa). Utiliza la información proporcionada a menos que una pregunta te indique lo contrario.

Preguntas acerca de materiales visuales

Para garantizar que no te aburras al rendir el examen, sólo el 40 por ciento de las preguntas están basado en material textual. Otro 40 por ciento está basado en mapas, gráficos, tablas, viñetas políticas, diagramas, fotografías y obras de arte. El 20 por ciento restante de las preguntas está basado en una combinación de material visual y texto.

Si bien pensar que el 40 por ciento de las preguntas se refiere a material visual puede resultar abrumador, ten en cuenta lo siguiente:

- **Probablemente, ya estés familiarizado con los mapas.** Los mapas turísticos (ver Figura 9-1) te ayudan a trasladarte de un lugar a otro. Los mapas meteorológicos te ayudan a ver qué te depara el clima en tu área. Para ayudarte en la preparación de las preguntas basadas en mapas que aparecen en el examen, estudia los mapas que ves en la televisión o en los periódicos o revistas, e intenta descubrir qué te están mostrando.

- **Cada vez que te das vuelta, alguien en los medios está intentando exponer una idea en un gráfico.** La verdadera razón por la que las personas utilizan tan frecuentemente los gráficos para explicarse, es que un gráfico puede mostrar claramente tendencias y relaciones entre distintos bloques de información. La próxima vez que veas un gráfico, como por ejemplo el que aparece en la Figura 9-2, analízalo atentamente para ver si comprendes lo que te indica la información en el gráfico. (Ten en cuenta que los gráficos también son llamados *cuadros.*)

- **Las tablas están por todas partes.** Si alguna vez miraste la etiqueta de nutrición en un producto alimenticio, has leído una tabla. Estudia cualquier tabla que puedas encontrar, ya sea en un periódico o detrás de una lata de atún. Consulta la Figura 9-3 para obtener un ejemplo de una tabla que podría aparecer en el Examen de Estudios Sociales. (Ten en cuenta que las tablas a veces son llamadas *cuadros,* lo que puede ser un poco confuso. Lo que debes recordar es que no importa si un material visual es una tabla, una viñeta, un dibujo o un gráfico, siempre que sepas como leerlo).

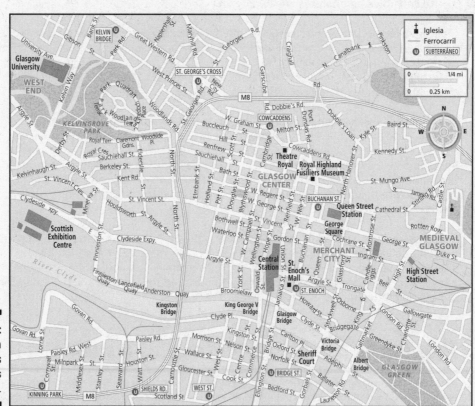

Figura 9-1:
Examina distintos mapas como éste.

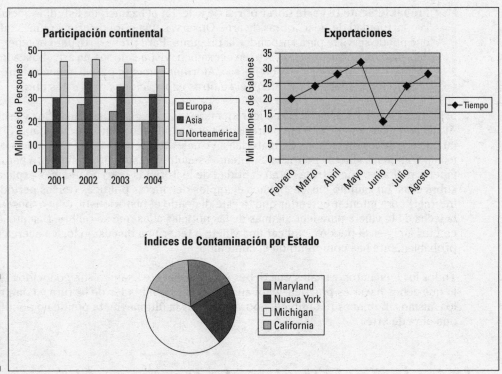

Figura 9-2:
Observa distintos gráficos como éste.

Impacto sobre el Medio Ambiente

Figura 9-3:
Fíjate si puedes entender la información básica presentada en tablas como ésta.

Tipo de Vehículo	MPG	Costo de los Recursos
SUV	12.8	$3,900
Sedán	19.6	$2,400
2 puertas	19.5	$2,700
Tracción en todas las ruedas	17.2	$3,100
Auto deportivo	18.6	$3,300

✔ **Las viñetas políticas aparecen en los periódicos todos los días.** Si no lees viñetas políticas en los periódicos (generalmente ubicadas en la página Editorial o en la página opuesta), dales una oportunidad. Ciertos días son el mejor entretenimiento en el periódico. Las viñetas políticas en los periódicos generalmente se basan en un acontecimiento del día o semana anterior. Si deseas obtener el mayor provecho de las viñetas políticas, busca pequeños detalles, expresiones faciales y pistas en el contexto. Las viñetas que aparecen en el examen son obviamente más antiguas que las de los periódicos, por lo tanto, puede ser que no percibas las pistas en el contexto a menos que hayas estado leyendo los periódicos o mirando las noticias en las últimas semanas o meses.

✔ **Sin duda, has visto innumerables fotografías en tu vida.** Vives rodeado de imágenes. Todo lo que debes hacer para prepararte para las preguntas basadas en imágenes que aparecen en el examen es comenzar a obtener información de las fotografías que ves. Comienza con los periódicos o las revistas, donde las fotografías son elegidas para proporcionar información directamente relacionada con una historia. Fíjate si puedes determinar qué mensaje transmite la fotografía y cómo se relaciona con la historia que acompaña.

✔ **Probablemente te guste mirar obras de arte.** En el Examen de Estudios Sociales, tienes la oportunidad de "leer" obras de arte. Observas una obra de arte y reúnes información que puede servirte para responder la pregunta. Para prepararte para obtener información de las obras de arte en el examen, visita galerías de arte, busca imágenes en Internet y en libros de la biblioteca. Afortunadamente para ti, algunos libros hasta proporcionan material de referencia u otras explicaciones para estas obras.

Si no estás seguro acerca de cómo leer un mapa, entra a cualquier buscador y escribe *Ayuda para leer mapas* para encontrar sitios que expliquen cómo leer un mapa. Si cualquiera de los otros tipos de materiales visuales te preocupa, haz lo mismo, con excepción de las viñetas políticas. Si intentas seguir el mismo procedimiento para las viñetas políticas, encontrarás gran cantidad de historietas pero no muchas explicaciones sobre ellas. En cambio, busca algunos ejemplos de viñetas políticas (en los periódicos o en Internet) para intentar entender qué te está diciendo el historietista. Luego, busca el tema y la fecha de la viñeta para leer algunas de las noticias a las que se refiere. Discute la viñeta con tus amigos. Si puedes explicar una viñeta o tener una discusión lógica acerca del tema, probablemente has comprendido el contenido.

Todos los elementos visuales que debes analizar en este examen son conocidos. Ahora todo lo que debes hacer es practicar para aumentar tus habilidades de lectura y comprensión de los mismos. Entonces tú también, podrás discutir la última viñeta política o pontificar sobre una obra de arte.

Análisis de Estrategias de Preparación que Funcionan

Para mejorar tus habilidades y obtener mejores resultados, te sugerimos que pruebes las siguientes estrategias al rendir el Examen de Estudios Sociales.

✔ **Resuelve todos los exámenes de práctica que puedas conseguir.** La mejor manera de estar preparado es responder todas las preguntas modelo de estudios sociales que puedas conseguir. Realiza exámenes de práctica (ver Capítulos 10 y 12), responde preguntas de práctica (ver sección "Práctica con problemas modelo" más adelante en este capítulo), y estudia ejemplos, como los que puedes encontrar en la página Web del GED (www.acenet.edu/Content/NavigationMenu/ged/test/prep/sample_questions.htm).

Considera la posibilidad de tomar una clase de preparación para tener acceso a más preguntas modelo del Examen de Estudios Sociales, pero recuerda que tu misión es aprobar el examen, no conseguir todas las preguntas que existen.

✔ **Practica la lectura de una serie de documentos diferentes.** Como mencionamos en la sección anterior, lee, lee y lee un poco más. Los documentos en los que debes concentrarte incluyen fragmentos históricos de fuentes originales (como por ejemplo la Declaración de la Independencia, la Constitución de los Estados Unidos, etc.) al igual que información práctica para los consumidores (como por ejemplo guías para votantes, atlas, gráficos presupuestarios, discursos políticos, almanaques y formularios impositivos).

✔ **Prepara resúmenes de los fragmentos que leas con tus propias palabras.** Después de leer estos fragmentos, resume lo que has leído. Esto te puede ayudar a identificar los puntos principales de los fragmentos, lo que constituye una parte importante del éxito en el Examen de Estudios Sociales. Hazte las dos preguntas que siguen cuando leas un fragmento o algo más visual como un gráfico:

✔ **¿De qué se trata el fragmento?** Al leer fragmentos de texto, pregúntate de qué se trata el mismo. Generalmente, la respuesta se encuentra en la primera o la última oración del fragmento. Si no puedes ver allí la respuesta, quizás debas buscarla cuidadosamente en el resto del texto.

✔ **¿De qué se trata el material visual?** Al leer mapas, cuadros, gráficos, viñetas políticas, diagramas, fotografías y obras de arte, pregúntate de qué se trata el material visual. Busca la respuesta en el título, en los rótulos, en las leyendas y en cualquier otra información incluida.

Después de lograr una comprensión inicial de la idea principal, decide qué hacer con ella. Algunas preguntas te piden que utilices la información obtenida en una situación y la apliques en otra situación similar. Si conoces la idea principal del fragmento, te resultará más fácil aplicarla a otra situación.

✔ **Crea tus propias preguntas de examen basadas en la información contenida en los fragmentos que lees.** Esto puede ayudarte a familiarizarte con las preguntas basadas en los estudios sociales. Busca en los periódicos y revistas artículos que se adecuen a los tipos de fragmentos generales que aparecen en el Examen de Estudios Sociales. Encuentra un buen párrafo de resumen y crea una pregunta referida al punto central del mismo.

✔ **Escribe respuestas para cada una de las preguntas del examen.** Redacta cinco respuestas para cada una de las preguntas del examen, con una sola respuesta correcta en base al fragmento. Crear tus propias preguntas y respuestas te ayuda a bajar tu nivel de estrés al demostrarte cómo se relacionan las respuestas con las preguntas. Asimismo, te motiva a leer y pensar acerca de materiales que pueden aparecer en el examen. Finalmente, te brinda una idea de en dónde buscar las respuestas en un fragmento.

✔ **Discute las preguntas y las respuestas con tus amigos y familiares para asegurarte de que has comprendido el material y que lo estás utilizando de forma adecuada.** Si tus amigos y familiares comprenden la pregunta, entonces es una buena pregunta. Discutir tus preguntas y respuestas con otros te da la posibilidad de analizar y explicar temas y conceptos relacionados con los estudios sociales, lo que constituye una habilidad importante en la preparación de en este examen.

Administrar Bien Tu Tiempo para el Examen de Estudios Sociales

Recuerda que debes responder 50 preguntas en 70 minutos para completar este examen, lo que significa que tienes menos de 1½ minutos para cada pregunta. Como no tienes mucho tiempo, debes asegurarte de tener un plan adecuado que te brinde el tiempo suficiente para responder cada pregunta y repasar rápidamente tus respuestas.

Como mencionamos anteriormente en este capítulo, las preguntas en el Examen de Estudios Sociales están basadas en fragmentos de texto corrientes y materiales visuales como mapas y cuadros, por lo tanto, al planificar tu tiempo para responder las preguntas, debes considerar la cantidad de tiempo que te lleva leer ambos tipos de materiales. (Consulta la sección "Preguntas acerca de materiales visuales" para encontrar sugerencias sobre cómo familiarizarte con las preguntas basadas en gráficos, cuadros, etc.)

Cuando te encuentres con un fragmento de prosa, lee primero las preguntas, luego lee superficialmente el fragmento en busca de las secciones donde se encuentran las respuestas a las preguntas. Si este método no funciona, lee el fragmento atentamente en busca de las respuestas. De esta forma, te tomas más tiempo sólo cuando es necesario.

Al tener tan poco tiempo para obtener toda la información que puedas de un material visual y responder preguntas acerca del mismo, no puedes estudiar el mapa, cuadro o viñeta toda la tarde. Debes realizar una lectura rápida del mismo al igual que haces con un párrafo. Leer primero las preguntas relacionadas con un fragmento visual en particular te ayudará a descubrir qué necesitas buscar al leer superficialmente el material. Los exámenes de práctica incluidos en los Capítulos 10 y 12 contienen ejemplos de preguntas basadas en materiales visuales, al igual que los problemas modelo incluidos en la sección "Práctica con problemas modelo" de este capítulo.

Si no estás seguro de la rapidez con la que puedes responder preguntas basadas en materiales visuales, tómate el tiempo con algunas y compruébalo. Si demoras más de 1½ minutos, necesitas más práctica.

Siendo realista, tienes alrededor de 20 segundos para leer la pregunta y las respuestas posibles, 40 segundos para buscar la respuesta en la viñeta y 10 segundos para seleccionar y marcar la respuesta. Al dividir tu tiempo de esta forma, te quedan menos de 20 segundos para revisar las respuestas o para detenerte en las preguntas difíciles al final del examen. Para completar todo el Examen de Estudios Sociales, debes realmente estar organizado y mirar el reloj. Consulta el Capítulo 2 para obtener más consejos generales acerca de la administración del tiempo.

Práctica con Problemas Modelo

Los problemas modelo de esta sección te brindan una idea de lo que debes esperar en los exámenes de práctica de los Capítulos 10 y 12 de este libro.

Recuerda que el Examen de Estudios Sociales no mide tu habilidad para recordar información, como fechas, hechos o acontecimientos. Requiere que leas un fragmento, analices la información, evalúes su precisión y saques conclusiones de acuerdo con el texto impreso o los materiales visuales contenidos en el fragmento. Luego, debes elegir la mejor respuesta para cada pregunta.

Las preguntas 1 a 5 están basadas en el siguiente fragmento.

El territorio de México, que combina regiones templadas y tropicales, incluye montañas, planicies, valles y mesetas. Desde las cumbres nevadas de los volcanes descendemos a bosques de pinos, desiertos y balsámicas playas tropicales. Esta variada topografía impulsa el desarrollo de una variedad de industrias, incluyendo la industria manufacturera, minera, petrolera y de producción agrícola. En su calidad de miembro del Tratado de Libre Comercio de América del Norte (NAFTA, por sus siglas en inglés), México cuenta con Estados Unidos y Canadá como sus socios comerciales principales. En términos económicos, México ostenta un PBI (producto bruto interno) de US$ 370.000 millones (US$ 8.100 per cápita), que lo coloca en el décimo tercer puesto del mundo. Actualmente, México posee una tasa de crecimiento anual que supera el 6 por ciento. En 1985, México inició un proceso de liberalización y privatización del comercio. De 1982 a 1992, redujo de 1.155 a 217 la cantidad de empresas controladas por el gobierno.

1. ¿Cuál de las siguientes opciones no forma parte del territorio de México?

   (1) mesetas

   (2) capas de hielo polar

   (3) montañas

   (4) valles

   (5) planicies

La respuesta correcta es la Opción (2), ya que el país no está ubicado en el Polo Norte o Sur, donde pueden encontrarse las capas de hielo polar. El fragmento menciona las otras opciones de respuesta — mesetas, montañas, valles y planicies — pero esta pregunta pide lo que no está mencionado.

2. ¿Qué adjetivos indican que el clima mexicano presenta extremos de temperatura?

   (1) soleado y lluvioso

   (2) oscuro y brumoso

   (3) planicies y valles

   (4) cumbres nevadas y balsámico

   (5) bosques y desiertos

   La respuesta correcta es la Opción (4). Los volcanes con cumbres nevadas representan una temperatura extremadamente baja, mientras que las playas balsámicas hacen referencia a las temperaturas más elevadas de los climas tropicales. Los otros adjetivos, como por ejemplo soleado y lluvioso u oscuro y brumoso, no hacen referencia a cambios de temperatura. Planicies y valles y bosques y desiertos son sustantivos referidos al terreno y no a la temperatura.

3. ¿A qué se refiere la frase "variada topografía"?

   (1) diferencias en el terreno

   (2) singularidad de la manufactura

   (3) diferencias en agricultura

   (4) diversidad de playas tropicales

   (5) abundancia de producción petrolera

   La respuesta correcta es la Opción (1). Topografía es sinónimo de terreno. Variada significa diferente. La manufactura, agricultura y la producción petrolera son tipos de industrias. Las playas tropicales son sólo un tipo de terreno.

4. ¿Qué países son socios comerciales de México en el NAFTA?

   (1) Estados Unidos y el Reino Unido

   (2) Francia y Alemania

   (3) Norteamérica

   (4) Canadá y el Reino Unido

   (5) Estados Unidos y Canadá

   La respuesta correcta es la Opción (5). El texto establece que los Estados Unidos y Canadá se unieron a México para formar el Tratado de Libre Comercio de América del Norte. El Reino Unido, Francia y Alemania no son socios en el NAFTA.

5. ¿Qué sucedió en México entre 1982 y 1992?

   (1) Aumentó el control gubernamental sobre las empresas.

   (2) El gobierno controló menos empresas.

   (3) México alcanzó el más alto PBI del mundo.

   (4) La tasa de crecimiento de México fue inferior al 6 por ciento.

   (5) México ganó la Copa del Mundo.

   La respuesta correcta es la Opción (2). De acuerdo con el fragmento, durante la década de 1982 a 1992, el gobierno de México redujo el control sobre las empresas de 1.155 a 217. No incrementó el control sobre las empresas, ni tampoco México logró alcanzar el mayor PBI del mundo, dado que 12 países se ubican en un rango superior. La tasa de crecimiento del país fue superior al 6 por ciento. Y si bien a México le hubiera encantado ganar la Copa del Mundo en fútbol, el fragmento no dice que lo haya logrado en la década mencionada.

Las preguntas 6 a 7 se basan en el siguiente gráfico:

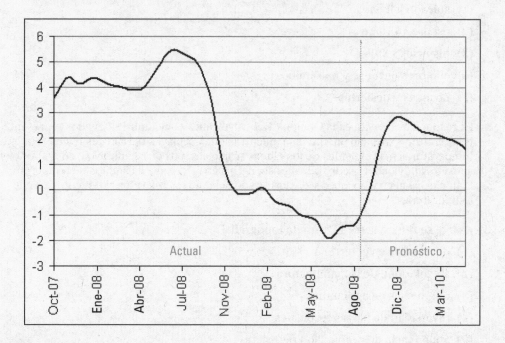

6. ¿En qué período se registró la mayor tasa de inflación?

(1) Enero a abril de 2008

(2) Abril a agosto de 2008

(3) Agosto a noviembre de 2008

(4) Noviembre de 2008 a febrero de 2009

(5) Febrero a mayo de 2009

La respuesta correcta es la Opción (2). El punto más alto en el gráfico se registra en el período de abril hasta agosto de 2008. Si hubieran divisiones más precisas en el eje *x* (eje horizontal) del gráfico, se podría determinar el período con mayor exactitud, pero de la forma en la que está, el gráfico brinda este nivel de precisión.

7. ¿En qué periodo descendió por primera vez la tasa inflacionaria a un nivel inferior a cero?

(1) Enero a abril de 2008

(2) Abril a agosto de 2008

(3) Agosto a noviembre de 2008

(4) Noviembre de 2008 a febrero de 2009

(5) Febrero a mayo de 2009

La respuesta correcta es la Opción (4). La primera vez que la línea de este gráfico atraviesa la línea horizontal marcada *0* en el eje vertical es durante el periodo comprendido entre noviembre de 2008 y febrero de 2009. Los números por debajo de esta línea horizontal son negativos.

Algunos Consejos Prácticos al Descubierto

Los siguientes consejos adicionales pueden ayudarte en este examen:

✔ **No asumas.** Sé extremadamente cuidadoso con el material visual y léelo atentamente. Debes tener la capacidad de leer los materiales visuales de forma tan precisa como lees materiales textuales, y esto requiere práctica. No asumas que algo es cierto porque así lo parece en un diagrama, cuadro o mapa. Los materiales visuales pueden ser trazados precisos, con leyendas y escalas, o pueden estar dibujados de tal forma que, a primera vista, la información parezca ser diferente a lo que en realidad es. Verifica lo que piensas que estás viendo asegurándote de que la información se vea correcta y realista.

✔ **Familiarízate con las convenciones gráficas generales.** Los mapas y gráficos tienen convenciones. La parte superior de un mapa casi siempre es el norte. El eje horizontal siempre es el eje x, y el eje vertical (el eje y) depende del eje x. Generalmente, si miras primero el eje horizontal, la información será más clara y fácil de comprender.

Consulta el Capítulo 3 para obtener estrategias generales de examen aplicadas a todos los exámenes GED.

Capítulo 10

Examen de Práctica — Examen de Estudios Sociales

· ·

*E*l examen de estudios sociales consiste en preguntas de opción múltiple que evalúan conceptos generales sobre estudios sociales. Las preguntas están basadas en lecturas breves que frecuentemente incluyen un mapa, gráfico, cuadro, viñeta o imagen. Analiza la información dada y luego responde la(s) pregunta(s) que sigue(n). Consulta la información tanto como sea necesario al responder las preguntas.

Tienes 70 minutos para responder las 50 preguntas que figuran en este cuadernillo. Trabaja cuidadosamente pero no te demores demasiado en una sola pregunta. Asegúrate de responder todas las preguntas.

Hoja de Respuestas para el Examen de Estudios Sociales

1 ① ② ③ ④ ⑤
2 ① ② ③ ④ ⑤
3 ① ② ③ ④ ⑤
4 ① ② ③ ④ ⑤
5 ① ② ③ ④ ⑤
6 ① ② ③ ④ ⑤
7 ① ② ③ ④ ⑤
8 ① ② ③ ④ ⑤
9 ① ② ③ ④ ⑤
10 ① ② ③ ④ ⑤
11 ① ② ③ ④ ⑤
12 ① ② ③ ④ ⑤
13 ① ② ③ ④ ⑤
14 ① ② ③ ④ ⑤
15 ① ② ③ ④ ⑤
16 ① ② ③ ④ ⑤
17 ① ② ③ ④ ⑤
18 ① ② ③ ④ ⑤
19 ① ② ③ ④ ⑤
20 ① ② ③ ④ ⑤
21 ① ② ③ ④ ⑤
22 ① ② ③ ④ ⑤
23 ① ② ③ ④ ⑤
24 ① ② ③ ④ ⑤
25 ① ② ③ ④ ⑤

26 ① ② ③ ④ ⑤
27 ① ② ③ ④ ⑤
28 ① ② ③ ④ ⑤
29 ① ② ③ ④ ⑤
30 ① ② ③ ④ ⑤
31 ① ② ③ ④ ⑤
32 ① ② ③ ④ ⑤
33 ① ② ③ ④ ⑤
34 ① ② ③ ④ ⑤
35 ① ② ③ ④ ⑤
36 ① ② ③ ④ ⑤
37 ① ② ③ ④ ⑤
38 ① ② ③ ④ ⑤
39 ① ② ③ ④ ⑤
40 ① ② ③ ④ ⑤
41 ① ② ③ ④ ⑤
42 ① ② ③ ④ ⑤
43 ① ② ③ ④ ⑤
44 ① ② ③ ④ ⑤
45 ① ② ③ ④ ⑤
46 ① ② ③ ④ ⑤
47 ① ② ③ ④ ⑤
48 ① ② ③ ④ ⑤
49 ① ② ③ ④ ⑤
50 ① ② ③ ④ ⑤

Examen de Estudios Sociales

No marques las respuestas en este cuadernillo. Registra tus respuestas en la hoja de respuestas adicional provista. Asegúrate de que toda la información requerida esté debidamente registrada en la hoja de respuestas.

Para registrar tus respuestas, rellena el círculo en la hoja de respuestas con el número que corresponde a la respuesta que tú seleccionaste para cada pregunta del cuadernillo de examen.

EJEMPLO:

Los primeros colonos de Norteamérica buscaban asentarse en sitios que ofrecieran un adecuado abastecimiento de agua y acceso marítimo.
Por este motivo, muchas de las primeras ciudades se construyeron cerca de

(1) montañas

(2) praderas

(3) ríos

(4) glaciares

(En la Hoja de Respuestas)
① ② ● ④ ⑤

(5) mesetas

La respuesta correcta es "ríos"; por lo tanto debe marcarse la opción de respuesta 3 en la hoja de respuestas.

No apoyes la punta del lápiz en la hoja de respuestas mientras estás pensando tu respuesta. No hagas marcas fuera de lugar o innecesarias. Si cambias una respuesta, borra completamente tu primera marca. Sólo marca una respuesta para cada pregunta; las respuestas múltiples serán consideradas incorrectas. No dobles o pliegues tu hoja de respuestas. Todos los materiales del examen deben devolverse al administrador del examen.

Nota: Consulta el Capítulo 11 para obtener las respuestas a este examen de práctica.

NO COMIENCES A HACER ESTE EXAMEN HASTA QUE TE LO DIGAN

> **Instrucciones:** Elige la <u>mejor respuesta</u> para cada pregunta.
>
> *Las preguntas 1 a 4 se refieren al siguiente fragmento, extraído de* CliffsQuickReview U.S. History I *por P. Soifer y A. Hoffman (Wiley).*

Los Primeros Habitantes del Hemisferio Occidental

Al relatar la historia de Estados Unidos y también de las naciones del Hemisferio Occidental en general, los historiadores se han enfrentado con el problema de cómo llamar a los primeros habitantes del hemisferio. Bajo la impresión equivocada de que había llegado a las "Indias", el explorador Cristóbal Colón llamó "Indios" a las personas que allí encontró. Esto constituyó un error de identificación que ha persistido por más de quinientos años, ya que los habitantes de América del Norte y del Sur no tenían un nombre colectivo para llamarse a sí mismos.

Los historiadores, antropólogos y activistas políticos han ofrecido diversos nombres, ninguno de los cuales ha resultado totalmente satisfactorio. Los antropólogos han utilizado la palabra "aborigen", pero este término sugiere un nivel primitivo de existencia que contradice el nivel cultural de muchas tribus. Otro término, "Amerindio", que combina el error de Colón con el nombre de otro explorador italiano, Américo Vespucio (cuyo nombre dio origen al nombre "América"), carece de contexto histórico. Desde la década de 1960, el término "Nativo Americano" ha obtenido el favor popular, si bien algunos activistas prefieren "Indio Americano". En ausencia de un término verdaderamente representativo, las referencias descriptivas como "pueblos nativos" o "pueblos indígenas", si bien vagas, evitan la influencia europea. En los últimos años, ha surgido una discusión acerca de la adecuación de referirse a las tribus en singular o en plural — Apache o Apaches — con la consecuente exigencia de corrección política de los partidarios de ambas formas.

1. ¿Por qué llamó Colón "Indios" a los habitantes nativos?

   (1) Estaban en el Hemisferio Occidental.

   (2) Pensó que había llegado a las Indias.

   (3) América del Norte y del Sur no habían sido descubiertas.

   (4) Eran los primeros habitantes del hemisferio.

   (5) Le gustaba cómo sonaba el nombre.

2. ¿Quién utilizó el término "aborigen"?

   (1) historiadores

   (2) activistas políticos

   (3) Colón

   (4) antropólogos

   (5) exploradores

3. ¿Qué nombre ha sido el favorito desde 1960?

   (1) Amerindio

   (2) Nativo Americano

   (3) pueblos nativos

   (4) pueblos indígenas

   (5) Indio

4. ¿Cómo recibió su nombre América?

   (1) en honor a un explorador italiano

   (2) en honor a sus primeros habitantes

   (3) debido a la influencia europea

   (4) en honor a los pueblos nativos

   (5) debido a la corrección política

Ve a la siguiente página ⇨

Las preguntas 5 a 9 se refieren al siguiente fragmento, extraído de CliffsQuickReview U.S. History I *por P. Soifer y A. Hoffman (Wiley).*

Los Viajes de Cristóbal Colón

Cristóbal Colón, marino genovés, creía que la ruta marítima más corta para llegar a Asia consistía en navegar hacia el oeste cruzando el océano Atlántico. Al ignorar que el Hemisferio Occidental estaba ubicado entre Europa y Asia y al asumir que la circunferencia de la tierra era un tercio más pequeña de lo que realmente es, estaba convencido de que Japón aparecería en el horizonte apenas tres mil millas al oeste. Al igual que otros marinos de su época, Colón no estaba limitado por lealtades políticas; por el contrario, estaba dispuesto a navegar para cualquier país que pagara su viaje. Ya sea debido a su arrogancia (quería que le proporcionaran los barcos y las tripulaciones sin costo alguno para él) o su ambición (insistía en gobernar las tierras que descubriera), le resultó difícil encontrar un mecenas. Los portugueses rechazaron su plan dos veces, y los gobernantes de Inglaterra y Francia no estaban interesados. Con la ayuda de partidarios de gran influencia en la corte, Colón convenció al Rey Fernando y a la Reina Isabel de España para que financiaran parcialmente su expedición. En 1492 Granada, el último baluarte musulmán en la Península Ibérica, había caído frente a las tropas de los monarcas españoles. Al haber completado la Reconquista y logrado convertir a España en un país unificado, Fernando e Isabel podían dedicar su atención a la exploración marítima.

5. ¿En qué dirección navegó Colón para llegar a Asia?

   (1) este

   (2) sur

   (3) norte

   (4) oeste

   (5) noroeste

6. ¿Cuál creía que era la circunferencia de la tierra?

   (1) tres mil millas

   (2) entre Europa y Asia

   (3) un tercio menos de lo que era

   (4) la ruta marítima más corta hacia Asia

   (5) a través del Océano Atlántico

7. ¿Cuál era la postura de Colón respecto a la política?

   (1) No estaba limitado.

   (2) Estaba limitado.

   (3) Estaba dispuesto a navegar.

   (4) Era arrogante.

   (5) Era ambicioso.

8. ¿Qué país finalmente acordó proporcionar los fondos para su plan?

   (1) Portugal

   (2) Inglaterra

   (3) Francia

   (4) Japón

   (5) España

9. ¿Cómo convenció Colón a Fernando e Isabel?

   (1) Ahora tenían un país unificado.

   (2) Los musulmanes habían sido derrotados.

   (3) Los ingleses y los franceses no estaban interesados.

   (4) Fueron convencidos por partidarios de gran influencia en la corte.

   (5) Estaban listos para la exploración marítima.

Ve a la siguiente página

Las preguntas 10 a 15 se refieren al siguiente fragmento, extraído de CliffsQuickReview U.S. History I por P. Soifer y A. Hoffman (Wiley).

Estructura Social de las Trece Colonias

En la parte inferior de la escala social estaban los esclavos y los trabajadores en régimen de servidumbre; los hacendados exitosos del sur y los ricos comerciantes del norte constituían la élite colonial. En el área de Chesapeake los signos de prosperidad eran visibles en las construcciones. Las modestas casas de hasta los granjeros más prósperos del siglo diecisiete habían sido reemplazadas por espaciosas mansiones en el siglo dieciocho. Los hacendados de Carolina del Sur generalmente eran propietarios de casas en Charleston y probablemente irían a lugares como Newport para escapar del calor en el verano. Tanto en su estilo de vida como en sus actividades sociales (como por ejemplo, las carreras de caballo), la aristocracia provinciana del sur emulaba a los terratenientes ingleses.

Los grandes terratenientes no estaban confinados solamente a las colonias del sur. Los descendientes de los mecenas holandeses y los hombres que habían recibido tierras de los gobernantes reales ingleses controlaban propiedades en las colonias medias. Sus plantaciones eran trabajadas por arrendatarios agrícolas, quienes recibían una parte de la cosecha por su trabajo. En las ciudades del norte la riqueza estaba cada vez más concentrada en manos de los comerciantes; por debajo de ellos se encontraba la clase media de artesanos calificados y pequeños comerciantes. Los artesanos se instruían en su oficio como aprendices y se convertían en trabajadores calificados al finalizar su periodo de aprendizaje (que podía durar tanto como siete años). Aún en su calidad de asalariado, un trabajador calificado frecuentemente continuaba viviendo con su antiguo maestro y comiendo sentado a su mesa. El sueño de todo trabajador calificado era ahorrar la suficiente cantidad de dinero para abrir su propio negocio.

Ve a la siguiente página ⟹

10. ¿Quiénes constituían la élite en la cima de la escala social de las Colonias?

    (1) los esclavos y sirvientes

    (2) los aprendices y trabajadores calificados

    (3) los corredores de caballos

    (4) los arrendatarios agrícolas

    (5) los hacendados y comerciantes

11. ¿Qué eran los hacendados de Carolina del Sur?

    (1) agricultores prósperos

    (2) ricos comerciantes

    (3) trabajadores en régimen de servidumbre

    (4) mansiones espaciosas

    (5) hacendados urbanos

12. ¿Por qué iban a Newport?

    (1) para asistir a las carreras de caballo

    (2) para encontrar casas modestas

    (3) para estar cerca del mar

    (4) para escapar del calor

    (5) para participar de actividades sociales

13. ¿Quiénes eran los arrendatarios agrícolas?

    (1) grandes terratenientes

    (2) aquellos que trabajaban por una parte de la cosecha

    (3) gobernantes reales designados

    (4) mecenas holandeses

    (5) colonos del sur que heredaron riquezas

14. ¿Quiénes conformaban la clase media?

    (1) miembros de la nobleza

    (2) terratenientes

    (3) comerciantes

    (4) mecenas

    (5) pequeños comerciantes y artesanos calificados

15. ¿Cuál era el sueño de un trabajador calificado?

    (1) siete años de aprendizaje

    (2) comer a la mesa de su maestro

    (3) abrir su propio negocio

    (4) convertirse en un asalariado

    (5) ahorrar su dinero

Ve a la siguiente página →

Las preguntas 16 a 20 se refieren al siguiente fragmento, extraído de la Declaración de la Independencia, de 1776.

Declaración de la Independencia

Consideramos evidentes por sí mismas las siguientes verdades: todos los hombres han sido creados iguales; el Creador les ha concedido ciertos derechos inalienables; entre esos derechos se cuentan: la vida, la libertad y la búsqueda de la felicidad. Los gobiernos son establecidos entre los hombres para garantizar esos derechos y su justo poder emana del consentimiento de los gobernados. Cada vez que una forma de gobierno se convierte en destructora de ese fin, el pueblo tiene derecho a reformarla o abolirla, e instituir un nuevo gobierno que se funde en dichos principios, y organizar sus poderes en la forma que a su juicio sea la más adecuada para alcanzar la seguridad y la felicidad. La prudencia, claro está, aconsejará que no se reforme por motivos leves y transitorios gobiernos de antiguo establecidos y, en efecto, toda la experiencia ha demostrado que la humanidad está más dispuesta a padecer, mientras los males sean tolerables, que a hacer justicia aboliendo las formas a que está acostumbrada. Pero cuando una larga serie de abusos y usurpaciones, dirigida invariablemente al mismo objetivo, demuestra el designio de someter al pueblo a un despotismo absoluto, es su derecho, es su deber, derrocar ese gobierno y establecer nuevos resguardos para su futura seguridad. Tal ha sido el paciente sufrimiento de estas colonias; tal es ahora la necesidad que las obliga a reformar su anterior sistema de gobierno. La historia del actual rey de Gran Bretaña es una historia de repetidos agravios y usurpaciones, encaminados todos directamente hacia el establecimiento de una tiranía absoluta sobre estos estados. Para probar esto, sometemos los hechos al juicio de un mundo imparcial.

Ve a la siguiente página

16. ¿Qué verdades eran evidentes por sí mismas?

    (1) que todos los hombres no han sido creados iguales

    (2) que los hombres no tienen derechos

    (3) que los hombres están sufriendo

    (4) que los hombres deben ejercer prudencia

    (5) que los hombres tienen ciertos derechos

17. ¿De donde obtienen su poder los gobiernos?

    (1) del pueblo

    (2) del Creador

    (3) entre los hombres

    (4) de una nueva constitución

    (5) del rey

18. ¿Por qué debería ser instituido un nuevo gobierno?

    (1) Por motivos leves y transitorios.

    (2) Porque estaba establecido hace mucho tiempo.

    (3) Porque el pueblo estaba sufriendo.

    (4) Por una preocupación por la seguridad y la felicidad.

    (5) Por la necesidad de abolir las formas acostumbradas.

19. ¿Cómo describe la Declaración de la Independencia la situación de las trece colonias?

    (1) agravios y usurpaciones por parte del rey

    (2) sufrimiento paciente

    (3) despotismo absoluto

    (4) búsqueda del mismo objetivo

    (5) establecimiento de nuevos resguardos

20. ¿Cómo describe la Declaración de la Independencia al rey de Gran Bretaña?

    (1) Causó daños.

    (2) Era un gobernante bondadoso.

    (3) Era un tirano absoluto.

    (4) Era amigo del pueblo.

    (5) Brindaba seguridad al pueblo.

Ve a la siguiente página

Las preguntas 21 a 23 se refieren a la siguiente viñeta política.

PELIGROS DEL TELÉFONO CELULAR

¿RADIACIÓN?

¿DEDOS GIGANTES?

¿AUTOS ABOLLADOS?
¿PERSONAS ARRUGADAS?

21. ¿Cómo representa la viñeta el uso de los teléfonos celulares?

   (1) es un invento maravilloso

   (2) facilita la comunicación

   (3) es una innovación médica

   (4) es un dispositivo útil

   (5) es perjudicial para la salud

22. ¿Cuál de las siguientes opciones describe mejor al usuario del teléfono celular en la viñeta?

   (1) imprudente

   (2) conversador

   (3) considerado

   (4) valiente

   (5) cobarde

23. ¿Cómo sabemos que los teléfonos celulares pueden representar un riesgo para la salud?

   (1) por lo que vemos en el cine

   (2) por la investigación científica

   (3) por las leyendas urbanas

   (4) por la opinión popular

   (5) por las denuncias de delitos

Ve a la siguiente página

Las preguntas 24 a 26 se refieren al siguiente fragmento, extraído de CliffsQuickReview U.S. History I *por P. Soifer y A. Hoffman (Wiley).*

Resistencia a la Esclavitud

La resistencia a la esclavitud adoptó varias formas. Los esclavos simulaban estar enfermos, se negaban a trabajar, hacían mal su trabajo, destruían maquinaria agrícola, incendiaban edificios y robaban comida. Todos estos eran actos individuales y no formaban parte de un plan organizado de revolución; su objetivo era desestabilizar la rutina de la plantación de cualquier manera posible. En algunas plantaciones, los esclavos podían presentarse ante un supervisor y denunciar malos tratos por parte de sus amos en espera de que intercedieran a su favor. Si bien muchos esclavos intentaron escapar, pocos lograban conservar su libertad por más de unos pocos días y generalmente volvían por su cuenta. Tales escapes eran más una forma de protesta, una demostración de que podían lograrlo, que una carrera por la libertad. Como quedaba claro en los anuncios publicados en los periódicos del sur en busca del regreso de esclavos fugitivos, el objetivo de la mayoría de los fugitivos era encontrar a sus esposas o hijos que habían sido vendidos a otro hacendado. El legendario ferrocarril clandestino, una serie de refugios para fugitivos organizados por abolicionistas y administrados por antiguos esclavos como Harriet Tubman, en realidad sólo ayudó apenas a alrededor de mil esclavos a llegar al norte.

24. ¿Por qué se negaban a trabajar los esclavos?

    (1) Estaban enfermos.

    (2) Hacían mal su trabajo.

    (3) Destruían maquinarias agrícolas.

    (4) Anhelaban ser libres.

    (5) Robaban comida.

25. ¿Qué representaba escaparse?

    (1) una forma de protesta

    (2) una denuncia por malos tratos

    (3) una desestabilización de las rutinas

    (4) una apelación ante el amo

    (5) ser vendido a otro hacendado

26. ¿Quiénes organizaban el ferrocarril clandestino?

    (1) Harriet Tubman

    (2) antiguos esclavos

    (3) abolicionistas

    (4) fugitivos

    (5) periódicos del sur

Ve a la siguiente página

Las preguntas 27 a 30 se refieren al siguiente informe.

Informe Meteorológico y de Tránsito

Buenos días y bienvenidos al informe meteorológico y de tránsito de América en WAWT, la voz del mundo en los oídos de la nación. Hoy va a hacer calor. Esto es C-A-L-O-R, y todos sabemos lo que significa. La gran "P" vuelve a visitarnos. Hoy seguramente vamos a tener polución. Con el récord de calor que se registrará hoy en cada costa la situación es complicada. Si piensa que hace calor aquí, hace aún más calor allá arriba. Y eso implica la circulación de un aire insalubre que enfermará a las personas. Puedo escuchar toses y estornudos de costa a costa. Creo escuchar una serie de resoplidos provenientes de la capital de la nación, la querida Washington D.C., y no es el Congreso el que está generando todo ese aire caliente. Y al oeste de California, está igual de difícil. Justo el otro día busqué en el diccionario la frase "mala calidad del aire" y decía "Vea California". ¡Hay que tener suerte para respirar aire puro allí!

Esta mañana, una vez más, hay una capa de aire caliente justo sobre el nivel del suelo. Allí es donde vivimos, al nivel del suelo. Este aire actúa como una compuerta cerrada e impide que el aire de la superficie se eleve y se mezcle. Por supuesto, todos vamos a conducir nuestros vehículos en un día de tránsito pesado, y algunos de nosotros iremos a trabajar a fábricas. Y sorpresa: a la tarde todos esos agentes contaminantes de los vehículos se mezclan con las emisiones de las fábricas y quedan atrapados por la capa de aire caliente, y este es el momento de intentar recobrar el aliento. El aire insalubre está nuevamente con nosotros. Mañana y todos los días que siguen, tendremos más de lo mismo hasta que aprendamos a cuidar de nuestro medio ambiente.

Bien, los veré mañana, si el aire no está lo bastante denso para impedir ver a través.

27. ¿Cuándo es el momento pico de polución?

    (1) a la mañana

    (2) a la tarde

    (3) tarde a la noche

    (4) antes del desayuno

    (5) después de la cena

28. ¿Cuáles son las fuentes principales de polución?

    (1) récord de calor

    (2) el aire que se eleva y se mezcla

    (3) calidad insalubre del aire

    (4) gases y emisiones

    (5) aire más cálido en lo alto

29. ¿Dónde será más grave la polución?

    (1) en la región central

    (2) en el sur

    (3) en el norte

    (4) en las costas este y oeste

    (5) cerca de los Grandes Lagos

30. ¿Cuál es la mejor forma de evitar la polución?

    (1) Modificar la temperatura.

    (2) Reducir las emisiones.

    (3) Eliminar la capa de aire caliente.

    (4) Evitar que se eleve el aire.

    (5) Mantener las temperaturas más cálidas en lo alto.

Ve a la siguiente página

Las preguntas 31 a 35 se refieren al siguiente fragmento, extraído de CliffsQuickReview U.S. History I *por P. Soifer y A. Hoffman (Wiley).*

El Fin de la Guerra Fría

En julio de 1989, Gorbachev repudió la Doctrina Brézhnev, que había justificado la intervención de la Unión Soviética en los asuntos de los países comunistas. Unos pocos meses después de esta declaración, colapsaron los regímenes comunistas en Europa Oriental — Polonia, Hungría y Checoslovaquia, seguidas de Bulgaria y Rumania. La caída del Muro de Berlín se produjo en noviembre de 1989, conduciendo a la reunificación de Alemania Oriental y Occidental ese mismo año. Checoslovaquia finalmente quedó dividida en la República Checa y Eslovaquia sin mayores conflictos, pero el fin de la Federación Yugoslava en 1991 propició años de violencia y limpieza étnica (la expulsión de una población étnica de un área geográfica), especialmente en la región de Bosnia-Herzegovina. La Unión Soviética también quedó disuelta, no mucho después de un intento de golpe de estado contra Gorbachev en agosto de 1991, y los estados bálticos de Letonia, Estonia y Lituania fueron los primeros en lograr su independencia. Ese mes de diciembre Gorbachev presentó su renuncia y la ex Unión Soviética se transformó en la Comunidad de Estados Independientes (CIS, por sus siglas en inglés). La CIS desapareció rápidamente y las repúblicas que habían formado parte de la Unión Soviética fueron reconocidas como naciones soberanas. El fin de la Guerra Fría inmediatamente propició la celebración de importantes tratados sobre reducción de armas nucleares entre el presidente Bush y los líderes rusos, al igual que a importantes recortes en la cantidad de tropas designada por los Estados Unidos para la defensa de los estados miembros de la OTAN.

31. ¿Quién o qué ocasionó el fin de la Guerra Fría?

    (1) la Unión Soviética

    (2) los regímenes comunistas

    (3) Gorbachev

    (4) Brezhnev

    (5) Europa oriental

32. ¿Cómo se produjo la reunificación de Alemania Oriental y Occidental?

    (1) por la caída del Muro de Berlín

    (2) por la intervención de la Unión Soviética

    (3) por la Doctrina Brézhnev

    (4) por el colapso de los regímenes

    (5) por la intervención de Estados Unidos

33. ¿Qué significa limpieza étnica?

    (1) años de violencia

    (2) el fin de la Federación Yugoslava

    (3) la expulsión de poblaciones

    (4) la división de Checoslovaquia

    (5) la disolución de la Unión Soviética

34. ¿Qué le sucedió a las repúblicas de la Unión Soviética?

    (1) Desaparecieron rápidamente.

    (2) Se unieron a la OTAN.

    (3) Se transformaron en el CNS.

    (4) Se unieron a los estados bálticos.

    (5) Se transformaron en naciones soberanas.

35. ¿Cuál fue uno de los resultados del fin de la Guerra Fría?

    (1) más armas nucleares

    (2) más tensión entre Estados Unidos y la ex Unión Soviética

    (3) falta de acuerdos entre los líderes

    (4) un aumento en las tropas norteamericanas

    (5) recortes en las tropas norteamericanas

Ve a la siguiente página ⟹

Las preguntas 36 a 40 se refieren al siguiente fragmento, extraído de CliffsQuickReview U.S. History I *por P. Soifer y A. Hoffman (Wiley).*

El Pánico de 1873

Durante su segundo mandato, Grant aún no había logrado controlar la corrupción en su administración. La Cámara de Representantes había iniciado juicio político al Secretario de Guerra William Belknap, el que presentó su renuncia en medio de la deshonra por aceptar sobornos de agentes indios deshonestos. El secretario personal del presidente estaba vinculado con el "Whiskey Ring", un grupo de refinadores de alcohol que evadían el pago de impuestos internos a las ganancias. Sin embargo la situación económica constituía una preocupación de mayor gravedad.

En 1873, la especulación excesiva en las acciones de los ferrocarriles ocasionó un pánico económico de importante magnitud. La quiebra del banco de inversiones Jay Cooke fue seguida por el colapso del mercado de valores y la bancarrota de miles de negocios; se desplomaron los precios de la cosecha y se disparó el desempleo. Gran parte del problema se relacionaba con el uso del dólar como moneda. Los partidarios de la moneda fuerte o metálica insistían en que la moneda blanda o papel debía estar respaldada por el oro para frenar la inflación y las fluctuaciones en el nivel de los precios, pero los productores agrícolas y fabricantes industriales, quienes necesitaban fácil acceso a créditos, deseaban que se pusieran aún más dólares en circulación, una política a la que Grant finalmente se opuso. Impulsó una legislación, que fue sancionada por el Congreso en 1875, que disponía el rescate de dólares en oro. Debido a que el Tesoro necesitaba tiempo para acumular sus reservas de oro, el rescate no entró en vigencia sino cuatro años más tarde, momento en el cual la depresión más prolongada de la historia norteamericana había alcanzado su fin.

Ve a la siguiente página

36. ¿Cuáles eran los principales problemas a los que se enfrentó el Presidente Grant en su segundo mandato de gobierno?

    (1) problemas con su administración

    (2) problemas con el whiskey

    (3) problemas con el Servicio de Impuestos Internos (IRS, por sus siglas en inglés)

    (4) problemas relacionados con una bancarrota personal

    (5) problemas con su esposa

37. ¿Cuál fue la causa del Pánico de 1873?

    (1) fracaso en las inversiones

    (2) bancarrotas

    (3) especulación excesiva

    (4) evasión impositiva

    (5) pánico económico

38. ¿Qué tipo de moneda era utilizada para las inversiones?

    (1) libra esterlina

    (2) plata

    (3) oro

    (4) inflación

    (5) dólares

39. ¿Qué siguió a la quiebra del banco Jay Cooke?

    (1) el colapso del mercado de valores

    (2) un aumento en el valor del mercado

    (3) una rentabilidad en los negocios

    (4) un aumento en los precios de las cosechas

    (5) un gran aumento del empleo

40. ¿Cómo puso fin a la depresión el Congreso?

    (1) Brindó fácil acceso a créditos.

    (2) Niveló los precios.

    (3) Acumuló reservas en oro.

    (4) Atesoró dólares.

    (5) Puso freno a la inflación.

Ve a la siguiente página ⟶

Las preguntas 41 a 45 se refieren a las siguientes tablas.

Comparación del Producto Bruto Interno

Comparación de Índices Principles

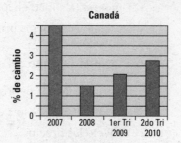

Canadá

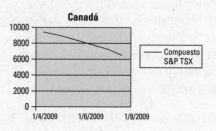

Canadá

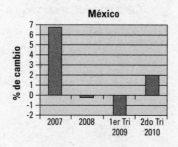

México

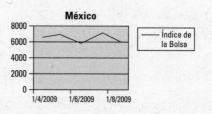

México

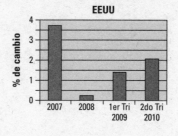

EEUU

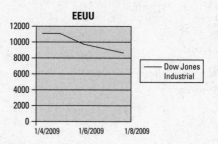

EEUU

**Comparación del Valor del
Dólar Canadiense y el Peso Mexicano
en Dólares Estadounidenses**

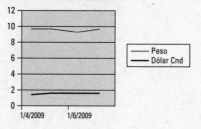

Ve a la siguiente página

41. ¿Cuál fue el porcentaje de rendimiento superior del producto bruto interno (PBI) mexicano con respecto al PBI norteamericano en el año 2007?

    (1) 8,4 puntos porcentuales

    (2) 2,8 puntos porcentuales

    (3) 0,7 puntos porcentuales

    (4) 5,9 puntos porcentuales

    (5) 1,3 puntos porcentuales

42. ¿Por qué el PBI de Canadá parece más vigoroso en comparación con el de los Estados Unidos y México?

    (1) Canadá ha registrado sistemáticamente un buen desempeño.

    (2) Canadá mejoró su desempeño respecto al segundo trimestre.

    (3) Canadá tuvo un mejor desempeño en el primer trimestre.

    (4) Canadá tuvo un mejor desempeño en 2008.

    (5) Canadá tuvo un mejor desempeño en 2007.

43. ¿Cuál fue el rendimiento del dólar canadiense respecto al dólar norteamericano, de acuerdo con el gráfico?

    (1) fue superior

    (2) se mantuvo estable

    (3) perdió terreno

    (4) terminó igual

    (5) sufrió muchos cambios

44. ¿Cuál fue el comportamiento comparado del Índice Compuesto S&P/TSX en el 1/4/2009 y el 1/8/2009?

    (1) bajó casi 2.000 puntos

    (2) subió casi 1.000 puntos

    (3) se mantuvo estable

    (4) subió menos de 300 puntos

    (5) bajó más de 3.000 puntos

45. De acuerdo con el gráfico, ¿cuál fue el comportamiento comparado del índice Dow Jones en el 1/4/2009 y el 1/8/2009?

    (1) bajó más de 5.000 puntos

    (2) subió más de 1.000 puntos

    (3) se mantuvo estable

    (4) subió más de 300 puntos

    (5) bajó más de 2.000 puntos

Ve a la siguiente página

Las preguntas 46 a 50 se refieren a la siguiente viñeta política.

46. ¿Dónde está ambientada la viñeta?

 (1) la sala de estar

 (2) el laboratorio

 (3) la sala de juegos

 (4) la biblioteca

 (5) la cocina

47. ¿Qué cuestión ha estado estudiando el investigador?

 (1) el resfrío común

 (2) una rara enfermedad de la sangre

 (3) la visión

 (4) la caída del cabello

 (5) la cantidad limitada de patentes para medicamentos

48. ¿Cómo representa el historietista a los laboratorios farmacéuticos?

 (1) compasivos

 (2) religiosos

 (3) codiciosos

 (4) generosos

 (5) curiosos

49. ¿Por qué es importante esta solución para los laboratorios farmacéuticos?

 (1) para compartirla con todas las personas

 (2) para hacer famosos a sus empleados

 (3) para consolidar buenas relaciones públicas

 (4) para presentar una buena imagen ante sus clientes

 (5) para aumentar sus ganancias

50. ¿Cuál es el tema de la viñeta?

 (1) la codicia

 (2) la inventiva

 (3) la curiosidad

 (4) la laboriosidad

 (5) la paciencia

Capítulo 11

Respuestas y Explicaciones para el Examen de Estudios Sociales

· ·

Después de tomar el Examen de Estudios Sociales del Capítulo 10, usa este capítulo para revisar tus respuestas. Tómate tu tiempo para leer las explicaciones de las respuestas que damos en la primera sección. Pueden ayudarte a entender por qué te equivocaste en algunas respuestas. Quizás quieras leer las explicaciones de las preguntas que respondiste correctamente, porque al hacerlo puedes tener una mejor idea del razonamiento que te ayudó a elegir las respuestas correctas.

Si tienes poco tiempo, ve al final del capítulo para ver la clave de respuestas abreviada.

Análisis de las Respuestas

1. **2.** Colón pensó que había llegado a las Indias cuando desembarcaron en Norteamérica, por eso llamó "Indios" a los nativos. Las otras respuestas — que los nativos estaban en el Hemisferio Occidental, el hecho de que las Américas aún no habían sido descubiertas, que los nativos eran los primeros habitantes del hemisferio, o que a Colón le gustaba cómo sonaba el nombre — no tienen sentido como razones.

2. **4.** Los antropólogos acuñaron el término *aborigen*. Los historiadores, los activistas, Colón o los exploradores quizás también utilizaron el término, pero de acuerdo al fragmento, *antropólogos* es la respuesta correcta.

3. **2.** En la década de 1960, después de un gran debate, se eligió el nombre *Nativo Americano* para referirse a los pueblos indígenas. Otros términos, como Indio, Amerindio, pueblos nativos y pueblos indígenas, fueron descartados.

4. **1.** De acuerdo con el fragmento, América recibió su nombre en honor al explorador italiano Américo Vespucio, en lugar de Cristóbal Colón, quien descubrió las tierras.

5. **4.** Según el fragmento, Colón navegó hacia el oeste para cruzar el Océano Atlántico en busca de Asia.

6. **3.** Colón pensaba que la circunferencia era un tercio inferior a lo que realmente era. Las otras respuestas son incorrectas según el fragmento.

7. **1.** Colón no estaba limitado por lealtades políticas. Navegaría para cualquier país que deseara pagar el viaje. Las otras opciones — que estaba limitado, que era arrogante, que estaba dispuesto a navegar o que era ambicioso — no se refieren a las lealtades políticas.

8. **5.** Colón finalmente obtuvo una financiación parcial del rey y la reina de España. Portugal, Inglaterra, Francia y Japón no proporcionaron fondos.

9. **4.** Colón utilizó a partidarios de gran influencia en la corte para convencer a Fernando e Isabel de que financiaran el viaje. Las otras respuestas — que tenían un país unificado, que los musulmanes habían sido derrotados, que los ingleses y los franceses no estaban interesados, y que estaban listos para la exploración — no constituyen la mejor respuesta.

10. **5.** El fragmento establece que los hacendados y comerciantes conformaban la élite colonial. Los esclavos, sirvientes, aprendices, trabajadores calificados y arrendatarios agrícolas se encontraban en la parte inferior de la escala social. El fragmento no menciona a los corredores de caballos.

11. **1.** Los hacendados de Carolina del Sur eran agricultores prósperos. El término *hacendados* se refiere a la actividad agrícola como forma de sustento, por lo tanto, no eran comerciantes o sirvientes, que son otras ocupaciones. El fragmento no menciona a los hacendados urbanos. Las mansiones son edificios, no personas.

12. **4.** Iban a Newport para escapar del calor del verano. Las otras opciones posibles, como asistir a las carreras de caballos, encontrar casas modestas, estar cerca del mar o participar de actividades sociales, pueden tener sentido (y hasta ser ciertas), pero el fragmento no las define como la mejor razón.

13. **2.** Los arrendatarios agrícolas trabajaban por una parte de la cosecha que producían. No eran terratenientes, gobernantes, mecenas o colonos, ninguno de los cuales está realmente involucrado con el trabajo agrícola.

14. **5.** Debes leer el fragmento lenta y atentamente para determinar que la clase media estaba constituida por los pequeños comerciantes y los artesanos calificados. (Ten en cuenta que el fragmento luego divide al grupo de artesanos calificados en dos categorías: *los aprendices,* quienes trabajaban con otro artesano calificado por un periodo de hasta siete años, y *los trabajadores calificados,* quienes habían completado su periodo de aprendizaje.) El pasaje no menciona a los nobles, terratenientes, comerciantes o mecenas.

15. **3.** Cada trabajador calificado soñaba con tener alguna vez su propio negocio. Las otras opciones, como tener un periodo de aprendizaje de siete años, comer a la mesa de su maestro, convertirse en un asalariado y ahorrar dinero, pueden tener algo de validez pero, según el fragmento, no constituyen la mejor respuesta.

16. **5.** El fragmento menciona dos verdades evidentes por sí mismas: que todos los hombres han sido creados iguales y que el Creador los dotó de ciertos derechos. (*Evidente por sí misma* significa evidente sin necesidad de explicación o prueba.)

17. **1.** De acuerdo con el fragmento, los gobiernos obtenían su poder del pueblo. Obtener el poder del Creador, de entre los hombres, de una nueva constitución y del rey, son respuestas incorrectas según el fragmento.

18. **3.** El pueblo estaba sufriendo debido a los males del antiguo gobierno, lo que constituía la razón principal para buscar establecer un nuevo gobierno. Las otras respuestas pueden tener algo de verdad, pero no constituyen la razón principal según el fragmento.

19. **2.** Las colonias habían estado sufriendo pacientemente. Las otras razones — los agravios del rey, el despotismo, el mismo objetivo y los nuevos resguardos — no hacen referencia directa a las colonias.

20. **3.** Jorge III se había convertido en un tirano absoluto. No era un gobernante bondadoso ni amigo del pueblo. Las opciones "causó daños" y "brindaba seguridad al pueblo" no son las mejores respuestas.

21. **5.** Algunos investigadores creen que los teléfonos celulares son perjudiciales para la salud, especialmente si dañan el cerebro o causan accidentes al conducir un vehículo. Las otras respuestas — un invento maravilloso, una ayuda para la comunicación, una innovación médica y un dispositivo útil — son todos factores, pero no son los representados en la viñeta.

22. **1.** El usuario del teléfono celular es imprudente al estar conduciendo de manera peligrosa sin prestar suficiente atención al camino. Las otras opciones, como por ejemplo considerado y valiente, son incorrectas. Conversador y cobarde no son las mejores respuestas de acuerdo con la viñeta.

23. **2.** Algunas investigaciones científicas indican que los teléfonos celulares pueden representar un riesgo para la salud (por ejemplo, radiación y tumores cerebrales). Las películas, leyendas, opiniones y denuncias no son respuestas correctas según la viñeta.

24. **4.** La forma principal que tenían los esclavos para manifestar su anhelo de ser libres era negándose a trabajar. Las enfermedades, trabajos mal realizados, maquinaria destruida y robo de comida pueden haber sido otras formas de demostrar su frustración pero de acuerdo con el fragmento, estas respuestas no son tan relevantes.

25. **1.** Escaparse representaba una forma de protesta. Otros factores, incluyendo la denuncia por malos tratos, la desestabilización de las rutinas, la apelación ante sus amos o ser vendidos no eran tan fuertes como protesta.

26. **3.** El ferrocarril clandestino estaba organizado por los abolicionistas. Pueden haber estado involucrados otros posibles participantes, como Harriet Tubman, antiguos esclavos, fugitivos y periódicos del sur, pero según el fragmento, no fueron éstos los organizadores.

27. **2.** La polución tiende a intensificarse por la tarde cuando quedan atrapados los gases y las emisiones. De acuerdo con el fragmento en otros momentos del día no hay tanta polución.

28. **4.** Los gases y las emisiones son las causas principales de polución. Las otras respuestas, como el récord de calor, el aire que se eleva, el aire insalubre y el aire caliente son factores, pero no los más importantes.

29. **4.** La polución tiende a ser más grave en la costa este y oeste. El fragmento no menciona los otros lugares — la región central, el sur, el norte o cerca de los Grandes Lagos.

30. **2.** La mejor forma de prevenir la polución es reducir las emisiones. Las otras opciones (modificar la temperatura, eliminar la capa de aire caliente, evitar que el aire se eleve y mantener las temperaturas más cálidas en lo alto) pueden contribuir a mejorar la situación pero no son las mejores respuestas.

31. **3.** Gorbachev puso fin a la Guerra Fría al repudiar la Doctrina Brézhnev. Los regímenes comunistas, Brézhnev, Europa Oriental y la Unión Soviética son respuestas incorrectas.

32. **1.** Con la caída del Muro de Berlín, Alemania Oriental y Occidental volvieron a unificarse. La intervención soviética, la Doctrina Brézhnev, el colapso de los regímenes y la intervención de Estados Unidos pueden haber existido, pero no constituyen la mejor respuesta según el fragmento.

33. **3.** De acuerdo con el fragmento *la limpieza étnica* se refiere a la expulsión de poblaciones étnicas minoritarias. Las otras respuestas son incorrectas debido a que no hacen referencia específicamente a la forma en que los pueblos fueron expulsados.

34. **5.** Las antiguas repúblicas soviéticas se convirtieron en naciones soberanas. Según el fragmento las repúblicas soviéticas no desaparecieron, no fueron invitadas a unirse a la OTAN, y no se transformaron en los Estados Bálticos. El fragmento no menciona nada llamado CNS.

35. **5.** Todos los factores excepto la Opción (5) son lo opuesto a lo afirmado en la última oración del fragmento, por lo tanto, la Opción (5) es la única respuesta correcta.

36. **1.** Los principales problemas a los que se enfrentó el Presidente Grant tenían que ver con la corrupción en su administración, lo que significa que algunos miembros de su administración se enfrentaron a toda clase de problemas y abandonaron sus puestos bajo presión. Las otras respuestas son incorrectas según el fragmento.

37. **3.** La especulación excesiva en acciones de los ferrocarriles condujo al Pánico de 1873. Los otros factores, como el fracaso de las inversiones, la bancarrota, la evasión impositiva y el pánico económico pueden también haber existido, pero no fueron la causa directa del Pánico de 1873.

38. **5.** Los dólares — no la libra esterlina, el oro o la plata — eran la moneda utilizada como fuente de capital de inversión. La inflación no tiene relación alguna con la pregunta.

39. **1.** La quiebra del banco Cooke fue seguida por el colapso del mercado de valores. Las otras respuestas son lo opuesto a lo que sucedió según el fragmento.

40. **3.** La mejor forma que encontró el Congreso para poner fin a la depresión fue acumular reservas de oro. Los créditos, los precios, los dólares y la inflación no tuvieron tanta incidencia en el fin de la depresión.

41. **2.** El PBI mexicano fue 2,8 puntos porcentuales superior al PBI norteamericano. Las otras respuestas son incorrectas según el fragmento.

42. **1.** Según indican los gráficos del PBI, la economía de Canadá ha registrado sistemáticamente un buen desempeño comparada con las economías de los Estados Unidos y México.

43. **2.** El valor del dólar canadiense está representado por una línea recta, lo que significa que su valor se mantuvo estable.

44. **5.** El 1/4/2009, el índice estaba justo por debajo de los 10.000 puntos, y el 1/8/2009, superaba los 6.000 puntos. Por lo tanto, la Opción (5) es la más acertada.

45. **5.** El índice Dow Jones había bajado más de 2.000 puntos, desde aproximadamente 11.000 hasta aproximadamente 9.000 puntos, lo que indica que la Opción (5) es la respuesta correcta.

46. **2.** La viñeta está ambientada en un laboratorio, no una sala de estar, una sala de juegos, una biblioteca ni tampoco una cocina.

47. **5.** El investigador ha estado estudiando la cantidad limitada de patentes para medicamentos. Puedes deducir esto a partir de la frase *patentes perpetuas*.

48. **3.** El historietista representa a los laboratorios farmacéuticos como empresas codiciosas. Puede ser que los laboratorios farmacéuticos también sean compasivos o generosos, pero la viñeta no lo sugiere. Ciertamente, los laboratorios farmacéuticos no son religiosos, y el término *curiosos* sencillamente no tiene sentido en este contexto.

49. **5.** La solución es importante para los laboratorios farmacéuticos porque aumentará sus ganancias. Otros efectos potenciales — compartir con las personas, hacer famosos a sus empleados, mejorar sus relaciones públicas y presentar una buena imagen — pueden ser importantes, pero no son la razón principal para buscar la solución.

50. **1.** El tema general de la viñeta es la codicia de los laboratorios farmacéuticos.

Clave de Respuestas

1. **2**	7. **1**	13. **2**
2. **4**	8. **5**	14. **5**
3. **2**	9. **4**	15. **3**
4. **1**	10. **5**	16. **5**
5. **4**	11. **1**	17. **1**
6. **3**	12. **4**	18. **3**

19.	**2**	30.	**2**	41.	**2**
20.	**3**	31.	**3**	42.	**1**
21.	**5**	32.	**1**	43.	**2**
22.	**1**	33.	**3**	44.	**5**
23.	**2**	34.	**5**	45.	**5**
24.	**4**	35.	**5**	46.	**2**
25.	**1**	36.	**1**	47.	**5**
26.	**3**	37.	**3**	48.	**3**
27.	**2**	38.	**5**	49.	**5**
28.	**4**	39.	**1**	50.	**1**
29.	**4**	40.	**3**		

Capítulo 12

Otro Examen de Práctica — Examen de Estudios Sociales

• •

*E*l examen de estudios sociales consiste en preguntas de opción múltiple que evalúan conceptos generales sobre estudios sociales. Las preguntas están basadas en lecturas breves que frecuentemente incluyen un mapa, gráfico, cuadro, viñeta o imagen. Analiza la información dada y luego responde la(s) pregunta(s) que sigue(n). Consulta la información tanto como sea necesario al responder las preguntas.

Tienes 70 minutos para responder las 50 preguntas que figuran en este cuadernillo. Trabaja cuidadosamente pero no te demores demasiado en una sola pregunta. Asegúrate de responder todas las preguntas.

Hoja de Respuestas para el Examen de Estudios Sociales

1	①	②	③	④	⑤
2	①	②	③	④	⑤
3	①	②	③	④	⑤
4	①	②	③	④	⑤
5	①	②	③	④	⑤
6	①	②	③	④	⑤
7	①	②	③	④	⑤
8	①	②	③	④	⑤
9	①	②	③	④	⑤
10	①	②	③	④	⑤
11	①	②	③	④	⑤
12	①	②	③	④	⑤
13	①	②	③	④	⑤
14	①	②	③	④	⑤
15	①	②	③	④	⑤
16	①	②	③	④	⑤
17	①	②	③	④	⑤
18	①	②	③	④	⑤
19	①	②	③	④	⑤
20	①	②	③	④	⑤
21	①	②	③	④	⑤
22	①	②	③	④	⑤
23	①	②	③	④	⑤
24	①	②	③	④	⑤
25	①	②	③	④	⑤
26	①	②	③	④	⑤
27	①	②	③	④	⑤
28	①	②	③	④	⑤
29	①	②	③	④	⑤
30	①	②	③	④	⑤
31	①	②	③	④	⑤
32	①	②	③	④	⑤
33	①	②	③	④	⑤
34	①	②	③	④	⑤
35	①	②	③	④	⑤
36	①	②	③	④	⑤
37	①	②	③	④	⑤
38	①	②	③	④	⑤
39	①	②	③	④	⑤
40	①	②	③	④	⑤
41	①	②	③	④	⑤
42	①	②	③	④	⑤
43	①	②	③	④	⑤
44	①	②	③	④	⑤
45	①	②	③	④	⑤
46	①	②	③	④	⑤
47	①	②	③	④	⑤
48	①	②	③	④	⑤
49	①	②	③	④	⑤
50	①	②	③	④	⑤

Examen de estudios sociales

No marques las respuestas en este cuadernillo. Registra tus respuestas en la hoja de respuestas adicional provista. Asegúrate de que toda la información requerida esté debidamente registrada en la hoja de respuestas.

Para registrar tus respuestas, rellena el círculo en la hoja de respuestas con el número que corresponde a la respuesta que tú seleccionaste para cada pregunta del cuadernillo de examen.

EJEMPLO:

Los primeros colonos de Norteamérica buscaban asentarse en sitios que ofrecieran un adecuado abastecimiento de agua y acceso marítimo. Por este motivo, muchas de las primeras cuidades se construyeron cerca de

(1) montañas

(2) praderas

(3) ríos

(4) glaciares

(5) mesetas

(En la Hoja de Respuestas)
① ② ● ④ ⑤

La respuesta correcta es "ríos"; por lo tanto debe marcarse la opción de respuesta 3 en la hoja de respuestas.

No apoyes la punta de tu lápiz en la hoja de respuestas mientras estás pensando tu respuesta. No hagas marcas fuera de lugar o innecesarias. Si cambias una respuesta, borra tu primera marca completamente. Sólo marca una respuesta en cada pregunta; las respuestas múltiples se califican como incorrectas. No dobles o arrugues tu hoja de respuestas. Todos los materiales del examen deben devolverse al administrador del examen.

Nota: Consulta el Capítulo 13 para ver las respuestas de este examen de práctica.

NO COMIENCES A HACER ESTE EXAMEN HASTA QUE TE LO DIGAN

Instrucciones: Elige la <u>mejor respuesta</u> para cada pregunta.

Las preguntas *1 a 5 se refieren al siguiente párrafo extraído de* CliffsQuickReview U.S. History I *por P. Soifer y A. Hoffman (Wiley).*

Industria y Comercio en las Trece Colonias

Las colonias formaban parte de la red de comercio del Atlántico que las vinculaba con Inglaterra, África y las Antillas. El modelo de comercio, llamado no muy precisamente "Comercio Triangular", incluía el intercambio de productos de fincas coloniales, plantaciones, pesqueras y bosques con Inglaterra a cambio de productos manufacturados y las Antillas a cambio de esclavos, melaza y azúcar. En Nueva Inglaterra la melaza y el azúcar se destilaban para fabricar ron, el que se usaba para comprar esclavos africanos. El sur de Europa también representaba un mercado valioso para productos alimenticios coloniales.

La industria colonial estaba estrechamente relacionada con el comercio. Un porcentaje importante de los embarques sobre el Atlántico se realizaba sobre navíos construidos en las colonias, y la industria naviera impulsaba otros oficios, tales como la costura de velas, el trabajo en aserraderos y la fabricación de materiales navales. La teoría mercantil fomentaba que los colonos proveyeran materias primas para la economía industrializada de Inglaterra; el hierro crudo y el carbón se convirtieron en importantes productos de exportación. Simultáneamente, se aplicaron restricciones a los productos manufacturados. Por ejemplo, el Parlamento, preocupado por la posible competencia de los sombrereros coloniales, prohibió la exportación de sombreros de una colonia a otra y limitó la cantidad de aprendices en cada tienda que fabricara sombreros.

1. ¿Qué tenían en común Inglaterra, África y las Antillas?

   (1) Todos tenían pesqueras.

   (2) Todos compraban esclavos.

   (3) Todos destilaban ron.

   (4) Todos tenían bosques.

   (5) Todos intercambiaban productos.

2. ¿Para qué se usaba el ron?

   (1) las fincas coloniales

   (2) el trabajo en aserraderos

   (3) la compra de esclavos

   (4) la melaza y el azúcar

   (5) los productos manufacturados

3. ¿Por qué las colonias eran importantes para el comercio del Atlántico?

   (1) Construían los barcos.

   (2) Cosían velas.

   (3) Tenían tiendas de productos navales.

   (4) Aserraban madera.

   (5) Impulsaron otros oficios.

4. ¿Cómo apoyaban las colonias a la industria británica?

   (1) Participaron de la costura.

   (2) Producían productos manufacturados.

   (3) Desarrollaron la teoría mercantil.

   (4) Proveían materias primas.

   (5) Establecieron restricciones.

5. ¿Qué producto se veía amenazado por la competencia colonial?

   (1) carbón

   (2) hierro crudo

   (3) sombreros

   (4) madera

   (5) algodón

Ve a la siguiente página

Las preguntas 6 a 11 se refieren al siguiente párrafo extraído de La declaración de la independencia de 1776

Acusaciones contra el Rey

Ha rehusado asentir a las leyes más convenientes y necesarias al bien público de estas colonias, prohibiendo a sus gobernadores sancionar aun aquellas que eran de inmediata y urgente necesidad a menos que se suspendiese su ejecución hasta obtener su consentimiento, y estando así suspensas las ha desatendido enteramente.

Ha reprobado las providencias dictadas para la repartición de distritos de los pueblos, exigiendo violentamente que estos renunciasen el derecho de representación en sus legislaturas, derecho inestimable para ellos, y formidable sólo para los tiranos.

Ha convocado cuerpos legislativos fuera de los lugares acostumbrados, y en sitios distantes del depósito de sus registros públicos con el único fin de molestarlos hasta obligarlos a convenir con sus medidas.

Ha disuelto las Cámaras de Representantes reiteradamente por oponerse firme y valerosamente a las invocaciones proyectadas contra los derechos del pueblo.

Se ha rehusado por largo tiempo después de disoluciones semejantes a que se eligiesen otras Cámaras, por lo que los poderes legislativos, incapaces de aniquilación, han recaído sobre el pueblo para su ejercicio, quedando el estado, entre tanto, expuesto a todo el peligro de una invasión exterior y de convulsiones internas.

Se ha esforzado en estorbar los progresos de la población en estos estados, obstruyendo a este fin las leyes para la naturalización de los extranjeros, rehusando sancionar otras para promover su establecimiento en ellos, y prohibiéndoles adquirir nuevas propiedades en estos países.

En el orden judicial, ha obstruido la administración de justicia, oponiéndose a las leyes necesarias para consolidar la autoridad de los tribunales; creando jueces que dependen solamente de su voluntad, por recibir de él el nombramiento de sus empleos y pagamento de sus sueldos; y mandando un enjambre de oficiales para oprimir a nuestro pueblo y empobrecerlo con sus estafas y rapiñas.

Ha atentado a la libertad civil de los ciudadanos, manteniendo en tiempo de paz entre nosotros tropas armadas, sin el consentimiento de nuestra legislatura; procurando hacer al militar independiente y superior al poder civil.

6. ¿Cuál de las siguientes opciones representa una forma en la que el Rey desatendía a las colonias?

   (1) le faltaba dinero

   (2) no sancionaba leyes

   (3) eliminaba su derecho de condena

   (4) daba poder a sus gobernadores

   (5) no visitaba las colonias

7. ¿Cómo trataba el Rey a los cuerpos legislativos?

   (1) Nunca los convocaba.

   (2) Los hacía sentir cómodos.

   (3) Se aseguraba de que descansaran bien.

   (4) Hacía que cumplieran los deseos de la corona.

   (5) Depositaba sus registros.

Ve a la siguiente página

8. ¿Cómo amenazaba el Rey los derechos del pueblo?

   (1) Disolvió las cámaras de representantes.

   (2) Abdicó al trono.

   (3) Los aniquiló.

   (4) Los devolvió al pueblo.

   (5) Era ambicioso.

9. ¿Cuál era la posición del Rey respecto de aumentar la población de las colonias?

   (1) Cedió tierras gratuitamente a quienes desearan establecerse.

   (2) Alentó a pobladores a establecerse en las colonias.

   (3) Él mismo se instaló en ellas.

   (4) Envió a su hijo para que se asentara en una colonia.

   (5) Desalentó a pobladores a que se establecieran.

10. ¿Cómo obstruía el Rey el sistema judicial?

    (1) Lo hizo independiente de su autoridad.

    (2) Creó nuevas oficinas.

    (3) Se negó a promulgar determinadas leyes.

    (4) Hostigó al pueblo.

    (5) Pagó por las cámaras.

11. ¿Cuál de las siguientes opciones representa una forma de amenazar la libertad del pueblo?

    (1) un ejército dependiente

    (2) un ejército independiente

    (3) autoridad civil

    (4) una reunión para tomar el té

    (5) funcionarios amistosos

Ve a la siguiente página

Las preguntas *12 a 17 se refieren al siguiente párrafo extraído de* CliffsQuickReview U.S. History I *de P. Soifer y A. Hoffman (Wiley).*

La Guerra de 1812

Para Estados Unidos, el objetivo británico más obvio era Canadá. Su población era pequeña. Muchos canadienses eran en realidad estadounidenses de nacimiento, y una victoria rápida allí detendría los planes británicos de destruir el comercio estadounidense. Sin embargo los resultados militares pintaron un panorama completamente distinto. Miles de nativos americanos de los territorios del noroeste se aliaron con los británicos cuando comenzó la guerra, potenciando su fuerza, mientras que el pequeño ejército estadounidense estaba formado por milicias estatales con poco entrenamiento lideradas por generales ancianos e incompetentes.

En julio de 1812 un ejército estadounidense liderado por el general William Hull se desplazó desde Detroit hasta Canadá. Casi inmediatamente los Shawnee cortaron sus líneas de suministro, forzándolos a volver a Detroit. Aunque Hull comandaba a dos mil hombres, se rindió ante una fuerza militar notablemente menor compuesta por británicos y nativos americanos. Otras situaciones vergonzosas siguieron cuando EE.UU. sufrió una derrota en Queenston Heights, al oeste de Nueva York, y la milicia liderada por el general Henry Dearborn se negó a marchar a Montreal desde el noreste de Nueva York.

A Estados Unidos le fue notablemente mejor en el Lago Erie en 1813. La Marina Británica no pudo llegar al lago desde el río Saint Lawrence, así que tanto los británicos como los estadounidenses se lanzaron a construir barcos a ambos lados del lago. El 10 de septiembre de 1813 la pequeña flota estadounidense dirigida por Oliver Hazard Perry derrotó a los británicos en la batalla del Lago Erie. "Hemos encontrado al enemigo, y somos nosotros mismo", informó. Una declaración de victoria que se ha vuelto legendaria.

Menos de tres semanas después, el 5 de octubre, William Henry Harrison (por entonces era general) derrotó a una fuerza combinada de británicos y nativos americanos en la Batalla del Thames. Tecumseh fue muerto en esta batalla, lo que sepultó las esperanzas de los nativos americanos de una coalición que pudiera hacer frente al avance de los asentamientos de EE.UU. A pesar de estas victorias, las iniciativas de Estados Unidos de anexar Canadá terminaron en un punto muerto.

12. ¿Por qué Canadá era un objetivo para Estados Unidos?

    (1) Sus ciudadanos eran estadounidenses de nacimiento.

    (2) Tenía una población grande.

    (3) Era propiedad británica.

    (4) Los estadounidenses habían visitado Canadá en muchas oportunidades.

    (5) Eso protegería el comercio estadounidense.

13. ¿A quiénes apoyaron los nativos americanos en el conflicto?

    (1) A los británicos.

    (2) A los canadienses.

    (3) A los americanos.

    (4) Al ejército estadounidense.

    (5) A los franceses.

Ve a la siguiente página

14. ¿Por qué se rindió el general Hull?

(1) Lo obligaron a retroceder a Detroit.

(2) Solamente comandaba a dos mil hombres.

(3) No pudo cruzar el Thames.

(4) La fuerza británica era demasiado poderosa.

(5) Cortaron sus líneas de suministro.

15. ¿Qué representaba Queenston Heights para Estados Unidos?

(1) una victoria

(2) una vergüenza

(3) una propuesta

(4) una negativa para marchar

(5) mucho sufrimiento

16. ¿Qué mantuvo a la flota de la Marina Británica alejada del Lago Erie?

(1) el río St. Lawrence

(2) el río Detroit

(3) el Lago Ontario

(4) el Lago St. Clair

(5) no hay suficiente información para saberlo

17. ¿Cuál fue el resultado de la Guerra de 1812?

(1) Ganaron los estadounidenses.

(2) Ganaron los británicos.

(3) Terminó en un punto muerto.

(4) Ganaron los nativos americanos.

(5) Mataron a Tecumseh.

Ve a la siguiente página

Las preguntas 18 a 23 se refieren al siguiente párrafo extraído del discurso de Gettysburg, pronunciado por Lincoln el 19 de noviembre de 1863.

Discurso de Gettysburg

Hace ocho décadas y siete años, nuestros padres hicieron nacer en este continente una nueva nación concebida en la libertad y consagrada al principio de que todas las personas son creadas iguales. Ahora estamos empeñados en una gran guerra civil que pone a prueba si esta nación, o cualquier nación así concebida y así consagrada, puede perdurar en el tiempo. Estamos reunidos en el gran campo de batalla de esa guerra. Hemos venido a consagrar una porción de ese campo como último lugar de descanso para aquellos que dieron aquí sus vidas para que esta nación pudiera vivir. Es absolutamente correcto y apropiado que hagamos tal cosa. Pero, en un sentido más amplio, nosotros no podemos dedicar, no podemos consagrar, no podemos santificar este terreno. Los valientes hombres, vivos y muertos, que lucharon aquí lo han consagrado ya muy por encima de nuestro pobre poder de añadir o restarle algo. El mundo apenas advertirá y no recordará por mucho tiempo lo que aquí decimos, pero nunca podrá olvidar lo que ellos hicieron aquí. . . .

18. ¿Qué problemas eran de vital importancia en la gran guerra civil?

    (1) felicidad y amistad

    (2) seguridad y protección

    (3) libertad e igualdad

    (4) riqueza y codicia

    (5) paz y prosperidad

19. ¿Dónde pronunció su discurso el presidente Lincoln?

    (1) en un tren

    (2) en la Casa Blanca

    (3) en un campo de juego

    (4) en un campo de batalla

    (5) en la radio

20. ¿Qué significa la frase "apenas advertirá y no recordará por mucho tiempo"?

    (1) La audiencia no está tomando nota.

    (2) Los equipos de filmación de TV están interfiriendo.

    (3) Lincoln tenía mala memoria.

    (4) Los soldados no están ahí para escuchar el discurso.

    (5) Las personas en el mundo no recordarán el discurso.

21. ¿Para qué se utilizará una parte del campo de batalla?

    (1) cementerio

    (2) campo de atletismo

    (3) pastura para ganado

    (4) paseo de compras

    (5) agricultura

22. ¿Quién ha "santificado este terreno"?

    (1) El presidente Lincoln

    (2) El gobierno estadounidense

    (3) El gobierno de la Confederación

    (4) El gobierno de la Unión

    (5) Aquellos que combatieron allí

23. ¿A qué puede referirse la frase "hace ocho décadas y siete años"?

    (1) soldados

    (2) consagración

    (3) tiempo

    (4) la guerra

    (5) discursos

Ve a la siguiente página

Las preguntas *24 a 29 se refieren al siguiente párrafo extraído de* CliffsQuickReview U.S. History II *de P. Soifer y A. Hoffman (Wiley).*

Causas de la Primera Guerra Mundial

El 28 de junio de 1914 un nacionalista serbio asesinó al Archiduque Franz Ferdinand, heredero al trono del Imperio Austro-Húngaro. Austria reclamó a Serbia el pago de una indemnización por el asesinato. El gobierno de Serbia negó cualquier participación en el asesinato y cuando Austria presentó un ultimátum, solicitó ayuda a su aliado, Rusia. Cuando Rusia comenzó a movilizar su ejército, el sistema de alianza europeo, irónicamente pensado para mantener el equilibrio del poder en el continente, impulsó a un país tras otro a enfrentarse en una guerra. El aliado de Austria, Alemania, le declaró la guerra a Rusia el 1° de agosto. Luego, a Francia (aliado de Rusia) dos días después. Gran Bretaña entró en la guerra el 4 de agosto, después de que Alemania invadiera Bélgica, que se mantenía neutral. A fines de agosto de 1914, la mayoría de los países europeos había elegido un bando: los Poderes Centrales — Alemania, el Imperio Austro-Húngaro, Bulgaria y el Imperio Otomano (Turquía) — se enfrentaron contra los Poderes Aliados, principalmente Gran Bretaña, Francia, Rusia y Serbia. Japón se unió a la causa de los Aliados en agosto de 1914, con la esperanza de tomar las bases alemanas del Pacífico y expandir la influencia japonesa en China. Esta acción amenazó la política de Puertas Abiertas y generó una tensión creciente con Estados Unidos. Originalmente aliado con Alemania y el imperio Austro-Húngaro, Italia entró a la guerra en 1915, del lado de los británicos y los franceses porque habían apoyado las demandas territoriales italianas en un tratado secreto (el Tratado de Londres).

24. ¿Dónde tuvo origen el asesinato del Archiduque Ferdinand?

    (1) Gran Bretaña

    (2) Francia

    (3) Rusia

    (4) Serbia

    (5) Alemania

25. ¿Cómo reaccionó inicialmente Austria ante el asesinato?

    (1) negó cualquier participación

    (2) reclamó una indemnización

    (3) recurrió a su aliado

    (4) declaró la guerra

    (5) movilizó su ejército

26. ¿Qué países no eran aliados?

    (1) Serbia y Rusia

    (2) Austria y Hungría

    (3) Alemania y Francia

    (4) Francia y Gran Bretaña

    (5) Alemania y Austria

27. ¿Qué hecho provocó que Gran Bretaña participara de la guerra?

    (1) Alemania invadió Bélgica.

    (2) Rusia atacó Serbia.

    (3) Francia invadió Rusia.

    (4) Austria invadió Hungría.

    (5) Alemania atacó Rusia.

28. ¿Qué país no formaba parte de los Poderes Aliados?

    (1) Gran Bretaña

    (2) Francia

    (3) Alemania

    (4) Rusia

    (5) Serbia

29. ¿Por qué se unió Italia a los Aliados?

    (1) por la política de Puertas Abiertas

    (2) la tensión creciente

    (3) demandas comerciales

    (4) la expansión de la influencia japonesa

    (5) el Tratado de Londres

Ve a la siguiente página

Las preguntas 30 a 33 se refieren a la siguiente viñeta política.

30. ¿Cómo se retrata al presidente Barack Obama en esta viñeta?

   (1) comediante stand-up

   (2) maestro motivador

   (3) severo amante de la disciplina

   (4) modelo de ropa

   (5) súper vendedor

31. ¿Cómo se representa a la mayoría de los jóvenes?

   (1) aburridos

   (2) molestos

   (3) perezosos

   (4) distraídos

   (5) con ansias de aprender

32. ¿Cuál es el mensaje principal que quiere transmitir el humorista?

   (1) Estados Unidos se enfrenta a muchos problemas.

   (2) Las escuelas no son muy eficientes.

   (3) Barack Obama tiene una sonrisa agradable.

   (4) El presidente tiene todas las respuestas.

   (5) El comportamiento en clase es un tema preocupante.

33. ¿A qué problemas se enfrentarán los estudiantes en el futuro?

   (1) desempleo

   (2) déficit de energía

   (3) deudas crecientes

   (4) conflictos en Medio Oriente

   (5) todo lo anterior

Ve a la siguiente página ⟹

Las preguntas *34 a 37 se refieren al siguiente párrafo extraído de* CliffsQuickReview U.S. History I *de P. Soifer y A. Hoffman (Wiley).*

La Producción Agropecuaria y la Caída de Precios

La creación de nuevos terrenos de cultivo y el uso generalizado de maquinaria condujo a un enorme incremento de la producción agropecuaria. El cultivo de trigo, uno de los principales productos de exportación, registró un crecimiento de 170 millones de fanegas hacia el final de la Guerra Civil a más de 700 millones de fanegas hacia el final del siglo. La sobreproducción en Estados Unidos y el incremento de la producción en Argentina, Australia, Canadá y Rusia bajó los precios de los productos agrícolas durante el mismo período. Desafortunadamente los productores agrícolas estadounidenses no parecían entender cómo funcionaba el mercado. Cuando los precios bajaron, se volcaron a sembrar más, lo que se agregó al excedente mundial y bajó aún más los precios.

La promesa de abundancia a través de la agricultura no llegó a materializarse para la mayoría de los colonos del Oeste. Habían tomado grandes préstamos para comprar sus tierras y maquinarias y, como los precios seguían bajando, no podían pagar sus deudas. Las ejecuciones hipotecarias y la cantidad de productores agrícolas arrendatarios aumentaron en forma constante a fines del siglo diecinueve, especialmente en la zona de las Grandes Llanuras. Los productores agropecuarios solían culpar a otros de sus dificultades: los ferrocarriles por cobrar tarifas de transporte exorbitantes, el gobierno federal por llevar un control estricto del suministro de dinero al adherirse al estándar del oro, y a los intermediarios tales como operadores de silos, por no pagar el valor completo de las cosechas. Aunque organizaciones tales como los Patrons of Husbandry, o los Grange, (que se fundaron en 1867 y crecieron rápidamente hasta tener más de millón de miembros) paliaron algunas de las quejas, el descontento entre los productores agropecuarios continuó creciendo a fines del siglo diecinueve.

34. ¿Qué efecto provocó la incorporación de nuevas tierras y el uso de maquinaria en la producción agropecuaria?

    (1) la redujo

    (2) la expandió

    (3) la fomentó

    (4) la desalentó

    (5) la destruyó

35. ¿Qué impacto tuvieron estos cambios en el mercado?

    (1) elevó los precios

    (2) causó subproducción

    (3) redujo la protección

    (4) bajó los precios

    (5) creó un déficit

36. ¿Cómo reaccionaron inicialmente los productores agrícolas estadounidenses ante la caída de precios?

    (1) Sembraron más cereales.

    (2) Vendieron sus tierras.

    (3) Tuvieron familias más numerosas.

    (4) Se endeudaron más.

    (5) Perdieron sus fincas.

37. ¿Cuál era el objetivo de los Grange?

    (1) inventar nuevas maquinarias

    (2) aumentar la cosecha

    (3) comprar y vender tierras de cultivo

    (4) cobrar tarifas de transporte exorbitantes

    (5) Ayudar a los productores agropecuarios a resolver sus disputas con otros

Ve a la siguiente página

Las preguntas 38 a 42 se refieren a la siguiente línea de tiempo.

Línea de Tiempo de los Eventos Más Importantes en la Historia de los EE.UU.
1900: Estados Unidos adopta el estándar oro para su moneda.

1914: Comienza la Primera Guerra Mundial.

1918: Termina la Primera Guerra Mundial.

1929: Crisis bursátil, comienza la Gran Depresión.

1933: Se prohíben las exportaciones de oro, se establece el precio diario; se ordena a los ciudadanos estadounidenses entregar todo el oro.

1934: El precio del oro se fija en $35 dólares por onza troy.

1939: Comienza la Segunda Guerra Mundial.

1945: Termina la Segunda Guerra Mundial.

1950: Comienza el conflicto bélico con Corea.

1953: Termina el conflicto bélico con Corea.

1965: Comienza la Guerra de Vietnam.

1973: Termina la Guerra de Vietnam. Se permite el tipo de cambio flotante para el oro; la moneda de Estados Unidos se aparta del estándar oro.

1974: Los ciudadanos estadounidenses pueden tener oro nuevamente.

1979: La Unión Soviética invade Afganistán. Rehenes estadounidenses son capturados en Irán.

1980: El precio del oro alcanza un pico histórico.

1987: Crisis bursátil.

1989: Cae el Muro de Berlín.

1990: Comienza la Guerra del Golfo.

1991: Termina la Guerra del Golfo.

2001: Ataques terroristas en Estados Unidos.

2002: Invasión de Afganistán e Irak.

2008: Estados Unidos elige al primer presidente afroamericano.

2009: Estados Unidos entra en recesión.

Ve a la siguiente página →

38. ¿En qué basaba Estados Unidos el valor de su moneda en el año 1900?

    (1) mercado de valores

    (2) valor del oro

    (3) valor de la plata

    (4) excedente comercial

    (5) tasas de interés

39. ¿Qué provocó la Gran Depresión de 1929?

    (1) el precio del oro

    (2) una moneda débil

    (3) la crisis bursátil

    (4) la Primera Guerra Mundial

    (5) el presidente Roosevelt

40. ¿Qué significa "se ordena a los ciudadanos estadounidenses entregar todo el oro"?

    (1) Los ciudadanos devolvieron el oro.

    (2) Los ciudadanos pudieron conservar su oro.

    (3) Los ciudadanos debían informar al gobierno sobre el oro que poseían.

    (4) Los ciudadanos podían comprar oro entre ellos para obtener una ganancia.

    (5) Los ciudadanos debían llevar todo su oro a oficinas gubernamentales.

41. ¿Cuándo se retiró la moneda estadounidense del estándar oro?

    (1) 1934

    (2) 1945

    (3) 1969

    (4) 1973

    (5) 1974

42. Según lo que observas en la línea temporal, ¿qué fue lo que posiblemente provocó que el precio del oro llegara a un pico histórico?

    (1) Se permitió a los ciudadanos comprar lingotes.

    (2) Se vendieron acciones en oro.

    (3) La Unión Soviética invadió Afganistán.

    (4) El mercado de valores colapsó.

    (5) Comenzó la Guerra del Golfo.

Ve a la siguiente página ⟹

Las preguntas 43 a 46 se refieren al siguiente bloque informativo.

Noticias Ecológicas del Mundo

Buenas tardes y bienvenidos a Noticias Ecológicas del Mundo.

Nuestras noticias de hoy: ciclones en Corea, huracán cerca de México, inundación en Europa e India, erupciones volcánicas en Nueva Guinea, sequía en Australia, tornados en Estados Unidos, granizo en Italia, terremoto en Irán y langostas en Dinamarca.

Ahora, veamos nuestras noticias destacadas.

Sequía en Australia: Los campos de trigo al oeste de Canberra, Nueva Gales del Sur, corren grave peligro hoy debido a la continua sequía. En la próxima semana es posible que los productores agrícolas deban descartar la cosecha de este año, y esto probablemente signifique un colapso financiero para muchos. Se agrega a sus pesares el hecho de que cientos de miles de ovejas debieron venderse porque no había suficiente agua para que bebieran.

Langostas en Dinamarca: El clima inusualmente cálido para esta época del año en Dinamarca terminó atrayendo a la terrible langosta. La langosta, que normalmente habita en las costas del Mediterráneo, aparece lejos de su hábitat normal. Este hallazgo en el sudoeste de Dinamarca causa preocupación, ya que hace más de 50 años que no se veían langostas en Dinamarca.

Huracán cerca de México: El huracán Herman está perdiendo fuerza en la costa mexicana del Pacífico. El país respira aliviado ahora que el huracán empieza a disiparse.

Para los bebedores de vino: Y como última nota para ustedes, los bebedores de vino: El violento granizo que recientemente azotó Italia arruinará la cosecha de uvas. Esto significa una menor producción de vino y, en consecuencia, precios más altos.

Habrá más información mientras las fuerzas de la naturaleza sigan rebelándose. Vuelva a sintonizarnos para más Noticias Ecológicas del Mundo.

43. ¿En qué océano se produjo la tormenta tropical llamada huracán Herman?

   (1) Pacífico
   (2) Ártico
   (3) Atlántico
   (4) Índico
   (5) Antártico

44. Según el informativo, ¿dónde la sequía extrema está produciendo la mayor pérdida en la cosecha de trigo?

   (1) India
   (2) China
   (3) Arabia Saudita
   (4) Valle de la Muerte
   (5) Australia

45. ¿Por qué se encontraron langostas en Dinamarca?

   (1) clima inusualmente cálido para la temporada
   (2) vientos predominantes
   (3) barcos extranjeros
   (4) pájaros salvajes
   (5) clima mediterráneo

46. ¿Cuál será el impacto del granizo en Italia?

   (1) aceite de oliva a menor precio
   (2) inundaciones devastadoras
   (3) autos dañados
   (4) vinos a mayor precio
   (5) mayor cobertura de seguros

Ve a la siguiente página

Las preguntas 47 a 50 se refieren a la siguiente viñeta política.

47. ¿Qué ocurre si sube el precio del petróleo?

(1) Disminuye la venta de vehículos utilitarios deportivos.

(2) La gente deja de viajar.

(3) Las petroleras obtienen menos ganancias.

(4) Cierran las gasolineras.

(5) Sube el precio de la gasolina.

48. ¿De qué manera un alza en el precio del petróleo afecta el costo de vida?

(1) No surte ningún efecto.

(2) Sube el costo de vida.

(3) En realidad no importa.

(4) Obliga a los países ricos a pagar más.

(5) Protege a las petroleras.

49. ¿Qué adjetivo describe mejor a los personajes de la viñeta?

(1) presumidos

(2) arrogantes

(3) derrochadores

(4) cuidadosos

(5) enojados

50. ¿Qué frase no describe el vehículo ni a sus ocupantes?

(1) creador de contaminación

(2) guerrero del camino

(3) ahorrador de energía

(4) devorador de gasolina

(5) monster truck (camioneta monstruo)

ALTO NO DES VUELTA LA PÁGINA HASTA QUE SE TE INDIQUE QUE LO HAGAS. NO REGRESES A UN EXAMEN ANTERIOR.

Capítulo 13

Respuestas y Explicaciones para el Examen de Estudios Sociales

....

Después de tomar el examen de estudios sociales del Capítulo 12, usa este capítulo para revisar tus respuestas. Tómate tu tiempo mientras ves las explicaciones de las respuestas que damos en la primera sección. Pueden ayudarte a entender por qué te equivocaste en algunas respuestas. Quizás quieras leer las explicaciones de las preguntas que respondiste correctamente, porque al hacerlo puedes tener una mejor idea del razonamiento que te ayudó a elegir las respuestas correctas.

Si tienes poco tiempo, ve al final del capítulo para ver la clave de respuestas abreviada.

Análisis de las Respuestas

1. **5.** Inglaterra, África y las Antillas comerciaban productos. Las Antillas comerciaban melaza, azúcar y esclavos con Inglaterra a cambio de alimentos y madera. Inglaterra (a través de las colonias de Nueva Inglaterra) convertía la melaza y azúcar en ron y la comerciaba con África a cambio de esclavos.

2. **3.** El ron servía para comprar esclavos que trabajaban en las colonias. Las otras opciones de respuesta (fincas coloniales, aserraderos, melaza y azúcar y productos manufacturados) eran formas de comercio pero no se aplicaban al ron.

3. **1.** Los barcos se construían en las colonias para incrementar el comercio en el Atlántico. Coser velas, tiendas navales, madera y otros oficios eran productos de las colonias impulsados por la industria naviera, pero los barcos eran la principal razón por la que las colonias eran importantes para el comercio en el Atlántico. Las otras opciones son secundarias.

4. **4.** Las colonias proveían la materia prima para las industrias de manufactura británicas. Según el párrafo, "La teoría mercantil fomentaba que los colonos proveyeran materias primas para la economía industrializada de Inglaterra. . ."

5. **3.** La exportación de sombreros (un producto manufacturado) de las colonias se prohibió porque amenazaba la fabricación británica. El carbón, el hierro crudo, la madera y el algodón eran materias primas que no amenazaban la producción inglesa.

6. **2.** Según el primer párrafo del texto, el Rey desatendía las colonias de varias maneras. Entre las formas que figuran aquí, solamente el no sancionar leyes (que pudieran reivindicar sus reclamos) es la opción correcta. Aunque las otras opciones aluden a reclamos, los mismos no pueden reivindicarse hasta no sancionar las leyes correspondientes.

7. **4.** Según el tercer párrafo del texto, los cuerpos legislativos se veían forzados a cumplir con las órdenes del rey (". . . con el único fin de molestarlos hasta obligarlos a convenir con sus medidas. . .").

8. **1.** Según el cuarto párrafo del texto, cuando el Rey disolvió las cámaras de representantes amenazó los derechos del pueblo.

9. **5.** El sexto párrafo del texto establece que "se ha esforzado en estorbar los progresos de la población en estos estados". En otras palabras, ha desalentado a los recién llegados a que se asienten en las colonias.

10. **3.** El séptimo párrafo del texto establece que el Rey no dio su aprobación a las leyes que habrían creado un sistema judicial local.

11. **2.** El Rey se aseguró de que el ejército fuera independiente de los colonos (último párrafo). Esta independencia significaba que los colonos no tenían ninguna autoridad respecto de cuándo contratar o despedir soldados, cuán grande podía ser el ejército o quiénes eran los oficiales. Sólo el Rey podía tomar esas decisiones.

12. **3.** Canadá era un objetivo militar para Estados Unidos porque era una posesión británica con una población pequeña (lee la primera oración del texto).

13. **1.** El primer párrafo establece que los nativos americanos eran leales a los británicos en la guerra.

14. **5.** Hull se rindió porque los Shawnee cortaron sus líneas de suministro (consulta el segundo párrafo del texto).

15. **3.** La batalla de Queenston Heights fue una derrota para Estados Unidos. Representó una vergüenza, no una victoria. Una negativa para marchar y mucho sufrimiento también son respuestas incorrectas. Es imposible considerar que una batalla pueda ser una propuesta, así que esa opción de respuesta también es incorrecta.

16. **5.** Aunque puedes saber que las Cataratas del Niágara evitaron que la Marina Real navegara del Río St. Lawerence al Lago Erie, el párrafo no señala este factor. Por esta razón, la mejor respuesta es "no hay suficiente información para saberlo".

17. **3.** La última oración del texto establece que la Guerra de 1812 terminó en un punto muerto y ningún bando salió victorioso. La muerte de Tecumseh también fue un resultado, pero no fue el resultado *en su totalidad* de la guerra, por lo que el punto muerto es la mejor respuesta.

18. **3.** Como se menciona en las dos primeras oraciones del texto, los problemas de mayor importancia en la Guerra Civil eran la libertad y la igualdad. Felicidad y amistad, seguridad y protección, riqueza y codicia, y paz y prosperidad no son las mejores respuestas.

19. **4.** Sabes al leer el texto que el Presidente Lincoln pronunció el discurso en el campo de batalla de Gettysburg. Este hecho descarta cualquier otra opción, salvo "en un campo de batalla" y "en la radio" (pudo haber grabado su discurso y el mismo podría haber sido transmitido por radio al campo de batalla). Sin embargo, Lincoln dio este discurso en 1863, y la radio todavía no se había inventado.

20. **5.** Lincoln estaba diciendo que el mundo recordaría a los soldados que murieron, pero no recordaría su discurso. (Estaba equivocado, porque el Discurso de Gettysburg es uno de los discursos más famosos de la historia estadounidense.)

21. **1.** Parte del campo de batalla iba a convertirse en un cementerio para los caídos. Campo de atletismo, pastura para ganado, paseo de compras y agricultura no son opciones de respuesta relevantes.

22. **5.** El terreno fue santificado por aquellos que combatieron allí. Lincoln no creía que las personas que participaron en la dedicación al campo de batalla pudieran convertirlo en terreno sagrado o importante, solamente quienes combatieron en el campo de batalla pudieron hacerlo.

23. **3.** La palabra "años" sigue a "ocho décadas y siete", así que puedes suponer que la frase se relaciona con el tiempo. (A propósito, una década son 10 años, así que ocho décadas y siete años son 87 años.)

24. **4.** El archiduque Ferdinand fue asesinado por un nacionalista serbio, así que la respuesta correcta es Serbia. Gran Bretaña, Francia, Rusia y Alemania son respuestas incorrectas.

25. **2.** Austria reclamó una indemnización en respuesta al asesinato. Esta respuesta proviene directamente del texto.

26. **3.** Alemania y Francia no fueron aliadas en la guerra. Aunque la lista de aliados es bastante confusa, el texto resume quién estaba en cada bando.

27. **1.** Sabes que Gran Bretaña entró en la guerra cuando Alemania invadió Bélgica por la oración "Gran Bretaña entró en la guerra el 4 de agosto, después de que Alemania invadiera Bélgica, que se mantenía neutral".

28. **3.** Alemania no formaba parte de los Aliados. A mitad del texto se encuentra una lista de los Poderes Centrales (en un bando de la guerra) y los Poderes Aliados (del otro bando).

29. **5.** Italia se unió a los Aliados por el Tratado de Londres. La política de Puertas Abiertas intensificó las tensiones, las demandas territoriales y la influencia japonesa en expansión pueden haber influido, pero según el texto no son las mejores respuestas.

30. **2.** En la viñeta Barack Obama es retratado frente a una pizarra en un salón de clases. La mayoría de los estudiantes se ven receptivos ante su rol como maestro motivador. Las otras opciones (comediante, disciplinario, modelo y vendedor) no encajan con la viñeta.

31. **5.** La mayoría de los jóvenes se muestra *con ansias de aprender*, excepto por uno en la parte de atrás que está tratando de señalar un punto importante. En general, no se los ilustra como aburridos, molestos, perezosos o distraídos.

32. **1.** Cada estudiante de la tira cómica representa un problema distinto al que se enfrenta Estados Unidos, así que la respuesta correcta es la Opción (1). Las otras respuestas no contestan específicamente la pregunta.

33. **5.** *Todo lo anterior* es la única respuesta correcta porque cada uno de los estudiantes representa uno de los problemas que enfrenta Estados Unidos.

34. **2.** Las nuevas tierras y el uso de maquinaria han expandido la producción agropecuaria. La primera oración del texto te lo indica.

35. **4.** Una mayor producción bajó los precios. El alza de precios, la sub-producción y la creación de un déficit son lo contrario a lo que dice el texto. La opción "redujo la protección" no tiene sentido; no tiene nada que ver con el texto.

36. **1.** Los productores agrícolas respondieron a la baja de precios sembrando más cereales. Aunque esta respuesta puede ir en contra de tu instinto, que sería decir que vendieron sus tierras, contrajeron más deudas o perdieron sus tierras, el texto claramente establece que sembraron más cereales. La palabra *inicialmente* de la pregunta es importante.

37. **5.** La frase *paliaron algunas de las quejas* se utiliza para describir a los Grange. *Paliar* se refiere a "resolver" y *quejas* se refiere a "reclamos" o "disputas".

38. **2.** La línea de tiempo indica que en 1900 se adoptó el estándar oro para la moneda de EE.UU.

39. **3.** La Gran Depresión fue la causa de la crisis bursátil. Las otras respuestas (precio del oro, moneda débil, Primera Guerra Mundial y Presidente Roosevelt) pueden haber influido o no en la crisis, pero no fueron la causa.

40. **5.** Los ciudadanos debían llevar todo su oro a las oficinas gubernamentales y no conservar nada en sus casas. La línea de tiempo y el gráfico no te indican por qué debían hacerlo, sólo que lo hicieron. *Entregar* es la palabra clave aquí.

41. **4.** La moneda de EE.UU. se retiró del estándar oro en 1973, no en las otras fechas mencionadas.

42. **3.** La mejor respuesta es que el oro alcanzó su pico histórico cuando los soviéticos invadieron Afganistán. Tienes que leer la línea temporal para poder responder esta pregunta.

43. **1.** Según el informativo, el huracán Herman está ubicado cerca de la costa mexicana del Pacífico.

44. **5.** Las condiciones de extrema sequía de Australia se deben a una falta de lluvias.

45. **1.** Debido a un clima cálido inusual para la época del año, se encontraron langostas en Dinamarca. Las langostas se ven atraídas hacia los climas cálidos, y en este caso abandonaron el cálido Mediterráneo por la generalmente fría Dinamarca.

46. **4.** El granizo arruinará muchas de las uvas de los viñedos cuando caigan las tormentas, lo que da como resultado una cosecha reducida de uvas y precios más altos para el vino en Italia. Un principio de la economía es la ley de oferta y demanda: Cuanto menos oferta de algo tengas, mayor será su demanda, así que podrás cobrar más por ello. Cuando algo tiene poca oferta, el precio suele subir.

47. **5.** Si suben los precios del petróleo, suben los precios de la gasolina. Esta respuesta es la más apropiada, según la ilustración. Aunque puedes adivinar que las ventas de vehículos utilitarios deportivos bajarán y que la gente viajará menos como resultado de un precio más alto para el petróleo, no tienes evidencia de ninguno de esos resultados en la tira cómica.

48. **2.** Como el petróleo se utiliza para abastecer vehículos y algunos hogares, si sube el precio del petróleo, el costo de vida (que incluye pagar gasolina y calefaccionar hogares) también subirá.

49. **3.** Los personajes de la tira cómica están dispuestos a derrochar gasolina para conducir su vehículo. Cuando malgastas la gasolina no solamente pierdes dinero, sino que también malgastas los recursos naturales y la energía que se usó para obtener el petróleo del suelo y convertirlo en gasolina.

50. **3.** Un vehículo utilitario deportivo no ahorra energía. Ese es el punto que se ilustra en la tira cómica.

Clave de Respuestas

1. **5**	12. **3**	23. **3**
2. **3**	13. **1**	24. **4**
3. **1**	14. **5**	25. **2**
4. **4**	15. **3**	26. **3**
5. **3**	16. **5**	27. **1**
6. **2**	17. **3**	28. **3**
7. **4**	18. **3**	29. **5**
8. **1**	19. **4**	30. **2**
9. **5**	20. **5**	31. **5**
10. **3**	21. **1**	32. **1**
11. **2**	22. **5**	33. **5**

34. **2**	40. **5**	46. **4**
35. **4**	41. **4**	47. **5**
36. **1**	42. **3**	48. **2**
37. **5**	43. **1**	49. **3**
38. **2**	44. **5**	50. **3**
39. **3**	45. **1**	

Parte IV

Investigar al Espécimen: El Examen de Ciencias

En esta parte . . .

¿**E**n qué se diferencia el examen de ciencias del resto de los exámenes GED y qué necesitas saber para aprobarlo? El secreto está en esta parte, que te explica todo lo que necesitas saber para el examen de ciencias y cómo prepararlo. También te mostramos cómo está organizado el examen y te ofrecemos algunas estrategias para aplicar y rendir mejor.

Como en las otras partes dedicadas a exámenes específicos, te ofrecemos dos exámenes de práctica para que pongas a prueba tus habilidades. Podrás ver cómo te fue en esos exámenes analizando las respuestas y explicaciones — no dejes de felicitarte cuando respondiste correctamente y entender qué salió mal cuando te equivocaste en la respuesta. Te recomendamos tomar esos exámenes después de haber estudiado y repasado tus conocimientos y vocabulario científico. Dominar esta serie de exámenes de práctica indicará que estás listo para tomar los verdaderos exámenes GED. Si no te va tan bien como esperabas es porque necesitas prepararte un poco más antes de enfrentar el auténtico examen.

Capítulo 14

De Cerdos Hormigueros a Átomos: Haciendo Frente al Examen de Ciencias

En Este Capítulo

▶ Repasar las habilidades necesarias para aprobar el Examen de Ciencias

▶ Familiarizarse con el formato del examen

▶ Determinar la mejor forma de resolver los distintos tipos de pregunta

▶ Administrar tu tiempo sabiamente

▶ Lograr un manejo efectivo de estrategias de preparación y analizar problemas modelo

*E*l examen de ciencias comparte algunas de las características de los otros exámenes; sin embargo existen algunas diferencias. Si bien las preguntas son de opción múltiple (al igual que en otros exámenes), están basadas en fragmentos de textos científicos o materiales visuales, incluyendo diagramas, gráficos, mapas y tablas. Para aprobar el examen de ciencias se espera que tengas un conocimiento aceptable del vocabulario científico, y una de las mejores formas de mejorarlo es leer material científico y buscar las palabras que no conoces en el diccionario. Quédate tranquilo, no se espera que sepas la diferencia entre términos como fisión y fusión; pero estar un poco familiarizado con estos términos te ayudará en el examen.

El examen de ciencias abarca desde las ciencias biológicas, a las ciencias físicas (química y física), y las ciencias de la tierra y el espacio. No tengas miedo — no necesitas memorizar textos sobre estas asignaturas. Simplemente debes ser capaz de leer y comprender el material para responder correctamente las preguntas. La parte más difícil de este examen es entender el vocabulario científico; para ayudarte, te ofrecemos más de una oportunidad para mejorar tu vocabulario científico a medida que avanzas en el capítulo. En este capítulo, también te ayudamos a familiarizarte con el formato del examen de ciencias. Disipamos las nubes de dudas acerca de los distintos tipos de pregunta que pueden aparecer en el examen. Finalmente, intentamos mantenerte alerta ante lo que podría considerarse el material más árido de los exámenes GED. Después de que hayas comprendido el vocabulario de este examen, junto con su formato básico y áreas temáticas, intenta resolver los exámenes de práctica de los Capítulos 15 y 17.

Habilidades que Abarca el Examen de Ciencias

El examen de ciencias no evalúa tu conocimiento científico y no se espera que memorices información científica para aprobar este examen. En cambio, este examen evalúa tu habilidad para descubrir información presentada en fragmentos de texto o materiales visuales.

Si no tienes ninguna idea de las ciencias y su vocabulario, probablemente tengas problemas con las preguntas de este examen. Se espera que tengas un conocimiento básico acerca de cómo funciona el mundo físico, cómo viven las plantas y animales y cómo opera el universo. Este material evalúa las ideas que observas y desarrollas a lo largo de tu vida, tanto en el ámbito académico como fuera de él. Probablemente sepas algo sobre la tracción, y tal vez adquiriste ese conocimiento al conducir o caminar sobre superficies resbaladizas. Por otro lado, puedes no saber mucho sobre el equilibrio, más allá de lo que hayas leído en la escuela.

A medida que resuelves el examen de ciencias, se espera que comprendas que las ciencias están directamente relacionadas con la investigación. De hecho, la investigación forma la base del *método científico* — que consiste en el proceso que todo buen científico sigue al enfrentarse con lo desconocido. Los pasos del método científico son

1. **Hacer preguntas.**

2. **Recopilar información.**

3. **Hacer experimentos.**

4. **Analizar los resultados en forma objetiva.**

5. **Buscar otras explicaciones posibles.**

6. **Sacar una o más conclusiones posibles.**

7. **Poner a prueba las conclusiones.**

8. **Contarle a otros lo que has descubierto.**

Piensa en tu preparación para el examen de ciencias como un problema científico. La pregunta que estás intentando responder es: "¿Cómo puedo aumentar mis conocimientos científicos?". Sigue el método científico para encontrar un procedimiento que resuelva el problema. ¡Con suerte, tu solución incluye leer, leer y leer más! Una gran herramienta en este proceso es un libro de ciencias de la escuela secundaria, como también un libro de preparación para los exámenes GED o un curso que enseñe los principios básicos del programa de ciencias de la escuela secundaria. (Ve a tu biblioteca local para encontrar un ejemplar de uno de estos libros y consulta con tu consejo escolar local sobre los cursos básicos de ciencias que se dictan en tu área de residencia.)

Comprender el Formato del Examen

El Examen de Ciencias consiste en 50 preguntas de opción múltiple, que debes responder en 80 minutos. Al igual que con los otros exámenes, la información y las preguntas en el examen de ciencias son directas, no hay preguntas capciosas — nadie está intentando engañarte. Para responder las preguntas, debes leer e interpretar los fragmentos u otro material visual provisto con las preguntas (y necesitas tener una comprensión básica de las ciencias y de las palabras que utilizan los científicos al comunicarse).

En términos de formato, las 50 preguntas están agrupadas en conjuntos. Todas las preguntas de un conjunto en particular se refieren a un fragmento, un cuadro, un diagrama, un gráfico, un mapa o una tabla determinada. Tu tarea es leer o analizar el material y elegir la mejor respuesta para cada pregunta en función del material dado.

En relación a los temas, las preguntas en el examen de ciencias evalúan tus conocimientos en las siguientes áreas:

✔ **Ciencias Físicas (35 por ciento; 17 o 18 preguntas):** *Las Ciencias físicas* comprenden el estudio de los átomos, las reacciones químicas, las fuerzas y lo que sucede cuando se unen la energía y la materia. Como repaso básico, ten en cuenta lo siguiente:

- Todo está compuesto por átomos. (El papel en el que está impreso este libro está compuesto por átomos, por ejemplo.)

- Cuando se juntan agentes químicos, se produce una reacción — a menos que sean *inertes* (lo que significa que no reaccionan ante otros químicos; los químicos inertes son una especie de químicos antisociales).

- Estás rodeado de fuerzas y sus efectos. (Si el piso no ejerciera una fuerza sobre ti, entonces al pisarlo atravesarías el piso.)

Para obtener más información sobre las ciencias físicas (que incluyen la química y física básica), lee y estudia un libro de ciencias básico. Puedes pedir uno prestado en tu biblioteca local (o en tu escuela secundaria local, si llamas a la oficina con anticipación y consultas si la escuela tiene libros adicionales). También puedes encontrar uno en Internet. Al leer este material, puede que necesites definiciones de algunas palabras o términos para comprender mejor los conceptos. Usa un buen diccionario o Internet para encontrar estas definiciones. (Si utilizas Internet, ingresa cualquiera de los temas en un motor de búsqueda y agrega "definición" a continuación. No podrás creer la cantidad de resultados que aparecerán, pero no malgastes tu tiempo leyéndolos todos.)

✔ **Ciencias biológicas (45 por ciento; 22 o 23 preguntas):** *Las Ciencias biológicas* comprenden el estudio de las células, la herencia, la evolución y otros procesos que rigen a los organismos vivos. Toda vida está compuesta de *células,* que puedes ver a través de un microscopio. Si no tienes acceso a un microscopio y un juego de diapositivas con células, puedes encontrar fotografías de células en la mayoría de los libros relacionados con la biología y en Internet. Cuando alguien te dice que te pareces a tus padres o que le recuerdas a otro familiar, están hablando de la *herencia.* Leer un poco sobre la herencia en libros de biología puede ayudarte a responder algunas de las preguntas del examen de ciencias.

Consulta un libro de texto de biología para estudiar esta sección del examen. (Obtén un ejemplar de uno de estos libros en tu biblioteca o escuela secundaria local.)

✔ **Ciencias de la tierra y del espacio (20 por ciento; 10 preguntas):** Esta área de la ciencia estudia la tierra y el universo, específicamente el clima, la astronomía, la geología, las rocas, la erosión y el agua.

Cuando observas el suelo al caminar, estás interactuando con las ciencias de la tierra. Cuando miras las estrellas en una noche clara y te preguntas qué hay realmente allí arriba, estás pensando en las ciencias de la tierra. Cuando te quejas del clima, estás quejándote de las ciencias de la tierra. En pocas palabras, estás rodeado por las ciencias de la tierra, así que no te será difícil encontrar material de lectura sobre este tema.

No necesitas memorizar todo lo que leas acerca de las ciencias antes de rendir el examen. Todas las respuestas a las preguntas del examen se basan en información provista por el fragmento o en los conocimientos científicos básicos que has adquirido a lo largo de los años. Cualquier texto científico que leas antes del examen no sólo te ayudará a aumentar tus conocimientos generales sino que también mejorará tu vocabulario. Un mejor vocabulario científico aumenta tus posibilidades de poder leer los fragmentos y responder las preguntas relacionadas con mayor rapidez.

El examen de ciencias utiliza las normas sobre contenidos incluidas en las "National Science Education Standards" (NSES, por sus siglas en inglés) [Normas Nacionales de Educación Científica], basadas en los contenidos desarrollados por educadores de materias científicas de todo el país.

Identificar los Tipos de Pregunta y Saber Cómo Resolverlas

Al igual que el examen de estudios sociales, el examen de ciencias contiene dos tipos principales de pregunta — preguntas acerca de fragmentos de texto y preguntas acerca de materiales visuales (consulta el Capítulo 9 para obtener detalles sobre el examen de estudios sociales). Una comprensión básica de estos dos tipos de pregunta te ayudará a evitar sorpresas al momento de tomar el examen. En general, puedes prepararte para estas preguntas de forma similar a como te preparaste para el examen de estudios sociales. Las siguientes secciones analizan los dos tipos de pregunta que puedes encontrar y te ofrecen consejo para responderlas.

Al igual que con los otros exámenes GED, asegúrate de leer cada palabra y símbolo que aparece en el examen de ciencias, incluyendo cada cuadro, diagrama, gráfico, mapa, tabla, fragmento y pregunta. Información — tanto relevante como irrelevante — hay en todo el examen, el asunto es saber detectar lo que necesitas para responder las preguntas rápida y correctamente. No omitas algo porque no parece importante a primera vista. (Consulta la sección "Análisis de Estrategias de Preparación que Funcionan" para más consejos sobre cómo resolver problemas que puedan surgir en este examen.)

Preguntas sobre fragmentos

El primer tipo de pregunta en el examen de ciencias se basa en fragmentos que debes leer y comprender. Los textos escritos en este examen — y las preguntas que los acompañan — son muy similares a los que aparecen en un examen de lecto-comprensión: Se presenta material textual, y debes responder preguntas basadas en él. Los fragmentos incluyen toda la información que necesitas para responder las preguntas, pero debes entender todas las palabras para descubrir qué te están diciendo (por eso te recomendamos leer toda la información científica que puedas antes de rendir el examen).

La diferencia entre este examen y otros exámenes de lecto-comprensión es que la terminología y los ejemplos se relacionan con la ciencia. Por lo tanto, cuanto más leas sobre ciencia, más palabras científicas conocerás, entenderás y te sentirás cómodo al verlas, y como puedes imaginar, esto mejorará significativamente tus posibilidades de aprobar el examen.

Ten en cuenta los siguientes trucos y consejos al responder preguntas basadas en fragmentos de texto:

✔ **Lee atentamente cada fragmento y pregunta.** Algunas preguntas en el examen de ciencias suponen que tienes un conocimiento básico sobre el tema como producto de tu experiencia. Por ejemplo, puede esperarse que sepas que un cohete es impulsado por un motor de propulsión a reacción. (Por otro lado, no necesitas saber la definición de *fisión nuclear* – ¡gracias a Dios!)

Independientemente de si una pregunta asume cierto conocimiento científico básico o si busca una respuesta que aparece directamente en el fragmento, debes leer atentamente cada fragmento y pregunta correspondiente. A medida que leas, haz lo siguiente:

• Intenta comprender el fragmento, y piensa en lo que ya sabes sobre el tema.

• Si un fragmento sólo tiene una pregunta, lee esa pregunta con especial atención.

• Si el fragmento o pregunta contienen palabras que no comprendes, intenta descifrar su significado a partir del resto de la oración o del fragmento completo.

✔ **Lee atentamente cada opción de respuesta.** Así podrás determinar con mayor precisión cuáles son tus opciones. Si seleccionas una respuesta sin leer todas las opciones de respuesta, puedes acabar eligiendo la opción incorrecta porque si bien esa opción puede parecer correcta en un principio, tal vez haya otra respuesta más acertada. Al leer las opciones de respuesta, haz lo siguiente:

- Si una respuesta es correcta de acuerdo con tu lectura y experiencia, selecciónala.

- Si no estás seguro de cuál es la respuesta correcta, elimina las respuestas que sabes que son incorrectas y luego elimina las que pueden ser incorrectas.

- Si puedes eliminar todas las respuestas excepto una, probablemente ésa sea la correcta, por lo tanto, márcala.

Pon en práctica estos consejos en los fragmentos y preguntas modelo de la sección "Práctica con Problemas Modelo".

Preguntas acerca de materiales visuales

El otro tipo de pregunta que aparece en el examen de ciencias es la pregunta basada en materiales visuales. *Los materiales visuales* son imágenes que contienen información necesaria para responder las preguntas correspondientes, y que pueden aparecer en forma de tablas, gráficos, diagramas o mapas. Comprender la información presentada en materiales visuales requiere más práctica que entender fragmentos de texto, porque muchas personas no están acostumbradas a obtener información a partir de imágenes en lugar de textos. Esta sección (y los exámenes de práctica de los Capítulos 15 y 17) puede brindarte la práctica que necesitas para responder bien todas las preguntas del examen de ciencias — incluyendo las basadas en imágenes.

Las siguientes secciones analizan con más detalle los distintos materiales visuales — tablas, gráficos, diagramas y mapas — a los que pueden referirse las preguntas del examen de ciencias.

Tablas

Una *tabla* es un método gráfico de organizar información (consulta la Figura 14-1). Este tipo de material visual facilita la comparación entre dos o más conjuntos de datos. Algunas tablas usan símbolos para representar información, otras palabras.

Asignaturas de Ciencias y Tiempo de Aprendizaje

Asignatura	Tiemp de Preparación (Horas)	Calificación Promedio
Ciencias de la tierra	10.8	A-
Biología	17.6	B+
Química	17.5	B
Física	25.2	B-

Figura 14-1: Tabla.

La mayoría de las tablas incluyen títulos que indican de qué se tratan. Siempre lee los títulos primero para reconocer de inmediato el tipo de información incluida en la tabla. Si una tabla brinda una explicación (o *clave*) de los símbolos, lee también la explicación atentamente, esto te ayudará a entender cómo leer la tabla.

Gráficos

Un *gráfico* es una imagen que muestra la relación entre distintos grupos de números. En el examen de ciencias, puedes encontrar los siguientes tres tipos principales de gráficos que se muestran en la Figura 14-2:

🖛 **Gráficos de barras o de columnas:** Utilizan barras (horizontales) o columnas (verticales) para presentar y frecuentemente comparar información.

🖛 **Gráficos lineales:** Utilizan una o más líneas para conectar puntos trazados en una cuadrícula a fin de mostrar relaciones entre datos, incluyendo cambios que se producen a lo largo del tiempo.

🖛 **Gráficos circulares (también llamados gráficos de tarta o de sectores):** Utilizan arcos de círculos (porciones de una tarta) para mostrar cómo se relacionan los datos con todo el conjunto.

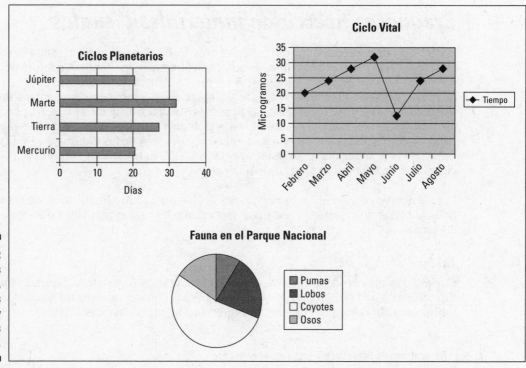

Figura 14-2:
Gráficos
de barras,
gráficos
lineales y
gráficos
circulares.

Los tres tipos de gráficos comparten por lo general las siguientes características:

🖛 **Título:** El título indica de qué se trata el gráfico, por lo tanto siempre lee el título antes de analizar el gráfico.

🖛 **Eje horizontal y eje vertical:** Los gráficos de barras, de columnas y lineales tienen un eje horizontal y uno vertical. (Los gráficos circulares no los tienen.) Cada eje es una línea de referencia vertical u horizontal con un rótulo que brinda información adicional.

🖛 **Rótulo:** El rótulo en el eje de un gráfico generalmente indica unidades, como por ejemplo pies o dólares. Lee atentamente todos los rótulos de los ejes, pueden ayudarte con la respuesta o hacerte equivocar (dependiendo de si los lees correctamente).

🖛 **Leyenda:** Los gráficos circulares generalmente incluyen una *leyenda,* o material impreso que indica de qué se trata cada sección del gráfico. También pueden contener rótulos en las porciones individuales de la tarta, para que sepas lo que representa cada una.

A menudo los gráficos y las tablas se llaman *cuadros,* lo que puede resultar algo confuso. Para ayudarte a resolver problemas con gráficos, asegúrate de observar y resolver muchos gráficos antes del examen. Recuerda que muchos gráficos muestran relaciones. Si los números representados en el eje horizontal están expresados en millones de dólares y tú crees que son dólares, tu interpretación del gráfico será más que incorrecta.

Diagramas

Un *diagrama,* como el que aparece en la Figura 14-3, es un dibujo que te ayuda a comprender cómo funciona algo.

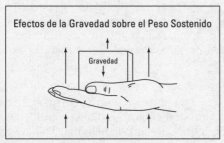

Figura 14-3:
Diagrama.

Extraído de Physical Science: What the Technology Professional Needs to Know de C. Lon Enloe, Elizabeth Garnett, Jonathan Miles y Stephen Swanson (Wiley).

Los diagramas del examen de ciencias suelen tener los dos componentes que siguen:

✔ **Título:** Te dice lo que el diagrama intenta mostrarte.

✔ **Rótulos:** Indican los nombres de las partes del diagrama.

Cuando veas una pregunta basada en un diagrama, lee primero el título para tener una idea de lo que trata. Luego lee atentamente todos los rótulos para detectar los componentes principales del diagrama. Estos dos elementos de información te ayudarán a entender el diagrama lo suficiente como para responder las preguntas basadas en él.

Mapas

Un *mapa* es un dibujo de un sector — grande o pequeño — de la Tierra u otro planeta, según la exploración espacial llevada a cabo. Como el mundo entero es demasiado grande para plasmarlo en un papel, en el examen se presenta un sector dibujado a escala.

La mayoría de los mapas presentan la siguiente información:

✔ **Título:** Indica en qué área del mundo se concentra el mapa.

✔ **Leyenda:** Brinda información general acerca de los colores, símbolos, puntos cardinales u otros gráficos utilizados en el mapa.

✔ **Rótulos:** Indican lo que representan los distintos puntos en el mapa.

✔ **Escala:** Indica lo que la distancia en el mapa representa en la vida real (por ejemplo, un mapa con una escala de 1 pulgada = 100 millas representa 500 millas en la Tierra con una distancia de 5 pulgadas en el mapa).

Si bien los mapas rara vez aparecen en textos científicos, a veces se usan, por lo que conviene al menos estar familiarizado con ellos. La mejor manera es dedicar algo de tiempo a observar mapas de carreteras y atlas mundiales, disponibles en tu biblioteca o tienda de libros local.

Análisis de Estrategias de Preparación que Funcionan

Para obtener mejores resultados del tiempo y el esfuerzo invertidos en la preparación para el examen de ciencias, sugerimos que pruebes las siguientes estrategias:

✔ **Toma exámenes de práctica.** Los capítulos 15 y 17 incluyen exámenes de práctica completos. Hazlos. Si necesitas más, considera comprar manuales de preparación adicionales que ofrezcan exámenes modelo. Toma la mayor cantidad de exámenes de práctica que puedas. Pon atención a las restricciones de tiempo y revisa tus respuestas cuando hayas terminado. Si no comprendes por qué algunas respuestas son correctas, pregúntale a un tutor, toma una clase de preparación, o busca la información en un libro o en Internet. Asegúrate de saber por qué cada una de tus respuestas es correcta o incorrecta.

✔ **Crea tu propio diccionario.** Compra un cuaderno y lleva un registro de todas las palabras nuevas (y sus definiciones) que encuentras mientras te preparas para el examen de ciencias. Asegúrate de entender toda la terminología científica que veas o escuches. Por supuesto, esto no se logra de la noche a la mañana. Tómate tu tiempo para incorporar esta terminología.

✔ **Lee todos los fragmentos que puedas.** Puede que sonemos como un disco rayado, pero leer es lo más importante para prepararse para el examen de ciencias. Después de leer un párrafo de cualquier fuente (libro de texto, artículo del periódico, novela, etc.), hazte algunas preguntas acerca de lo que has leído. También puedes pedir a amigos y familiares que te hagan preguntas sobre lo que lees.

Consulta el Capítulo 3 para más estrategias de examen que te ayuden a prepararte para rendir los exámenes GED.

Administrar Tu Tiempo para el Examen de Ciencias

Como mencionamos anteriormente en este capítulo, el examen de ciencias consta de 50 preguntas que debes responder en 80 minutos, lo que significa que tienes alrededor de 90 segundos para leer cada fragmento textual o visual y responder cada pregunta. Si un fragmento tiene más de una pregunta, tienes un poquito más de tiempo para responder esas preguntas ya que sólo debes leer el fragmento una vez.

Para administrar mejor tu tiempo, te recomendamos que consultes los Capítulos 2 y 3 que incluyen algunas estrategias de administración de tiempo útiles para todos los exámenes. Para el examen de ciencias específicamente te sugerimos concentrarte en estas dos estrategias para ahorrar tiempo:

✔ **Para las preguntas sobre fragmentos, lee primero la pregunta y luego lee por encima el material para encontrar la respuesta.** El fragmento siempre contiene la respuesta, pero tus conocimientos científicos previos y tu familiaridad con los términos científicos pueden ayudarte a comprender el material más fácil y rápidamente. Leer la pregunta primero te sirve de guía sobre lo que se te está preguntando y sobre el tema que trata el fragmento, lo que te permite reconocer qué debes buscar mientras lees.

✔ **Para las preguntas sobre materiales visuales, como por ejemplo un gráfico o una tabla, lee la pregunta primero y luego analiza el material visual.** Observa el material visual para obtener la imagen general; las preguntas generalmente no se refieren a detalles precisos.

Por regla general, responde primero las preguntas más fáciles. Después puedes volver y dedicar un poco más de tiempo a las preguntas más difíciles. Sin embargo, recuerda planificar antes y reservar unos minutos para revisar tus respuestas al final del examen.

Práctica con Problemas Modelo

Para aumentar tus chances de aprobar el examen de ciencias, querrás estar tan familiarizado como fuera posible con el material que encontrarás en el examen real. Las siguientes preguntas constituyen algunos problemas modelo para el examen de ciencias. Lee atentamente cada pregunta y encuentra la mejor respuesta según los fragmentos.

Las preguntas 1 y 2 se refieren al siguiente fragmento.

Uno de los grandes descubrimientos de las ciencias de la tierra son las piedras. Las piedras cumplen muchas funciones de utilidad en la ciencia. Pueden ser utilizadas como pisapapeles para evitar que los trabajos académicos se vuelen con el viento. Las piedras pueden ser utilizadas para mantener abiertas las puertas de los laboratorios cuando fallan los experimentos y se generan olores horribles. Pueden frotarse piedras suaves en momentos de tensión cuando precisamos de una actividad mecánica que nos ayude a soportar el resto del día.

1. De acuerdo con el fragmento, uno de los mayores descubrimientos de la ciencia

    (1) es la energía atómica

    (2) es la electricidad estática

    (3) son las piedras

    (4) son las nectarinas

    (5) es el ADN

   La respuesta correcta es la Opción (3). Las palabras clave en la pregunta son *De acuerdo con el fragmento*. Cuando veas esta frase, sabrás que debes buscar la respuesta en el fragmento. Ya que ninguna de las palabras excepto "piedras" ni remotamente se menciona, "son las piedras" tiene que ser la mejor respuesta.

2. ¿De qué manera las piedras ayudan a los científicos cuando los experimentos fallan y se generan olores horribles?

    (1) Pueden usarse para romper las ventanas.

    (2) Pueden mantener abiertas las puertas.

    (3) Pueden ser arrojadas con furia.

    (4) Pueden ser frotadas.

    (5) Sólo los científicos conocen la respuesta a esta pregunta.

   La respuesta correcta es la Opción (2). De acuerdo con el fragmento, las piedras pueden servir para mantener abiertas las puertas del laboratorio. También pueden romper ventanas y ser arrojadas con furia, pero el fragmento no menciona específicamente esto usos. El texto menciona que un uso posible de las piedras es frotarlas, pero lo hace en otro contexto.

   Las preguntas 3 a 5 se refieren al siguiente fragmento.

   El Dr.Y. Kritch era un botánico de fama internacional. Pasó su vida en busca de una flor primaveral colorida de florecimiento temprano. Primero desarrolló la flor de un labelo, pero florecía tan temprano que se congelaba de inmediato en el clima invernal. Después de muchos años de investigación, desarrolló una nueva variedad de flor llamada de tres labelos, que florecía a fines del otoño, justo después de la primera helada. Frustrado, decidió realizar una polinización cruzada de dos floraciones para desarrollar una planta que floreciera en primavera. Por medio de un proceso de polinización de promediación cruzada, pudo desarrollar una planta de muchos colores que floreciera a principios de la primavera. En honor al proceso de promediación, la llamó "twolip" (flor de dos labelos), que más tarde se cambió por tulipán.

3. ¿Por qué quería el Dr. Kritch desarrollar una nueva flor?

   (1) Estaba aburrido.

   (2) Deseaba crear algo que recibiera su nombre.

   (3) Deseaba vender las flores a los comercios.

   (4) Necesitaba un regalo para su esposa.

   (5) No hay suficiente información para saberlo.

La respuesta correcta es la Opción (5). Las primeras cuatro opciones son todas posibles, pero el fragmento no menciona ninguna de ellas. La única respuesta correcta es la (5) porque no se brinda demasiada información sobre el doctor en sí.

4. ¿Qué tenía de malo la flor de un solo labelo?

   (1) Florecía tan tarde que todo el mundo ya estaba cansado de las flores.

   (2) Nunca llegaba a florecer.

   (3) Tenía un color espantoso.

   (4) Florecía demasiado pronto.

   (5) No hay suficiente información para saberlo.

La respuesta correcta es la Opción (4). El fragmento establece que la flor de un labelo florecía tan temprano que se congelaba de inmediato en el clima invernal.

5. Según la información provista por el fragmento, ¿qué supones que hace un botánico?

   (1) estudia el proceso de promediación

   (2) estudia las plantas

   (3) se congela hasta morir

   (4) vende flores

   (5) no hay suficiente información para saberlo

La respuesta correcta es la Opción (2). El fragmento describe la forma en la que el Dr. Kritch estudió y desarrolló los tulipanes. Si bien utilizó el proceso de promediación para desarrollar el tulipán, el fragmento no menciona que estudiara este proceso. Tampoco menciona el fragmento que el Dr. Kritch vendiese flores o muriese congelado.

Algunos Consejos Prácticos al Descubierto

A continuación, presentamos algunos consejos prácticos a tener en cuenta cuando rindas el examen de ciencias. (Consulta el Capítulo 3 para más estrategias de examen que se aplican a todos los exámenes GED.)

Las Ciencias en Internet

Los sitios en Internet pueden aumentar tus conocimientos científicos o simplemente presentarte un nuevo tema de interés. Si no tienes conexión a Internet en tu casa, acércate a tu biblioteca local o un centro comunitario.

Para ahorrar tiempo en la búsqueda online de material de lectura científico para práctica adicional, sugerimos que visites los siguientes sitios Web:

- **www.els.net**: Contiene toneladas de información sobre las ciencias biológicas.

- **www.earth.nasa.gov**: Contiene mucha información interesante relacionada con la tierra y el espacio.

- **www.chemistry.about.com**: Contiene información interesante relacionada con la química. (Ten en cuenta que es un sitio comercial, lo que significa que verás anuncios y vínculos comerciales molestos mezclados con valiosa y fascinante información.)

- **www.colorado.edu/physics/2000/index.pl**: Contiene algunas lecciones de física interesantes presentadas de manera entretenida e informativa.

Para explorar por tu cuenta, utiliza tu motor de búsqueda favorito y escribe las palabras científicas clave que más te interesan (*biología*, *ciencias de la tierra*, y *química*, por mencionar algunos ejemplos).

- **¡No tengas miedo!** Tu peor enemigo en cualquier examen es el miedo. El miedo consume tiempo y energía, y ninguna de las dos cosas te sobran. En el examen de ciencias se espera que reconozcas y comprendas básicamente el vocabulario científico, pero si te encuentras con una palabra que no entiendes, intenta descifrar su significado a partir del resto de la oración. Si no logras hacerlo rápidamente, olvídalo. Regresa al problema al final del examen cuando sepas exactamente cuánto tiempo queda.

- **Recuerda que leer imágenes es una ciencia.** Durante este examen debes responder preguntas basadas en materiales visuales, algo que quizás no hagas todos los días. Recuerda que cualquier objeto visual es como un párrafo breve. Tiene un tema central y comenta o presenta información relacionada con ese tema. Cuando te topes con una pregunta basada en material visual, lo primero que debes hacer es descifrar el contenido del material. Generalmente los objetos visuales tienen títulos que te ayudan a entender su significado. Después de descubrir la idea principal representada por el objeto visual, pregúntate qué información te está brindando; leer nuevamente la pregunta puede servirte. Una vez descifrados estos dos datos, estarás bien orientado para responder la pregunta.

Capítulo 15

Examen de Práctica — Examen de Ciencias

• •

*E*l examen de ciencias consiste en preguntas de opción múltiple que evalúan conceptos generales sobre ciencias. Las preguntas están basadas en lecturas breves que pueden incluir un gráfico, cuadro o imagen. Analiza la información dada y luego responde la(s) pregunta(s) que sigue(n). Consulta la información tanto como sea necesario al responder las preguntas.

Tienes 80 minutos para responder las 50 preguntas que figuran en este cuadernillo. Trabaja cuidadosamente pero no te demores demasiado en una sola pregunta. Asegúrate de responder todas las preguntas.

Hoja de Respuestas para el Examen de Ciencias

1 ① ② ③ ④ ⑤
2 ① ② ③ ④ ⑤
3 ① ② ③ ④ ⑤
4 ① ② ③ ④ ⑤
5 ① ② ③ ④ ⑤
6 ① ② ③ ④ ⑤
7 ① ② ③ ④ ⑤
8 ① ② ③ ④ ⑤
9 ① ② ③ ④ ⑤
10 ① ② ③ ④ ⑤
11 ① ② ③ ④ ⑤
12 ① ② ③ ④ ⑤
13 ① ② ③ ④ ⑤
14 ① ② ③ ④ ⑤
15 ① ② ③ ④ ⑤
16 ① ② ③ ④ ⑤
17 ① ② ③ ④ ⑤
18 ① ② ③ ④ ⑤
19 ① ② ③ ④ ⑤
20 ① ② ③ ④ ⑤
21 ① ② ③ ④ ⑤
22 ① ② ③ ④ ⑤
23 ① ② ③ ④ ⑤
24 ① ② ③ ④ ⑤
25 ① ② ③ ④ ⑤

26 ① ② ③ ④ ⑤
27 ① ② ③ ④ ⑤
28 ① ② ③ ④ ⑤
29 ① ② ③ ④ ⑤
30 ① ② ③ ④ ⑤
31 ① ② ③ ④ ⑤
32 ① ② ③ ④ ⑤
33 ① ② ③ ④ ⑤
34 ① ② ③ ④ ⑤
35 ① ② ③ ④ ⑤
36 ① ② ③ ④ ⑤
37 ① ② ③ ④ ⑤
38 ① ② ③ ④ ⑤
39 ① ② ③ ④ ⑤
40 ① ② ③ ④ ⑤
41 ① ② ③ ④ ⑤
42 ① ② ③ ④ ⑤
43 ① ② ③ ④ ⑤
44 ① ② ③ ④ ⑤
45 ① ② ③ ④ ⑤
46 ① ② ③ ④ ⑤
47 ① ② ③ ④ ⑤
48 ① ② ③ ④ ⑤
49 ① ② ③ ④ ⑤
50 ① ② ③ ④ ⑤

Examen de Ciencias

No marques las respuestas en este cuadernillo. Registra tus respuestas en la hoja de respuestas adicional provista. Asegúrate de que toda la información requerida esté debidamente registrada en la hoja de respuestas.

Para registrar tus respuestas, rellena el círculo en la hoja de respuestas con el número que corresponde a la respuesta que tú seleccionaste para cada pregunta del cuadernillo de examen.

EJEMPLO:

¿Cuál de las siguientes opciones es la unidad más pequeña en un ser vivo?

(1) tejido

(2) órgano

(3) célula

(4) músculo

(5) capilar

(En la Hoja de Respuestas)
① ② ● ④ ⑤

La respuesta correcta es "célula"; por lo tanto debe marcarse la opción de respuesta 3 en la hoja de respuestas.

No apoyes la punta del lápiz en la hoja de respuestas mientras estás pensando tu respuesta. No hagas marcas fuera de lugar o innecesarias. Si cambias una respuesta, borra completamente tu primera marca. Sólo marca una respuesta para cada pregunta; las respuestas múltiples serán consideradas incorrectas. No dobles o pliegues tu hoja de respuestas. Todos los materiales del examen deben devolverse al administrador del examen.

Nota: Consulta el Capítulo 16 para obtener las respuestas a este examen de práctica.

NO COMIENCES A HACER ESTE EXAMEN HASTA QUE TE LO DIGAN

Instrucciones: Elige la <u>mejor respuesta</u> para cada pregunta.

Las preguntas 1 y 2 se refieren al siguiente fragmento.

Aislamiento

En invierno necesitas algo para que el calor se conserve dentro de la casa y el aire frío quede afuera. En verano necesitas algo para mantener el calor fuera de la casa y el aire más fresco adentro. Lo que necesitas es aislamiento.

El aislamiento reduce o evita la transmisión del calor (llamada transmisión térmica) de adentro hacia afuera o de afuera hacia adentro. La fibra de vidrio y la espuma plástica proveen aislamiento porque contienen aire atrapado. En general, el aire no es un buen aislante, pues las corrientes de aire transmiten el calor de un lado a otro. Atrapar el aire en espacios pequeños, sin embargo, hace más lenta o evita la transmisión del calor. La próxima vez que te sientes en una casa cálida, lejos del helado aire invernal, piensa en estos pequeños paquetes de aire.

1. ¿Por qué un bloque de hormigón ofrece menor transmisión térmica que una ventana?

   (1) Los bloques de hormigón son más gruesos.

   (2) Las ventanas tienen poco poder aislante.

   (3) No se puede ver a través de un bloque de hormigón.

   (4) En un bloque de hormigón no hay aire.

   (5) Las ventanas son necesarias para la seguridad.

2. ¿Qué te mantendría más caliente en invierno?

   (1) ropa interior de seda

   (2) pantalones de seda

   (3) pantalones rellenos de algodón

   (4) ropa interior de algodón

   (5) pantalones de fibra de vidrio

Ve a la siguiente página

Las preguntas 3 a 5 se refieren al siguiente fragmento.

Metabolismo

El proceso del metabolismo es un proceso esencial de todas las células vivas. El metabolismo permite que la célula obtenga y distribuya energía, lo que es necesario para su supervivencia. La luz del sol se absorbe y se convierte en energía química por medio de la fotosíntesis; esta es la energía química que los animales necesitan para sobrevivir.

Uno de los principales carbohidratos derivados de las plantas es la glucosa. Por medio de un proceso llamado glucólisis, la glucosa se convierte en energía. Esta reacción se produce en la mitocondria y la molécula de glucosa se transforma en ácidos pirúvicos, que a su vez se separan en otras moléculas, como el etanol y el ácido láctico. Este proceso es cíclico, pues la energía producida hace que siga habiendo fermentación.

Durante la respiración los ácidos pirúvicos se convierten en dióxido de carbono y agua y allí se libera todavía más energía. Lo que al principio era luz solar, ahora se convirtió en energía que mantiene vivos a los animales.

3. ¿Por qué los animales dependen de las plantas para sobrevivir?

   (1) Las plantas proveen a los animales un lugar a cubierto donde protegerse.

   (2) Los animales necesitan la sombra de las plantas.

   (3) La cura de algunas enfermedades viene de las plantas.

   (4) Las plantas crean un ambiente agradable para los animales.

   (5) Las plantas ofrecen a los animales energía química potencial.

4. ¿Qué le pasaría a una planta si la cubrieras con un paño que no deja pasar la luz?

   (1) La planta dejaría de crecer.

   (2) Se marchitarían las hojas.

   (3) Se caería la flor.

   (4) La planta se moriría de hambre.

   (5) Se secarían las raíces.

5. ¿Qué elemento químico es clave para proveer energía a los animales?

   (1) ácido pirúvico

   (2) dióxido de carbono

   (3) clorofila

   (4) etanol

   (5) ácido láctico

Ve a la siguiente página ⟩

> *Las preguntas 6 y 7 se refieren al siguiente fragmento.*

Velocidad y Rapidez

Si bien a veces se usan indistintamente, hay una diferencia entre rapidez y velocidad. La velocidad de un cuerpo es el coeficiente de movimiento en una dirección determinada, por ejemplo, una bicicleta que anda a 34 millas por hora con rumbo este. Como la velocidad tiene tanto magnitud (34 millas por hora) como dirección (rumbo este), se puede representar con un vector.

La rapidez tiene solo magnitud. Si una bicicleta se desplaza a una rapidez de 28 millas por hora, sabemos su magnitud (28 millas por hora), pero no su dirección. Como la rapidez tiene magnitud pero no dirección, se puede representar como un escalar.

6. Si la fuerza se define como aquello que se necesita para cambiar el estado o el movimiento de un objeto en magnitud y dirección, ¿cómo tendría que representarse?

   (1) líneas onduladas

   (2) línea recta

   (3) gramos

   (4) escalar

   (5) vector

7. Si sabemos que una persona recorre siete cuadras a 3 millas por hora pero no sabemos en qué dirección, ¿cómo se representaría su recorrido?

   (1) kilómetros

   (2) escalar

   (3) yardas

   (4) vector

   (5) medida lineal

Ve a la siguiente página ⟹

Las preguntas 8 y 9 se refieren al siguiente diagrama, extraído de Physical Science: What the Technology Professional Needs to Know de C. Lon Enloe, Elizabeth Garnett, Jonathan Miles y Stephen Swanson (Wiley).

Motor de Vapor de Newcomen

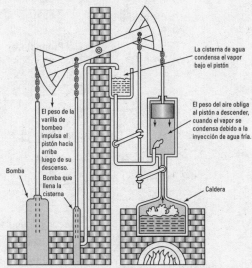

8. ¿Qué propiedades del agua y del vapor permiten que el motor de vapor de Newcomen funcione?

   (1) El agua es más pesada que el vapor.

   (2) El vapor se condensa al enfriarse, ocupando menos espacio.

   (3) La caldera produce la energía necesaria para mover la bomba.

   (4) La varilla de bombeo es lo suficientemente pesada para jalar el brazo hacia abajo.

   (5) La cisterna genera una presión positiva.

9. ¿Qué efecto tiene la condensación de vapor dentro del cilindro con el pistón sobre la bomba que llena la cisterna?

   (1) controla el fuego de la caldera

   (2) bombea agua de la cisterna a la caldera

   (3) hace que la bomba llene la cisterna de agua

   (4) empuja el pistón hacia abajo

   (5) inyecta agua fría en la bomba principal

Ve a la siguiente página

La pregunta 10 se refiere a la siguiente figura.

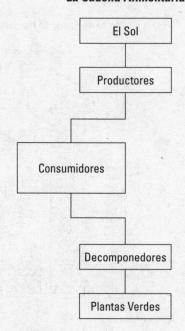

La Cadena Alimentaria

El Sol

Productores

Consumidores

Decomponedores

Plantas Verdes

10. Si la cantidad de consumidores de un ecosistema empezara a multiplicarse sin control, ¿qué pasaría con el equilibrio del ecosistema?

(1) Habría más plantas verdes.

(2) Habría más herbívoros.

(3) Los consumidores se morirían de hambre por falta de alimentos.

(4) Los descomponedores se quedarían sin trabajo.

(5) El sol dejaría de brillar.

Ve a la siguiente página

Las preguntas 11 a 14 se refieren al siguiente fragmento.

La Teoría del Big Bang

Ya es bastante difícil imaginarse el universo tal como es hoy y es aún más difícil idear una teoría sobre cómo empezó todo. George Gamow empezó a desarrollar esa teoría en la década de 1940. Otro científico llamado Georges Lemaitre también había estado trabajando en el problema y Gamow usó algunas de sus ideas para armar su teoría.

Gamow propuso la siguiente teoría: en algún momento, entre 10.000 y 21.000 millones de años atrás, se produjo una gigantesca explosión en el espacio. Antes de la explosión, el universo tenía el tamaño del núcleo de un átomo y su temperatura era de unos 10.000 millones de grados. La explosión hizo que el universo empezara a expandirse. Los quarks, o partículas elementales, existían en enormes cantidades.

En un milisegundo, el universo se había expandido al tamaño de un pomelo. La temperatura bajó a 1.000 millones de grados. Los quarks empezaron a unirse para formar protones y neutrones. Unos minutos después, el universo estaba todavía demasiado caliente para que los electrones y protones formaran átomos: un ambiente súper caliente parecido a la niebla.

Con el paso del tiempo y la caída de la temperatura, se produjeron reacciones nucleares y, al cabo de 300.000 años, empezaron a aparecer átomos de hidrógeno y helio. Cuando se formaron los átomos, la luz empezó a brillar. El universo se estaba formando.

La gravedad empezó a actuar sobre los átomos y los transformó en galaxias. Después de 1.000 millones de años de aquella primera gran explosión se empezaron a formar las galaxias y las estrellas. Al cabo de 15.000 millones de años, gracias a los elementos pesados expulsados por las estrellas agonizantes, empezaron a surgir los planetas. Según esta teoría, el universo empezó con un big bang y todavía hoy sigue creciendo y cambiando.

11. Se cree que la temperatura de las primeras partículas minúsculas era de
    (1) 1.000 millones de grados
    (2) 20.000 millones de grados
    (3) 10.000 millones de grados
    (4) 30.000 millones de grados
    (5) 15.000 millones de grados

12. Los átomos se transformaron en galaxias gracias a
    (1) el calor
    (2) la presión
    (3) la fuerza centrífuga
    (4) la luz
    (5) la gravedad

13. Los quarks son
    (1) átomos
    (2) 1.000 millones de grados
    (3) partículas elementales
    (4) hidrógeno
    (5) helio

14. ¿Qué relación hay entre la formación de átomos de hidrógeno y helio y la posible destrucción que causa una bomba atómica?
    (1) Ambas usan hidrógeno.
    (2) No hay relación.
    (3) Ambas son principios científicos.
    (4) Ambas resultan de una explosión.
    (5) Ambas son reacciones nucleares.

Ve a la siguiente página

Las preguntas 15 a 17 se refieren al siguiente fragmento.

Las Medusas

La medusa es una de las criaturas que vive en todos los océanos del mundo. Aunque habita en el océano, no es un pez. La medusa es un invertebrado, es decir, un animal que no tiene columna vertebral. No sólo no tiene columna vertebral, sino que tampoco tiene corazón, sangre, cerebro ni agallas y es más de un 95% agua.

La medusa tiene cuerpo y tentáculos. Los tentáculos son los largos filamentos que rodean la estructura en forma de campana, donde están las células venenosas que la medusa usa para capturar su presa. El movimiento de la presa activa el cabello sensor de la célula venenosa y así es como la presa se mete en problemas.

Por desgracia, las personas también están en dificultades si se acercan demasiado a los tentáculos de una medusa. La picadura no es letal para los humanos pero puede provocar muchas molestias.

15. ¿Por qué se dice que la medusa es un invertebrado?

(1) Tiene tentáculos.

(2) Tiene un cerebro pequeño.

(3) Tiene un sistema circulatorio primitivo.

(4) No tiene columna vertebral.

(5) Nada en el océano.

16. ¿Por qué a los nadadores no les gusta acercarse a las medusas?

(1) Se ven raras.

(2) Los nadadores pueden quedar atrapados en sus tentáculos.

(3) Los nadadores se pueden tragar la medusa sin advertirlo.

(4) La picadura duele.

(5) A los nadadores no les gusta acercarse a las criaturas del océano.

17. ¿Por qué las criaturas pequeñas del océano tratan de evitar a las medusas?

(1) Las medusas estorban a los peces mientras estos se alimentan.

(2) Las medusas pican y se comen a las criaturas pequeñas del océano.

(3) Los peces le tienen miedo a las criaturas que se ven raras.

(4) Las medusas y las criaturas del océano compiten por las mismas fuentes de alimento.

(5) Los peces no pueden nadar tan rápido como las medusas.

Ve a la siguiente página ⟶

Las preguntas 18 a 25 se refieren al siguiente fragmento.

Las Leyes de Conservación

Te topas con leyes todos los días. No puedes conducir muy rápido ni estacionarte donde se te antoje.

La ciencia también tiene sus leyes. Una de ellas es que la energía no se puede crear ni destruir. Esta ley, llamada Ley de Conservación de la Energía, tiene sentido, pues no se puede crear algo de la nada. Y si tienes una carga eléctrica, no puedes simplemente hacerla desaparecer.

Otra ley de conservación es la Ley de Conservación de la Materia, que dice que la materia no se puede crear ni destruir. Esto quiere decir que cuando se produce un cambio químico, la masa total de un objeto permanece constante. Cuando derrites un cubo de hielo, el agua que queda no es ni más pesada ni más liviana que el cubo de hielo original.

18. Cuando un rayo cae sobre un árbol, el árbol sufre muchos daños, pero el rayo deja de existir. ¿Qué pasó con el rayo?

    (1) Desapareció.

    (2) La energía del rayo se transformó en otra cosa.

    (3) El árbol absorbió el rayo.

    (4) Cuando el rayo cayó sobre el árbol se creó una energía nueva para dañar el árbol.

    (5) Todavía está ahí, pero es invisible.

19. ¿Por qué la ciencia tiene leyes?

    (1) La ciencia es una disciplina ordenada.

    (2) Las leyes hacen que los científicos sean honestos.

    (3) La ciencia necesita reglas para proceder con prudencia.

    (4) Las leyes hacen que sea más fácil estudiar ciencia.

    (5) A los abogados les gustan las leyes.

20. Cuando un mago hace aparecer un conejo de un sombrero, es un ejemplo de

    (1) física

    (2) conservación de la materia

    (3) esparcimiento

    (4) ilusión

    (5) biología

21. Cuando se derrite un iceberg, ¿qué pasa?

    (1) hay un calentamiento global

    (2) se calienta el agua del océano

    (3) nada

    (4) hay más alimento para los peces

    (5) hay más agua en el océano

22. Cuando quitas la pila vieja de tu linterna, ¿qué pasó con su carga original?

    (1) Se convirtió en luz.

    (2) Desapareció.

    (3) La pila se agotó.

    (4) La energía se destruyó.

    (5) Se metió dentro de la linterna.

23. Si agregas 3 onzas de agua a una onza de sal, ¿qué pasa con la masa final?

    (1) La sal absorbe el agua.

    (2) Tienes 1 onza de agua salada.

    (3) La sal desaparece.

    (4) La masa total sigue siendo la misma.

    (5) Parte del agua desaparece.

Ve a la siguiente página ⟹

24. Una pelota que rueda colina abajo no puede detenerse sola. ¿Por qué?

    (1) Hay un bache en la carretera.

    (2) La pelota no tiene frenos.

    (3) La energía de la pelota que rueda colina abajo no puede desaparecer.

    (4) La teoría de las leyes de conservación impide que la pelota se detenga.

    (5) La pelota siempre pesa lo mismo.

25. La conservación de la energía es un ejemplo de:

    (1) algo que tienes que memorizar

    (2) un comercial sobre pilas

    (3) una afirmación de un científico famoso

    (4) una ley de la ciencia

    (5) el título del artículo de una revista

Ve a la siguiente página

Las preguntas 26 a 28 se refieren al siguiente fragmento.

¿Por qué las Aves Vuelan al Sur para pasar el Invierno?

Cada otoño el cielo se llena de aves que vuelan al sur para pasar el invierno. Sin embargo, igual se pueden ver algunas aves en el norte del país durante el invierno. Los científicos tienen teorías avanzadas acerca de este fenómeno.

Algunas aves se alimentan de insectos. En invierno, muchas especies de aves vuelan al sur porque ahí es donde está el alimento. En los estados del sur hay insectos todo el año, lo que representa un banquete para las aves, mientras que en el norte del país los insectos (al igual que otras fuentes de alimento, como semillas y bayas) escasean o desaparecen durante el invierno. Las aves vuelan al sur para pasar el invierno porque van tras la comida. En primavera, cuando en los estados del norte otra vez hay muchos insectos, las aves siguen volando tras la comida, esta vez en dirección al norte.

26. ¿Por qué las aves migratorias vuelven a los estados del norte en primavera?

    (1) Extrañan su hogar.

    (2) Los estados del sur se vuelven muy calurosos.

    (3) Pueden volver a encontrar alimentos.

    (4) Vuelan al norte por costumbre.

    (5) A las aves les gusta recorrer grandes distancias.

27. ¿Por qué los insectos son responsables de la migración de algunas aves?

    (1) Los insectos pican a las aves.

    (2) Los insectos guían a las aves hacia el sur.

    (3) Algunas aves se alimentan de insectos.

    (4) Las aves están acostumbradas a comer siempre los mismos insectos.

    (5) A los insectos les gusta perseguir a las aves.

28. ¿Por qué a los científicos les interesa la migración de las aves?

    (1) Ocurre con regularidad y sin explicación aparente.

    (2) A los científicos les gusta ir al sur.

    (3) Les gusta escuchar el canto de las aves.

    (4) Los científicos buscan relaciones entre los viajes y las orugas.

    (5) Alguien les preguntó por ello.

Ve a la siguiente página ⟹

> *Las preguntas 29 y 30 se refieren al siguiente fragmento.*

La Ley de las Consecuencias Imprevistas

El lago Victoria es el lago de agua dulce más grande de África. En una época había muchos peces, lo que aportaba proteínas a los habitantes del lugar, que se comían los peces. Por desgracia, pescadores en busca de una experiencia de pesca estimulante para atraer a los turistas interesados en explorar la región, introdujeron una nueva especie, la perca del Nilo.

La perca del Nilo es un predador agresivo y en el lago Victoria no tenía enemigos naturales. Muy pronto acabó con grandes cantidades de peces más pequeños, lo que afectó la dieta de la población local. Los peces más pequeños se alimentaban de algas y caracoles portadores de parásitos. Cuando los peces pequeños dejaron de comérselas, las algas vivas comenzaron a extenderse a lo largo de la superficie del lago. Las algas muertas se hundían hasta el fondo del lago y se descomponían, un proceso que consumía el oxígeno que necesitaban los peces que habitaban las profundidades del lago.

Libres de predadores naturales, los caracoles y los parásitos que ellos portaban se multiplicaron, creando un peligro grave para la salud de la población. La introducción de un pez para fomentar el turismo tuvo un efecto perjudicial sobre el lago y la población que dependía de él.

29. ¿Qué destruyó el equilibrio ecológico del lago Victoria?

    (1) los comerciantes locales

    (2) la disminución de la población de caracoles

    (3) el lago de agua dulce

    (4) el aumento de la población de los peces más pequeños

    (5) la perca del Nilo

30. ¿Por qué nunca es buena idea introducir una especie extraña en un lago equilibrado naturalmente?

    (1) La especie extraña tiene muchos predadores.

    (2) La especie extraña es demasiado atractiva.

    (3) Las otras especies del lago no tendrían que competir por los alimentos.

    (4) La especie extraña es mala para los pescadores deportivos.

    (5) La especie extraña puede alterar el equilibrio ecológico.

Ve a la siguiente página

> *Las preguntas 31 a 34 se refieren a la siguiente tabla, adaptada de* Hands-On General Science Activities with Real-Life Applications *por Pam Walker y Elaine Wood (Wiley).*

Viajes Espaciales

Característica	Luna	Marte
Distancia de la Tierra	239.000 millas	48.600.000 millas
Gravedad	⅙ de la gravedad de la Tierra	⅓ de la gravedad de la Tierra
Atmósfera	No hay	Dióxido de carbono fino, 1% de la presión del aire en la Tierra
Tiempo de viaje	3 días	1,88 años de la Tierra
Tiempo de comunicación	2,6 segundos, ida y vuelta	10 a 41 minutos, ida y vuelta

31. Si fueras un ingeniero aeronáutico que planea un viaje a Marte, ¿por qué preferirías ir a una estación espacial en la luna y después lanzar el cohete a Marte en lugar de ir directamente de la Tierra a Marte?

    (1) La menor gravedad en la luna significa que necesitas menos combustible para el lanzamiento.

    (2) En la luna tienes más espacio para despegar y aterrizar.

    (3) La falta de atmósfera facilita el despegue.

    (4) La luna está más cerca de la Tierra que Marte.

    (5) No hay suficiente información.

32. Si fueras un ingeniero en comunicaciones tratando de crear una red de seguridad para alertar a una nave espacial de posibles peligros, ¿dónde pondrías el transmisor para el viaje de la nave a Marte?

    (1) en la luna

    (2) en la Tierra

    (3) en Marte

    (4) en la estación espacial

    (5) no hay suficiente información

33. Para los viajeros del espacio, ¿por qué un viaje a la luna sería mejor opción que un viaje a Marte?

    (1) La luna puede verse desde la Tierra sin telescopio.

    (2) El tiempo de viaje es mucho más corto.

    (3) La luna tiene mejor atmósfera.

    (4) Ya hay vehículos espaciales en la luna.

    (5) Desde la luna podrías telefonear a casa.

34. Si celebraras una competencia de salto con pértiga en la luna y en Marte, ¿en qué planeta podría el mismo atleta saltar más alto con el mismo gasto de energía?

    (1) la luna

    (2) Marte

    (3) la Tierra

    (4) no hay diferencia

    (5) no hay suficiente información

Ve a la siguiente página ⟶

Las preguntas 35 a 37 se refieren al siguiente fragmento.

Herencia, Entonces y Ahora

¿Cuántas veces has visto a un niño pequeño y has dicho "se parece a sus padres"? En efecto, muchos rasgos de un niño vienen de sus padres. Las características físicas o de otra clase, como el color del cabello y la forma de la nariz, se transmiten de una generación a otra. Estas características, pasadas de generación en generación, existen gracias al código genético.

El primer científico que hizo experimentos sobre la herencia fue Gregor Mendel en el siglo XIX. Mendel hizo experimentos con plantas de guisantes y notó que algunas características que aparecían en las plantas "hijas" se parecían mucho a las plantas "padres". Mendel supuso que estas características se transmitían de generación en generación por medio de "factores". Llevó muchos años de investigación entender por qué los niños a menudo se ven como sus padres, pero hoy el código genético es la base de los estudios sobre la herencia.

35. Según el fragmento, ¿cuál es el principal determinante de las características de la siguiente generación?

   (1) el azar

   (2) el color del cabello

   (3) las plantas de guisantes

   (4) la herencia

   (5) la naturaleza

36. ¿Cuáles son los factores que Mendel supuso que transmitían características de generación en generación?

   (1) las plantas

   (2) los guisantes

   (3) las características

   (4) los protones

   (5) el código genético

37. Si quieres cultivar calabazas gigantes, ¿de qué clase de calabazas tendrán que ser tus semillas?

   (1) calabazas anaranjadas

   (2) da igual, si tienes un fertilizante especial

   (3) calabazas gigantes

   (4) calabazas más grandes de lo normal

   (5) calabazas saludables

Ve a la siguiente página

Las preguntas 38 y 39 se refieren al siguiente fragmento.

El Transbordador Espacial

La NASA diseñó y construyó seis transbordadores espaciales: Atlantis, Challenger, Columbia, Discovery, Endeavor y Enterprise. Los transbordadores espaciales tienen dos partes bien diferenciadas: el orbitador y el cohete acelerador. El cohete acelerador le da al transbordador espacial el impulso adicional que necesita para vencer la atracción gravitacional de la Tierra. El orbitador transporta las personas y la carga útil y también las partes que hacen funcionar el transbordador. En un vuelo espacial, una vez vencida la atracción gravitacional de la Tierra, el cohete acelerador se abandona en el espacio y el orbitador sigue su camino.

38. ¿Por qué se abandona el cohete acelerador?

    (1) para tener después más combustible durante el viaje

    (2) porque el transbordador necesita más peso

    (3) para aumentar el tamaño del transbordador

    (4) para reducir la maniobrabilidad del transbordador durante el aterrizaje

    (5) porque ya no es necesario

39. ¿Qué parte del transbordador transporta la carga útil?

    (1) el cohete acelerador

    (2) la cabina

    (3) el orbitador

    (4) el cohete

    (5) el Challenger

Ve a la siguiente página ⟩

Las preguntas 40 y 41 se refieren a la siguiente figura, extraída de Physical Science: What the Technology Professional Needs to Know *de C. Lon Enloe, Elizabeth Garnett, Jonathan Miles, and Stephen Swanson (Wiley).*

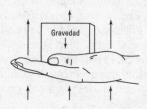

40. El trabajo se define como el producto de la fuerza por el desplazamiento. Fíjate en el diagrama. Si la fuerza de gravedad fuera mayor que las fuerzas que ejercen los músculos que controlan la mano, ¿qué pasaría?

   (1) No pasaría nada.

   (2) La mano se movería hacia abajo.

   (3) La mano se movería hacia la derecha.

   (4) La mano se movería hacia arriba.

   (5) La mano se movería hacia la izquierda.

41. Si un atleta supiera que para fortalecer músculos tiene que trabajar contra un peso, ¿qué querría cambiar en este diagrama?

   (1) nada

   (2) mover la mano más rápido hacia arriba

   (3) poner más peso sobre la mano

   (4) cerrar el puño al levantar el brazo

   (5) exhalar al levantar el brazo

Ve a la siguiente página

Las preguntas 42 y 43 se refieren al siguiente fragmento, adaptado de The Sciences: An Integrated Approach, *3° edición, de James Trefil y Robert M. Hazen (Wiley).*

Copiar la Secuencia de ADN

La reacción en cadena de la polimerasa (PCR, por su sigla en inglés) copia una secuencia de ADN. Para hacer esto, se mezcla una hebra de ADN con nucleótidos (precursores del ADN). Los nucleótidos van tras una parte específica del ADN, igual que la polimerasa, una enzima que ayuda a ensamblar el ADN. Se aplica calor hasta que la temperatura llega a los 200°F. La energía del calentamiento separa las hebras de ADN. Después la mezcla se enfría hasta los 140°F. A esta temperatura, los cebadores se unen a las hebras de ADN. Cuando se sube la temperatura hasta los 160°F, los nucleótidos empiezan a unirse a las hebras de ADN. Al final del proceso se han creado dos copias de ADN.

42. ¿Qué proceso de la reacción en cadena de la polimerasa separa las hebras de ADN?

(1) el calentamiento

(2) los químicos

(3) la tracción

(4) la gravedad

(5) el enfriamiento

43. Para clonar un organismo necesitas una réplica idéntica de ADN. ¿Por qué la PCR es algo que un científico interesado en la clonación debería estudiar?

(1) Crea una copia idéntica del ADN.

(2) La PCR clona animales.

(3) Los científicos deberían saber todo.

(4) Una estructura de ADN duplicada enfría los clones.

(5) El calor destruye los clones.

Ve a la siguiente página

Las preguntas 44 y 45 se refieren al siguiente fragmento.

Los Perros y los Lobos — ¿Parientes?

La teoría científica actual es que la conocida mascota familiar, el perro, desciende de los lobos, sólo que el perro tomó un camino muy diferente. El perro fue el primer animal en ser domesticado, justo alrededor del final de la Era del Hielo.

Los perros son parte de una familia numerosa llamada Canidae, que incluye 38 especies diferentes. Los chacales, los zorros, los lobos y los perros son todos parte de esta familia. Si bien están emparentados, los lobos y los perros son distintos. Los lobos tienen la cabeza más pequeña para el mismo peso corporal. Los perros tienen los dientes más pequeños, la mandíbula inferior más curvada y los ojos más redondos y orientados hacia el frente. Sin embargo, muchas de estas diferencias son difíciles de ver a distancia.

44. ¿Qué característica hace que el lobo esté mejor adaptado para la caza salvaje?

   (1) pelaje más grueso

   (2) cuerpo más grande

   (3) dientes más grandes

   (4) garras más largas

   (5) gruñido más profundo

45. De los miembros de la familia Canidae que aparecen arriba, ¿por qué el perro es la única mascota hogareña?

   (1) Hay muchos tipos de perro entre los que se puede elegir.

   (2) Los perros fueron domesticados.

   (3) Los perros son más pequeños que los lobos.

   (4) Los perros protegen el hogar de las personas.

   (5) Los perros pueden ayudar a las personas con discapacidad visual.

Ve a la siguiente página

Las preguntas 46 a 48 se refieren al siguiente fragmento.

Isótopos

Los isótopos son primos químicos. Están emparentados entre sí, pero cada isótopo tiene átomos ligeramente diferentes, aunque emparentados. Cada uno de los átomos emparentados tiene la misma cantidad de electrones o protones pero distinta cantidad de neutrones. Como la cantidad de electrones o protones determina el número atómico, los isótopos tienen el mismo número atómico.

La cantidad de neutrones determina el número de masa. Como la cantidad de neutrones es distinta en cada isótopo, el número de masa también es distinto. Todos estos primos tienen distinto número de masa pero el mismo número atómico. Sus propiedades químicas son parecidas pero no iguales. Como la mayoría de los primos, tienen semejanzas de familia, pero cada uno tiene su propia personalidad.

46. ¿Qué determina el número atómico?

   (1) la cantidad de isótopos

   (2) la cantidad de neutrones

   (3) la cantidad de electrones

   (4) la cantidad de átomos

   (5) la cantidad de químicos

47. Los isótopos de un químico tienen igual

   (1) cantidad de neutrones

   (2) cantidad de átomos

   (3) número de masa

   (4) tamaño

   (5) número atómico

48. Un científico encontró átomos emparentados en dos sustancias distintas. Si ambos átomos tienen el mismo número atómico pero distinto número de masa, ¿qué conclusión preliminar se puede sacar acerca de los átomos?

   (1) Son la misma sustancia.

   (2) Son isótopos.

   (3) Son sustancias diferentes.

   (4) Una es un compuesto de la otra.

   (5) Es demasiado pronto para decidir.

Ve a la siguiente página ⟶

> Las preguntas 49 y 50 se refieren al siguiente fragmento.

Cómo Sobrevivir al Invierno

Cuando baja la temperatura y sopla viento frío, puede que pienses en los animales que no tienen un hogar que los proteja del frío y te preocupes por su capacidad para sobrevivir al invierno. No hay muchos alimentos disponibles, en los estados del norte las temperaturas caen por debajo de los cero grados y hay poco refugio. ¿Cómo sobreviven al invierno?

Muchos animales pueden hibernar durante el invierno. La hibernación es un estado similar al sueño, donde el ritmo cardíaco, la temperatura y el metabolismo del animal se reducen para adaptarse a las bajas temperaturas. Este estado de latencia evita que se mueran de hambre o se congelen durante los inviernos rigurosos.

49. Para sobrevivir al invierno, los osos

    (1) van al sur

    (2) viven en cuevas templadas

    (3) les crece un grueso pelaje de invierno

    (4) absorben los rayos del sol para mantenerse en calor

    (5) encuentran un refugio seguro e hibernan

50. ¿Por qué no hay que molestar a un animal en hibernación?

    (1) Si se les despierta de repente, se ponen gruñones.

    (2) Necesitan su sueño.

    (3) Les podría resultar difícil volver a dormirse.

    (4) Nunca hay que molestar a un animal salvaje.

    (5) No podrían encontrar suficiente alimento para sobrevivir.

ALTO NO DESVUELTA LA PÁGINA HASTA QUE SE TE INDIQUE QUE LO HAGAS. NO REGRESES A UN EXAMEN ANTERIOR.

Capítulo 16

Respuestas y Explicaciones para el Examen de Ciencias

· ·

Después de tomar el examen de ciencias del Capítulo 15, usa este capítulo para revisar tus respuestas. Tómate tu tiempo mientras ves las explicaciones de las respuestas que damos en la primera sección. Pueden ayudarte a entender por qué te equivocaste en algunas respuestas. Quizás quieras leer las explicaciones de las preguntas que respondiste correctamente, porque al hacerlo puedes tener una mejor idea del razonamiento que te ayudó a elegir las respuestas correctas.

Si tienes poco tiempo, ve al final del capítulo para ver la clave de respuestas abreviada.

Análisis de las Respuestas

1. **2.** El vidrio no contiene aire encapsulado y por eso no ofrece aislamiento ni mayor flujo térmico. La Opción (1), que los bloques de cemento son más gruesos, puede ser verdadera, pero no responde la pregunta sobre la transmisión del calor. La Opción (2), que las ventanas tienen poco poder aislante, es la mejor respuesta. La Opción (3), que no se puede ver a través de un bloque de hormigón, es verdadera e interesante pero irrelevante para la pregunta. La Opción (4), que en un bloque de hormigón no hay aire, es inexacta. La Opción (5), que las ventanas son necesarias para la seguridad, no sólo es irrelevante sino que también es incorrecta. Para responder esta pregunta debes saber que los buenos aislantes contienen aire atrapado y que ese no es el caso del vidrio. Se supone que esta información es de cultura general para alguien de este nivel educativo.

2. **3.** El fragmento dice que el aislamiento es necesario para reducir la transmisión del calor, que es lo que te mantiene más caliente. Todas las repuestas menos la Opción (3) se refieren a prendas hechas de una sola capa de material. El relleno de algodón actúa como aislante en los pantalones porque el algodón contiene aire atrapado.

3. **5.** El último párrafo de este fragmento dice que los animales deben ingerir alimentos con energía química potencial, que deriva de las plantas. Las otras respuestas son irrelevantes para la información del fragmento.

Este fragmento te da mucha información interesante pero, como tu tiempo es limitado, es preferible leer primero la pregunta y después buscar la respuesta en el fragmento, en lugar de leer el fragmento, leer la pregunta y después volver a leer el fragmento.

4. **4.** Las plantas producen alimento usando energía del sol. Si eliminas la energía del sol, eliminas la fuente de alimento. Las otras respuestas podrán ser síntomas de que una planta se está muriendo por inanición, pero la Opción (4) resume la información en una sola respuesta.

5. **1.** Según el fragmento, el ácido pirúvico es clave en la producción de energía. Esta pregunta es un buen ejemplo de por qué para estos exámenes es útil saber algo del tema y conocer las palabras y los nombres que se usan en ciencia. En esta pregunta, todas las opciones de respuesta son nombres químicos, así que tener una idea de ellos hará que te sea más fácil responder.

6. **5.** El fragmento dice que la velocidad se puede representar con un vector porque la velocidad tiene tanto magnitud como dirección. La fuerza se define como el cambio del estado o el movimiento de un objeto, sea en magnitud o dirección. Como la fuerza tiene magnitud y dirección, se representa con un vector. La información que necesitas para responder esta pregunta está en la última oración del primer párrafo. Puedes ignorar por completo las tres primeras opciones de respuesta, pues no tienen mucho que ver con la pregunta. La Opción (4) requiere que sepas la diferencia entre un vector y un escalar. La última oración de cada párrafo del fragmento contiene las definiciones que necesitas.

7. **2.** Si una persona recorre siete cuadras desde su casa hasta la escuela, sólo se define la distancia. La persona puede recorrer cuatro cuadras hacia el este y tres hacia el oeste. Puede tomar un camino circular que pase por los cuatro puntos de la brújula. En realidad, no sabes qué está haciendo esa persona, salvo que de algún modo está recorriendo siete cuadras hacia la escuela. Esta acción tiene sólo magnitud pero no dirección, por eso se representa con un escalar. Una vez que entiendes la definición de escalar, que es necesaria para responder la pregunta 6, la respuesta es muy fácil. Puedes ignorar las Opciones (1) y (3), pues son medidas de longitud y no responden la pregunta. La Opción (4) es incorrecta porque un vector tiene tanto magnitud como dirección y la Opción (5) es irrelevante.

8. **2.** En un motor de vapor, el agua enfría el vapor, que después se condensa, ocupando menos espacio. Esta acción vuelve a empezar todo el ciclo otra vez. Cuando es necesario adivinar, puedes eliminar las otras opciones de respuesta. La Opción (1) es incorrecta porque tanto el agua como el vapor son agua, aunque en diferente estado. Pueden tener distinta densidad, pero su peso es el mismo. Sólo el volumen cambia cuando el agua se convierte en vapor. La Opción (3) es incorrecta porque la caldera no produce la energía necesaria para mover la bomba, cosa que puedes ver observando el diagrama. La Opción (4) no se basa en la información dada en el diagrama. En ningún lado te dicen el peso de la varilla de bombeo. La Opción (5) no se basa en el diagrama, ni en hechos, ni es de cultura general.

9. **3.** La bomba empuja el agua dentro de la cisterna. Las otras opciones no responden la pregunta con información dada en el diagrama. Saber responder preguntas a partir de un diagrama es una habilidad útil para un examen como éste.

10. **3.** Los productores proveen alimento a los consumidores. Si se mantiene la cantidad de productores pero aumenta la de consumidores, los consumidores no tendrán suficiente alimento y entonces morirán de hambre. Las otras opciones de respuesta son incorrectas conforme la información dada.

11. **3.** Este fragmento dice que la temperatura de las primeras partículas diminutas era de 10.000 millones de grados.

Esta pregunta es excelente para practicar tus habilidades de lectura veloz a fin de encontrar la respuesta. Haciendo una lectura veloz del fragmento, las palabras *10.000 millones de grados* deberían saltarte a la vista. Puedes leer la oración completa para comprobar que tu respuesta sea correcta. Las otras opciones de respuesta son incorrectas y aquí entran en acción tus habilidades de lectura veloz. Frente a respuestas tan definitivas como ésta, en general es útil hacer una lectura veloz del fragmento.

12. **5.** El último párrafo dice que la gravedad transformó los átomos en galaxias. Esta pregunta es otro ejemplo de cómo tener conocimientos básicos sobre las palabras que usa la ciencia te puede servir.

13. **3.** El fragmento sostiene que los quarks son partículas elementales. Esta pregunta se responde con una definición. Una lectura veloz del fragmento te llevará a la última oración del segundo párrafo, que contiene la definición que buscas.

14. **5.** La bomba atómica usa una reacción nuclear para producir daños masivos. El fragmento dice que los átomos de hidrógeno y helio se formaron por reacciones nucleares. Las otras opciones no responden la pregunta sobre la base del fragmento. La Opción (1) podría ser correcta, pero es irrelevante en este contexto. Las Opciones (2) y (4) son incorrectas y la Opción (3) podría ser interesante en otro contexto, pero aquí es incorrecta.

15. **4.** Según el fragmento (tercera oración del primer párrafo), los invertebrados no tienen columna vertebral. Las otras opciones podrían ser correctas, pero no responden la pregunta. Como en todas las preguntas de este examen, aquí se trata de buscar la mejor respuesta que responda la pregunta que te hacen. No te dejes distraer por otras opciones que son correctas según tus conocimientos o incluso según el fragmento. En un examen de opciones múltiples, la respuesta a la pregunta formulada siempre es la mejor respuesta posible.

16. **4.** Las medusas a veces pican a los nadadores y las picaduras duelen. Esta información está en la última oración del tercer párrafo. Las otras opciones no responden la pregunta sobre la base del fragmento. Por ejemplo, la Opción (3) podrá ser un buen tema de una pesadilla, pero la información no está en el fragmento, por lo que tienes que descartarla.

17. **2.** Las criaturas pequeñas del océano siempre están en el menú de las medusas. En general, las criaturas evitan a los predadores, esto es parte de la cultura general sobre ciencia.

Leer un par de artículos o libros de ciencia es una buena forma de prepararse para este examen, pero recuerda que nunca debes basar tus respuestas en lo que hayas leído antes. Por el contrario, responde todas las preguntas según el material que aparece en el fragmento.

18. **2.** Este fragmento dice que la energía no se puede crear ni destruir, de modo que la energía del rayo se tiene que haber transformado en otro tipo de energía. Las otras opciones de respuesta implican que la energía de algún modo desapareció, cosa que el fragmento dice que no puede pasar.

19. **1.** La ciencia es una disciplina ordenada y como tal necesita leyes para permanecer organizada. Esta idea se esboza en la primera oración del segundo párrafo. La Opción (5) podría ser verdadera, pero es irrelevante. La Opción (2) es visiblemente incorrecta. Las Opciones (3) y (4) podrían ser un tema de conversación interesante, pero no responden la pregunta usando el material del fragmento.

20. **4.** La materia no se puede crear ni destruir. Por eso, un conejo no puede aparecer sino por ilusión. Las otras opciones de respuesta parecen científicas pero no tienen nada que ver con la pregunta. Lee siempre la pregunta con atención para asegurarte de que la estás respondiendo.

21. **5.** Cuando el hielo se derrite se convierte en agua. Aunque la cantidad de agua de un iceberg que se derrite es ínfima comparada con la cantidad de agua del océano, igual agrega algo de agua al océano. Las Opciones (1) y (2) son incorrectas porque, si bien puede que el derretimiento del témpano de hielo y el calentamiento del agua sean consecuencia del calentamiento global, estas opciones no responden la pregunta. Las Opciones (3) y (4) son incorrectas. Esta pregunta es un buen ejemplo de lo que puede pasar si lees una pregunta demasiado rápido y la respondes usando tu cultura general. Para encontrar la mejor respuesta a la pregunta, usa la información del fragmento.

22. **1.** Las linternas generan luz usando la energía de la pila. El fragmento dice que la energía no se puede crear ni destruir, así que la energía de la pila tiene que haberse convertido o transformado en otra cosa. En realidad, incluso cuando no usas una pila durante un buen tiempo, la pila se debilita a causa de otras reacciones dentro de la celda. Pero esta información no se menciona en el fragmento y sólo sirve para recordarte que no tienes que dejar las pilas en tu linterna eternamente.

23. **4.** Si agregas 3 onzas de agua a 1 onza de sal, obtienes 4 onzas de ingredientes combinados. La masa combinada es igual a la suma de las masas individuales. El volumen puede ser distinto, pero la pregunta no se refiere al volumen. Las Opciones (1) y (5) podrían parecer relevantes y hasta correctas, pero no responden la pregunta porque no tienen nada que ver con la masa. La Opción (3) también es incorrecta, pues la sal no desaparece, se disuelve en el agua.

24. **3.** La Ley de Conservación de la Energía sostiene que la energía no se puede crear ni destruir. Por eso, la energía creada por la pelota que rueda colina abajo no puede desaparecer. En realidad, hay una fricción entre la pelota y el piso que disminuye su velocidad y además las colinas no duran para siempre, así que la pelota en algún momento se detendrá. Puede que hayas obtenido esta información en otro lado, pero no responde la pregunta sobre la base del fragmento. En el fragmento no hay ninguna información que fundamente las Opciones (1) y (5). La Opción (2) podría ser verdadera, pero es irrelevante y la Opción (4) es simpática pero incorrecta.

25. **4.** La conservación de la energía es una ley de la ciencia. Puedes eliminar las otras respuestas de inmediato, pues obviamente son irrelevantes. La Opción (4) es la única que responde la pregunta.

26. **3.** El fragmento dice que la falta de alimento durante los meses de invierno hace que la mayoría de las aves vuelen al sur en busca de fuentes de alimento. Cuando en los estados del norte vuelve a haber alimento, también vuelven las aves. Las otras opciones no responden la pregunta sobre la base de la información del fragmento.

27. **3.** Algunas aves comen insectos para alimentarse. Si en una región no hay insectos, las aves se van a otro lado en busca de fuentes de alimento. La literatura general sobre ciencia enseña que los seres vivos van adonde está el alimento. Es probable que hasta los seres humanos, que pueden elegir dónde vivir, eviten mudarse a un lugar donde no hay alimento. Otros seres tienen un instinto más básico de ir adonde hay una fuente de alimento. Por eso, los insectos son en parte responsables de la migración de las aves, aunque su principal aporte sea ser devorados.

28. **1.** Los científicos sienten curiosidad por cualquier cosa que pase con regularidad y que no sea fácil de explicar. La migración es una de estas cosas. La Opción (5) puede haber ocurrido, pero el fragmento no lo dice expresamente. Aquí la palabra clave es *Cada*, al principio de la primera oración.

29. **5.** Esta pregunta puede tener varias respuestas, desde pescadores deportistas hasta algas o caracoles. Sin embargo, de las posibles respuestas dadas, la perca del Nilo es la mejor, pues la introducción de esta especie fue la causa de todos los problemas que siguieron.

30. **5.** En esta pregunta se te pide que hagas una afirmación general sobre las especies extrañas de peces. Aunque la pregunta no te lleva específicamente a considerar el ejemplo del lago Victoria, se supone que tienes que pensar en el ejemplo para responder. Con el ejemplo del lago Victoria, puedes responder sin temor que una especie extraña altera el equilibrio ecológico local. Por el ejemplo también sabes que las otras cuatro opciones son incorrectas.

31. **1.** Cuanto menos combustible necesites para el lanzamiento, menos tienes que llevar. En la luna hay menos gravedad que en la Tierra, por eso necesitas menos fuerza y menos combustible para vencer la gravedad. Puede parecer que las Opciones (2), (3) y (4) tienen un aire de verdad, pero no responden la pregunta.

32. **5.** Los únicos puntos que figuran en la tabla son Marte y la luna y se supone que tienes que responder la pregunta sobre la base del material que te dan. Por lo tanto, no tienes suficiente información para responder la pregunta.

33. **2.** Según la tabla, llegar a la luna lleva sólo 3 días, en principio una opción mucho mejor que los 1,88 años que se necesitan para llegar a Marte. Las otras opciones son irrelevantes para la pregunta y la tabla proporcionada.

34. **1.** En la luna hay menos gravedad que en Marte. Como la gravedad es la fuerza que nos atrae hacia la luna (o hacia la Tierra o Marte), cuanto menor sea la gravedad, menor será la atracción entre nosotros y la superficie sobre la que estamos parados y por eso podremos saltar más alto y más lejos — cosa que, como sabrás, es el objetivo de una competencia de salto con pértiga.

35. **4.** El fragmento dice que la herencia determina las características de la siguiente generación. De las otras opciones de respuesta, la única que se menciona en el fragmento es la Opción (3), pero esta opción no responde la pregunta.

36. **5.** El fragmento dice que "A estas características, pasadas de generación en generación, se les llama código genético". Por eso, la mejor respuesta es la Opción (5), *código genético*.

37. **3.** Si los niños heredan los rasgos de sus padres, los rasgos que quieres para tus calabazas "hijas" tienen que ser parte de los rasgos de las calabazas "padres". Es más probable que obtengas calabazas enormes con semillas de una calabaza gigante que con semillas de una de tamaño normal. Aunque la Opción (2) puede parecer posible, el fragmento no dice nada sobre el efecto de los fertilizantes en el cultivo de calabazas gigantes.

38. **5.** Todas las opciones menos la Opción (5) — que el cohete acelerador ya no es necesario — son incorrectas, porque se contradicen directamente con el fragmento. Eliminando rápidamente algunas o la mayoría de las opciones de respuesta, ahorrarás tiempo a la hora de responder la pregunta. En este caso, puedes eliminar cuatro respuestas, y así obtener la opción definitiva fácil y rápidamente.

39. **3.** Como el cohete acelerador se abandona después del despegue, el orbitador tiene que transportar todo lo que sigue viaje. Las Opciones (2), (4) y (5) son incorrectas y las puedes descartar rápidamente.

40. **2.** Si la fuerza que empuja hacia abajo es mayor que la que empuja hacia arriba, la mano se moverá hacia abajo. Aunque esta pregunta se basa en el diagrama, que te da una idea general sobre lo que pasa cuando una mano sostiene un peso, la respuesta a la pregunta está en la primera parte de la pregunta misma. Si la fuerza de gravedad (la fuerza hacia abajo) es mayor que la fuerza de los músculos que empujan hacia arriba, la fuerza resultante empujará hacia abajo.

41. **3.** Poner más peso sobre la mano producirá una fuerza mayor hacia abajo. Por eso, el atleta tendrá que trabajar más duro contra este peso extra (y, por lo tanto, sacará más músculos). Extender la distancia que recorre la mano también aumentaría el trabajo del atleta, pero esta no es una opción de respuesta.

42. **1.** La cuarta oración del fragmento te dice que el calentamiento es el proceso que separa las hebras de ADN. Las demás opciones, o bien no responden la pregunta o son incorrectas.

43. **1.** Para la clonación se necesita idéntico ADN. Como puedes ver en la primera oración del fragmento, la PCR proporciona copias idénticas de ADN.

44. **3.** Los dientes más grandes del lobo son mejores para cazar. La tercera oración del tercer párrafo dice que los perros tienen dientes más pequeños, lo que significa que los lobos deben tener dientes más grandes. Aunque en el fragmento esta información no se da directamente, está implícita. Se espera que seas capaz de sacar conclusiones a partir de la información dada, así que lee con atención. Las otras opciones de respuesta son incorrectas. Es cierto, algunos perros tienen pelaje más grueso, cuerpos más grandes y cosas así, pero esta información no aparece en el fragmento. Para responder la pregunta sólo puedes usar información contenida o implícita en el fragmento — no información sacada de tu cultura general o de cosas que hayas leído.

45. **2.** El fragmento dice que los perros fueron domesticados hace mucho tiempo. Un animal domesticado es mejor que uno salvaje para tener como mascota hogareña. Las otras respuestas pueden ser fácticamente correctas, pero no son parte de la información incluida en el fragmento.

46. **3.** Según el primer párrafo del fragmento, el número atómico se determina por la cantidad de electrones o protones. Hacer una lectura veloz del párrafo, después de leer la pregunta en busca de palabras clave que aparecen en la pregunta, acelera y facilita la elección de la respuesta correcta.

47. **5.** La última oración del primer párrafo del fragmento dice que los isótopos tienen el mismo número atómico.

    En la mayoría de los casos, para hacer estos exámenes no tienes que memorizar información fáctica; el fragmento te da la información que necesitas saber. Recuerda que las respuestas se basan en la información fáctica que te dan.

48. **2.** La última oración del primer párrafo del fragmento dice que los isótopos tienen el mismo número atómico. La segunda oración del segundo párrafo te dice que los isótopos tienen distinto número de masa. Esta pregunta exige que uses dos datos que están en dos lugares distintos del fragmento para decidir cuál es la respuesta correcta.

49. **5.** Según la primera oración del segundo párrafo del fragmento, los osos sobreviven al invierno buscando un refugio seguro e hibernando.

50. **5.** Los animales hibernan en invierno, cuando el alimento escasea (un hecho implícito en la última oración del segundo párrafo). Si despiertas a un animal en hibernación, el animal se despierta en medio de un ambiente extraño, donde no encuentra sus fuentes de alimento habituales y probablemente no sea capaz de encontrar suficiente alimento para sobrevivir. Las otras opciones de respuesta podrán ser correctas en algunas circunstancias, pero no tienen relación con el fragmento. La Opción (4) es un buen consejo, pero no una buena respuesta.

Clave de Respuestas

1. **2**	18. **2**	35. **4**
2. **3**	19. **1**	36. **5**
3. **5**	20. **4**	37. **3**
4. **4**	21. **5**	38. **5**
5. **1**	22. **1**	39. **3**
6. **5**	23. **4**	40. **2**
7. **2**	24. **3**	41. **3**
8. **2**	25. **4**	42. **1**
9. **3**	26. **3**	43. **1**
10. **3**	27. **3**	44. **3**
11. **3**	28. **1**	45. **2**
12. **5**	29. **5**	46. **3**
13. **3**	30. **5**	47. **5**
14. **5**	31. **1**	48. **2**
15. **4**	32. **5**	49. **5**
16. **4**	33. **2**	50. **5**
17. **2**	34. **1**	

Capítulo 17

Otro Examen de Práctica — Examen de Ciencias

• •

*E*l examen de ciencias consiste en preguntas de opción múltiple que evalúan conceptos generales sobre ciencias. Las preguntas están basadas en lecturas breves que pueden incluir un gráfico, cuadro o imagen. Analiza la información dada y luego responde la(s) pregunta(s) que sigue(n). Consulta la información tanto como sea necesario al responder las preguntas.

Tienes 80 minutos para responder las 50 preguntas que figuran en este cuadernillo. Trabaja cuidadosamente pero no te demores demasiado en una sola pregunta. Asegúrate de responder todas las preguntas.

Hoja de Respuestas para el Examen de Ciencias

1 ① ② ③ ④ ⑤   26 ① ② ③ ④ ⑤

2 ① ② ③ ④ ⑤   27 ① ② ③ ④ ⑤

3 ① ② ③ ④ ⑤   28 ① ② ③ ④ ⑤

4 ① ② ③ ④ ⑤   29 ① ② ③ ④ ⑤

5 ① ② ③ ④ ⑤   30 ① ② ③ ④ ⑤

6 ① ② ③ ④ ⑤   31 ① ② ③ ④ ⑤

7 ① ② ③ ④ ⑤   32 ① ② ③ ④ ⑤

8 ① ② ③ ④ ⑤   33 ① ② ③ ④ ⑤

9 ① ② ③ ④ ⑤   34 ① ② ③ ④ ⑤

10 ① ② ③ ④ ⑤   35 ① ② ③ ④ ⑤

11 ① ② ③ ④ ⑤   36 ① ② ③ ④ ⑤

12 ① ② ③ ④ ⑤   37 ① ② ③ ④ ⑤

13 ① ② ③ ④ ⑤   38 ① ② ③ ④ ⑤

14 ① ② ③ ④ ⑤   39 ① ② ③ ④ ⑤

15 ① ② ③ ④ ⑤   40 ① ② ③ ④ ⑤

16 ① ② ③ ④ ⑤   41 ① ② ③ ④ ⑤

17 ① ② ③ ④ ⑤   42 ① ② ③ ④ ⑤

18 ① ② ③ ④ ⑤   43 ① ② ③ ④ ⑤

19 ① ② ③ ④ ⑤   44 ① ② ③ ④ ⑤

20 ① ② ③ ④ ⑤   45 ① ② ③ ④ ⑤

21 ① ② ③ ④ ⑤   46 ① ② ③ ④ ⑤

22 ① ② ③ ④ ⑤   47 ① ② ③ ④ ⑤

23 ① ② ③ ④ ⑤   48 ① ② ③ ④ ⑤

24 ① ② ③ ④ ⑤   49 ① ② ③ ④ ⑤

25 ① ② ③ ④ ⑤   50 ① ② ③ ④ ⑤

Examen de Ciencias

No marques las respuestas en este cuadernillo. Registra tus respuestas en la hoja de respuestas adicional provista. Asegúrate de que toda la información requerida esté debidamente registrada en la hoja de respuestas.

Para registrar tus respuestas, rellena el círculo en la hoja de respuestas con el número que corresponde a la respuesta que tú seleccionaste para cada pregunta del cuadernillo de examen.

EJEMPLO:

¿Cuál de las siguientes opciones es la unidad más pequeña en un ser vivo?

(1) tejido

(2) órgano

(3) célula   (En la Hoja Respuestas)

(4) músculo   ① ② ● ④ ⑤

(5) capilar

La respuesta correcta es "célula"; por lo tanto debe marcarse la opción de respuesta 3 en la hoja de respuesta.

No apoyes la punta del lápiz en la hoja de respuestas mientras estás pensando tu respuesta. No hagas marcas fuera de lugar o innecesarias. Si cambias una respuesta, borra completamente tu primera marca. Sólo marca una respuesta para cada pregunta; las respuestas múltiples serán consideradas incorrectas. No dobles o pliegues tu hoja de respuestas. Todos los materiales del examen deben devolverse al administrador del examen.

Nota: Consulta el Capítulo 18 para obtener las respuestas a este examen de práctica.

NO COMIENCES A HACER ESTE EXAMEN HASTA QUE TE LO DIGAN

Instrucciones: Elige la <u>mejor respuesta</u> para cada pregunta.

Las preguntas 1 a 3 se refieren al siguiente fragmento.

Hibernación de las Plantas

Los tulipanes son bellas flores que florecen a principios de primavera. A pesar de su apariencia frágil, logran sobrevivir el clima incierto de la primavera, floreciendo durante un tiempo para luego permanecer en letargo durante el resto del año. Al año siguiente, están listas para emerger de la tierra e iluminar nuevamente tu primavera.

Los tulipanes sobreviven porque crecen a partir de bulbos. Cada bulbo almacena humedad y alimentos en buenas condiciones climáticas. Cuando cambia el clima, la planta hiberna. Las raíces y las hojas se secan y caen, pero el bulbo desarrolla una piel externa más resistente para protegerse. El bulbo permanece latente hasta la primavera siguiente, cuando el ciclo vuelve a comenzar.

1. ¿Qué parte del tulipán le permite sobrevivir un invierno crudo?

   (1) las hojas

   (2) las yemas

   (3) el bulbo

   (4) las raíces

   (5) el tallo

2. Si buscaras una planta de florecimiento temprano para darle una nota de color a tu jardín en primavera, ¿cuál de las siguientes cultivarías?

   (1) rosas

   (2) petunias

   (3) tulipanes

   (4) begonias

   (5) nomeolvides

3. Mientras disfrutas de tu jardín en primavera o verano, las flores que se ven tan lindas están compuestas por células. Estas células son la unidad básica de toda materia viva en el universo. Además de las flores, las malezas y los árboles, incluso tú mismo estás compuesto por células. Si bien las plantas de jardín se componen de células, éstas son diferentes en cada planta. Es por esto que algunas plantas producen rosas y otras dientes de león.

   ¿Cuál de las siguientes opciones no está compuesta por células?

   (1) los perros

   (2) las flores

   (3) la gravedad

   (4) Sir Isaac Newton

   (5) el bosque

Ve a la siguiente página →

Las preguntas 4 y 5 se refieren al siguiente fragmento.

Pólvora

Al mirar una película de vaqueros por televisión, ¿te has preguntado alguna vez cómo sale disparada la bala de la pistola al apretar el gatillo?

Las balas se componen de dos partes, el casquillo y el proyectil. El casquillo está relleno de pólvora y un dispositivo de ignición. Cuando se golpea este dispositivo, la pólvora explota, expulsando el proyectil fuera del cañón de la pistola.

4. En las películas se utilizan pistolas con cartuchos de fogueo para efectos visuales. ¿Qué parte del cartucho se diferenciará de un cartucho utilizado para práctica de tiro al blanco?

    (1) la bala

    (2) el casquillo

    (3) el cañón

    (4) la pólvora

    (5) el proyectil

5. Si quisieras reducir la fuerza con la que un proyectil es expulsado del cañón, ¿qué cambiarías?

    (1) Utilizaría un casquillo más pequeño.

    (2) Utilizaría un proyectil más pequeño.

    (3) Utilizaría una pistola más pequeña.

    (4) Utilizaría menos pólvora en el casquillo.

    (5) Utilizaría más pólvora.

Las preguntas 6 y 7 se refieren al siguiente fragmento.

Propulsión de los Cohetes

¿Alguna vez te has preguntado cómo se mueve una nave espacial? Quizás hayas visto películas de ciencia ficción en las que un capitán utiliza una explosión de los motores del cohete para evitar que la nave y su tripulación se estrellen contra la superficie de un planeta distante.

Por lo general un combustible, como la gasolina en un automóvil, necesita un oxidante como el aire, para crear combustión, y de este modo accionar al motor. En el espacio no hay aire y por lo tanto, no hay oxidantes. Al tener un diseño inteligente, la nave espacial transporta su propio oxidante. El combustible utilizado puede ser líquido o sólido, pero la nave espacial siempre tiene un combustible y un oxidante para ser mezclados. Cuando ambos se mezclan se produce la combustión y se genera una rápida expansión hacia la parte posterior del motor. La fuerza de retroceso impulsa la nave espacial hacia adelante. Al no haber aire en el espacio, la nave espacial no encuentra resistencia al movimiento. Es así como la nave espacial avanza, evita una colisión u obedece los comandos de su tripulación.

6. ¿Por qué el motor de un cohete es el método de propulsión perfecto para los viajes espaciales?

    (1) Es muy potente.

    (2) Funciona sin un oxidante externo.

    (3) Transporta gran cantidad de combustible.

    (4) No puedes escuchar el ruido que hace.

    (5) Acelera rápidamente.

7. El combustible de una nave espacial puede ser

    (1) un oxidante

    (2) un gas

    (3) un aire

    (4) una expansión

    (5) un líquido

Ve a la siguiente página

> *Las preguntas 8 a 16 se refieren al siguiente fragmento.*

¿A Dónde Va Toda la Basura?

Cuando terminamos de usar algo, lo tiramos, ¿pero a dónde va? En las ciudades modernas, la basura suele ser arrojada a un vertedero, donde queda apilada con aquellas cosas que ya hemos desechado. Una ciudad norteamericana moderna genera desechos sólidos o basura a una velocidad alarmante. Cada día la ciudad de Nueva York produce 17.000 toneladas de basura y la envía a Staten Island, donde se suma a las 17.000 toneladas del día anterior en un vertedero. Cada uno de nosotros produce una cantidad de basura cada cinco años equivalente al volumen de la Estatua de la Libertad. A pesar de todos los esfuerzos por reciclar más, todos seguimos produciendo basura despreocupadamente sin pensar a dónde va.

Aquella que ha ido a parar en un vertedero, no es olvidada por la naturaleza. Al compactar la basura para reducir su volumen, disminuimos la velocidad de descomposición, lo que hace que nuestra basura dure más. En un vertedero moderno, este proceso genera una lasaña de basura. Hay una capa de basura compactada cubierta por una capa de tierra, cubierta por una capa de basura compactada y así sucesivamente. Al ahorrar espacio para alojar más basura, reducimos el aire y agua necesarios para descomponer la basura y por lo tanto, la preservamos para generaciones futuras. Si pudieras cavar un pozo lo suficientemente profundo, aún podrías leer periódicos de hace cuarenta años. El periódico podrá estar preservado, pero las noticias ya son historia.

Una de las soluciones para este problema es reciclar. Cualquier objeto que pueda ser reutilizado de una forma u otra es un objeto que no debería estar en un vertedero. La mayoría de nosotros reciclamos con gusto nuestro papel, lo que ahorra energía y recursos. El papel reciclado puede ser reutilizado y hasta transformado en otros productos. El reciclaje de periódicos viejos no es tan valioso como un tesoro escondido, pero cuando se tiene en cuenta el costo de los vertederos y el impacto ambiental de producir más y más papel de prensa, puede considerarse un buen negocio. Si las bolsas de compras plásticas se reciclan y fabrican en un material similar a la tela para ser reutilizadas, es de esperar que el ingenio norteamericano descubra formas de reducir toda la basura que se acumula en los vertederos antes de que invadan el espacio de las ciudades.

8. ¿Por qué los vertederos modernos son tanto parte del problema como parte de la solución?

(1) Son muy feos.

(2) Ocupan grandes extensiones de terreno valioso.

(3) No proliferan las bacterias que ayudan a la descomposición.

(4) Los periódicos son legibles después de 50 años.

(5) Los arqueólogos no tienen lugar donde cavar.

9. ¿Por qué es importante reciclar papel?

(1) Se ve más prolijo.

(2) Disminuye la necesidad de nuevos vertederos.

(3) El papel de prensa no es biodegradable.

(4) Ahorra dinero.

(5) Los periódicos no encajan en las pilas de compost.

Ve a la siguiente página ⟶

10. ¿Por qué se compactan los desechos sólidos en un vertedero moderno?

    (1) para disminuir los olores

    (2) para ayudar a que las bacterias descompongan la basura

    (3) para dar una mejor apariencia al vertedero

    (4) para reducir el espacio que ocupan

    (5) para acelerar el ciclo del nitrógeno

11. ¿Con qué se compara el vertedero moderno?

    (1) una forma eficiente de liberar a las ciudades de desechos sólidos

    (2) una lasaña de basura

    (3) un lugar para que las bacterias descompongan los desechos sólidos

    (4) un lugar para que exploren los arqueólogos

    (5) un cubo enorme de compost

12. ¿Por qué es importante que las ciudades establezcan programas de reciclaje?

    (1) Hace que las personas se sientan bien con su basura.

    (2) Es más económico reciclar.

    (3) El reciclaje permite que otras personas se ocupen de tu problema.

    (4) Se están acabando las bacterias para descomponer los desechos.

    (5) Es más económico que el costo de nuevos vertederos.

13. ¿Qué pueden hacer los norteamericanos en forma individual para disminuir la cantidad de desechos que son arrojados a un vertedero?

    (1) Comer menos.

    (2) Reutilizar y reciclar todo lo posible.

    (3) Dejar de usar papel.

    (4) Importar más nitrógeno.

    (5) Desarrollar más bacterias.

14. ¿Qué propósito de utilidad ofrecen las bacterias en el compostaje?

    (1) Nos ayudan a librarnos de enfermedades.

    (2) Enferman a los roedores.

    (3) Son parte del ciclo inorgánico.

    (4) Ayudan a descomponer la basura para compostaje.

    (5) Dan al yogurt ese sabor tan especial.

15. Si los municipios pierden dinero reciclando papel, ¿por qué continúan haciéndolo?

    (1) Los políticos no saben que están perdiendo dinero.

    (2) Los municipios no tienen que ganar dinero.

    (3) Al pueblo le gusta reciclar papel.

    (4) El costo es menor que adquirir más vertederos.

    (5) El reciclado de papel se ha convertido en parte de la vida urbana.

16. ¿De qué forma ayuda el reciclado de papel a ahorrar dinero a la ciudad?

    (1) Los camiones de reciclaje funcionan con combustible diesel.

    (2) La adquisición de nuevos vertederos cuesta dinero.

    (3) Los municipios no tienen que quemar el papel.

    (4) En un vertedero, la maquinaria pesada consume mucho combustible.

    (5) Los periódicos se entregan a domicilio.

Ve a la siguiente página

Las preguntas 17 y 18 se refieren al siguiente fragmento.

Bolsas de Aire

La mayoría de los automóviles nuevos vienen equipados con bolsas de aire. Ante una coalisión, las bolsas de aire se despliegan rápidamente y protegen al conductor y al acompañante sentado en el asiento delantero al inflarse para absorber la fuerza inicial del impacto. Las bolsas de aire se despliegan tan rápidamente y con tanta fuerza que pueden herir a un adulto de baja estatura sentado muy cerca del tablero o a un niño que viaja en un asiento para niños. Este dispositivo de seguridad debe ser tratado con respeto. Con la debida precaución las bolsas de aire salvan vidas. De hecho, una persona sentada en el asiento delantero de un automóvil moderno equipado con bolsas de aire que también lleva colocado un cinturón de seguridad tiene muchas más probabilidades de sobrevivir un accidente que una persona que no tiene puesto el cinturón de seguridad. Ambos dispositivos de seguridad trabajan en conjunto para salvar vidas pero deben ser utilizados en forma adecuada.

17. En una colisión frontal, ¿qué absorbe la fuerza del impacto?

   (1) las bolsas de aire

   (2) la estructura del automóvil

   (3) los asientos

   (4) tableros acolchados

   (5) el parabrisas

18. ¿Cuál es el lugar más seguro para un niño que viaja en un asiento para niños en un auto equipado con bolsas de aire?

   (1) el asiento trasero

   (2) el asiento delantero

   (3) el lado derecho del automóvil

   (4) el lado izquierdo del automóvil

   (5) donde el niño pueda ser cuidado por un adulto

Ve a la siguiente página

> *Las preguntas 19 a 22 se refieren al siguiente diagrama, extraído de* The Sciences: An Integrated Approach, *3era. Edición, por James Trefil y Robert M. Hazen (Wiley).*

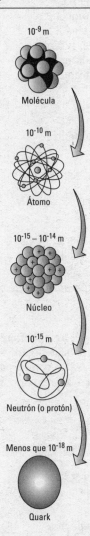

10^{-9} m

Molécula

10^{-10} m

Átomo

$10^{-15} - 10^{-14}$ m

Núcleo

10^{-15} m

Neutrón (o protón)

Menos que 10^{-18} m

Quark

19. De acuerdo con este diagrama, ¿cuál es el elemento fundamental a partir del cual se crean las otras partículas?

   (1) el átomo

   (2) molécula

   (3) neutrón

   (4) quark

   (5) protón

20. Según este diagrama, ¿cuántas veces más grande es una molécula que un quark?

   (1) 100

   (2) 1000

   (3) 1000000

   (4) 1.000.000.000

   (5) 10.000.000.000

Ve a la siguiente página

21. Los científicos pensaban que el átomo era la partícula más pequeña que existía, pero estaban equivocados. Existen partículas más pequeñas que el átomo y el átomo mismo no es un material sólido. Si las personas no pueden ver los átomos, ¿cómo pueden los científicos saber que existen partículas más pequeñas que los átomos?

    (1) Adivinan.

    (2) Experimentan.

    (3) Utilizan poderosas lentes de aumento.

    (4) Utilizan la lógica.

    (5) Se los dijo otro científico.

22. El asiento sobre el que estás sentado parece sólido, pero en realidad está compuesto por átomos. Cada uno de los átomos está compuesto por un núcleo, que a su vez está compuesto por neutrones y protones, pero gran parte del espacio ocupado por un átomo es simplemente espacio vacío. Esto significa que la silla donde estás sentado es mayormente espacio vacío. Puede concluirse que cuando estás parado sobre el piso de un edificio, en última instancia estás sostenido por

    (1) madera

    (2) concreto

    (3) vigas

    (4) átomos

    (5) reacciones químicas

Las preguntas 23 y 24 se refieren al siguiente fragmento.

La Superficie de la Luna

La superficie de la luna es un paisaje hostil y estéril. Los astronautas han encontrado cantos rodados del tamaño de una casa en campos enormes de polvo y rocas. No han tenido mapas que les sirvan de guía pero han sobrevivido, gracias a su entrenamiento para la misión.

23. ¿Qué características del paisaje lunar pueden hacer que el aterrizaje sea peligroso?

    (1) Los astronautas deben considerar la posible presencia de alienígenas hostiles.

    (2) La luna está llena de grandes espacios inexplorados, con enormes cantos rodados.

    (3) La luna tiene pistas de aterrizaje sin iluminar cuya estabilidad es incierta.

    (4) No todos los mapas de la luna son exactos.

    (5) La nave espacial tiene frenos poco adecuados para este tipo de terreno.

24. ¿Qué característica de la luna hace que la altura de un canto rodado pierda importancia para los astronautas que la recorren?

    (1) Los astronautas tienen entrenamiento en vuelo.

    (2) Existen herramientas especiales para volar sobre los cantos rodados.

    (3) Los astronautas pueden conducir en zonas obstruidas.

    (4) La baja gravedad facilita la escalada, de ser necesario.

    (5) El canto rodado no es tan grande.

Ve a la siguiente página

> *Las preguntas 25 y 26 se refieren al siguiente fragmento.*

Echar a un Lado el Agua

Si llenas un vaso de agua justo hasta el borde, debes beberla a temperatura ambiente. Si decides agregarle hielo, el agua se derramará sobre el borde. El hielo ha desplazado una cantidad de agua equivalente al volumen del hielo.

Al sumergirte en un suntuoso baño de espuma en tu bañera, el agua se eleva. Si pudieses medir el volumen de esa crecida, determinarías el volumen de tu cuerpo. Debido a que desplazarías un volumen de agua en la bañera equivalente al volumen de tu cuerpo, el nuevo volumen combinado de ti más el agua menos el volumen original del agua equivale al volumen de tu cuerpo. La próxima vez que te hundas lentamente en esa bañera con agua caliente, asegúrate de dejar espacio para que el agua se eleve o de estar dispuesto a secar el piso.

25. Cuando te sumerges en una bañera de agua, desplazas

    (1) tu peso en el agua

    (2) una gran cantidad de agua

    (3) burbujas

    (4) un volumen igual al volumen de tu cuerpo

    (5) el jabón

26. Si quisieras determinar el volumen de un objeto irregular, ¿cómo podrías hacerlo?

    (1) Colocando el objeto en un volumen de agua previamente calculado y midiendo luego el aumento.

    (2) Midiendo el objeto y calculando su volumen.

    (3) Pesando el objeto y calculando su volumen.

    (4) Colocando el objeto en un horno y calentándolo.

    (5) Investigando en un libro.

Ve a la siguiente página ⟶

Las preguntas 27 a 29 se refieren al siguiente fragmento.

La Primera Ley del Movimiento de Newton

En 1687, Isaac Newton propuso tres leyes del movimiento. Estas leyes no son el tipo de leyes con las que estamos familiarizados; son enunciados de una verdad en el campo de la física. La Primera Ley del Movimiento de Newton establece que un cuerpo en reposo tiende a permanecer en reposo y un cuerpo en movimiento tiende a permanecer en movimiento a menos que una fuerza externa actúe sobre él. Un ejemplo con el que puedes estar familiarizado es el juego de billar. Cada una de las bolas permanecerá en su posición a menos que la golpee la bola blanca. Una vez golpeada, la bola continuará rodando hasta que la fricción de la superficie de la mesa o una fuerza externa la detenga.

La inercia es la tendencia de todo objeto a mantener un movimiento uniforme o permanecer en reposo. Esta ley ha sido adoptada en el habla cotidiana. Cuando decimos que la inercia impide el progreso de las empresas o de las personas, queremos decir que languidecerán en su inmovilidad o se negarán a cambiar de dirección a pesar de todos los datos y señales provistos por sus empleados y asesores. En 1687 cuando Newton estaba formulando su Primera Ley del Movimiento, no tenía idea del profundo efecto que tendría en el mundo de la ciencia y del habla cotidiana.

27. Si tu auto queda atascado en un banco de nieve, ¿qué debes hacer para liberarlo?

   (1) Aplicar una fuerza descendente para aumentar la tracción de las ruedas.

   (2) Dejarlo en reposo hasta que quiera moverse.

   (3) Aplicar una fuerza en la dirección que quieres que se mueva.

   (4) Sentarte sobre el capó para aumentar el peso sobre las ruedas delanteras.

   (5) Culpar a Newton.

28. Se dice que una empresa que se niega a cambiar sus ideas sufre de

   (1) recesión

   (2) estabilidad

   (3) manipulación

   (4) inercia

   (5) mala administración

29. Cuando estás conduciendo a una velocidad constante en la autopista, ¿por qué requiere un mayor esfuerzo detener el vehículo de repente?

   (1) Los automóviles deberían tener derecho de paso.

   (2) Se requiere de mucha potencia para reiniciar la marcha.

   (3) Los peatones deberían quedarse en los parques.

   (4) Tu automóvil tiende a mantener la misma velocidad.

   (5) Conducir es bastante difícil aún sin distracciones.

Ve a la siguiente página

La pregunta 30 se refiere al siguiente fragmento.

La Segunda Ley del Movimiento de Newton

La Segunda Ley del Movimiento de Newton establece que cuando un cuerpo cambia su velocidad debido a la aplicación de una fuerza externa, ese cambio en la velocidad es directamente proporcional a la fuerza e inversamente proporcional a la masa del cuerpo. Esto significa que cuanto más rápido quieras detener tu auto, más fuerte deberás pisar el freno. Los frenos imprimen una fuerza externa que reduce la velocidad del auto. Cuanto más rápido quieras acelerar el auto, más fuerza deberás imprimir. Aumentar la potencia de un motor permite imprimir mayor fuerza al acelerar. Por ello, los automóviles de carrera de aceleración parecen ser todo motor.

30. Si buscas un auto que acelere rápidamente, ¿qué atributos brindan la mejor aceleración?

    (1) peso liviano y dos puertas

    (2) potencia elevada y transmisión automática

    (3) transmisión automática

    (4) transmisión automática y dos puertas

    (5) peso liviano y potencia elevada

La pregunta 31 se refiere al siguiente fragmento.

La Tercera Ley del Movimiento de Newton

La Tercera Ley del Movimiento de Newton establece que a cada acción corresponde una reacción igual y contraria. Si estás parado sobre el piso, la gravedad atrae tu cuerpo hacia abajo con una fuerza determinada. El piso debe ejercer una fuerza igual y contraria hacia arriba sobre tus pies o de lo contrario atravesarías el piso.

31. Un boxeador está golpeando un saco de boxeo. ¿Qué está haciendo el saco de boxeo al boxeador?

    (1) rebota lejos del boxeador

    (2) reacciona con una fuerza igual y contraria a la fuerza de su puñetazo

    (3) oscila a una velocidad igual a la del puñetazo

    (4) vuelve con una fuerza superior a la del puñetazo

    (5) permanece inmóvil

Ve a la siguiente página ⟶

Las preguntas 32 a 34 se refieren al siguiente fragmento.

¿Por qué no Se Congelan los Osos Polares?

Si observas un oso polar avanzar pesadamente a través del gélido paisaje ártico, tal vez te preguntes cómo es que no se congela. Si tú estuvieras ahí, probablemente te congelarías. De hecho, tan sólo mirar fotos de osos polares puede darte frío.

El profesor Stephan Steinlechner de la Universidad de Veterinaria de Hannover, Alemania, se propuso responder la pregunta de por qué no se congelan los osos polares. Los osos polares tienen la piel negra. Esto significa que, en efecto, el cuerpo de los osos polares está cubierto por un enorme captador de calor solar. Esta piel negra esta recubierta de pelos blancos huecos. Este pelaje actúa como aislante, manteniendo el calor dentro de la cobertura que ofrece el pelaje. Al igual que una casa con aislación térmica, el calor permanece dentro durante un periodo prolongado.

Es una teoría interesante y responde a la pregunta. Claro que aún puedes preguntarte: ¡¿cómo mantienen el calor a la noche, cuando no hay sol?!

32. El elemento más importante para retener el calor corporal del oso polar es

    (1) sus patas

    (2) su cuero cabelludo

    (3) su piel

    (4) su sangre

    (5) su pelo

33. ¿Cuál es el captador de calor solar del oso polar?

    (1) las cuevas

    (2) el hielo

    (3) su pelaje

    (4) la nieve

    (5) su piel

34. Si tuvieses que vivir en el ártico, ¿qué tipo de ropa sería la más adecuada?

    (1) abrigos aislantes

    (2) ropa interior de seda

    (3) ropa negra cubierta de pelaje

    (4) ropa blanca cubierta de pelaje

    (5) lana pesada

Ve a la siguiente página

Las preguntas 35 a 36 se refieren al siguiente diagrama, extraído de The Sciences: An Integrated Approach, *3era. Edición, por James Trefil y Robert M. Hazen (Wiley).*

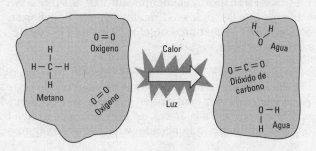

35. Cuando se quema el metano produce luz, calor, dióxido de carbono y agua. ¿Por qué el gas natural sería una buena elección para mantener cálido tu hogar en invierno?

    (1) La reacción química produce dióxido de carbono.

    (2) La reacción química produce luz.

    (3) La reacción química produce agua.

    (4) La reacción química utiliza oxígeno.

    (5) La reacción química produce calor.

36. Si los bomberos se enfrentaran a un incendio con metano, ¿qué buscarían eliminar para apagar el fuego?

    (1) el calor

    (2) la luz

    (3) el agua

    (4) el dióxido de carbono

    (5) el oxígeno

Las preguntas 37 y 38 se refieren al siguiente fragmento.

Pruebas de Paternidad

El ADN se ha transformado en parte del vocabulario corriente y varias series policiales lo incorporan como elemento clave en la historia. El ADN ha llevado a criminales tras las rejas y ha liberado a otros. Se utiliza como prueba en juicios y es una herramienta dramática importante tanto en programas de ficción como de entrevistas.

El ADN posee otra utilidad no tan dramática. Debido a que un niño hereda el ADN de sus progenitores, las pruebas de ADN puede confirmar la paternidad. Lo que constituye un ejemplo de un uso práctico derivado de un descubrimiento científico.

37. La prueba de paternidad compara el ADN del niño con el ADN de

    (1) la madre

    (2) el padre

    (3) la tía del padre

    (4) el padre y el abuelo

    (5) ambos lados de la familia

38. ¿Por qué no es necesario realizar una prueba de maternidad cuando nace un niño?

    (1) El ADN de la madre es siempre igual al de sus hijos.

    (2) Los padres tienen la obligación de proveer manutención.

    (3) Las madres dan a luz a sus hijos.

    (4) Es mucho más dramático.

    (5) Los padres pueden tener más de un hijo.

Ve a la siguiente página

Las preguntas 39 a 44 se refieren al siguiente fragmento.

Material Espacial

Cada vuelo espacial transporta elementos autorizados por la NASA, pero los pequeños objetos peculiares que llevan los astronautas en sus bolsillos son los que captan el interés de los coleccionistas. Los distintos objetos llevados a bordo de varios vuelos espaciales han activado las ventas en subasta.

En el segundo vuelo tripulado a Mercurio, Gus Grissom llevó dos rollos de monedas de diez centavos. Planeaba dárselas a los hijos de sus amigos cuando regresara a la Tierra. Si llevaras dos rollos de monedas de diez centavos en la Tierra, su valor sería de diez dólares. Sin embargo, cuando Gus Grissom regresó a la Tierra, estas monedas se habían transformado en recuerdos del espacio, y cada una había multiplicado varias veces su valor nominal.

Si bien la NASA no permite la venta de objetos llevados a bordo de las misiones espaciales, muchos artículos han logrado salir al mercado. Once estampillas del Apollo 16 autografiadas por los astronautas se vendieron por $27.000 en una subasta, pero el sándwich de carne enlatada que John Young le ofreció a Gus Grissom jamás regresó a la Tierra.

39. ¿Qué planeaba hacer Gus Grissom con sus rollos de monedas de diez centavos?

(1) Venderlas en una subasta.

(2) Utilizarlas en máquinas expendedoras.

(3) Dárselas a los niños.

(4) Donarlas a la caridad.

(5) Conservarlas como recuerdo.

40. ¿Qué le sucedió al sándwich de carne enlatada de John Young?

(1) Está en un almacén.

(2) Fue vendido.

(3) Se quedó en la luna.

(4) Fue comido.

(5) No hay suficiente información para saberlo.

41. ¿Qué hace tan especial a los objetos que llevan los astronautas en sus bolsillos?

(1) La falta de gravedad cambia su composición.

(2) Han estado en el espacio.

(3) Se ven afectados por la radiación lunar.

(4) Los bolsillos están fabricados de un material especial.

(5) Están autografiados.

42. ¿Qué objetos autorizaría la NASA para que los astronautas lleven al espacio?

(1) juguetes para llevarles a sus hijos de regreso

(2) un chaleco antibalas

(3) una tasa de café adicional para el vuelo

(4) documentos gubernamentales

(5) herramientas para hacer experimentos

43. ¿Por qué las estampillas autografiadas valdrían tanto dinero?

(1) Son un objeto raro al tener un autógrafo personal.

(2) Las estampillas siempre se vuelven valiosas.

(3) Las personas coleccionan autógrafos.

(4) Los astronautas no dan autógrafos.

(4) Las subastas siempre venden a precios elevados.

44. ¿Por qué se volvería tan valioso el contenido del bolsillo de un astronauta después de un viaje espacial?

(1) La NASA les dijo que no llevaran objetos en sus bolsillos.

(2) Las subastas aumentan el valor de los objetos.

(3) Los coleccionistas valoran cualquier cosa que exista en cantidades limitadas.

(4) Los viajes espaciales convierten a los objetos en mágicos.

(5) Los astronautas siempre exigen el precio más elevado.

Ve a la siguiente página →

Las preguntas 45 y 46 se refieren al siguiente fragmento.

Trabajo

Cuando pensamos en el trabajo, pensamos en personas sentadas en sus escritorios operando computadoras o construyendo casas o realizando algún otro esfuerzo para ganar dinero. Cuando un físico piensa en trabajo, probablemente piense en una fórmula — una fuerza ejercida a lo largo de una distancia. Si no gastas ninguna energía — lo que da como resultado una fuerza de valor cero — o si tu fuerza no produce movimiento alguno, no se ha hecho ningún trabajo. Si tomas tu súper hamburguesa gigante de dos libras y la llevas a tu boca para morder un bocado, estás haciendo un trabajo. Si deseas resistir la tentación y sólo miras fijamente tu hamburguesa, no haces ningún trabajo. Si tu amigo se cansa de este juego y levanta tu hamburguesa para alimentarte, sigues sin hacer ningún trabajo, pero tu amigo sí lo hace. En términos científicos, se necesitan dos elementos para producir trabajo: debe ejercerse una fuerza y el objeto sobre el que se ejerce la fuerza debe moverse.

45. Si la fórmula del trabajo es Trabajo = Fuerza × Distancia, ¿cuánto más trabajo deberías hacer para levantar una barra con pesas de 10 libras a una altura de 3 pies en lugar de 2 pies?

    (1) un cincuenta por ciento más

    (2) 3 veces más

    (3) ⅓ más

    (4) 1½ veces más

    (5) 2⅓ veces más

46. Si bien puedes darte cuenta que trabajas al subir un tramo de escaleras, ¿por qué también el descenso implica un trabajo?

    (1) Es difícil bajar escaleras.

    (2) Has recorrido una distancia al bajar las escaleras.

    (3) Te sientes cansado después de bajar las escaleras.

    (4) Has ejercido una fuerza a lo largo de una distancia.

    (5) Si lo haces en horario laboral, entonces es trabajo.

Ve a la siguiente página

Las preguntas 47 y 48 se refieren a la siguiente figura y fragmentos, extraídos de Physical Science: What the Technology Professional Needs to Know por C. Lon Enloe, Elizabeth Garnett, Jonathan Miles, y Stephen Swanson (Wiley).

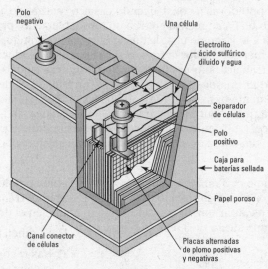

Batería de Plomo-Ácido

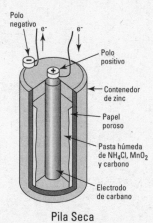

Pila Seca

La Batería de Plomo-Ácido

Una batería en la que puedes confiar es la batería de plomo-ácido de 12 voltios utilizada en automóviles y camiones. Esta batería está compuesta por seis células individuales y cada una genera 2 voltios. Al conectar las seis células en serie, el voltaje total se convierte en la suma, es decir, 12 voltios.

La Pila Seca

La pila seca tradicional o pila para linterna es una pila de zinc-carbono. Deriva su nombre del hecho de que la parte líquida ha sido reemplazada por una pasta húmeda de cloruro de amonio, dióxido de manganeso y carbono. Estos componentes son la parte anodina de la célula y el contenedor de zinc actúa como el cátodo.

Ve a la siguiente página

47. Para obtener una batería de plomo ácido de 48 voltios, ¿cuántas células serían necesarias?

    (1) 24
    (2) 26
    (3) 28
    (4) 36
    (5) 48

48. ¿Qué reemplaza a la parte de líquido-ácido de la batería de plomo-ácido en una pila seca?

    (1) una pasta húmeda
    (2) un polvo
    (3) ácido seco
    (4) carbono y zinc
    (5) una varilla de ácido

Ve a la siguiente página

Las preguntas 49 y 50 se refieren al siguiente fragmento.

La Célula y la Herencia

Cada célula en un organismo vivo consiste en una membrana que rodea a un citoplasma. El citoplasma es como la gelatina y tiene un núcleo en su centro. Los cromosomas son parte del núcleo. Son importantes porque almacenan ADN. El ADN almacena el código genético, que es la base de la herencia.

49. ¿Qué determina qué rasgos heredas de tus padres?

    (1) la célula

    (2) el átomo

    (3) el núcleo

    (4) el neutrón

    (5) el ADN

50. ¿Qué parte del cromosoma contiene el código genético?

    (1) la membrana

    (2) el citoplasma

    (3) el núcleo

    (4) el átomo

    (5) el ADN

ALTO NO DESVUELTA LA PÁGINA HASTA QUE SE TE INDIQUE QUE LO HAGAS. NO REGRESES A UN EXAMEN ANTERIOR.

Capítulo 18

Respuestas y Explicaciones para el Examen de Ciencias

· ·

Después de tomar el Examen de Ciencias del Capítulo 17, usa este capítulo para revisar tus respuestas. Tómate tu tiempo para leer las explicaciones de las respuestas que damos en la primera sección. Pueden ayudarte a entender por qué te equivocaste en algunas respuestas. Quizás quieras leer las explicaciones de las preguntas que respondiste correctamente, porque al hacerlo puedes tener una mejor idea del razonamiento que te ayudó a elegir las respuestas correctas.

Si tienes poco tiempo, ve al final del capítulo para ver la clave de respuestas abreviada.

Si tienes problemas para terminar el Examen de Ciencias completo del Capítulo 17 en el tiempo asignado, ve al Capítulo 16 y lee las respuestas al primer Examen de Ciencias (que puedes tomar en el Capítulo 15). Subraya la oración u oraciones que te indican la respuesta correcta para cada pregunta. Marca cada fragmento en el examen del Capítulo 15 y especifica si te alcanza una lectura superficial o necesitas leer el fragmento completo para encontrar la respuesta.

Análisis de las Respuestas

1. **3.** El fragmento describe cómo se modifica el bulbo para permitir que el tulipán sobreviva el invierno. En el segundo párrafo puedes encontrar la explicación completa de cómo el bulbo permite sobrevivir al tulipán.

2. **3.** El fragmento establece que los tulipanes florecen temprano y que todos los años crecen a partir del bulbo.

3. **3.** Todas las otras opciones de respuesta excepto la gravedad son sustancias vivas compuestas por células. La gravedad es una fuerza, no una sustancia viva.

4. **5.** Como el proyectil es la única parte expulsada de la pistola y los productores y directores de cine no quieren herir a nadie, se alteran las pistolas para que el proyectil no cause daños. En la mayoría de los casos, no existe un proyectil y la pistola simplemente emite un ruido y un destello — nada sale del cañón. La bala sigue operando de forma similar con un destello y un ruido, pero el proyectil inexistente es inofensivo.

5. **4.** La fuerza que expulsa al proyectil fuera del cañón es la explosión de pólvora en el casquillo. La fuerza de la explosión está determinada por la cantidad de pólvora en el casquillo. Si hay menos pólvora en el casquillo, hay menos fuerza para expulsar al proyectil fuera del cañón.

6. **2.** En el espacio no hay un oxidante que forme parte de la reacción química necesaria para generar la combustión. Una nave espacial lleva su propio oxidante y por lo tanto, puede viajar en el espacio carente de aire.

7. **5.** El fragmento establece que "el combustible utilizado puede ser un líquido o un sólido." Esta pregunta sólo pide parte de la información dada en el fragmento.

8. **3.** El fragmento dice que con la metodología utilizada para enterrar los desechos sólidos en un vertedero moderno, las bacterias necesarias para la descomposición no pueden sobrevivir. La razón para el uso de vertederos es que requieren menos espacio — no que promueven la descomposición. Por ello, el vertedero y los procesos utilizados en el mismo forman tanto parte del problema como de la solución.

9. **2.** Disminuye la necesidad de nuevos vertederos. En las grandes ciudades, el terreno es costoso y pocas personas desean vivir al lado de un vertedero. Aún si eliminas la basura enviándola a otra parte, como hace la Ciudad de Nueva York, todavía debe ser desechada en algún lado. Esta información, incluida en el pasaje, coincide con lo que puedas haber leído en los periódicos y visto en la televisión. Este fragmento es un ejemplo de un texto donde el conocimiento previo se integra con el material dado.

Aun si crees que conoces la respuesta, lee rápidamente el fragmento para asegurarte, porque a veces tus conocimientos previos entran en conflicto con lo enunciado en un fragmento.

10. **4.** Los desechos sólidos son compactados para reducir la cantidad de espacio que ocupan, y también para prolongar el uso del vertedero. Los desechos son compactados a pesar de que al hacerlo se retrasa el proceso de descomposición y se prolonga la vida de la basura.

11. **2.** Un vertedero moderno se compara con una lasaña de basura porque está compuesto por capas alternadas de basura compactada y tierra. Este método impide la descomposición a tiempo.

12. **5.** El fragmento dice que reciclar es más económico que continuar adquiriendo nuevos vertederos. La opción (2) parece una respuesta posible, pero no es completa ya que no explica por qué reciclar es más económico. Asegúrate de leer atentamente las respuestas — no querrás elegir una respuesta incompleta. Las otras opciones de respuesta no responden a la pregunta a la luz del material presentado en el fragmento.

13. **2.** Mientras sigas desechando los residuos en el cordón de la vereda o en el basural, seguirá habiendo una cantidad excesiva de residuos. Cada material de desecho que puedas reutilizar o reciclar puede ser útil otra vez y por lo tanto, reduce parte de los desechos en Estados Unidos.

14. **4.** El fragmento establece que las bacterias descomponen los desechos. Desafortunadamente, los métodos modernos de eliminación de residuos en los vertederos reducen la eficacia de las bacterias.

15. **4.** El costo de adquirir vertederos es superior al del reciclaje. En la mayoría de las ciudades, las personas esperan encontrar nuevos usos para el material reciclado, lo que podría aumentar el valor de los residuos.

16. **2.** El reciclaje disminuye la cantidad de espacio requerida en los vertederos. Estos sitios son extensos y muy costosos de adquirir para las ciudades. Si se necesitaran menos vertederos (o vertederos más pequeños) se ahorraría dinero.

Puedes notar que en estas preguntas se desarrolla un tema — algo que puedes percibir como un patrón de respuestas. Ten cuidado al buscar temas o patrones cuando respondes las preguntas de este examen. Si piensas que has encontrado uno, sé cauteloso porque el tema o patrón pueden existir sólo en tu cabeza.

17. **1.** El objetivo de la bolsa de aire, de acuerdo con el fragmento, es absorber parte del impacto en una colisión frontal. La Opción (2) es incorrecta debido a que el pasaje no menciona nada acerca de la estructura del automóvil como parte del mecanismo de absorción de energía. Las Opciones (3) y (5) tendrían poca incidencia en la absorción del impacto en un choque. Los tableros acolchados proporcionan una protección mínima, pero no son tan eficaces como las bolsas de aire.

Según lo que recuerdes, una o más opciones de respuesta a una pregunta pueden ser correctas, pero si el fragmento no las menciona, no las elijas. Una respuesta correcta en una pregunta de opción múltiple está mencionada o implícita en el fragmento.

18. **1.** Un niño está más seguro en el asiento trasero porque cuando la bolsa de aire se despliega tiene la suficiente potencia para herir a una persona pequeña (de acuerdo con la tercera oración del primer párrafo). Las otras cuatro opciones de respuesta parecen razonables, pero son incorrectas debido a que no están mencionadas en el fragmento.

19. **4.** El diagrama (de abajo hacia arriba) indica el proceso de desarrollo de una molécula. El quark es la partícula más pequeña y la molécula es la más grande. A veces debes leer un diagrama de una forma inusual para responder la pregunta.

20. **4.** De acuerdo con el diagrama, un quark mide 10^{-18} m de longitud y una molécula mide 10^{-9} de longitud. La molécula tendría $10^{-9} \div 10^{-18} = 1 \div 10^{-9}$ o 1,000,000,000 veces el tamaño de un quark.

Un número con un exponente negativo, como 10^{-9}, equivale a $1 \div 10$ a la potencia positiva del exponente negativo (por ejemplo, $10^{-9} = 1 \div 10^9$).

21. **2.** Los científicos suelen desarrollar experimentos para probar distintas teorías sobre elementos que son invisibles a simple vista. La curiosidad impulsa a los científicos a intentar encontrar respuestas y la experimentación ha demostrado que existen partículas más pequeñas que los átomos. Las otras respuestas no responden directamente la pregunta.

22. **4.** El fragmento dice que todo está compuesto por átomos. Como consecuencia, el piso debe estar compuesto por átomos. Las Opciones (1) y (2) son materiales de construcción compuestos también por átomos. La Opción (3) es una pieza fabricada de un edificio y está compuesta por átomos, y la Opción (5) ni siquiera está cerca de responder la pregunta.

23. **2.** Aterrizar una nave espacial sobre grandes cantos rodados es imposible, y la falta de mapas hace posible el impacto accidental contra un canto rodado. Un canto rodado del tamaño de una casa podría ocasionar daños graves a una nave espacial. El fragmento dice que existen cantos rodados de ese tamaño sobre la superficie de la luna y que hay pocos mapas precisos de la superficie lunar.

24. **4.** La luna tiene menor gravedad que la Tierra. Escalar requiere elevar tu peso contra la fuerza de la gravedad. Es más fácil escalar en la luna. Con una gravedad muy reducida, los astronautas pueden saltar bastante alto. Queda por ver si podrían saltar por encima de un canto rodado del tamaño de una casa.

25. **4.** El fragmento dice que desplazarías un volumen igual a tu propio volumen. La Opción (1) parece ser la correcta, pero el fragmento se refiere al volumen, no al peso.

26. **1.** El objeto desplazaría un volumen de agua igual al suyo. Por lo tanto, colocar un objeto dentro de un volumen de agua previamente calculado es una forma de medir el volumen de un objeto irregular.

27. **3.** Según Newton, debe aplicarse una fuerza para mover un objeto en reposo. Newton, que nunca manejó un automóvil, dijo que debes aplicar una fuerza externa sobre el objeto en reposo (el automóvil en esta pregunta) en la dirección que deseas que se mueva. Si quieres que tu automóvil se hunda más en la nieve, debes empujarlo hacia abajo. Si tienes una grúa o un helicóptero, lo que no está mencionado en el fragmento, aplicas una fuerza ascendente para sacarlo de la nieve. La Opción (3) es la mejor respuesta.

28. **4.** Encontrarás la respuesta a esta pregunta en el segundo párrafo del fragmento.

29. **4.** Al conducir a un ritmo de velocidad uniforme, el automóvil se resiste a los cambios de velocidad. El automóvil quiere seguir avanzando a la misma velocidad. Para cambiar esa velocidad de repente, debes imprimir gran fuerza sobre tus frenos.

30. **5.** La Segunda Ley del Movimiento de Newton establece que cuando un cuerpo cambia su velocidad debido a la aplicación de una fuerza externa, ese cambio en la velocidad es directamente proporcional a la fuerza e inversamente proporcional a la masa del cuerpo. Si reduces el peso del cuerpo y aumentas el tamaño de la fuerza externa, aumenta la aceleración.

31. **2.** La Tercera Ley del Movimiento de Newton establece que a cada acción corresponde una reacción igual y contraria. Si el boxeador está ejerciendo una fuerza sobre el saco de boxeo, el saco está ejerciendo una fuerza igual y contraria sobre el boxeador.

32. **5.** El fragmento establece que el pelo actúa como aislante, lo que retiene el calor corporal del oso polar.

33. **5.** El fragmento dice que la piel oscura del oso polar capta el calor del sol.

34. **3.** Si estuvieses en el Ártico, querrías reproducir la experiencia del oso polar. Ropa negra cubierta de pelaje es la mejor respuesta.

35. **5.** En el clima frío necesitas una fuente de calor para calentar tu hogar, y el metano produce calor en la reacción química. Las otras respuestas son incorrectas.

36. **5.** El metano necesita oxígeno para producir luz y calor. Si no hay oxígeno, el metano no puede quemarse.

37. **2.** La paternidad hace referencia a la mitad masculina de la pareja. Si se realizara la prueba a las madres, se llamaría prueba de maternidad.

38. **3.** Nunca nadie ha tenido duda alguna en el día del nacimiento respecto de quién dio a luz a un niño. Siempre resulta obvio quién es la madre en ese día. Si el niño fuera separado de la madre después del nacimiento, podría ser necesaria una prueba de maternidad. Pero la pregunta se refiere específicamente al día del nacimiento del bebé.

39. **3.** De acuerdo con el fragmento, Gus Grissom planeaba entregar las monedas de diez centavos a los hijos de sus amigos.

40. **5.** El fragmento te dice que el sándwich no volvió a la Tierra, pero nada más. El fragmento no dice qué pasó. Cualquier otra opción de respuesta, excepto la Opción (5) es una mera especulación. En estos exámenes debes limitarte a la información dada.

41. **2.** Como estar en el espacio es un hecho poco común, cualquier cosa que haya estado allí adquiere cierta importancia. Los coleccionistas buscan objetos raros y que están a punto de volverse más raros.

42. **5.** El objetivo de los viajes espaciales es la investigación científica, por lo tanto estás buscando un elemento asociado con la conducción de experimentos o la ejecución de rutinas diarias propias de los viajes espaciales. Ninguna de las otras opciones es adecuada para este objetivo.

43. **1.** Cualquier cosa autografiada por un famoso es valiosa. Cuando el objeto autografiado también está disponible en cantidades limitadas, se vuelve aún más valioso.

44. **3.** A los coleccionistas les gusta conseguir objetos únicos. Existen pocos elementos tan únicos como algo que ha estado volando en el espacio.

45. **4.** Como la fuerza permanece constante, el trabajo realizado es proporcional a la distancia recorrida, lo que significa que harías $3 \div 2$ o $1\frac{1}{2}$ veces más trabajo

46. **4.** Al bajar las escaleras, debes ejercer una fuerza contraria a la fuerza de gravedad a lo largo de una distancia (la definición de trabajo según la física). En la vida real, parece más fácil bajar un tramo de escaleras que subirlo, pero en ambos casos se está haciendo un trabajo.

47. **1.** Si quieres una batería de plomo-ácido de 48 voltios y cada celda produce 2 voltios, necesitas 24 celdas ($48 \div 2 = 24$).

48. **1.** La pasta húmeda reemplaza al ácido en la pila.

49. **5.** El ADN almacena el código genético que determina la herencia, y obtienes tu ADN de tus padres.

50. **5.** El ADN en el cromosoma almacena el código genético que determina la herencia. Sí, esta respuesta es la misma que la de la Pregunta 49, pero la pregunta es diferente. Lee atentamente las preguntas, y no pierdas tiempo buscando patrones o trampas.

Clave de respuestas

1. **3**	18. **1**	35. **5**
2. **3**	19. **4**	36. **5**
3. **3**	20. **4**	37. **2**
4. **5**	21. **2**	38. **3**
5. **4**	22. **4**	39. **3**
6. **2**	23. **2**	40. **5**
7. **5**	24. **4**	41. **2**
8. **3**	25. **4**	42. **5**
9. **2**	26. **1**	43. **1**
10. **4**	27. **3**	44. **3**
11. **2**	28. **4**	45. **4**
12. **5**	29. **4**	46. **4**
13. **2**	30. **5**	47. **1**
14. **4**	31. **2**	48. **1**
15. **4**	32. **5**	49. **5**
16. **2**	33. **5**	50. **5**
17. **1**	34. **3**	

Parte V

Poner a Prueba Tu Comprensión: El Examen de Lectura de Artes del Lenguaje

The 5th Wave   By Rich Tennant

"¡Vamos, Fogelman, hable! ¡Y no quiero escuchar estructuras sintácticas no paralelas, oraciones incompletas o participios sin antecedentes!"

En esta parte . . .

Aquí te enterarás de todo lo que siempre quisiste saber sobre el examen de lectura de artes del lenguaje. Descubrirás qué tipo de materiales se espera que leas para luego responder preguntas acerca de ellos y cuál es el formato del examen. También conocerás algunas estrategias para rendir mejor en el examen y un resumen de lo que leer antes del examen para aumentar tus probabilidades de éxito. Finalmente, tienes la oportunidad de tomar dos exámenes de práctica completos.

Los exámenes de práctica son asunto serio — si eliges tratarlos así. Te dan la oportunidad de ver cómo te iría en un examen real y de verificar tus respuestas. Como gratificación especial, esta parte ofrece explicaciones detalladas de las respuestas que puedes leer cuando no entiendas por qué las respuestas son como son.

Capítulo 19

Leer Entre Líneas: Un Encuentro con el Examen de Lectura de Artes del Lenguaje

En Este Capítulo

▶ Identificar las destrezas que cubre el Examen de Lectura de Artes del Languaje

▶ Entender cómo está organizado el examen

▶ Prepararse para los distintos tipos de preguntas del examen

▶ Leer sobre algunas estrategias útiles y sobre cómo administrarse el tiempo

▶ Aventurarse con algunas preguntas de muestra

*E*n pocas palabras, el Examen de Lectura de Artes del Lenguaje determina cómo lees y entiendes lo que hayas leído. Parece simple, ¿verdad? Si buscas más información sobre el tipo de textos y de preguntas que aparecen en este examen, estás en el lugar adecuado. Este capítulo cubre estos temas y más.

Para sacar un buen puntaje en este examen, tienes que estar acostumbrado a leer varios tipos de textos y tienes que comprender lo que leas. Si no te gusta mucho leer, comienza con algo simple, como un periódico o una revista semanal de noticias. Cada día, pasa una hora menos enfrente del televisor, y lee algo en su lugar. Poco a poco, mejorarás y podrás empezar a leer libros de instrucciones (como éste) y cuentos cortos de alguna antología (una manera sofisticada de decir una colección de cuentos cortos o de poemas). Más adelante, comienza a leer novelas, poemas más largos y obras de teatro.

Un Vistazo a las Destrezas que Cubre el Examen de Lectura de Artes del Lenguaje

Quizás no entiendas por qué el GED quiere evaluar tu conocimiento y comprensión de la literatura. Sin embargo, en la sociedad de hoy en día, el poder comprender, analizar y aplicar algo es un destreza importante. Las preguntas del Examen de Lectura de Artes del Lenguaje se concentran en las siguientes destrezas (que se supone dominas al leer textos de prosa, poesía y obras de teatro):

✔ **Comprensión (20 por ciento):** Las preguntas que cubren las destrezas de comprensión evalúan la habilidad de leer una fuente de información, entenderla y volver a expresarla en tus propias palabras. Si entiendes el texto, puedes expresar de forma diferente lo que has leído sin perder el significado del texto. También puedes hacer un resumen de las ideas que se presentan y explicar las ideas y las implicaciones del texto.

✓ **Aplicación (15 por ciento):** Las preguntas que cubren las destrezas de aplicación evalúan la habilidad de usar la información que lees en el texto en una situación nueva, como cuando respondes a preguntas. Estas preguntas se parecen más a la vida real porque a menudo te piden que apliques lo que has leído en el texto a una situación de la vida real. Un ejemplo de cómo usar estas destrezas en la vida real es leer un manual del usuario y luego usar el producto al que acompaña.

✓ **Análisis (30 a 35 por ciento):** Las preguntas que cubren las destrezas de análisis evalúan la habilidad de llegar a una conclusión, entender las consecuencias y de hacer inferencias después de leer un texto. Para responder estas preguntas con éxito, tendrás que asegurarte de que las conclusiones estén basadas en lo que esté escrito en el texto y no en los conocimientos que tú tengas del tema o en un libro que leíste la semana anterior. Las preguntas que evalúan la habilidad de analizar lo que lees quieren saber si tú aprecias la manera en que un texto está escrito y si reconoces las relaciones de causa y efecto dentro del texto. También se espera que sepas cuando se expresa una opinión y que analices lo que significa en el contexto del texto.

✓ **Síntesis (30 a 35 por ciento):** Las preguntas que cubren las destrezas de síntesis evalúan la habilidad de tomar la información de una forma y de un lugar, y juntarla en otro contexto. En esta sección vas a poder hacer conexiones entre diferentes partes de un texto, compararlas y contrastarlas. Quizás te pidan que hables del tono o voz, del punto de vista, o del objetivo del texto. Eso sí, nunca se puede decir que el objetivo del texto es confundir o frustrar a los que tomen el examen.

Algunas preguntas de este examen te pueden pedir que uses la información del texto junto con la información del texto de las preguntas. Asegúrate de leer todo lo que esté escrito en el cuadernillo del examen. Nunca se sabe dónde se va a encontrar la respuesta.

Entender el Formato del Examen

El Examen de Lectura de Artes del Lenguaje evalúa tu habilidad de entender y de interpretar textos de prosa y poesía. Es simple — no hay trucos. No tienes que usar las matemáticas para saber la respuesta. Simplemente tienes que leer lo que pone, entenderlo, y usar el material para encontrar la respuesta correcta. Los textos en este examen son similares a los textos que un estudiante de secundaria encontraría en la clase de lenguaje. Son textos literarios o textos de no ficción. (Podrás aprender más sobre esto en la siguiente sección.)

Para que te sientas más cómodo al tomar el Examen de Lectura de Artes del Lenguaje, te vamos a mostrar cómo es este examen en papel. Contiene 40 preguntas de opción múltiple y varios textos que las acompañan. Tienes 65 minutos para completar el examen. Esto quiere decir que tienes un poco más de 1½ minutos para responder cada pregunta (y leer el texto que la acompaña).

Antes de cada texto del examen encontrarás una pregunta en negrilla. Es la *pregunta de objetivo*, que explica el propósito del texto. No tienes que responder esta pregunta. Está allí para guiarte sobre qué información es importante en el texto que sigue. La pregunta de objetivo sugiere un propósito, u objetivo, para leer el texto y te da pistas sobre las preguntas que siguen.

Después de cada pregunta de objetivo, hay un texto de 200 a 400 palabras o un poema de 8 a 25 líneas. Los textos del examen pueden proceder de materiales del lugar de trabajo o de materiales de lectura académicos. Treinta de las preguntas (7 por ciento) están basadas en textos literarios (obras de teatro, poesía, cuentos cortos, novelas, etc.). Las otras diez preguntas (25 por ciento) están basadas en textos que no pertenecen al género de la ficción (como biografías, críticas, ejemplos de memorándums, instrucciones etc.). Después de cada texto, tienes que responder de cuatro a ocho preguntas de opción múltiple.

Los textos son textos. Aunque la siguiente sección describe los tipos de textos que aparecen en el Examen de Lectura de Artes del Lenguaje, no te preocupes demasiado sobre qué tipo de texto estás leyendo. Es más importante que te tomes tu tiempo para entender la información que se te presenta en el texto.

Identificar los Tipos de Preguntas y Saber Cómo Prepararse para Ellas

Seguramente querrás hacerte una idea del tipo de preguntas que vas a encontrar en el Examen de Lectura de Artes del Lenguaje. Si estás familiarizado con ellas, te sentirás más cómodo. ¡Buenas noticias! En esta sección nos fijamos en los dos tipos de preguntas principales. También te damos consejos prácticos que puedes usar para prepararte para el examen.

El mejor consejo que podemos darle a alguien que tome este examen es que lea. En las secciones anteriores de este capítulo, te damos una idea de lo que se examina y de las partes del examen que se dedican a cada texto. Ahora viene la parte que tienes que hacer tú solo: la lectura. Lee todo lo que puedas y decide qué tipo de lectura vas a hacer. Hazte preguntas sobre todo lo que leas, aunque quiera decir que te hagas preguntas sobre lo que está escrito en las cajas de cereales. Lee las instrucciones de los manuales de los productos que tengas en casa. Quizás te sorprendas al aprender algo nuevo sobre algunos de los productos electrónicos que tienes.

Textos literarios

El Examen de Lectura de Artes del Lenguaje contiene por lo menos un texto de cada uno de los siguientes géneros literarios (y bastantes preguntas que lo acompañan):

✔ **Teatro:** El *teatro* (en otras palabras, una obra de teatro) cuenta una historia usando las palabras y las acciones de los personajes. La descripción del lugar y los trajes está en las acotaciones o en la mente del director. Al leer los textos de este género literario, intenta imaginarte la escena, los personajes y sus acciones. Haz una película de la obra en tu cabeza. Al hacerlo, te resultará más fácil entender el texto.

Las acotaciones generalmente están escritas en cursiva, *como estas letras*. Aunque no seas un actor en la obra, presta atención a esta parte de la obra. Te dará información útil que quizás necesites para responder las preguntas que siguen al texto.

✔ **Poesía:** La *poesía* es el "jugo concentrado" de la literatura. Las ideas y las emociones están concentradas y no siempre son obvias en la primera lectura. Tómate tu tiempo al leer la poesía. Si lo haces, la poesía tendrá sentido y será hermosa. De hecho, mucha de la música popular de hoy se escribe como poesía. (Leonard Cohen es un maravilloso ejemplo de un poeta que canta sus poemas.) Sabemos que no tomas este examen por razones de ocio, pero intenta disfrutar de la poesía todo lo que puedas.

Al prepararte para este examen, lee mucha poesía — aunque la odies. Algunos poemas son preciosos y conmovedores, y, si lees lo suficiente, seguro que encontrarás por lo menos un poema del que disfrutarás. Después de leer un poema, decide lo que está comunicando el poeta, y cómo lo hace. ¿Por qué usa el poeta ciertas palabras? ¿Qué imágenes hay en el poema? El dedicar tiempo a hacerte este tipo de preguntas después de leer poesía verdaderamente puede ayudarte a estar mejor preparado para el examen.

✔ **Ficción en prosa:** *La ficción en prosa* se refiere a novelas y cuentos cortos. Como seguramente ya sabrás, la ficción son textos literarios que vienen directamente de la mente del autor (en otras palabras, son cuentos inventados; no tratan de algo que ocurrió de verdad). La única manera de familiarizarse con este género es leer todos los textos de ficción que puedas. Después de leer un libro, intenta hablar de él con otras personas que hayan leído el mismo libro.

Este examen contiene ficción en prosa escrita en los siguientes tres periodos (en la biblioteca, busca libros que hayan sido escritos durante estos periodos para poder hacerte una idea de qué leer para prepararte):

- Anterior a 1920

- Entre 1920 y 1960

- Posterior a 1960

La diferencia entre estos periodos de tiempo es evidente en el leguaje usado y las situaciones que se describen, pero la fecha en la que se escribió el texto no es la parte más importante. Dedícate a leer y entender las ideas principales del texto, y no te preocupes demasiado de cuándo fue escrito. Simplemente ten en cuenta que algunos textos van a ser de libros más recientes y otros de libros más antiguos.

Textos de no ficción

En cuanto se refiere a los textos de no ficción, es posible que tengas que leer cualquiera de estos tipos de texto. Por supuesto, también tendrás que responder las preguntas que sigan.

✔ **Críticas de artes visuales y teatrales:** Estos textos de prosa son artículos de crítica, o reseñas, escritos por gente que entiende lo suficiente sobre las artes visuales y teatrales como para escribir una crítica. Puedes encontrar ejemplos de buenas críticas en la biblioteca, en algunos periódicos y en Internet. Haz una búsqueda de "crítica de libro" o "crítica de película" en tu buscador favorito y obtendrás más críticas de las que vayas a tener tiempo de leer.

Al prepararte para este examen, intenta leer cuantas más críticas puedas de libros, películas, restaurantes y de otros eventos culturales o negocios. La próxima vez que vayas a ver una película u obra de teatro, o veas la televisión, escribe tu propia crítica (lo que pensaste). Incluye datos en la crítica, y haz sugerencias sobre cómo mejorarla. Compara lo que dicen los críticos de verdad con lo que tu opinaste sobre la película, el programa de televisión o la obra. ¿Estás de acuerdo con las opiniones de los críticos?

✔ **Prosa que no pertenece al género de la ficción:** La prosa que no pertenece al género de la ficción, o la prosa de no ficción, cubre mucho — y es todo real. La prosa de no ficción es material que no es inventado por el autor, sino que está basado en hechos y en la realidad. De hecho, este libro entra dentro del género de prosa de no ficción. También lo son los artículos de periódico que lees todos los días. La próxima vez que leas el periódico o una revista, piensa, "Estoy leyendo prosa de no ficción". Pero no lo digas en voz alta cuando estés en una cafetería o en el trabajo, ya que las personas se te quedarán mirando pensando que estás loco.

✔ **Documentos relacionados con el empleo y la comunidad:** Existen varios tipos de textos en el ámbito laboral o la comunidad. Aquí hay algunos ejemplos:

- **Textos de declaración de la misión:** A menudo, las organizaciones y las empresas escriben una declaración de su misión, en la que comunican al mundo el papel que tienen en el mundo. Quizás tú tengas tu propia declaración de misión, por ejemplo, "Vivo para ir de fiesta" u "Odio leer". Si estás de acuerdo con estas declaraciones, tendrás que cambiarlas para pasar este examen.

- **Declaración de metas (o visión):** Es posible que las empresas y las organizaciones también tengan una declaración de sus metas, donde comunican lo que quieren lograr en este mundo. La declaración de metas de tu grupo de estudios podría ser: "Todos vamos a pasar el examen GED la primera vez".

- **Reglamentos de trabajo:** Todas las empresas, escuelas y organizaciones tienen reglas de comportamiento. Algunas están escritas, mientras otras no lo están, pero se conocen. Algunos de los textos de este examen vienen de textos sobre las reglas de comportamiento verdaderos o imaginarios. Seguramente ya sabes cómo leerlos.

- **Documentos legales:** Los documentos legales son textos escritos por abogados e incluyen contratos de alquiler, contratos de compra, y extractos bancarios. Si no estás familiarizado con estos documentos legales, reúne algunos ejemplos del banco o de la biblioteca y léelos. Si puedes explicar a un amigo lo que es cada documento, quiere decir que los entiendes.

- **Cartas:** Ya sabes lo que es una *carta*: una comunicación escrita entre dos personas. Pocas veces tenemos la oportunidad de leer las cartas de otros sin meternos en problemas — aquí está tu oportunidad.

✔ **Manuales:** Cada vez que inviertes y te compras algo importante, recibes un manual que te dice cómo usarlo. Algunos manuales son cortos y precisos, mientras que otros son largos y complicados. Me costó tanto leer el manual de mi cámara de fotos, que parecía que mi hobby era leer manuales y no sacar fotos.

Estrategias de Preparación que Funcionan

Ahora que ya sabes lo que debes leer para prepararte para este examen, debes prestar atención a cómo se debe leer. No se puede ojear el tipo de poesía y prosa que hay en el examen. Tienes que leer cada pregunta y cada texto con atención para encontrar la respuesta correcta.

Ten en cuenta las siguientes tácticas de lectura al prepararte para el examen:

✔ **Lee.** Lee todo lo que esté disponible, pero busca también los tipos de texto que presentamos en la sección anterior. Hazte adicto a la lectura. Lee las etiquetas, el texto de las cajas de cereales, novelas, revistas, poemas, obras de teatro, cuentos cortos y periódicos. Lee todo, y de todo. Y no lo leas simplemente por leer — digiere y piensa sobre lo que hayas leído, como te piden en este examen. Al leer, presta atención. Si no estás familiarizado con la poesía o las obras de teatro, lee con mucha atención. Cuanto más te fijes y pienses sobre lo que estás leyendo, más fácil se te hará elegir la respuesta correcta en el examen.

✔ **Haz preguntas.** Hazte preguntas sobre lo que lees. ¿Entiendes las ideas principales lo suficientemente bien como para explicárselas a alguien que no conozcas? (No te recomendamos acercarte a personas extrañas para explicarles las ideas principales en persona…. Para practicar, imagínate que estás hablando con tal persona y practica en tu mente como si estuvieras hablando en voz alta. Si prefieres explicar lo que estás leyendo a una persona de verdad, pídeles a tus amigos o familiares que te escuchen.)

Pide ayuda si no entiendes algo que hayas leído. Es una buena idea formar un grupo de estudios y practicar con otros estudiantes. Si estás tomando un curso de preparación para el examen, pídele al instructor que te ayude. Si tienes familia, amigos o colegas que te puedan ayudar, pídeles que lo hagan.

✔ **Usa un diccionario.** Pocas personas entienden todas las palabras que leen, así que usa un diccionario. El buscar el significado de las palabras en un diccionario incrementa tu vocabulario, y esto te ayuda, a la vez, a entender los textos del Examen de Lectura de Artes del Lenguaje más fácilmente. Si tienes un diccionario de sinónimos, o tesauro, úsalo también. A menudo, es útil saber el sinónimo de una palabra que no entiendas. Además, serás mejor al jugar Scrabble.

✔ **Usa palabras nuevas.** Una palabra nueva no se convierte en parte de tu vocabulario hasta que no la hayas usado en el lenguaje de todos los días. Cuando encuentres una palabra nueva, asegúrate de que sepas el significado y de usarla en una oración. Luego, intenta usarla en una conversación un día o dos más tarde. Con el tiempo, este reto puede hacerse cada vez más emocionante.

✔ **Practica.** Practica tomar el Examen de Lectura de Artes del Lenguaje en los Capítulos 20 y 22. Haz la parte de las preguntas y confirma tus respuestas. Lee las explicaciones de las respuestas que están en los Capítulos 21 y 23. No vayas a la siguiente respuesta hasta que entiendas la anterior. Si quieres más exámenes de muestra, busca otros libros con exámenes de práctica en la librería o en la biblioteca local. También puedes encontrar algunas preguntas de práctica para el examen en Internet. Haz una búsqueda de *GED español + preguntas + práctica* en tu buscador favorito y verás varios ejemplos.

Haz todos los exámenes de práctica que puedas. Controla el tiempo y haz que el ambiente sea lo más parecido posible al real. Cuando vayas al lugar donde vayas a hacer el examen, verás que estarás más cómodo porque has practicado.

En este examen no te piden que hagas otra cosa más que leer. Toda la información que necesitas para responder las preguntas está en el texto que acompaña a las preguntas. No se espera que reconozcas el texto ni que contestes preguntas sobre algo que no esté en el texto. Los textos están completos en relación a las preguntas, así que fíjate en lo que lees.

A mucha gente le preocupa la parte de la poesía y las obras de teatro. No te estreses. Acuérdate de que estos géneros literarios son sólo maneras diferentes de contar un cuento y de mostrar los sentimientos. Si no conoces bien este género, lee poemas y obras de teatro antes de tomar el examen. Habla de lo que leas con otras personas. También podrías unirte a, o crear, un club de lectura para hablar de los poemas y las obras de teatro.

Administrar el Tiempo durante el Examen de Lectura de Artes del Lenguaje

Como ya hemos mencionado en este capítulo, el Examen de Lectura de Artes del Lenguaje contiene 40 preguntas que tienes que responder en 65 minutos. La media para cada pregunta es de 1½ minutos por pregunta. Cuando comiences el examen, la mejor manera de organizar el tiempo es responder las preguntas más fáciles primero. Luego, responde las preguntas más difíciles y dedica más tiempo a estas preguntas.

Durante el examen, fíjate en el tiempo que te queda. No quieres quedarte sin tiempo antes de que termines todas las preguntas. Organízate y deja tiempo extra para las secciones que te sean más difíciles. Si la poesía te parece difícil, deja más tiempo para la sección de preguntas sobre la poesía, y usa menos tiempo para la sección de prosa. Sin embargo, ten en cuenta que este es un examen con tiempo limitado, y que no puedes pasar demasiado tiempo en una pregunta. Si lo haces, no tendrás tiempo para acabar. Y terminar es lo más importante. Consulta los Capítulos 2 y 3 para consejos de cómo organizar el tiempo.

Práctica con Preguntas de Muestra

El siguiente texto y las preguntas de muestra te dan una idea de cómo son las preguntas del Examen de Lectura de Artes del Lenguaje.

Escoge la mejor respuesta para cada pregunta. Las preguntas 1 a 5 se refieren al siguiente texto.

¿NECESITA UNA CARA NUEVA EL EMPLEO?
FACE (Lugar de Acceso a las Iniciativas Creativas)

Fundado en 1982 para entrenar a jóvenes desempleados en talleres de artesanía, este proyecto ofrece competencias laborales y empresariales como una alternativa a los trabajos de la industria manufacturera. Comenzó con clases del tallado de cristal y señalética, pero ahora FACE ofrece entrenamiento en más de 200 profesiones artesanales, entre ellas la restauración de antigüedades, la fabricación de ropa, el diseño gráfico, la albañilería, la fabricación de velas, la carpintería especializada, la tejeduría y el trabajo de madera con torno. Fundada a través del Youth Training Scheme, FACE ofrece 800 lugares de entrenamiento en el oeste y el noroeste de Inglaterra sobre la premisa de que si la gente joven no puede encontrar un empleo seguro, por lo menos tendrá la habilidad de crear su propio negocio.

En base a esta experiencia y en colaboración con el Royal Society of Arts, FACE ha desarrollado un Certificado de Competencias de Negocios de las Pequeñas Empresas. El objetivo de este certificado es "desarrollar las competencias básicas de negocios que abarquen varios sectores laborales dentro de las pequeñas empresas y el mundo laboral en general, y que se apliquen a una variedad de contextos personales y sociales fuera del trabajo". Las competencias incluyen la autoevaluación, la toma de decisiones, la iniciativa, la administración de recursos y tiempo, el aprovechamiento de oportunidades, la resolución de problemas, las destrezas de "aprender a aprender", y una serie de competencias de comunicación y numeración necesarias para tener éxito en la vida.

1. ¿Cuál es el objetivo principal del proyecto FACE?

    (1) proporcionar trabajos en la industria manufacturera

    (2) tallar cristal

    (3) entrenar a jóvenes desempleados

    (4) hacer señales

    (5) restaurar antigüedades

La respuesta correcta es la Opción (3). El principal objetivo de FACE es entrenar a jóvenes desempleados. El tallado de cristal, la señalética (arte de hacer señales) y la restauración de antigüedades son sólo algunas de las competencias que los jóvenes pueden desarrollar a través de FACE. No hay muchos trabajos en la industria manufacturera, y esto crea la necesidad de desarrollar las competencias empresariales.

2. ¿Cuál de estas actividades no es un ejemplo de una profesión artesanal?

    (1) tejeduría

    (2) el trabajo de madera con torno

    (3) la fabricación de velas

    (4) la carpintería especializada

    (5) el ensamblaje robótico

La respuesta correcta es la Opción (5). El ensamblaje robótico, o la robótica, es un sistema de manufacturar usando técnicas de alta tecnología asistidas por computadoras que busca reemplazar a los trabajadores con robots. Las otras respuestas (la tejeduría, el trabajo de madera con torno, la fabricación de velas y la carpintería) son ejemplos de profesiones artesanales, según el texto.

3. Si eres joven, ¿cuál es la mejor manera de asegurarse un empleo en el noroeste de Inglaterra?

    (1) meterse en el mundo de manufactura tradicional

    (2) crear nuevas iniciativas empresariales

    (3) unirse a la Royal Society of Arts

    (4) obtener un Certificado de Pequeñas Empresas

    (5) ir a uno de los 800 lugares de entrenamiento

La respuesta correcta es la Opción (2). La mejor manera para los jóvenes de asegurarse un empleo es "crear nuevas iniciativas empresariales" como dice el texto. Se están perdiendo muchos trabajos en la manufactura tradicional. La Royal Society, el certificado de negocios y los lugares de entrenamiento no se convierten directamente en empleos seguros.

4. ¿Quién ayudó a FACE a crear el Certificado de Competencias de Negocios de las Pequeñas Empresas?

    (1) la organización Youth Training Scheme

    (2) el oeste y el noroeste de Inglaterra

    (3) los talleres de artesanías

    (4) la Royal Society of Arts

    (5) los sectores de empleo

La respuesta correcta es la Opción (4). La Royal Society of Arts ayudó a FACE a desarrollar el Certificado de Competencias de Negocios de las Pequeñas Empresas. Aunque el Youth Training Scheme proporcionó los fondos a FACE, no estuvo directamente involucrado en la creación del certificado. Los talleres de artesanías y los sectores laborales no tienen relación directa con el certificado. La Opción (2), el oeste y noroeste de Inglaterra, se refiere sólo a su ubicación.

5. ¿Qué competencia no es parte del entrenamiento para el certificado?

    (1) la autoevaluación

    (2) el manejo de la ira

    (3) la toma de decisiones

    (4) la resolución de problemas

    (5) las destrezas de numeración

La respuesta correcta es la Opción (2). El manejo de la ira personal no se menciona en el texto como una de las competencias. Las otras sí se mencionan.

Consejos Útiles

Este capítulo contiene muchos consejos de cómo lograr un resultado espectacular en este examen. Esta sección te da algunos consejos generales que te pueden dar una ventaja adicional. Al hacer el Examen de Lectura de Artes del Lenguaje, recuerda:

- **Fíjate en la pregunta de objetivo.** Antes de cada texto hay una pregunta de objetivo (consulta la sección "Entender el Formato del Texto"). Asegúrate de leerla. No tienes que responderla, pero te puede guiar a la hora de leer el texto. Saca la información que puedas de esta pregunta.

- **Averigua el significado de las palabras nuevas del texto que las rodea.** Incluso los mejores lectores encuentran palabras que no reconocen o entienden. Por suerte, las oraciones cerca de la palabra nueva pueden darte pistas sobre su significado. Pregúntate "¿Qué palabra tiene sentido en lugar de la palabra que no entiendo?"

- **Reconoce que todo es importante.** En este examen, la información puede encontrarse en varios lugares. Puede ser en notas explicativas entre paréntesis (como ésta). Puede que se esté escondiendo en las acotaciones, que están generalmente escritas en cursiva, *como esto*. Quizás esté escondida en el nombre del que habla, que está antes del diálogo. Léelo todo y no pases nada.

- **Desarrolla la rapidez con que lees.** Leer es maravilloso, pero leer rápido es aún mejor. Si lees con rapidez terminarás el examen con tiempo de sobra. Si hablas inglés, consulta *Speed Reading For Dummies* por Richard Sutz y Peter Weverka (Wiley), o haz una búsqueda de "técnicas de lectura" + "leer con rapidez" para aprender maneras en las que puedas aprender a leer más rápido. Sea cual sea el método que uses, intenta mejorar el paso al que lees sin deteriorar la comprensión en general.

Capítulo 20

Examen de Práctica — Examen de Lectura de Artes del Lenguaje

• •

El Examen de Lectura de Artes del Lenguaje consiste en fragmentos de textos de ficción y no ficción. Después de cada fragmento hay preguntas de opción múltiple sobre lo que hayas leído.

Lee el texto primero y luego responde las preguntas que siguen. Consulta la información tanto como sea necesario al responder las preguntas

Al principio de cada texto hay una pregunta de objetivo. La pregunta de objetivo te guía a la hora de leer. Usa esta pregunta para enfocar la lectura. No tienes que responder esta pregunta. El único objetivo de esta pregunta es ayudarte a concentrarte en la lectura según las ideas presentadas.

Tienes 65 minutos para responder las 50 preguntas que figuran en este cuadernillo. Trabaja cuidadosamente pero no te demores demasiado en una sola pregunta. Asegúrate de responder todas las preguntas.

Hoja de Respuestas para el Examen de Lectura de Artes del Lenguaje

1 ① ② ③ ④ ⑤   21 ① ② ③ ④ ⑤

2 ① ② ③ ④ ⑤   22 ① ② ③ ④ ⑤

3 ① ② ③ ④ ⑤   23 ① ② ③ ④ ⑤

4 ① ② ③ ④ ⑤   24 ① ② ③ ④ ⑤

5 ① ② ③ ④ ⑤   25 ① ② ③ ④ ⑤

6 ① ② ③ ④ ⑤   26 ① ② ③ ④ ⑤

7 ① ② ③ ④ ⑤   27 ① ② ③ ④ ⑤

8 ① ② ③ ④ ⑤   28 ① ② ③ ④ ⑤

9 ① ② ③ ④ ⑤   29 ① ② ③ ④ ⑤

10 ① ② ③ ④ ⑤   30 ① ② ③ ④ ⑤

11 ① ② ③ ④ ⑤   31 ① ② ③ ④ ⑤

12 ① ② ③ ④ ⑤   32 ① ② ③ ④ ⑤

13 ① ② ③ ④ ⑤   33 ① ② ③ ④ ⑤

14 ① ② ③ ④ ⑤   34 ① ② ③ ④ ⑤

15 ① ② ③ ④ ⑤   35 ① ② ③ ④ ⑤

16 ① ② ③ ④ ⑤   36 ① ② ③ ④ ⑤

17 ① ② ③ ④ ⑤   37 ① ② ③ ④ ⑤

18 ① ② ③ ④ ⑤   38 ① ② ③ ④ ⑤

19 ① ② ③ ④ ⑤   39 ① ② ③ ④ ⑤

20 ① ② ③ ④ ⑤   40 ① ② ③ ④ ⑤

Examen de Lectura de Artes del Lenguaje

No marques las respuestas en este cuadernillo. Registra tus respuestas en la hoja de respuestas adicional provista. Asegúrate de que toda la información requerida esté debidamente registrada en la hoja de respuestas.

Para registrar tus respuestas, rellena el círculo en la hoja de respuestas con el número que corresponde a la respuesta que tú seleccionaste para cada pregunta del cuadernillo de examen.

EJEMPLO:

Era la máquina de los sueños de Susana. La pintura azul metálico brillaba, y las ruedas deportivas estaban bien pulidas. Bajo el capó, el motor no estaba menos limpio. Dentro, unas lucecitas llamativas iluminaban los instrumentos en el tablero de mandos, y los asientos estaban cubiertos de un caro tapizado de cuero.

El sujeto (o la máquina) de este fragmento de texto seguramente es:

(1) un avión

(2) un equipo de música

(3) un automóvil

(4) un barco

(5) una motocicleta

(En la Hoja Evaluaciones)

La respuesta correcta es "un automóvil", así que se marcaría el círculo con el 3 en la hoja de evaluaciones.

No apoyes la punta del lápiz en la hoja de respuestas mientras estás pensando tu respuesta. No hagas marcas fuera de lugar o innecesarias. Si cambias una respuesta, borra completamente tu primera marca. Sólo marca una respuesta para cada pregunta; las respuestas múltiples serán consideradas incorrectas. No dobles o pliegues tu hoja de respuestas. Todos los materiales del examen deben devolverse al administrador del examen.

Nota: Consulta el Capítulo 21 para obtener las respuestas a este examen de práctica.

NO COMIENCES A HACER ESTE EXAMEN HASTA QUE TE LO DIGAN

Instrucciones: Elige la mejor respuesta para cada pregunta.

Las preguntas 1 a 6 se refieren al siguiente poema "Concord Hymn" *(El Himno de Concordia)*, por Ralph Waldo Emerson (1886).

¿QUÉ ERA "EL TIRO" QUE SE OYÓ EN TODO EL MUNDO?

Línea Por el rudimentario puente que arqueaba el agua,
Su bandera desplegada a la brisa de abril,
Donde una vez se alzaron en armas los granjeros,
y dispararon el tiro que se oyó en todo el mundo

(05) El enemigo desde hace tiempo duerme;
Igual que el conquistador duerme silencioso;
Y el tiempo ha barrido los escombros del puente
Se escapan corriente abajo hacia el mar en el oscuro riachuelo.

En esta orilla verde, junto a esta suave corriente,
(10) Fijamos hoy una piedra votiva;
Que el recuerdo redima su hazaña,
Cuando, como nuestros padres, nuestros hijos ya no estén aquí,

El espíritu, que hizo que esos héroes tuvieran la valentía
De morir, y dejar a sus hijos libres,
(15) Pedimos al tiempo y la naturaleza que amablemente dejen en vida
La bandera que alzamos para ellos y para ti.

1. ¿Qué palabras describen mejor el lugar donde se alzaron en armas los granjeros?

   (1) al lado de una arcada rudimentaria
   (2) al lado del agua
   (3) debajo de la bandera
   (4) en la brisa de abril
   (5) debajo del arco

2. ¿Para qué estaban listos los granjeros?

   (1) negociaciones
   (2) vacaciones
   (3) rendirse
   (4) guerra
   (5) celebraciones

3. ¿Por qué están los enemigos y los conquistadores silenciosos?

   (1) Se han ido.
   (2) Han fallecido.
   (3) Perdieron la batalla.
   (4) Ganaron la guerra.
   (5) Viven juntos en paz.

4. ¿Qué le ha ocurrido al puente?

   (1) Se reconstruyó después de la batalla.
   (2) No es un recuerdo.
   (3) No se ha ido con la corriente.
   (4) Nunca existió.
   (5) Sólo quedan las ruinas.

5. ¿A qué se refiere "piedra votiva" en la línea 10?

   (1) a un monumento a los caídos
   (2) a un puente nuevo para cruzar el riachuelo
   (3) a la celebración de un monumento
   (4) a la ceremonía de alzar la bandera
   (5) a una reunión familiar

6. ¿A qué se refiere el "tiro que se oyó en todo el mundo"? (línea 4)

   (1) sólo se sabrá con el tiempo
   (2) la bandera desplegada
   (3) un evento a punto de comenzar
   (4) los enemigos que duermen
   (5) el lugar donde está la piedra votiva

Ve a la siguiente página

Las preguntas 7 a 12 se refieren al siguiente fragmento de Prodigal Son (El Hijo Pródigo) de Garrison Keillor (1989).

¿DE DÓNDE VIENEN LOS MALES?

Línea **DWIGHT:** *(sentado a la mesa, leyendo el periódico)* Buenos días.

PADRE: ¿Viste a tu hermano esta mañana?

DWIGHT: En la cama.

PADRE: Le prometí a Harry Shepherd que iría para allá antes de las siete y media. Se le ha
(05) perdido una oveja en las empinadas montañas salvajes.

DWIGHT: Dice aquí que los terneros cebados han bajado un shekel y tres cuartos en el
mercado de Damasco, papá. Me pregunto si los terneros magros serían más beneficiosos y
así podríamos pasar más tiempo en el viñedo... Papá, ¿me escuchas?

PADRE: Me preocupa tu hermano.

(10) **DWIGHT:** No podemos permitirnos no hacer nada, papá. Fíjate en los Stewarts. ¡Están
comprándolo todo! Tienes que hacer algo o vas a cederles el terreno.

WALLY: *(con dificultad)* Buenas, papá. Buenas, Dwight. *(Se sienta, deja escapar un gemido, y
se sujeta la cabeza con las manos.)*

PADRE: No te ves muy bien, hijo.

(15) **WALLY:** No sé; es un mareo o algo así, papá. Me encuentro muy bien por la noche, y luego
me despierto y me duele todo.

DWIGHT: Me di cuenta esta mañana de que hay dos odres vacíos detrás de la higuera.

WALLY: ¡Se me cayeron y se salió todo el vino! ¡De verdad!

PADRE: ¿Adónde las llevabas?

(20) **WALLY:** ¡Afuera! El vino tiene que respirar, ¿sabes? Y yo también, papá. La verdad, tengo un
verdadero problema de respiración. Me preocupa mi salud, papá. Leí un artículo el otro día
en el *Assyrian Digest* que dice que el sentirse mal puede ser causado por el ambiente. No sé.
A lo mejor necesito irme una temporada, papá. Despejarme la cabeza. Arreglar las cosas.

7. ¿Por qué cree el padre de Wally que Wally
no se siente bien esta mañana?

  (1) Wally se siente culpable de que se le
  haya caído el vino.

  (2) Wally trabaja en una granja en Judea.

  (3) Wally bebió demasiado vino.

  (4) Wally necesita unas vacaciones.

  (5) Wally quiere ser gerente del negocio.

8. ¿Dónde tiene lugar la obra?

  (1) a la mesa, durante el desayuno

  (2) junto a una higuera

  (3) en un mercado

  (4) en la cama

  (5) en un viñedo

Ve a la siguiente página

9. ¿Por qué opina Dwight que sería mejor criar terneros magros?

   (1) menos ganancias

   (2) la grasa es mala para la salud

   (3) más ganancias

   (4) son más caros de criar

   (5) son mejores que las cabras

10. ¿Por qué no le presta atención a Dwight el padre?

   (1) Quiere que le ayude a encontrar una oveja que se ha perdido.

   (2) Quiere que pase tiempo en el viñedo.

   (3) Quiere comprar más tierras.

   (4) Está leyendo el periódico.

   (5) Está preocupado por Wally.

11. ¿Por qué crees que Wally llega tarde al desayuno?

   (1) Está enfermo.

   (2) Tiene una jaqueca por beber demasiado.

   (3) Está haciendo los trabajos de la casa.

   (4) Está leyendo un artículo.

   (5) Está trabajando en el campo.

12. ¿Qué comparación hace Wally entre sí mismo y el vino?

   (1) Los dos son dulces.

   (2) A los dos les gusta viajar.

   (3) Los dos necesitan respirar.

   (4) Los dos son preciados.

   (5) Los dos causan problemas.

Ve a la siguiente página ⟹

Las preguntas 13 a 18 se refieren al siguiente fragmento de In a Far Country *(En un País Lejano) de Jack London (1899).*

¿CÓMO PUEDO HACER FORTUNA?

Línea Cuando el mundo se sacudió con la noticia del oro ártico y el señuelo del Norte se apoderó de todos los corazones, Carter Weatherbee abandonó su confortable trabajo de oficinista, entregó a su mujer la mitad de los ahorros y con el resto compró un equipo. Nada había de romántico en su naturaleza, las cadenas del comercio lo habían destruido todo; simplemente, estaba

(05) cansado de la incesante rutina y deseaba correr grandes riesgos con vista a las debidas recompensas. . . . y allí, desafortunadamente para su alma, se unió a una cuadrilla de hombres.

Nada inusual había en esta cuadrilla, salvo sus planes. Su meta, como la de todas las demás, era el Klondike. Pero la ruta que habían escogido para alcanzarla dejaría sin aliento al nativo más fuerte, nacido y criado en las vicisitudes del Noroeste. El mismo Jacques

(10) Baptiste, hijo de una mujer Chippewa y de un renegado viajero (que berreaba su primer llanto en una tienda de piel de ciervo, al norte del paralelo sesenta y cinco, para ser acallado con dichosos chupetes de sebo crudo) se quedó sorprendido. Aunque aceptó alquilarles sus servicios y guiarlos hasta los dos hielos permanentes, sacudía la cabeza en forma ominosa cada vez que se pedía su consejo.

(15) La estrella diabólica de Percy Cuthfert debía estar en el cenit, pues también él se unió a esta compañía de argonautas. Era un hombre ordinario, con una cuenta bancaria tan profunda como su cultura, que ya es decir. No tenía motivo ninguno para embarcarse en una aventura semejante, ninguno en el mundo, excepto que sufría un desarrollo anormal de los sentimientos, sensiblería que confundió con un auténtico espíritu de romanticismo y aventura.

13. ¿Qué causó que Carter Weatherbee dejara su trabajo?

(1) el oro ártico

(2) una mujer

(3) su confortable trabajo de oficinista

(4) la mitad de sus ahorros

(5) los corazones de los hombres

14. ¿Qué quiere decir "las cadenas del comercio" en la línea 4?

(1) las debidas recompensas

(2) lo romántico en su naturaleza

(3) la rutina de la vida como oficinista

(4) el riesgo de los grandes peligros

(5) la mitad de sus ahorros

15. ¿Cuál era el objetivo de la cuadrilla?

(1) encontrar los senderos antiguos

(2) alcanzar el Klondike

(3) hacer un mapa de una ruta

(4) contar la historia del Ártico

(5) comprar el equipo necesario

16. ¿Cómo describirías la ruta elegida a Klondike?

(1) dichosa

(2) robusta

(3) secreta

(4) ominosa

(5) sorprendente

17. ¿Por qué era Jacques Baptiste importante para el grupo?

(1) Era nativo del Noroeste.

(2) Era hijo de una mujer Chippewa.

(3) Era un viajero renegado.

(4) Había nacido en una tienda de piel de ciervo.

(5) Usaba chupetes de sebo crudo.

18. ¿Por qué crees que Percy Cuthfert se unió al grupo?

(1) para demostrar que es un hombre normal y corriente

(2) para llenar su cuenta del banco

(3) en busca de aventuras de aspecto romántico

(4) para poder presumir de sus hazañas

(5) porque sufría un desarrollo anormal de los sentidos

Ve a la siguiente página ⟶

> *Las preguntas 19 a 24 se refieren al siguiente fragmento de* Sonny´s Blues *(Los Blues de Sonny) de James Baldwin (1957)*

¿POR QUÉ QUIERE PEDIR PERDÓN SONNY?

Línea QUERIDO HERMANO,

No sabes cuánto necesitaba recibir noticias tuyas. Quise escribirte muchas veces, pero pensé en la manera en que he debido hacerte daño, así que no lo hice. Ahora me siento como un hombre que intenta salir de un hondo y apestoso agujero, muy hondo, escalando,
(05) y que acaba de ver la luz del sol, afuera. Tengo que salir.

No puedo contarte mucho sobre cómo llegué aquí. Me refiero a que no sé cómo te lo puedo contar. Supongo que tenía miedo de algo o que estaba intentando escapar de algo, y tú sabes que nunca he sido muy fuerte en la cabeza (sonrisa). Me alegro de que mamá y papá hayan fallecido y no hayan visto lo que pasó con su hijo, y te juro que si hubiera sabido lo
(10) que estaba haciendo nunca te hubiera herido de esta manera; ni a ti, ni a los que se han portado bien conmigo y han creído en mí.

No quiero que pienses que todo esto tuvo algo que ver con el hecho de que yo fuera músico. Es más que eso. O quizás menos. No puedo centrarme; me da todo vueltas en la cabeza. Intento no pensar sobre lo que me va a pasar cuando salga otra vez. A veces pienso
(15) que voy a volverme loco y que *nunca* voy a salir, y a veces pienso que volveré enseguida. Pero una cosa puedo decir, me volaría los sesos antes que pasar por esto de nuevo. Pero eso es lo que dicen todos, así dicen

Tu hermano, SONNY

19. ¿Por qué no le había escrito Sonny a su hermano? (líneas 1 y 2)

(1) Era vago.

(2) Se sentía culpable.

(3) Estaba demasiado ocupado.

(4) Tenía miedo.

(5) Estaba en un agujero.

20. ¿De dónde crees que escribe Sonny?

(1) de un agujero apestoso

(2) dentro del sitio

(3) de la celda de una cárcel

(4) de otro espacio

(5) de un lugar hondo

21. ¿Cuál es el significado de "fuerte en la cabeza"? (línea 7)

(1) físicamente sano

(2) gracioso

(3) feliz

(4) inteligente

(5) enojado

22. ¿Por qué se alegra Sonny de que sus padres hayan fallecido? (líneas 7 y 8)

(1) Ellos escaparon de algo que nadie conoce.

(2) Ellos nunca le han hecho daño.

(3) Ellos tenían miedo de algo.

(4) Ellos conocían a muchas buenas personas del vecindario.

(5) Ellos no pueden ver lo que le ha ocurrido a su hijo.

Ve a la siguiente página ➡

23. ¿Qué es lo que le da más miedo a Sonny mientras está dentro?

    (1) volverse loco antes de salir

    (2) aclarar las cosas

    (3) ser músico

    (4) volver enseguida

    (5) volarse los sesos

24. ¿Qué siente Sonny por su hermano?

    (1) Le echa la culpa.

    (2) Lo odia.

    (3) Le gusta.

    (4) Le gusta su música.

    (5) Lo rechaza.

Ve a la siguiente página ⟶

> Las preguntas 25 a 30 se refieren al siguiente fragmento de The Things They Carried (*Las cosas que llevaban los soldados*) por Tim O'Brien (1990).

¿QUÉ SON LAS COSAS QUE LLEVABAN?

Línea El Teniente Jimmy Cross llevaba las cartas de una muchacha llamada Martha, una estudiante de la Universidad de Mount Sebastian en Nueva Jersey. No eran cartas de amor, pero el Teniente Cross tenía la esperanza de que lo fueran. Las guardaba bien dobladas, protegidas con un plástico, en el fondo de la mochila. Por la tarde, después de haber marchado todo el
(05) día, cavaba la trinchera, se lavaba las manos bajo la cantimplora, sacaba las cartas, las sostenía cuidadosamente con las puntas de los dedos, y se pasaba la última hora de luz del día pretendiendo. Se imaginaba viajes románticos haciendo acampadas en las Montañas White en New Hampshire. A veces lamía suavemente la solapa de los sobres, pensando que la lengua de Martha había estado allí. Más que nada, quería que Martha lo amara como él la
(10) amaba, pero las cartas eran más que nada desenfadadas, elusivas del tema del amor. Ella era virgen, estaba casi seguro. Estudiaba literatura inglesa en Mount Sebastian, y escribía cartas maravillosas sobre sus profesores y las compañeras de cuarto, los exámenes de mitad de semestre, sobre su respeto por Chaucer, y su gran cariño hacia Virginia Wolf. A menudo citaba versos de poesía; nunca mencionaba la guerra, solamente lo hacía para pedirle a
(15) Jimmy que se cuidara. Las cartas pesaban 10 onzas. Las firmaba Con cariño, Martha, pero el Teniente Cross entendía que ésta era sólo una manera generalizada de terminar una carta, y que no quería decir lo que él a veces pretendía que significaba. Al anochecer, volvía a poner las cartas cuidadosamente en la mochila. Despacio, y algo distraído, se levantaba y caminaba entre sus hombres, controlando el perímetro. Luego, cuando estaba ya totalmente oscuro,
(20) volvía a su agujero, miraba el cielo oscuro de la noche, y se preguntaba si Martha era virgen.

25. ¿Cuándo leía Jimmy las cartas de Martha?

(1) después de marchar todo el día

(2) en su trinchera

(3) bajo una cantimplora

(4) en el fondo de su mochila

(5) al amanecer

26. ¿Cómo describirías mejor la relación entre Jimmy y Martha?

(1) amantes

(2) extraños

(3) conocidos

(4) hermanos

(5) no hay relación

27. ¿Cómo demostraba Jimmy su afecto?

(1) Se lavaba las manos.

(2) Guardaba bien las cartas.

(3) Sujetaba las cartas con las puntas de los dedos.

(4) Leía las cartas la última hora de luz del día.

(5) Lamía suavemente la solapa de los sobres.

28. ¿Qué quiere decir que las cartas fueran "desenfadadas" (línea 9) en relación a los sentimientos de Martha hacia Jimmy?

(1) A ella le importa mucho Jimmy.

(2) Está siendo amable.

(3) Está prendada de él.

(4) Le interesa Jimmy de una manera casual.

(5) No tiene ningún sentimiento por Jimmy.

29. ¿Cómo sabes que a Martha le gustaba escribir cartas?

(1) Sus cartas eran largas y desenfadadas.

(2) Mostraba mucho respeto por Chaucer.

(3) Estudiaba literatura inglesa en la universidad.

(4) Escribía de una manera bella.

(5) Escribía sobre sus profesores y compañeros de cuarto.

30. ¿Cuál crees que era el verdadero significado de las cartas para Jimmy?

(1) un hobby interesante

(2) una manera agradable de pasar el tiempo

(3) una manera de escapar el aburrimiento

(4) una manera de sentir esperanza para el futuro

(5) una decepción profunda

Ve a la siguiente página

Las preguntas 31 a 35 se refieren al siguiente texto, escrito por Dale Shuttleworth (impreso en el periódico Toronto Star, *Enero 2008)*

¿CUÁL ES LA HISTORIA DEL MOVIMIENTO DE INICIATIVA SOCIAL?

Línea El Centro de Innovación Social, un almacén renovado en la zona de la Avenida Spadina en Toronto, es el hogar de 85 "iniciativas sociales", entre ellas varias organizaciones que luchan por el medioambiente, el arte, la justicia social, la educación, la salud, la tecnología y el diseño. Se ha rendido tributo al "movimiento de iniciativa social" en Quebec y Vancouver
(05) por proporcionar el ímpetu para esta iniciativa que ha tenido mucho éxito.

Toronto, en Ontario, también ha sido líder en las áreas de educación y desarrollo de la economía comunitaria, que son componentes esenciales en la creación de las iniciativas sociales. En 1974, el Departamento de Educación de Toronto contribuyó en el establecimiento de la Fundación Learnxs, S.A., como parte del Sistema de Intercambio de
(10) Aprendizaje.

La fundación representa una fuente adicional de apoyo para el florecimiento del movimiento de la "educación alternativa". En 1973, el gobierno de Ontario había impuesto límites a los gastos de educación. Esto, junto con los ingresos reducidos debido al descenso del número de matriculaciones, causó que hubiera menos fondos para invertir en programas
(15) innovadores y experimentales. La Fundación Learnxs era una iniciativa independiente sin fines de lucro, que podía solicitar fondos de fuentes públicas y privadas, y podía generar ganancias a través de la venta de productos y servicios para apoyar a los programas innovadores dentro del sistema de Toronto.

En los años setenta, siguieron una serie de proyectos de demostración, financiados por
(20) Learnxs, que sirvieron como fuente de investigaciones y desarrollo en las áreas de: programas escolares y comunitarios para mejorar la educación en áreas céntricas y degradadas de la ciudad; una serie de pequeñas iniciativas empresariales que daban empleo a estudiantes de 14 y 15 años que habían dejado la escuela; Youth Ventures, una iniciativa de reciclaje de papel que daba empleo a jóvenes en peligro; Artsjunction, una
(25) iniciativa en la que materiales desechados por las empresas y la industria se reciclan para clases de artes visuales; el Centro de Estudios Urbanos de Toronto, un lugar en el que se promociona el uso de la ciudad como un lugar educativo; y la Imprenta Learnxs, una editorial para la producción y venta de materiales educativos innovadores.

El Departamento de Educación de York y sus escuelas y organizaciones comunitarias
(30) incorporaron juntas La Fundación del Enriquecimiento del Aprendizaje, o Learning Enrichment Foundation (LEF), y usaron a Learnxs como modelo. Originariamente, LEF se dedicaba al enriquecimiento de las artes multiculturales. En los años ochenta, LEF se unió a varios grupos de padres y a las juntas de las escuelas para establecer 13 centros de guardería en escuelas que ofrecían servicios a bebés y a niños con edad de ir a la escuela.

(35) En 1984, la organización Employment and Immigrant Canada (Empleo e Inmigración de Canadá) pidió a LEF que juntara un comité local para el ajuste en respuesta al alto nivel de desempleo y cierres de plantas en York. Los resultados del trabajo de este Comité incluyeron:

El Centro de Oportunidades para Negocios de York: En 1985, con el apoyo del Ministerio de
(40) Industria, Comercio & Tecnología, LEF abrió la primera pequeña incubadora de negocios operada por una organización de caridad sin fines de lucro.

El Centro Microtrón: Este lugar de entrenamiento estaba dedicado a las destrezas de microcomputadora, el procesamiento de textos, el procesamiento numérico, el diseño asistido por computadora, el diseño gráfico y la reparación y ensamblaje electrónicos.

Ve a la siguiente página

(45) El Autobús Microtrón: Este autobús escolar renovado contenía ocho estaciones de trabajo del Centro Microtrón. Visitaba pequeños negocios, industrias y organizaciones de servicio regularmente para ofrecer entrenamiento en el procesamiento numérico y procesamiento de textos para los empleados y los clientes.

En 1996, La Fundación de Entrenamiento de Renovación (Training Renewal Foundation, (50) TRF) fue fundada como una organización de caridad sin fines de lucro que sirve a jóvenes en desventaja y a otros trabajadores desplazados que busquen adquirir destrezas nuevas, cualificaciones y oportunidades de empleo. TRF se ha asociado con gobiernos, empresas y organizaciones comunitarias para proporcionar una variedad de servicios, entre ellos programas de creación de empleo para: inmigrantes y refugiados, estudiantes de equi- (55) valencia de secundaria GED, técnicos de materiales para cafeterías, trabajadores de la industria del café y las máquinas expendedoras, operadores de la industria de almacenaje y los carros de elevación, estudiantes que han sido expulsados de la escuela, grupos de jóvenes padres, trabajadores de la construcción artesanal y la industria manufacturera de la confección.

31. El Centro de Innovación Social es

(1) un restaurante nuevo

(2) un centro de iniciativas sociales

(3) la oficina central de una organización de caridad

(4) parte de LEF

(5) una pequeña empresa que da empleo a estudiantes que han dejado la escuela

32. La Fundación Learnxs apoya

(1) a la gente sin hogar

(2) a los estudiantes de computadora que necesiten una beca

(3) los programas innovadores

(4) los programas de arte

(5) los proyectos de reciclaje

33. Artsjunction se especializaba en

(1) hacer mapas

(2) asistir a artistas nuevos a encontrar estudios

(3) ayudar a los artistas a aprender sobre la ciudad

(4) publicar folletos de arte

(5) distribuir materiales desechados a clases de artes visuales

34. El Autobús Microtrón ayudaba

(1) a proporcionar transporte a estudiantes de ciencias a los laboratorios

(2) a proporcionar entrenamiento en el procesamiento numérico y de textos a empleados y clientes

(3) a entrenar a mecánicos de automóviles a usar los controles digitales en coches nuevos

(4) al centro a establecer iniciativas sociales

(5) a entrenar a jóvenes a ser conductores de autobús

35. La Fundación de Entrenamiento de Renovación sirve

(1) como innovador social para la juventud

(2) como patrón del centro

(3) cenas a las personas sin hogar

(4) a los jóvenes en desventaja y a los empleados desplazados

(5) como incubadora de negocios

Ve a la siguiente página →

Las preguntas 36 a 40 se refieren al siguiente texto.

¿CÓMO DEBEN COMPORTARSE LOS EMPLEADOS?

Línea Se espera que los empleados se comporten de una manera respetuosa, responsable y profesional. Por eso, todos los empleados tienen que hacer lo siguiente:

- Ir vestidos de una manera apropiada y usar el equipo de seguridad cuando se necesite.

(05)
- No beber o tener bebidas alcohólicas, drogas ilegales y/o parafernalia relacionada con éstas durante el día laboral.

- No relacionarse con personas que pasen, usen o que estén bajo la influencia de drogas y/o alcohol.

- Dirigirse a todos los empleados y supervisores con cortesía y respeto, usando lenguaje que no sea ofensivo.

(10)
- Aceptar la autoridad de los supervisores sin discusión. Si algunas de sus acciones le parecen injustas, debe contactar al Departamento de Recursos Humanos.

- Respetar el ambiente laboral de la empresa y comportarse de una manera que facilite el crecimiento y la mejora de nuestra empresa.

- No invitar a otras personas a nuestro lugar de trabajo para mantenerlo así seguro.

(15)
- Promocionar la dignidad de todas las personas, sea cual sea su sexo, credo o cultura, y comportarse con dignidad.

Si el empleado/la empleada elige no seguir estas reglas:

- En la primera ofensa, el/la empleado(a) se reúne con su supervisor(a). Un(a) representante del Departamento de Recursos Humanos tiene la opción de atender.

(20)
- Si ocurre una segunda ofensa, el/la empleado(a) se reúne con el/la Vicepresidente del Departamento de Recursos Humanos antes de volver al trabajo.

- Con la tercera ofensa, el/la empleado(a) pierde su puesto.

36. ¿Qué requisito tiene que ver con la apariencia del empleado?

(1) El empleado no puede usar alcohol.

(2) El empleado no puede usar parafernalia relacionada con drogas.

(3) El empleado debe llevar ropa apropiada.

(4) El empleado debe ser cortés y respetuoso.

(5) El empleado debe usar lenguaje que no sea ofensivo.

37. ¿Qué requisito tiene que ver con la relación con los supervisores?

(1) Aceptar la autoridad.

(2) Contribuir al crecimiento y la mejora de la empresa.

(3) Usar lenguaje que no sea ofensivo.

(4) No usar drogas ni alcohol.

(5) No asociarse con personas que no sigan las reglas.

Ve a la siguiente página ⟹

38. ¿Qué requisito tiene que ver con el crecimiento y la mejora de la empresa?

    (1) facilitar el crecimiento

    (2) la mejora de uno mismo

    (3) vestirse de una manera profesional

    (4) la conducta personal

    (5) invitar a personas al lugar de trabajo

39. ¿Cómo se protege la seguridad?

    (1) promocionando la dignidad

    (2) no invitar a otras personas al lugar de trabajo

    (3) por el tipo de interacciones

    (4) con las reuniones con los supervisores

    (5) siendo respetuoso y responsable

40. ¿Cuáles son las sanciones por no seguir las reglas repetidamente?

    (1) Tienes que reunirte con el presidente de la empresa.

    (2) Te suben el salario.

    (3) Tienes que evitar a los supervisores.

    (4) Tienes que tomar clases de comportamiento.

    (5) Te echan del trabajo.

ALTO NO DES VUELTA LA PÁGINA HASTA QUE SE TE INDIQUE QUE LO HAGAS. NO REGRESES A UN EXAMEN ANTERIOR.

Capítulo 21

Respuestas y Explicaciones para el Examen de Lectura de Artes del Lenguaje

● ●

Después de tomar el Examen de Lectura del Capítulo 20, usa este capítulo para revisar tus respuestas. Tómate tu tiempo para leer las explicaciones de las respuestas que damos en la primera sección. Pueden ayudarte a entender por qué te equivocaste en algunas respuestas. Quizás quieras leer las explicaciones de las preguntas que respondiste correctamente, porque al hacerlo puedes tener una mejor idea del razonamiento que te ayudó a elegir las respuestas correctas.

Si tienes poco tiempo, ve al final del capítulo para ver la clave de respuestas abreviada.

Análisis de las Respuestas

1. **1.** Se alzaron en armas al lado del "rudimentario puente" (en otras palabras, *una arcada rudimentaria*). Aunque en el poema se menciona la bandera, no es la mejor respuesta. Tampoco los son el agua (que se refiere al río) o la brisa de abril. No se menciona un arco, aunque se entiende que el puente tiene uno. De todos modos, los soldados no se alzarían debajo del arco, sino sobre el arco.

2. **4.** Los granjeros estaban listos para la guerra, como sugieren las palabras "alzaron en armas" (otra manera de decir que lucharon con armas, como en la guerra). No buscaban negociar (sino acción) y tomarse unas vacaciones. Tampoco querían rendirse o celebrar.

3. **2.** Todos han fallecido (*duermen silenciosos*). No se han ido porque hayan ganado o hayan perdido la guerra. Tampoco viven juntos en paz.

4. **5.** El puente está en ruinas. Las otras respuestas son incorrectas. El puente existe (obviamente), y no se ha reconstruido (se indica que no está allí y que partes han sido barridas por la corriente).

5. **1.** La "piedra votiva" representa un monumento a los caídos. Un puente nuevo, una celebración, una ceremonia y una reunión no son las respuestas correctas, ya que no tienen sentido en el contexto del poema.

6. **3.** El tiro que se oyó en todo el mundo se refiere al comienzo de un evento, específicamente la Guerra de la Independencia de los Estados Unidos. El tono del poema te da esta respuesta, ya que describe la bandera como "desplegada" y los granjeros están "en armas". Por supuesto, no tienes que saber qué guerra era.

7. **3.** Wally no se siente bien porque bebió demasiado vino. Puedes llegar a esta conclusión de las palabras de Dwight, cuando dice que "Me di cuenta esta mañana de que hay dos odres vacíos detrás de la higuera".

8. **1.** A la mesa, durante el desayuno es la respuesta correcta porque los personajes se acaban de sentar a desayunar. Los otras opciones (la higuera, el mercado, el dormitorio y el viñedo) se mencionan, pero no describen el lugar donde ocurre esta parte de la obra.

9. **3.** Dwight pensó que sería mejor criar terneros magros porque dan más ganancias. Dos de las respuestas (menos ganancias y son más caros de criar) son lo contrario de lo que dice el texto. Es verdad que la grasa es mala para la salud, pero esto no se menciona en el texto. Las cabras tampoco se mencionan en el texto.

10. **5.** El padre no le presta atención a Dwight porque está preocupado por Wally. La oveja que se ha perdido, el tiempo en el viñedo, comprar más tierras y leer el periódico no causan necesariamente que el padre esté tan distraído.

11. **2.** Wally ha bebido vino la noche anterior y tiene una jaqueca. Las otras opciones (enfermedad, trabajos de la casa, lectura y trabajo) no son respuestas apropiadas, según este texto.

12. **3.** Wally y el vino necesitan respirar. Wally dice, "El vino tiene que respirar, ¿sabes? Y yo también".

13. **1.** Carter dejó su trabajo porque le atrajo la idea del oro ártico. Otra razón que es parcialmente correcta es que quería dejar su confortable trabajo de oficina, pero no es la mejor respuesta. El texto no menciona "una mujer", excepto su esposa, que no va. "La mitad de sus ahorros" y "los corazones de los hombres" no responden la pregunta.

14. **3.** Carter quería escapar la rutina de la vida como oficinista. "Las cadenas del comercio" se refiere al desprecio que siente por la rutina de todos los días en el mundo de los negocios. Sus deseos de ganar dinero (las debidas recompensas), su lado romántico, los riesgos y los ahorros son factores diferentes que no se refieren a esta pregunta.

15. **2.** El texto dice que "Su meta, … era el Klondike".

16. **4.** Era "ominosa", porque había un presagio de mala suerte. En el texto aparecen expresiones como "desafortunadamente para su alma", "en forma ominosa", y "estrella diabólica… en el cenit" que hacen que tenga un tono ominoso. La ruta no era ni dichosa ni robusta. "Sorprendente" no tiene sentido en este contexto.

17. **1.** El hecho de que Jacques fuera nacido y criado en el Noroeste hace que sea importante para el grupo. El hecho de que fuera un viajero renegado, nacido de una mujer Chippewa en una tienda de piel de ciervo donde era acallado con chupetes de sebo crudo no es relevante en relación a sus conocimientos sobre el área.

18. **3.** Percy buscaba aventuras de aspecto romántico, no necesariamente amorosas, que lo alejaran de su vida mundana. El hecho de que fuera un hombre normal y corriente no es la mejor respuesta. Tampoco lo son la cuenta de banco, ni el hecho de que hablara mucho o fuera a presumir (no sabemos si lo haría) y/o que fuera muy sentimental.

19. **2.** Sonny se sentía culpable por no haberle escrito antes. Las otras respuestas (que era vago, estaba ocupado, tenía miedo y que estaba en un agujero) están relacionadas con el comportamiento, los sentimientos y la ubicación de Sonny, pero no son la mejor respuesta.

20. **3.** El texto no especifica claramente que Sonny esté en la cárcel, pero hay muchas pistas que lo sugieren. Por ejemplo, habla de un agujero del que no puede salir. Las otras opciones se mencionan en el texto, pero no describen dónde está.

21. **4.** "Fuerte en la cabeza" se refiere a ser listo o inteligente. Gracioso, feliz y enojado no son características que tengan relación con la fuerza o la habilidad. Físicamente sano se refiere al estado del cuerpo, no del cerebro.

22. **5.** Sonny se hubiera sentido avergonzado si sus padres supieran que él estaba en la cárcel.

23. **1.** Sonny tiene miedo de volverse loco (perder la cabeza) antes de salir de la cárcel. El ser músico no tiene que ver con la vida en la cárcel. "Aclarar cualquier cosa" no quiere decir

nada, y es una respuesta con truco. Las otras dos opciones (volver enseguida y volarse los sesos) describen cosas que pueden pasar después de salir de la cárcel, no mientras esté dentro.

24. **3.** Se sabe por la primera oración y de las líneas 10 y 11 que a Sonny le gusta su hermano y que aprecia lo que ha hecho por él.

25. **1.** Jimmy por fin podía leer las cartas de Martha después de marchar todo el día. La pregunta dice *cuándo* leía las cartas. Al amanecer es incorrecta (el texto dice "la última hora de luz del día"). Las otras opciones se refieren a *dónde,* así que no pueden ser correctas.

26. **3.** Martha consideraba a Jimmy un amigo o conocido, mientras que él tenía la esperanza de que fueran amantes. Extraños, hermanos y no hay relación son respuestas incorrectas.

27. **5.** Jimmy lamía suavemente la solapa de los sobres porque sabía que ella las había lamido con su lengua antes. Esto muestra que él tiene sentimientos por ella. Las otras acciones (lavarse las manos y guardaba bien las cartas) son otras maneras de mostrar sus sentimientos por ella, pero no son tan fuertes como lamer la solapa de los sobres. Sostener la carta con la punta de los dedos y leerlas la última hora de luz de día son acciones que no describen sus sentimientos.

28. **2.** Martha disfrutaba escribiendo cartas a Jimmy como amiga. Decir que a ella le importa mucho Jimmy (no le importaba tanto), que estuviera muy enamorada, o prendada, de él (no lo estaba), o que no tuviera ningún sentimiento por él (tiene alguno) no describe sus sentimientos.

29. **1.** El hecho de que las cartas eran largas y desenfadadas muestra que ella disfrutaba al escribirlas. Su respeto por Chaucer, el hecho de que estudiara literatura inglesa, y el hecho de que escribiera de una manera bella no son las mejores respuestas. Los profesores y las compañeras de cuarto no tienen que ver con el que ella disfrute o no.

30. **4.** Las cartas le daban a Jimmy un sentido de esperanza para el futuro. Las otras respuestas (el hobby interesante, una manera agradable de pasar el tiempo, una escapada del aburrimiento y una decepción profunda) puede que sean ciertas, pero no indican la verdadera razón por la que Jimmy tuviera tanto interés por las cartas.

31. **2.** El artículo especifica que el centro es el hogar de 85 iniciativas, o empresas, sociales. La Opción (1) es obviamente incorrecta y se puede eliminar la primera vez que se lee el texto. Es posible que las otras respuestas te suenen bien o "correctas", porque el artículo es sobre iniciativas sociales, organizaciones de caridad, LEF y estudiantes que dejan la escuela, pero no tienen nada que ver con el centro y, por eso, son incorrectas.

32. **3.** El artículo dice que la Fundación Learnxs apoya programas innovadores. Las otras respuestas, excepto la Opción (1), se mencionan o se indican en el artículo. Sin embargo, no son correctas porque no responden la pregunta. Tienes que leer el artículo cuidadosamente y volver a comprobar los datos. Sólo porque algo se mencione o te suene, no quiere decir que sea la respuesta correcta a la pregunta.

33. **5.** El texto claramente dice que la función de Artsjunction es distribuir materiales desechados a clases de artes visuales. Las otras respuestas merecen el esfuerzo de otras agencias u organizaciones caritativas, pero no son el objetivo de Artsjunction.

34. **2.** El artículo especifica claramente el objetivo del autobús Microtón. Ofrece servicios de procesamiento numérico y de textos a empleados y clientes de pequeños negocios. Las otras respuestas "suenan" como respuestas correctas, pero, tras leer el texto de nuevo, puedes ver que no lo son.

Cuando estés intentando responder estas preguntas con limitaciones de tiempo, intenta recordar exactamente lo que decía el texto. Si sólo crees que te acuerdas, vuelve inmediatamente ya que puedes echar un vistazo rápido al texto en busca de las palabras clave. En este caso, la palabra clave sería *Microtrón*.

35. **4.** El texto describe claramente la misión de la Fundación Entrenamiento de Renovación como ayudar a jóvenes en desventaja y a trabajadores desplazados. Las otras respuestas son actividades típicas de una organización de caridad, pero no se especifican como parte de la misión y, por eso, no son correctas. La Opción (3) es incorrecta y juega con el significado del verbo *servir*. Puedes excluir esta opción enseguida, y así sólo tienes cuatro respuestas de donde elegir.

36. **3.** Los empleados deben llevar ropa apropiada para tener un aspecto profesional y mantener los estándares de seguridad. Los otros requisitos, como no usar alcohol, no asociarse con parafernalia, ser respetuoso y no usar lenguaje ofensivo, no se refieren a la apariencia.

37. **1.** Los empleados deben aceptar la autoridad de los supervisores, como pone en el texto.

38. **4.** Los empleados deben comportarse de una manera profesional para que la empresa pueda crecer y mejorar.

39. **2.** Para mantener la seguridad, los empleados no deben invitar a personas al lugar de trabajo. El promocionar la dignidad, las interacciones con los supervisores y el respeto no se relacionan directamente con la seguridad.

40. **5.** Si no sigues las reglas más de dos veces pierdes el trabajo. Las otras respuestas no aparecen en el texto.

Hoja de Respuestas

1. **1**	15. **2**	29. **1**
2. **4**	16. **4**	30. **4**
3. **2**	17. **1**	31. **2**
4. **5**	18. **3**	32. **3**
5. **1**	19. **2**	33. **5**
6. **3**	20. **3**	34. **2**
7. **3**	21. **4**	35. **4**
8. **1**	22. **5**	36. **3**
9. **3**	23. **1**	37. **1**
10. **5**	24. **3**	38. **4**
11. **2**	25. **1**	39. **2**
12. **3**	26. **3**	40. **5**
13. **1**	27. **5**	
14. **3**	28. **2**	

Capítulo 22

Otro Examen de Práctica — Examen de Lectura de Artes del Lenguaje

· ·

El Examen de Lectura de Artes del Lenguaje consiste en fragmentos de textos de ficción y no ficción. Después de cada fragmento hay preguntas de opción múltiple sobre lo que hayas leído.

Lee el texto primero y luego responde las preguntas que siguen. Consulta la información tanto como sea necesario al responder las preguntas.

Al principio de cada texto hay una pregunta de objetivo. La pregunta de objetivo te guía a la hora de leer. Usa esta pregunta para enfocar la lectura. No tienes que responder esta pregunta. El único objetivo de esta pregunta es ayudarte a concentrarte en la lectura según las ideas presentadas.

Tienes 65 minutos para responder las 40 preguntas que figuran en este cuadernillo. Trabaja cuidadosamente pero no te demores demasiado en una sola pregunta. Asegúrate de responder todas las preguntas.

Hoja de Respuestas para el Examen de Lectura de Artes del Lenguaje

1 ① ② ③ ④ ⑤
2 ① ② ③ ④ ⑤
3 ① ② ③ ④ ⑤
4 ① ② ③ ④ ⑤
5 ① ② ③ ④ ⑤
6 ① ② ③ ④ ⑤
7 ① ② ③ ④ ⑤
8 ① ② ③ ④ ⑤
9 ① ② ③ ④ ⑤
10 ① ② ③ ④ ⑤
11 ① ② ③ ④ ⑤
12 ① ② ③ ④ ⑤
13 ① ② ③ ④ ⑤
14 ① ② ③ ④ ⑤
15 ① ② ③ ④ ⑤
16 ① ② ③ ④ ⑤
17 ① ② ③ ④ ⑤
18 ① ② ③ ④ ⑤
19 ① ② ③ ④ ⑤
20 ① ② ③ ④ ⑤

21 ① ② ③ ④ ⑤
22 ① ② ③ ④ ⑤
23 ① ② ③ ④ ⑤
24 ① ② ③ ④ ⑤
25 ① ② ③ ④ ⑤
26 ① ② ③ ④ ⑤
27 ① ② ③ ④ ⑤
28 ① ② ③ ④ ⑤
29 ① ② ③ ④ ⑤
30 ① ② ③ ④ ⑤
31 ① ② ③ ④ ⑤
32 ① ② ③ ④ ⑤
33 ① ② ③ ④ ⑤
34 ① ② ③ ④ ⑤
35 ① ② ③ ④ ⑤
36 ① ② ③ ④ ⑤
37 ① ② ③ ④ ⑤
38 ① ② ③ ④ ⑤
39 ① ② ③ ④ ⑤
40 ① ② ③ ④ ⑤

Examen de Lectura de Artes del Lenguaje

No marques las respuestas en este cuadernillo. Registra tus respuestas en la hoja de respuestas adicional provista. Asegúrate de que toda la información requerida esté debidamente registrada en la hoja de respuestas.

Para registrar tus respuestas, rellena el círculo en la hoja de respuestas con el número que corresponde a la respuesta que tú seleccionaste para cada pregunta del cuadernillo de examen.

EJEMPLO:

Era la máquina de los sueños de Susana. La pintura azul metálico brillaba, y las ruedas deportivas estaban bien pulidas. Bajo el capó, el motor no estaba menos limpio. Dentro, unas lucecitas llamativas iluminaban los instrumentos en el tablero de mandos, y los asientos estaban cubiertos de un caro tapizado de cuero.

El sujeto (o la máquina) de este fragmento de texto seguramente es:

(1) un avión

(2) un equipo de música

(3) un automóvil

(4) un barco

(5) una motocicleta

(En la Hoja de Evaluaciones)

① ② ● ④ ⑤

La respuesta correcta es "un automóvil", así que se marcaría el círculo con el 3 en la hoja de evaluaciones.

No apoyes la punta del lápiz en la hoja de respuestas mientras estás pensando tu respuesta. No hagas marcas fuera de lugar o innecesarias. Si cambias una respuesta, borra completamente tu primera marca. Sólo marca una respuesta para cada pregunta; las respuestas múltiples serán consideradas incorrectas. No dobles o pliegues tu hoja de respuestas. Todos los materiales del examen deben devolverse al administrador del examen.

Nota: Consulta el Capítulo 23 para obtener las respuestas a este examen de práctica.

NO COMIENCES A HACER ESTE EXAMEN HASTA QUE TE LO DIGAN

Instrucciones: Elige la <u>mejor respuesta</u> para cada pregunta.

Las preguntas 1 a 6 se refieren al siguiente poema por Sheila Sarah Franschman (2010).

¿QUÉ ES ESPECIAL SOBRE LOS BOSQUES MUIR?

Bajo el desgastado letrero de madera que da la bienvenida a todos

A pasear por los anchos senderos de tablones de madera.

Y ver las secoyas majestuosas, un deleite para los ojos

Algunas en esta tierra más de 1.000 años

Las cortezas bañadas en tonos negros y café

Como torres por encima, pero debajo de las nubes

Mirando las ramas entrelazadas en nudos de amantes

La naturaleza ofrece los riachuelos que serpentean

Y llevan los alimentos que se requieren para vivir

Con el tiempo

Se asienta la niebla en las ramas más altas

Elevando los árboles hacia el cielo

Los pequeños animales se precipitan sobre el suelo

Y las aves escogen entre las plantas y las ramas

Las cuatro estaciones ofrecen tonalidades diferentes

Mientras la primavera sigue un riachuelo murmurante,

Que termina en lagunitas

Y el verano se abre a la luz del sol exponiendo su vulnerabilidad,

Y su fuerte

El follaje del otoño se convierte en rojo y amarillo,

Con un toque de anaranjado,

Mientras que el invierno cubre el paisaje

Con una capa blanca

Vulnerable ahora

Ve a la siguiente página →

Esperando a que cambien la estaciones

Para que las personas y los animales

Vayan a pasear de nuevo por los anchos senderos de tablones de madera.

1. ¿Dónde tiene lugar el poema?

    (1) un jardín

    (2) un granero

    (3) la calle de una ciudad

    (4) un bosque

    (5) un patio de recreo

2. Algunas de las secoyas viven hasta

    (1) 400 años

    (2) 1.000 años

    (3) 200 años

    (4) 1.500 años

    (5) 80 años

3. Cuando la autora escribe, "Las cuatro estaciones ofrecen tonalidades diferentes", quiere decir que

    (1) En cada estación vienen aves y animales diferentes.

    (2) Las hojas cambian de color cada estación.

    (3) Las hojas que han caído en los riachuelos hacen que cambien de color.

    (4) Con la niebla, la luz se filtra de una manera diferente durante el invierno.

    (5) Los colores en este lugar cambian según la estación.

4. ¿Al describir qué estación usa la autora la palabra "vulnerable"?

    (1) primavera

    (2) verano

    (3) otoño

    (4) invierno

    (5) no hay suficiente información

5. Si alguien mira una secoya, ¿qué colores ve?

    (1) verde y rojo

    (2) rojo

    (3) negro y color café

    (4) rojo y amarillo

    (5) anaranjado

6. ¿Qué suministra el alimento para que los árboles gigantes crezcan?

    (1) la naturaleza

    (2) los jardineros

    (3) los empleados del parque

    (4) los animales

    (5) los pájaros

Ve a la siguiente página ⟶

Las preguntas 7 a 12 se refieren al siguiente fragmento de la obra Major Barbara *(Comandante Bárbara) por George Bernard Shaw (1905).*

¿POR QUÉ LE INTERESA EL EJÉRCITO DE SALVACIÓN A UNDERSHAFT?

UNDERSHAFT: Un momento, Sr. Lomax. Tengo interés en el Ejército de Salvación. Su lema podría ser el mío: Sangre y Fuego.

LOMAX: *(horrorizado)* Pero es otra especie de sangre y fuego, sabe usted.

UNDERSHAFT: Mi sangre limpia: mi fuego purifica.

BÁRBARA: También el nuestro. Venga mañana a mi refugio, el refugio de West Ham, y conocerá nuestra obra. Marcharemos a una gran reunión en el salón de asambleas de Mile End. Venga a ver el refugio, y marche con nosotros: le hará mucho bien. ¿Sabe tocar algo?

UNDERSHAFT: En mi juventud gané algunos peniques, y hasta chelines a veces, bailando en las calles, frente a las cantinas, y luciendo mi talento de zapateador. Más tarde, me hice miembro de la Sociedad Orquestra Undershaft, y me desempeñé bastante bien con el trombón.

LOMAX: *(escandalizado, bajando la concertina)* ¡Quién diría!

BÁRBARA: Gracias al ejército, más de un pecador se ha abierto camino al cielo tocando el trombón.

LOMAX: *(a BÁRBARA, todavía perplejo)* Sí, pero, ¿y el negocio de cañones? *(a UNDERSHAFT)* Llegar al cielo no entra exactamente en sus planes, ¿verdad?

LADY BRITOMART: ¡¡Charles!!

LOMAX: Bueno, pero ¿no es razonable lo que sostengo? El negocio de cañones puede ser necesario, y todo lo demás; no podemos arreglárnoslas sin cañones; pero no está bien, ¿no cree usted? Por otro lado, puede haber algo de charlatanería sobre el Ejército de Salvación. Yo, personalmente, pertenezco a la iglesia oficial. Pero no puede negarse que es una religión; y no se puede ir en contra de la religión, ¿verdad? A menos que sea absolutamente inmoral, ya sabe.

---

7. ¿Por qué invitó Bárbara a Undershaft al refugio?

   (1) para unirse a la banda musical

   (2) para ir a una gran reunión

   (3) para ganar peniques

   (4) para bailar zapateo

   (5) para que estuviera con ellos en la Asamblea

8. ¿Qué revela sobre Undershaft el hecho de que bailara zapateo por peniques?

   (1) Tiene un talento natural.

   (2) Frecuentaba lugares públicos.

   (3) Su juventud fue pobre.

   (4) Bailaba aceptablemente.

   (5) Era un músico con talento.

Ve a la siguiente página ⟶

9. ¿Cómo puede contribuir Undershaft a la marcha de la banda?

    (1) bailar zapateo

    (2) peniques

    (3) chelines

    (4) tocar el trombón

    (5) talento natural

10. ¿Cómo se puede describir la manera en que Lomax trata a Undershaft?

    (1) amigable

    (2) resentida

    (3) alentadora

    (4) filosófica

    (5) crítica

11. ¿Por qué podría ser el lema de Undershaft "Sangre y Fuego"?

    (1) porque hace cañones

    (2) porque toca el trombón

    (3) porque es un pecador

    (4) porque no pertenece a la iglesia oficial

    (5) porque marcha para el Ejército de Salvación

12. ¿Cómo se sabe que Bárbara está comprometida con la idea de hacer lo que es justo?

    (1) Está en el Ejército de Salvación.

    (2) Dirige un refugio.

    (3) Toma parte en las marchas.

    (4) Toca la concertina.

    (5) Recluta a otras personas para que se unan.

Ve a la siguiente página ⇒

Las preguntas 13 a 18 se refieren al siguiente fragmento de "Rip Van Winkle" de Washington Irving (1819).

¿QUÉ SE PUEDE APRENDER DE LAS MONTAÑAS?

Quien haya viajado río arriba por el Hudson recordará los montes Kaatskill. Son un desprendimiento aislado del gran sistema orográfico de los Apalaches. Se les ve al oeste del río, elevándose lentamente hasta considerables alturas, y enseñoreándose del país circundante. Cada cambio de estación o del tiempo, hasta cada hora del día, produce alguna modificación en las mágicas formas y los colores de estos montes; todas las buenas esposas, lejos y cerca, los consideran los barómetros perfectos. Cuando el tiempo es bueno y se mantiene así, parecen vertirse de azul y morado, y se destacan nítidamente sobre el fondo azul del cielo. Algunas veces, cuando el resto del paisaje está sin una nube, alrededor de sus picos se forma una corona de grises vapores, que, con los últimos reflejos del sol poniente, despiden rayos como la aureola de un santo.

A los pies de estas bellas montañas, el viajero habrá percibido columnas de humo que se desprenden de un pueblo, cuyos techos de tejas de madera se destacan entre los árboles, allí donde la coloración azul de las tierras altas se confunde con el verde esmeralda de la vegetación de las bajas. Es una pequeña villa de gran antigüedad, pues fue fundada por los primeros colonos holandeses, en los primeros tiempos de la provincia, al iniciarse el periodo de gobierno de Pedro Stuyvesant, a quien Dios tenga en su gloria; hasta hace unos pocos años, todavía quedaban algunas de las casas de los primeros colonos. Eran edificios construidos de ladrillos amarillos, traídos de Holanda, con vidrieras de celosía y tejados a dos aguas con veletas de gallos.

13. ¿Cómo se pueden localizar los montes Kaatskill?

(1) Pedir direcciones.

(2) Hacer un viaje río arriba por el Hudson.

(3) Buscar un desprendimiento aislado.

(4) Fijarse dónde está el verde fresco.

(5) Disfrutar del paisaje que te rodea.

14. Según las líneas 5 y 6, ¿cómo saben las esposas qué tiempo va a hacer?

(1) con barómetros perfectos

(2) por el cielo aclarado del anochecer

(3) por la aureola de un santo

(4) por los vapores grises

(5) con las formas y los colores mágicos

15. ¿Qué buscarías para localizar el pueblo?

(1) las bellas montañas

(2) los techos de tejas de madera

(3) las columnas de humo

(4) la coloración azul

(5) la gran antigüedad

16. ¿Quién fundó el pueblo?

(1) Peter Stuyvesant

(2) la gran familia de los Apalaches

(3) el viajero

(4) los colonistas holandeses

(5) el gobierno

17. ¿Por qué está la expresión "a quien Dios tenga en su gloria" después del nombre Peter Stuyvesant (línea 16)?

(1) Ha fallecido.

(2) Era uno de los primeros colonos.

(3) Era un viajero.

(4) Era un soldado.

(5) Era el gobernador.

18. ¿Qué materiales vinieron de Holanda?

(1) veletas de gallos

(2) ladrillos amarillos

(3) vidrieros de celosía

(4) tejados a dos aguas

(5) los tejados de tejas de madera

Ve a la siguiente página ➡

Las preguntas 19 a 24 se refieren al siguiente fragmento de "The Man Who Was Almost a Man" (El hombre que era casi un hombre) de Eight Men (Ocho hombres) por Richard Wright (1961).

¿QUÉ NECESITAS PARA SER UN HOMBRE?

Dave partió a través del campo, mirando hacia casa, la luz se hacía cada vez más pálida.... Uno de estos días iba a conseguir un rifle y comenzar a practicar el tiro al blanco, así no podrían hablarle como si fuera un niño. Comenzó a ir más despacio, mirando al suelo. Caray, no me dan miedo... aunque sean más grandes que yo. Ay, sé lo que voy a hacer. Voy a pasar a la tenducha del viejo Joe, agarrarme el catálogo Sears Roebuck para ver las armas. Quizá Ma me dé dinero pa comprarme una cuando le pague mi salario el Viejo Hawkins. Voy a rogarle me dé dinero. Soy de edad pa tener armas. Tengo los diecisiete. Casi un hombre. Siguió a buen paso, sintiendo sus largas y desgarbadas extremidades. Caray, un hombre debe tener un pequeño rifle después de trabajar duro todo el día.

Apareció delante de él la tienda de Joe. Un farol amarillo resplandecía en el porche. Subió las escaleras y pasó por la puerta con mosquitero, oyendo el portazo detrás suyo. Había un olor fuerte a carbón y a caballa. Rebosaba confianza hasta que vio al gordo Joe que entraba por la puerta de atrás; entonces la confianza se le comenzó a desbordar.

"¡Buenas, Dave! ¿Qué quieres?"

"Buenas, eh, Sr. Joe? Eh, no quiero comprar nada. Sólo quería... quería ver, ¿me deja mirar el catálogo un poco?"

"¡Pues claro! ¿Quieres verlo aquí?"

"No, caray, señor. Quería llevarlo a casa. Lo traigo mañana cuando vuelva del campo".

"¿Vas a comprar algo?"

"Sí, señor".

"¿Tu madre te deja tener tu propio dinero ahora?"

"Caramba, Señor Joe. ¡Me estoy haciendo un hombre como los demás!"

---

19. ¿Dónde trabajaba Dave?

(1) en la tienda de Joe

(2) en la tienda Sears Roebuck

(3) en la granja de Hawkins

(4) con su madre

(5) estaba desempleado

20. ¿Por qué quiere "conseguir un rifle" en la línea 2?

(1) para demostrar que no le dan miedo los demás

(2) para demostrar que no estaba desempleado

(3) para hacer que su madre se sintiera orgullosa

(4) para impresionar a Joe

(5) para conseguir un trabajo mejor

Ve a la siguiente página →

21. ¿De dónde esperaba Dave poder conseguir un arma?

    (1) de la tienda de Joe

    (2) del Viejo Hawkins

    (3) de su madre

    (4) del catálogo de Sears Roebuck

    (5) de los que trabajan con él

22. ¿Cómo se puede encontrar la tienda de Joe de noche?

    (1) por el olor a caballa

    (2) por la ruidosa puerta con mosquitero

    (3) por el olor a carbón

    (4) por el resplandor de un farol amarillo

    (5) por la puerta de atrás

23. ¿Por qué crees que Dave preguntó si se podía llevar el catálogo a casa?

    (1) Perdió la calma.

    (2) Estaba demasiado oscuro para leer.

    (3) Tenía que estar en casa para la cena.

    (4) Él gana su propio dinero.

    (5) Tenía que pedirle permiso a su madre.

24. ¿Qué tiene que hacer Dave para conseguir el arma?

    (1) Encontrarla en el catálogo.

    (2) Convencerla a su madre de que le dé el dinero.

    (3) Persuadir a Joe que haga un pedido.

    (4) Devolver el catálogo a Joe.

    (5) Conseguir el permiso del Viejo Hawkins.

Ve a la siguiente página →

Las preguntas 25 a 30 se refieren al siguiente fragmento de "Something to Remember Me By" (Algo para recordarme) por Saul Bellow (1990).

¿CÓMO COMENZÓ TODO?

Comenzó como un día escolar de invierno cualquiera en Chicago, gris y ordinario. La temperatura, unos grados sobre cero. Figuras de escarcha en el cristal de la ventana, la nieve en montañitas, el hielo crujiente, y las calles, bloque tras bloque, unidas por un cielo de hierro. Un desayuno de copos de avena, tostada y té. Tarde, como siempre, paré un momento a echar un vistazo en la habitación de enferma de mi madre. Me acerqué y dije, "Soy yo, Louie, voy a la escuela". Me pareció que afirmaba con la cabeza. Sus párpados eran marrones, su cara mucho más pálida. Salí apresurado con los libros colgados del hombro con una correa.

Cuando llegué al bulevar al borde del parque, dos pequeños hombres salieron bruscamente de un portal con rifles, se dieron la vuelta apuntando hacia arriba, y dispararon a las palomas que estaban cerca del tejado. Varias aves cayeron, y los hombres recogieron los suaves cuerpos y corrieron hacia dentro, como dos pequeños hombres oscuros en camisas blancas agitadas. Los cazadores de la Depresión y su juego en la ciudad. Unos momentos antes, un coche de policía había pasado tranquilamente a diez millas por hora. Los hombres habían estado esperando a que se fuera.

Todo esto no tenía nada que ver conmigo. Lo menciono simplemente porque ocurrió. Pasé por encima de las manchas de sangre y crucé el parque.

---

25. ¿Qué palabras describe mejor la apariencia del día escolar de invierno en Chicago?

(1) la escarcha

(2) en montañitas

(3) gris y con hielo crujiente

(4) cielo de hierro

(5) bloque tras bloque

26. ¿Qué descubres sobre el estado de la vida en la casa de Louie en las líneas 4 y 5?

(1) Comía copos de avena, tostada y té.

(2) Como siempre, iba tarde.

(3) Llevaba los libros sujetos por una correa.

(4) Su cara era mucho más pálida.

(5) Su madre estaba enferma.

27. ¿Qué hacían los hombres en la entrada de la casa?

(1) cazar aves

(2) practicar el tiro

(3) refugiarse del mal tiempo

(4) esconderse de la policía

(5) emprender camino al parque

28. ¿Cómo se sabe que los hombres tienen buena puntería?

(1) Corrieron adentro.

(2) Eran hombres pequeños.

(3) Tenían rifles.

(4) Cayeron varias aves.

(5) Las palomas estaban cerca de la parte alta del tejado.

29. ¿Qué adjetivo describe mejor a los cazadores?

(1) enojados

(2) hambrientos

(3) felices

(4) valientes

(5) descuidados

30. ¿Por qué no le dijo Louie a la policía lo que había visto?

(1) Tenía prisa por llegar a la escuela.

(2) Su madre estaba enferma.

(3) No tenía nada que ver con él.

(4) Esos tipos eran sus amigos.

(5) Eran cazadores de la Depresión.

Ve a la siguiente página ⟹

Las preguntas 31 a 35 se refieren al siguiente fragmento de Photography For Dummies (*Fotografía para Dummies*) *por Russell Hart, 2ª Edición (Wiley).*

¿CUÁL ES EL SECRETO DE INSTALAR LAS PILAS?

Si alguna vez has tenido que encontrar la manera de instalar las pilas en el último juguete electrónico de tu hijo, poner las pilas en tu "apunta-y-dispara" no va a ser un gran reto. Apaga la cámara cuando las instales; si no lo haces es posible que la cámara se vuelva loca abriendo y cerrando la lente. (Algunas cámaras se apagan solas después de haber instalado las pilas nuevas, así que tienes que volver a encenderlas para sacar una foto.)

Con los modelos apunta-y-dispara más grandes, generalmente tienes que abrir una tapa de cierre en la parte de abajo para instalar las pilas. Algunos modelos más compactos tienen un compartimiento debajo de una puertita o solapa a un lado de la cámara. Quizás tengas que juguetear con estas puertitas hasta poder abrirlas con una moneda a modo de llave.

Más irritantes son las cubiertas de la parte de abajo que se abren destornillando un tornillito. (También necesitas una moneda para este tipo.) Y las más irritantes de todas son las cubiertas de pilas que no tienen bisagras y que se salen completamente cuando las destornillas. Si tienes una de éstas, no cambies las pilas mientras estés de pie encima de una alcantarilla, en un campo de hierba alta o en un muelle al lado del mar.

Bien estés instalando cuatro pilas de doble A o una sola de litio, asegúrate de que las pilas estén bien orientadas cuando las metas. Encontrarás un diagrama y/o signos de más y de menos dentro del compartimento o en el lado interior de la puertita.

Si la cámara no se enciende y las pilas están bien instaladas, es posible que las pilas hayan perdido la energía por estar en la estantería demasiado tiempo. En este contexto, comenzamos a hablar del icono de a pila.

Si tu cámara tiene un panel de LCD, un icono te dice cuando la pila tiene poca energía.

31. ¿Dónde vas a instalar las pilas?

   (1) en un aparato electrónico que has comprado

   (2) en un juguete de niño

   (3) en una apunta-y-dispara grande

   (4) en una cámara

   (5) en una linterna

32. ¿En qué modelo es más fácil cambiar las pilas?

   (1) los modelos compactos

   (2) las cámaras de apunta-y-dispara

   (3) los tornillos en la parte de abajo

   (4) las cubiertas que no tienen bisagras

   (5) las cubiertas que se separan completamente

33. ¿Por qué se deben evitar lugares como las alcantarillas y los campos con hierba alta para cambiar las pilas?

   (1) La cámara se puede mojar.

   (2) Se te puede ensuciar la lente.

   (3) La luz del sol arruina la fotografía.

   (4) El carrete está expuesto al sol.

   (5) Se puede perder la cubierta de la cámara.

Ve a la siguiente página ⟶

34. ¿Cómo te puedes asegurar de que las pilas estén bien orientadas?

    (1) Usar cuatro pilas de doble A.

    (2) Usa una sola pila de litio.

    (3) Vacía el compartimento.

    (4) Mira el diagrama.

    (5) Mira dentro de la cajita del carrete.

35. ¿Qué te dice si las pilas están bajas?

    (1) el panel de LCD

    (2) el icono de la pila

    (3) el compartimento de la batería

    (4) una sola pila de litio

    (5) los dibujos en el diagrama

Ve a la siguiente página

Las preguntas 36 a 40 se refieren al siguiente fragmento, escrito por Sheila Sarah Franschman (2010).

¿CUÁL ES LA MANERA MÁS CÓMODA DE VER LOS PUNTOS DE INTERÉS?

San Francisco es una ciudad para caminar, y yo recorrí fatigosamente las colinas arriba y abajo hasta que mis piernas estaban listas para unas vacaciones. Caminé por el Barrio Chino, exploré la Plaza Union, admiré la Torre Coit desde abajo, admiré las vistas desde el puente Golden Gate, paseé por Fisherman´s Wharf y, por supuesto, fui de compras en Macys y en Barneys. Estaba yo mirando un par de zapatos cómodos en un escaparate, cuando me llamó la atención una tienda inocua escondida entre varias tiendas de souvenirs. En ella se vendían visitas guiadas. Qué idea tan original, pensé, ver San Francisco sentada en vez de caminando.

Al día siguiente, un autobús blanco me recogió en mi hotel a las 8:15 de la mañana, algo más temprano de lo que yo hubiera preferido, pero la anticipación de ver la hermosa California sentada me animó a hacerlo. El autobús era cómodo y no muy concurrido, y yo encontré un asiento al lado de la ventana con vistas al mundo, o, por lo menos, a la Calle Mason.

Al viajar por la espectacular costa del Norte de California, que parece constantemente azotada por el viento, anticipé el punto culminante del viaje, conocido como la ruta de las diecisiete millas. Vi cómo las afueras de San Francisco se alejaban en la distancia y cada milla nos acercó más al destino. Miré las fotografías en el folleto y me pregunté si en realidad sería tan glorioso como en las fotografías.

El conductor explicó que ésta era la ruta original de más de un siglo que los turistas recorrían en carretas con caballos cubiertas. Ahora, es una urbanización protegida con vigilantes, con hoteles de lujo y campos de golf, que todavía son la atracción principal después de todos estos años. Pero yo no estaba allí para ver a gente jugar al golf. Yo estaba allí para ver las poderosas olas y la tranquilidad de las playas desiertas. Podía tolerar a los jugadores de golf, inconscientes de su alrededor, que jugaban en el mundialmente famoso Pebble Beach Golf Links, siempre que pudiera estar en comunión con el mar al que tanto amo.

Muy pronto, lo vi. El mar golpeaba contra la playa, llevándose la arena a lengüetadas y enseguida escupiéndola de vuelta en un remolino de agua. Yo estaba presente con el mar, y el ritmo de las olas se llevaba todas mis preocupaciones actuales. Para esto había venido yo a California, a vivir esta experiencia.

Hay unas veinte paradas en la ruta y, al parar, observé maravillada para disfrutar de cada una de ellas. Paramos primero en Point Joe, donde yo bajé con la cámara lista, impresionada por el poder de las olas y la belleza del paisaje. Desde este lugar, el terreno está incrustado de rocas que se asoman sobre las aguas turbulentas que pasan a su alrededor. Allí, todos coleccionábamos recuerdos para llevar a casa desde el telón del cielo uniéndose al agua.

La gente vestida con ropa para el principio del invierno, bajaba con mucho cuidado por el deteriorado terreno empinado para poder ver de más cerca la magnífica playa ante ellos. Todos los que vinimos en el autobús habíamos comenzado la experiencia de la ruta de las diecisiete millas.

Al pasar el autobús por infinitas calas y vistas escénicas, vimos puras playas de arena blanca. Entretanto todos nos movíamos de un lado a otro, como en un sueño, paseando sin rumbo fijo y disfrutando de lo que veíamos. Yo había entrado la realidad de la Playa Pebble, donde la arena baila en las olas como si fuera un cuadro sin acabar. Todo esto me devoró y activó mi imaginación.

Ve a la siguiente página ⇒

En la próxima parada, el Lone Cypress, un ciprés solitario, está parado majestuosamente sobre la roca de un acantilado, mirando al Océano Pacífico. Es el símbolo y el punto de referencia de los fotógrafos amateur que intentan capturar la grandiosidad en un chip de silicona. Este árbol, que crece de una roca, se usa como logotipo para este lugar turístico, y es un ejemplo típico del espíritu pionero que debe haber sido parte de todos los pioneros de la California temprana que lucharon con la naturaleza por su existencia. Ahora, sentada en un cómodo autobús, experimenté la belleza de una zona rodeada de pinos nativos y árboles cipreses, retorcidos por la naturaleza, que sirven de contrapunto para el ciprés solitario. Admiro la independencia y la fortaleza de este árbol, y la de los pioneros de la California temprana, al continuar el viaje.

El Ghost Tree, el Árbol Fantasma, un ciprés Monterey, teñido de blanco por la espuma del mar, es un monumento a la furia y la belleza de la naturaleza. Junto a los acantilados hay otros árboles cipreses blanqueados, que parecen una falange de fantasmas que se me aparece. He visto la belleza pura de California.

36. ¿Qué medio de transporte usó la autora al principio para visitar San Francisco?

    (1) el transporte público
    (2) el autobús
    (3) caminar
    (4) al automóvil
    (5) la limusina

37. ¿Cuál fue el punto culminante del viaje de la autora?

    (1) el Puente Golden Gate
    (2) el Barrio Chino
    (3) Carmel
    (4) la ruta de las diecisiete millas
    (5) la Plaza Union

38. En realidad, la ruta de las diecisiete millas es

    (1) una urbanización protegida con vigilantes
    (2) una autopista desierta
    (3) un campo de golf
    (4) un hotel de lujo
    (5) un lugar de playa de vacaciones

39. ¿Qué le impresionó a la autora en Point Joe?

    (1) el poder de las olas y la belleza del paisaje
    (2) el ritmo de las olas
    (3) el césped arreglado
    (4) los leones marinos
    (5) las carretas de caballos cubiertas

40. El Ciprés solitario se ha hecho famoso porque es

    (1) muy viejo
    (2) un logotipo para un lugar de vacaciones
    (3) un árbol que crece de una roca
    (4) mucho más alto que todos los demás árboles
    (5) un árbol muy bien cuidado

ALTO NO DESVUELTA LA PÁGINA HASTA QUE SE TE INDIQUE QUE LO HAGAS. NO REGRESES A UN EXAMEN ANTERIOR.

Capítulo 23

Respuestas y Explicaciones para el Examen de Lectura de Artes del Lenguaje

● ●

Después de tomar el Examen de Lectura del Capítulo 22, usa este capítulo para revisar tus respuestas. Tómate tu tiempo para leer las explicaciones de las respuestas que damos en la primera sección. Pueden ayudarte a entender por qué te equivocaste en algunas respuestas. Quizás quieras leer las explicaciones de las preguntas que respondiste correctamente, porque al hacerlo puedes tener una mejor idea del razonamiento que te ayudó a elegir las respuestas correctas.

Si tienes poco tiempo, ve al final del capítulo para ver la clave de respuestas abreviada.

Análisis de las Respuestas

1. **4.** De la descripción de la primera parte del poema (árboles, riachuelo, aves, animales pequeños animales, etc.) sabemos que tiene lugar en un bosque. Ninguna de las otras opciones describe un lugar donde el poema pudiera haber tenido lugar.

2. **2.** El poema dice que las secoyas pueden vivir más de 1.000 años (línea 4). Las otras respuestas son datos imprecisos. Esta pregunta es un buen ejemplo que cuándo puedes echar una ojeada para poder encontrar una respuesta rápidamente, ya que pide un dato que es un número.

3. **5.** La autora describe en detalle los cambios de tonalidades, o colores, en el paisaje cada estación. Las otras respuestas pueden parecer correctas, pero no hay evidencia en el poema para apoyarlas.

4. **4.** La autora escribe, "Mientras que el invierno cubre el paisaje / Con una capa blanca / Vulnerable ahora". Las otras estaciones no están descritas de esta manera, así que sabes que el invierno es la respuesta. Si lees la pregunta, y luego echas una ojeada al poema, tienes muchas posibilidades de encontrar la respuesta correcta.

5. **3.** La autora describe "Las cortezas bañadas en tonos negros y café". Si sabes algo sobre las secoyas, sabrás que su madera es roja, no la corteza. Los otros colores se mencionan en el poema, pero no se refieren a las secoyas directamente.

6. **1.** La autora dice que la naturaleza ofrece los alimentos que se requieren para vivir y que los riachuelos se los llevan a los árboles. Aunque algunas de las otras respuestas podrían ser aceptables, son incorrectas según el poema. Tienes que responder las preguntas según lo que pone en el texto. No dejes que tus conocimientos previos del tema te distraigan de esta tarea. La respuesta correcta siempre está en el texto.

7. **1.** Bárbara estaba buscando hombres para ser parte de una banda musical, y vio que Undershaft podía ser un candidato. Las otras opciones (ir a una reunión, ganar peniques, bailar zapateo y estar en la Asamblea) no son ejemplos de su interés por Undershaft.

8. **3.** Sabemos que Undershaft tuvo una juventud pobre porque tenía que bailar para ganar peniques y sobrevivir. En esa época, los niños pobres bailaban para entretener delante de los que pudieran echarles peniques. Esta manera de vivir era un poco mejor que rogar en las calles, ya que los niños ofrecían entretenimiento a cambio del dinero donado.

9. **4.** Undershaft era un músico que tocaba el trombón y que podía hacer una contribución a la banda con sus talentos musicales. El baile zapateo, los peniques o los chelines no son contribuciones a una banda. El talento musical natural podría ser una respuesta correcta, pero ya que existe una respuesta más específica, no lo es, y hay que desecharla.

10. **5.** Lomax critica a Undershaft porque es fabricante de cañones, e implica que Undershaft no irá al cielo por su trabajo con los cañones. Puede que Lomax esté resentido y que sea filosófico, pero estas palabras no describen la manera en que trata a Undershaft. "Amigable" y "alentadora" tampoco describen, sin duda, su manera de comportarse.

11. **1.** El lema de Undershaft podría ser "Sangre y Fuego" porque fabrica cañones que se usan para matar a personas en la guerra. Tocar el trombón, ser pecador, ser parte de la iglesia y marchar no están relacionados con sangre ni con fuego.

12. **2.** Bárbara no sólo habla de lo que hace, sino que también dirige un refugio para ayudar a los pobres. Esta razón es más importante que las otras opciones, como ser parte del Ejército de Salvación, unirse a las marchas, tocar la concertina o reclutar a otros.

13. **2.** Para localizar los montes Kaatskill tienes que ir río arriba por el Hudson. El desprendimiento aislado, el verde fresco y el paisaje que te rodea no son ubicaciones que te pueden ayudar a localizar los montes. Aunque pedir direcciones puede funcionar, no se menciona en el texto.

14. **5.** Las esposas usan las formas y los colores mágicos de los montes para predecir el tiempo. Los otros factores, como el cielo al anochecer, los vapores grises y la aureola del santo, no son buenos indicadores del tiempo. El barómetro es un instrumento que se usa para medir la presión del aire.

15. **3.** Para localizar el pueblo tienes que buscar primero las columnas de humo que salen de las chimeneas. No puedes ver las otras pistas, como los tejados de tejas de madera, antes de ver las columnas de humo. Las montañas, la coloración y la antigüedad no son pistas de que haya un pueblo.

16. **4.** Los colonos holandeses fundaron el pueblo. Peter Stuyvesant estableció el gobierno. La gran familia de los Apalaches se refiere a las montañas. El viajero descubrió el pueblo en sus viajes.

17. **1.** Peter Stuyvesant, que era parte del gobierno, ha fallecido. Las otras respuestas describen a Stuyvesant como colono, viajero, soldado y gobernador, pero no se refieren a su muerte.

18. **2.** Los colonos trajeron ladrillos amarillos de Holanda para construir sus casas. Los materiales para las otras respuestas, como las veletas, los tejados a dos aguas, y los tejados de tejas de madera, se adquirieron localmente.

19. **3.** Dave trabajaba en la granja de Hawkins. Tiene la esperanza de que su madre le deje comprar un arma con el dinero que ganó de Hawkins (mi salario). No está desempleado, y no trabajaba en la tienda de Joe, ni en Sears Roebuck ni con su madre.

20. **1.** Quiere mostrar a los otros que trabajan en la granja que no le dan miedo. Dave menciona que no tiene miedo de ellos justo antes de decir que quiere comprar un arma.

21. **4.** Dave tenía que comprar el arma a través del catálogo Sears Roebuck. Joe no tenía armas en su tienda. El Sr. Hawkins, la madre y los otros trabajadores no venden armas.

22. **4.** Joe mantenía un farol en el porche. Las otras opciones, como el olor a caballa, la ruidosa puerta de mosquitero, el olor a carbón y la puerta trasera pueden ayudarte a encontrar la tienda, pero no son los mejores indicadores.

23. **1.** Dave perdió la calma y tenía miedo de pedirle a Joe el catálogo para ver las armas. Las otras opciones (estaba demasiado oscuro, tenía que estar en casa para la cena, ganaba su propio dinero y que tenía que pedirle permiso a su madre) no son las mejores opciones.

24. **2.** Dave tendría que convencerle a su madre de que le dé el dinero para comprar el arma. Las otras razones, que incluyen encontrar el catálogo, persuadir a Joe, devolver el catálogo o conseguir el permiso del Viejo Joe, no son pertinentes o no son tan importantes como convencerle a su madre de que le dé el dinero.

25. **3.** El cielo invernal era gris y las calles estaban llenas de hielo crujiente en Chicago. La escarcha se refiere a las ventanas. La nieve estaba en montañitas bloque tras bloque. El cielo de hierro es una sola característica, y no es la más importante.

26. **5.** Louie vivía con su madre, que estaba enferma y no podía salir de la cama. Las otras respuestas describen el desayuno de Louie, su puntualidad, sus libros y su complexion, y no son buenas descripciones del enfoque en su casa.

27. **1.** Los hombres estaban cazando aves (palomas) para comer. Si lees con atención el texto, verás que las otras respuestas (practicar el tiro, refugiarse del tiempo, esconderse de la policía e ir al parque) no son respuestas apropiadas.

28. **4.** Los cazadores pudieron darles a varias aves. Las otras opciones (que corrían hacia dentro, que eran pequeños, que tenían rifles y que las palomas estaban cerca de la parte alta del tejado) no responden la pregunta.

29. **2.** Los cazadores y sus familias tienen que haber tenido hambre para llegar a cazar palomas en la calle. Los otros adjetivos (enojados, felices, valientes y descuidados) no describen adecuadamente la razón por la que estaban cazando.

30. **3.** Lo que vio Louie no tenía nada que ver con él y no quería meterse. Las otras opciones (que tenía prisa, que su madre estaba enferma, que era amigo de esos tipos y que eran cazadores de la Depresión) no son razones por las que no se lo contaría a la policía.

31. **4.** Las pilas se instalan en una cámara. Las otras opciones (como el aparato electrónico, el juguete, o la linterna) no tienen sentido según el texto. Aunque una "apunta-y-dispara" es otro término para la cámara, no es la mejor respuesta.

32. **2.** El modelo más fácil de cambiar las pilas es la cámara apunta-y-dispara. Las otras opciones (los modelos compactos, los que tienen tornillos y diferentes tipos de cubiertas) no tienen relación directa con la pregunta.

33. **5.** Evita los lugares que se mencionan para que no pierdas la cubierta de la cámara. Las alcantarillas y los jardines con hierba alta son lugares donde se puede perder fácilmente. Las otras preguntas se refieren a cosas que no tienen que ver con perder la cubierta.

34. **4.** Tienes que mirar el diagrama para asegurarte de que las pilas estén bien orientadas. Las otras opciones, como usar cuatro pilas de doble A o una sola de litio, vaciar el compartimento o mirar dentro de la cajita del carrete no responden la pregunta.

35. **2.** Tienes que mirar los iconos de la pila para ver si están bajos. Según el texto, el panel de LCD, el compartimento, la pila de litio y los dibujos del diagrama no son las respuestas correctas.

36. **3.** Al principio, la autora caminó por las calles de San Francisco. La autora va en autobús para visitar las afueras después de haber caminado por la ciudad. El texto no menciona el transporte público, ni el automóvil, ni la limusina. Puedes elegir esta respuesta simplemente leyendo la pregunta primero y luego echándole una ojeada rápida al texto.

37. **4.** La autora declara que la ruta de las diecisiete millas es el punto culminante del viaje. Aunque la autora vio otros lugares, ninguno le causó la misma reacción que esta ruta.

38. **1.** En el texto, el conductor de autobús explicó a los pasajeros que la ruta de las diecisiete millas es en realidad una urbanización protegida con vigilantes. También contiene un campo de golf y un hotel de lujo, pero es una urbanización. Tienes que leer las preguntas y el texto con atención para asegurarte de la respuesta. El echar una ojeada rápida te habría dado seguramente tres respuestas (3, 4 y 5) y una poco probable pero posible (2). Si lees el texto con atención, verás que sólo una respuesta es correcta: la (1).

39. **1.** La primera respuesta es una cita directa del texto, así que sabes que es correcta. Las otras respuestas pueden ser correctas, pero no se especifica en el texto que causaran tanta impresión. Dos de las respuestas (3 y 4) no están en Point Joe, y una de ellas (5) es de otro siglo. La última respuesta, la (2) no se asocia directamente con Point Joe. Cuando encuentres una cita directa que tenga sentido, será fácil escoger la respuesta correcta.

40. **2.** El ciprés solitario se usa como logotipo para un lugar de vacaciones y, por eso, se ha hecho famoso. Las otras respuestas puede que sean correctas, pero la autora no las menciona específicamente. Puedes usar las respuestas que se mencionan en el texto sólo o que se sugieren. Las otras respuestas puede que sean posibles, pero la que tú vas a querer es la que esté en el texto.

Hoja de Respuestas

1. **4**	15. **3**	29. **2**
2. **2**	16. **4**	30. **3**
3. **5**	17. **1**	31. **4**
4. **4**	18. **2**	32. **2**
5. **3**	19. **3**	33. **5**
6. **1**	20. **1**	34. **4**
7. **1**	21. **4**	35. **2**
8. **3**	22. **4**	36. **3**
9. **4**	23. **1**	37. **4**
10. **5**	24. **2**	38. **1**
11. **1**	25. **3**	39. **1**
12. **2**	26. **5**	40. **2**
13. **2**	27. **1**	
14. **5**	28. **4**	

Parte VI

Contar Todas las Soluciones Posibles: El Examen de Matemáticas

The 5th Wave — By Rich Tennant

"Así que crees haber calculado todos los ángulos. Bueno, tal vez sí o tal vez no. Tal vez el cociente de las longitudes de los lados correspondientes de un triángulo rectángulo equiangular sean iguales, aunque tal vez no – veamos tus ecuaciones."

En esta parte . . .

*E*sta parte describe maneras de usar las matemáticas que aprendiste a lo largo de los años para pasar el examen de matemáticas. Aquí descubrirás por qué este examen tiene diferentes formatos de respuesta y cómo utilizarlos. Para ayudarte a ganar confianza en esta sección de los GED, te demostramos que en realidad sabes un montón de matemáticas — y que quizás hayas estado demasiado aterrado de la materia para pensar en todo lo que sabes. Haremos lo posible por demostrarte que las matemáticas pueden ser divertidas — o por lo menos, que no son horribles — y te ofrecemos estrategias que te ayudarán a rendir mejor en el examen.

Al igual que las otras partes del examen, esta parte incluye dos exámenes de práctica completos. Resuelve los problemas en el tiempo asignado, y luego asegúrate de verificar tus respuestas para comprobar que sean correctas. Si no respondes una o dos preguntas (o más) correctamente, lee las explicaciones que ofrecemos para entender cómo resolver los problemas.

Antes de empezar a prepararte para el examen de matemáticas, recuerda esto: Puedes dominar las matemáticas — y esta parte te ayudará a lograrlo.

Capítulo 24

La Seguridad de los Números: Enfrentarse al Examen de Matemáticas, Parte I y II

En Este Capítulo

▶ Encontrar el truco para las habilidades que se evalúan y el formato del examen

▶ Prepararse para el examen con unas pocas estrategias probadas y confiables

▶ Saber cómo enfrentarse a los distintos tipos de pregunta

▶ Practicar algunas habilidades de manejo del tiempo para el examen de matemáticas

▶ Hacer algunos problemas de práctica

---

*B*ienvenido al temido Examen de Matemáticas. Aunque hayas hecho todo lo posible para evitar las matemáticas en la secundaria, no puedes escapar de este examen si quieres aprobar los GED. A decir verdad, los estudiantes tienen hasta pesadillas con este examen, ¡pero no te preocupes! Este capítulo te ayuda a prepararte, no para tener pesadillas, sino para pasar el examen con éxito.

La mayoría de las preguntas de los otros exámenes GED se centran en la comprensión de lectura: presentan un texto y debes entenderlo lo suficiente como para contestar correctamente las preguntas que siguen. Si bien puedes prepararte para los otros exámenes leyendo mucho y tomando exámenes de prueba, no es necesario tener mucho conocimiento o grandes habilidades en las áreas específicas del examen.

Sin embargo, el Examen de Matemáticas evalúa tu conocimiento sobre conceptos matemáticos y tu habilidad para aplicarlos a situaciones del mundo real, lo que significa que debes dedicar tiempo a resolver todos los problemas que puedas y mejorar tus habilidades matemáticas tanto como te sea posible antes de tomar este examen. Este capítulo brinda algunos consejos y trucos para estudiar para el Examen de Matemáticas.

Habilidades que Abarca el Examen de Matemáticas

La matemática no da miedo, y todavía no aparece como villano en ninguna película importante de Hollywood (al menos que sepamos nosotros). De hecho, las matemáticas hasta pueden ser divertidas cuando te las pones a pensar. En cualquier caso, el Examen de Matemáticas evalúa tus habilidades en matemáticas, así que debes estar preparado. Es una asignatura del GED que requiere un modo de pensar y comprender especial — mejorar tu habilidad para pensar matemáticamente te ayudará a aprobar este examen más fácilmente.

Para tener éxito en el Examen de Matemáticas, necesitas tener un conocimiento general de los números, sus relaciones entre sí, medidas, geometría, análisis de datos y estadística, probabilidad, patrones, funciones y álgebra. (Si no sabes lo que significan estos términos, revisa la siguiente sección, "Comprender el Formato del Examen".) Fundamentalmente, para tener éxito en este examen, necesitas tener el conocimiento matemático básico que tiene la mayoría de los graduados de secundaria y saber cómo aplicarlo para resolver problemas en el mundo real. Si después de leer este capítulo sigues preocupado por cómo resolver distintos problemas matemáticos, tómate un tiempo para examinar algunos libros de matemáticas de secundaria en tu biblioteca local o anotarte en una clase de preparación de matemáticas, o en un grupo de estudio.

Comprender el Formato del Examen

El Examen de Matemáticas consta de dos partes, y cada una tiene 25 preguntas. Tienes 90 minutos para completar ambas partes. La Parte I te permite usar una calculadora, la Parte II prohíbe el uso de la calculadora, para que sólo uses tu cerebro. (Te darán papel borrador para hacer cálculos.) Tienes que aprobar ambas partes para pasar este examen.

Se te dará una hoja de fórmulas para que uses durante el examen. Ten en cuenta que tal vez no necesites todas las fórmulas provistas, y tal vez no necesites una fórmula para cada pregunta. Parte de la diversión de las matemáticas es saber qué fórmula usar para qué problema y descubrir cuándo ni siquiera las necesitas.

El Examen de Matemáticas es distinto de todos los exámenes GED porque existen distintas maneras de responder las preguntas. El examen evalúa las siguientes cuatro áreas. Cada una de las cuatro áreas tiene aproximadamente la misma presencia en el examen. Podrás encontrar entre 5 y 7 preguntas (o del 20 al 30 por ciento del número total de preguntas) sobre cada área.

✔ **Operaciones con números y sentido numérico:** Sorpresa, sorpresa... estos problemas tratan de números. Aquí tienes un detalle de los temas de esta categoría:

- *Operaciones con números* son las acciones comunes que aplicas en los problemas matemáticos y ecuaciones, tales como suma, resta, multiplicación y división. Probablemente ya hayas logrado dominar estas operaciones en la escuela primaria. Ahora, todo lo que necesitas hacer es practicarlas.

- *Sentido numérico* es la capacidad de entender los números. Se espera que puedas reconocer a los números (no es una tarea difícil), saber sus valores relativos (que 5 es mayor que 3, por ejemplo), y cómo usarlos (lo que nos lleva nuevamente a las operaciones con números). Además, el sentido numérico incluye la habilidad de *estimar* (o calcular aproximadamente) el resultado de operaciones numéricas, lo cual siempre es una habilidad útil en un examen con límite de tiempo.

✔ **Medidas y geometría:** Aquí tienes una oportunidad de jugar con formas matemáticas y manipularlas en tu cabeza. Te toca usar la relación (o teorema) de Pitágoras, hacer todo tipo de cálculos interesantes y usar medidas para hacer cosas, como averiguar el volumen de un helado en un cono o la cantidad de pintura que necesitas para cubrir una pared. Si te relajas, hasta puedes divertirte con estas preguntas y luego, tal vez incluso usar gran parte de este conocimiento en la vida real. Esta categoría se divide en dos temas:

- *Medidas* incluye área, volumen, tiempo y la distancia desde aquí hasta allí. Es bueno saber medir el tiempo al rendir cualquier examen, porque querrás estar seguro de quedarte sin preguntas antes de quedarte sin tiempo.

- *Geometría* es la parte de las matemáticas que trata con medidas. También trata de relaciones y propiedades de puntos, líneas, ángulos y planos. Esta rama de la matemática te prepara para dibujar y usar diagramas.

✔ **Análisis de datos, estadística y probabilidad:** Si prestas atención y practicas los conceptos de esta categoría podrás pensar más claramente en la próxima encuesta política que muestre que todos los representantes del partido que apoya la encuesta son buenos y los otros son malos. Esta categoría se divide en los siguientes tipos:

- *Análisis de datos* te permite analizar datos. Probablemente ya hayas practicado esta habilidad sin darte cuenta. Cuando lees el rendimiento o falta de rendimiento de acciones en la bolsa de valores, calculas o lees sobre estadísticas de béisbol, o cuando descubres cuántas millas por galón recorre tu automóvil, estás haciendo análisis de datos.

- Las estadísticas y probabilidades forman parte del análisis de datos. *Estadística* es la interpretación de grupos de números aleatorios y puede utilizarse para probar una cosa u otra; la *probabilidad* indica con qué frecuencia ocurre un evento.

✔ **Álgebra, funciones y patrones:** Es muy probable que uses estos conceptos en la vida diaria, aunque tal vez sin darte cuenta. Lo que sigue es una descripción de los tres tipos que incluye esta categoría:

- *Álgebra* es una forma de matemáticas que se utiliza para resolver problemas utilizando letras que representan números desconocidos. Así se crean ecuaciones a partir de la información dada y se resuelven para hallar los números desconocidos, convirtiéndolos así en números conocidos. Si alguna vez dijiste algo como "¿cuánto más cuesta la bufanda de $10 que la de $7,50?" estabas, en realidad, resolviendo una ecuación. $7,50 + x = 10,00$.

- Las *Funciones* son parte de las matemáticas. Implican el concepto de que un número se puede determinar a través de su relación con otro. Una docena siempre consta de 12 unidades, por ejemplo. Si fueras a comer dos docenas de huevos, tendrías que comprar $12 \times 2 = 24$ huevos.

- *Los patrones* son repeticiones predecibles de una situación. Por ejemplo, si alguien te dijera que los primeros cuatro números de un patrón son 1, 2, 3, 4 y te preguntara cuál es el número que sigue, muy rápidamente dirías que "5". Este patrón simple implica sumar uno a cada número para obtener el siguiente. La mayoría de los patrones se vuelven más complicados que éste, pero si pones tu ingenio a trabajar, puedes descubrir cómo resolverlos.

Asegúrate de entender cómo resolver problemas que incluyan estos cuatro conceptos matemáticos. (La sección "Práctica con Problemas Modelo" más adelante en este capítulo brinda ejemplos de cómo hacerlo.) Si ya tienes una idea concreta de estos temas, adelántate y toma los exámenes de práctica de los Capítulos 25 y 27. Sin embargo, si necesitas repasar la mayor parte de este material, lee las siguientes secciones para obtener más información y toma el mini examen de práctica de este capítulo. Puedes revisar tus respuestas y leer las explicaciones cuando termines. Si necesitas estudiar algunos conceptos más detenidamente, no dejes de hacerlo. Luego podrás tomar los exámenes de práctica completos.

Identificar los Tipos de Pregunta y Saber Cómo Responderlas

El Examen de Matemáticas contiene cuatro tipos de pregunta principales. Si básicamente comprendes estos tipos de pregunta, evitarás sorpresas al momento de rendir el examen. Las siguientes secciones explican las cuatro clases de pregunta y ofrecen consejos para ayudarte a responderlas y resolverlas con facilidad en el examen.

Preguntas de opción múltiple

La mayoría de las preguntas del GED son de *opción múltiple*. En estas preguntas hay cinco respuestas posibles y debes elegir la mejor respuesta. La mayoría de las preguntas de opción múltiple del Examen de Matemáticas brindan cierta información o muestran gráficos y piden que resuelvas el problema basándote en esa información o esos gráficos. Pero puede que también veas los siguientes tipos de pregunta especiales:

- **Preguntas sobre organización:** Estas preguntas no esperan que calcules respuestas específicas, sino que preguntan cuáles son los pasos que tomarías para resolverlas. Antes de que declares a este tipo de pregunta como tu favorita, ten en cuenta que aún así tienes que elegir la forma correcta de resolver el problema. Sólo te permiten saltear el paso final de calcular la respuesta.

- **Preguntas sin suficiente información:** Estas preguntas no brindan suficiente información para calcular las respuestas específicas. La única respuesta correcta es "no hay suficiente información para saberlo". Sólo el 4 por ciento de las preguntas del examen son de este tipo. Si respondes más de dos preguntas así, puede que no estés analizando las preguntas en suficiente detalle.

  Algunas de las preguntas de este examen pueden tener información adicional. Simplemente, ignórala. Por supuesto, tienes que asegurarte de que la información que supones adicional es realmente adicional. No querrás pasar por alto ningún aspecto esencial para resolver el problema.

Como no se te penaliza por adivinar, si no sabes la respuesta a una pregunta, adivina. Si bien no puedes obtener un punto por una respuesta en blanco, conseguirás un punto por eliminar todas, menos la respuesta más probable, y marcarla (si estás en lo correcto, claro).

Preguntas de formato alternativo

Las preguntas de formato alternativo te piden que descubras la respuesta sin darte opción a elegir entre cinco respuestas posibles. Para estas preguntas, debes escribir números reales o completar gráficos reales. Como el Examen de Matemáticas se califica por computadora, no puedes escribir números en el papel. En cambio, debes usar una grilla de formato alternativo que viene en uno o dos formatos (consulta las dos secciones siguientes).

El examen tiene aproximadamente diez preguntas que requieren que registres tus respuestas en una grilla de formato alternativo. No tengas miedo: Sólo concéntrate en leer las instrucciones y calcular tus respuestas.

Grilla estándar

Las preguntas que requieren que uses una grilla estándar (ver Figura 24-1) para registrar tus respuestas son muy similares a las preguntas de opción múltiple, salvo que no te dan cinco opciones. Cuando eliges una respuesta en una pregunta de grilla estándar, regístrala en la grilla estándar escribiendo los números en los espacios abiertos y rellenando los círculos correspondientes debajo de los números. (Si no rellenas los círculos, no podrás obtener un punto por tu respuesta.)

Aquí hay algunas sugerencias para tener en cuenta mientras trabajas con las preguntas de grilla estándar:

- **Ninguna respuesta ingresada en una grilla estándar puede ser un número mixto.** Si tu respuesta es un *número mixto* (un número entero y una fracción), convierte tu respuesta a modo decimal antes de ingresarla en la grilla. Puedes convertir el número a decimal dividiendo el número superior de la fracción por el número inferior y agregando ese decimal al número entero. Por ejemplo 1¾ se convierte en 1,75. Si por el contrario tu respuesta es una *fracción impropia* (en la que el número superior es mayor que el número inferior), tienes la posibilidad de ingresar el número de este modo o convertirlo a decimal antes de ingresarlo en la grilla.

✔ **Ninguna respuesta ingresada en una grilla estándar puede ser un número negativo.** Si obtienes un número negativo como respuesta, revisa tus cálculos porque están mal.

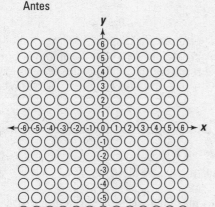

Figura 24-1: Una grilla estándar.

Grilla del plano de coordenadas

Las preguntas que solicitan que uses una grilla de plano de coordenadas para registrar tus respuestas suelen ser, en su mayoría, problemas de geometría. La *grilla del plano de coordenadas* es un gráfico bidimensional con círculos ubicados en puntos específicos. Para registrar tus respuestas, debes rellenar un círculo que indica un punto en el gráfico (como con todas las preguntas de este examen, asegúrate de rellenar los círculos por completo). Echa un vistazo a la grilla del plano de coordenadas de la Figura 24-2 para el punto (3, 2).

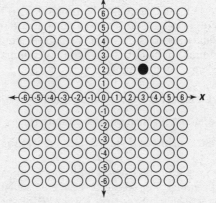

Figura 24-2: Grilla del plano de coordenadas.

La mejor forma de prepararte para preguntas con grillas de plano de coordenadas es practicar preguntas de geometría. Toma un libro de geometría de la secundaria y encontrarás una buena cantidad de preguntas de muestra. Asegúrate de comprender las respuestas a esas preguntas también. Si crees que necesitas aún más problemas de geometría, puedes leer *Math Word Problems For Dummies* de Mary Jane Sterling (Wiley). Con todos los problemas que tienes en este y ese libro, deberías conseguir toda la práctica que necesitas.

Si inviertes todo tu tiempo en resolver problemas para estar 100 por ciento seguro de saber todo lo hay que saber, tal vez nunca tengas la oportunidad de rendir los exámenes para probar todo lo que sabes. Así que tan sólo haz lo mejor que puedas en el tiempo que tengas antes de tomar los exámenes GED.

Preguntas con calculadora

La Parte I del Examen de Matemáticas te permite usar una calculadora. Pero no es cualquier calculadora. El día del examen recibirás una calculadora especial, la calculadora solar Casio FX-260, para usar en esta parte del Examen de Matemáticas. Esta calculadora puede parecer un buen regalo, pero no olvides que debes devolverla junto con el cuadernillo de examen. Si eres calculadorafóbico, o te preocupa usar una calculadora científica, trata de conseguir una para practicar antes del examen. Puedes ver un video interesante sobre cómo usar la calculadora en www.acenet.edu/programs/gedts/media/calc.wmv.

Probablemente ya estés familiarizado con las calculadoras que suman, restan, multiplican y dividen. Sin embargo, la Casio FX-260 es una calculadora científica. Esto significa que hace todas esas operaciones y muchísimas más. La Casio FX-260 calcula fracciones, porcentajes, exponentes, problemas que incluyen paréntesis, etc. Ten en cuenta que no necesariamente usarás todos los botones de la calculadora en el examen. Muchos centros de examen requieren que veas un video corto de cómo usar la calculadora antes de empezar el Examen de Matemáticas. Llama a tu administrador local para averiguar si el video está disponible en tu área de residencia.

Que te den una calculadora para usar para la Parte 1 del Examen de Matemáticas también tiene un lado negativo. Como los estudiantes pueden usar una calculadora, las preguntas de esta parte suelen ser un poco más difíciles e incluir más pasos que en la parte sin calculadora. Pero en general, si sabes cómo organizar los problemas, la calculadora hace que te resulte más fácil resolverlos.

Preguntas sin calculadora

La Parte II del Examen de Matemáticas no te permite usar una calculadora. A menos que cuentes la calculadora con la que naciste (exacto, tu cerebro). Te darán papel borrador en el examen, pero cuantos más cálculos mentales practiques, más fáciles te resultarán las preguntas sin calculadora. Aquí hay algunas formas sencillas de practicar resolver problemas mentalmente:

- Cuando vas de compras, suma los artículos mientras los pones en tu carrito.
- Calcula los descuentos cuando haces compras.
- Sé el primero de la mesa del restaurante en calcular la propina.

Para preguntas de opción múltiple, a veces es más fácil y rápido estimar la respuesta para una pregunta. Por ejemplo, $4,2 \times 8,9$ es casi 4×9, lo que da como resultado 36. Si ves una sola respuesta que se aproxima a 36, probablemente sea la respuesta correcta. Pero si ves cinco respuestas que se aproximan a 36, necesitas dedicar tiempo a calcular la respuesta exacta. Aunque quizás puedas resolver los problemas en tu cabeza, siempre resuélvelos en papel para comprobar que tienes la respuesta correcta.

Análisis de Estrategias de Preparación Que Funcionan

Para prepararte para el Examen de Matemáticas, primero debes relajarte y descubrir que la matemática es tu amiga. Tal vez no sea una amiga de toda la vida, pero es una amiga al menos hasta que termines el examen. Considera además que has estado utilizando las matemáticas toda la vida (y quizás ni te diste cuenta). Por ejemplo, cuando le dices a un amigo que estarás en su casa en 20 minutos, estás aplicando las matemáticas. Cuando ves un cartel de oferta en la tienda y calculas mentalmente si puedes o no permitirte el artículo a precio de oferta, aplicas las matemáticas. Cuando te quejas del mísero kilometraje de tu auto (y puedes probarlo), usas las matemáticas. Por suerte para ti, aquí estamos para ayudarte a que te familiarices aún más con las matemáticas (y cómo aplicarlas), para que estés listo para todo lo que el Examen de Matemáticas te eche a la cara. A continuación ofrecemos algunas estrategias que puedes implementar para obtener mejores resultados.

✔ **Lee y asegúrate de entender lo que lees.** Lo que todos los exámenes GED tienen en común es que todos evalúan, de un modo u otro, la comprensión de lectura. Si no puedes leer y comprender las preguntas, no puedes responderlas. Como mencionamos una y otra vez en este libro, con sólo leer no siempre alcanza. Tienes que detenerte y hacer preguntas sobre lo que lees. Una buena manera de practicar esta habilidad es encontrar un viejo libro de matemáticas. No te preocupes por el nivel de complejidad o el contenido. Si está lleno de problemas para resolver, servirá. Lee detenidamente todos los problemas y hazte estas preguntas: ¿Qué me pide que averigüe este problema? ¿Cuál es la respuesta en términos generales?

Si necesitas más práctica para leer y comprender problemas matemáticos, ve a la sección "Práctica con problemas modelo" más adelante en este capítulo o lee uno de los siguientes libros (todos publicados por Wiley):

- *Basic Math and Pre-Algebra For Dummies* de Mark Zegarelli
- *Basic Math and Pre-Algebra Workbook For Dummies* de Mark Zegarelli
- *Math Word Problems For Dummies* de Mary Jane Sterling

✔ **Resuelve el problema con la información de la página. No con la información que puedas tener en tu cabeza.** Algunas preguntas no te darán información suficiente para resolver el problema. Por ejemplo, una pregunta puede pedir una conclusión que no puedes sacar a partir de la información dada. Incluso si conoces información que podría ayudarte a resolver el problema, no la uses. Quienes elaboran las preguntas del examen incluyen y excluyen información a propósito — la información adicional puede hacer que adivinar sea más difícil para así diferenciar a los estudiantes que están prestando atención de los que no. Y otras veces, la información adicional se agrega para hacer que la pregunta suene más realista. Estas preguntas no pretenden que agregues información.

Tú traes al examen el conocimiento de cuáles son las operaciones básicas y cómo usarlas. No se espera que conozcas las dimensiones de la habitación de un personaje ficticio o qué notas saca Alicia en lectura. Se espera que sepas cómo resolver los problemas y que dejes los detalles específicos de los problemas para el examinador.

✔ **Date cuenta de que no todas las preguntas se pueden resolver.** Algunas preguntas no incluyen suficiente información para resolver el problema, o ciertos problemas incluyen una pregunta que no se puede responder a partir de los datos proporcionados. Si te encuentras con una pregunta que no puedes contestar, ¡no te desesperes! Vuelve a leer la pregunta para asegurarte de que no puede responderse.

Una pista de que una pregunta tal vez no pueda responderse es una opción de respuesta que dice "No hay suficiente información para saberlo". No supongas que esta pista indica que no tienes suficiente información, porque algunas preguntas que pueden resolverse incluyen esta opción para hacerte pensar. Usa esta pista solamente cuando hayas determinado que la pregunta no puede resolverse.

✔ **Toma los exámenes de práctica de este libro y revisa tus respuestas.** Ve a los Capítulos 25 y 27 para tomar los exámenes de práctica completos. Respeta los límites de tiempo del examen y asegúrate de responder todas las preguntas. Luego, no dejes de revisar tus respuestas y leer todas las explicaciones de las respuestas en los Capítulos 26 y 28. Analizar las respuestas te indicará en qué áreas del examen necesitas ayuda adicional.

Trata de no sentirte intimidado con la palabra _matemáticas_ o la asignatura en sí. Un profesor de matemáticas dijo una vez que los matemáticos son gente floja: siempre buscan la forma más fácil para encontrar la respuesta correcta. No queremos insultar o enojar a los matemáticos llamándolos flojos, sino demostrar que encontrar la forma más sencilla de resolver un problema suele ser la forma correcta. Si tu forma es demasiado larga y complicada, probablemente no será la correcta.

Administrar Tu Tiempo para el Examen de Matemáticas

El Examen de Matemáticas te da 90 minutos para completar 50 preguntas (tienes 45 minutos para resolver las primeras 25 preguntas, seguidos de un corto receso, y luego otros 45 minutos para las últimas 25 preguntas). Para los amantes de la matemática, eso equivale a 1 minuto y 48 segundos por pregunta. Si quieres más tiempo para revisar tus respuestas, tienes menos de 1½ minutos por cada pregunta. Para administrar mejor tu tiempo en el Examen de Matemáticas, lee las siguientes sugerencias (consulta los Capítulos 2 y 3 para consejos generales sobre administración del tiempo).

✔ **Experimenta.** Necesitas una segunda persona para completar este ejercicio. Después de encontrar un amigo que te ayude, cierra los ojos e intenta estimar la duración de 1½ minutos. Indica el comienzo y el final del tiempo golpeando la mesa con un dedo o un lápiz, y haz que tu amigo mida el tiempo y te diga qué tan preciso fuiste. Repite el ejercicio muchas veces hasta que puedas estimar 1½ minutos repetida y precisamente. Luego, elige una pregunta de la sección "Práctica con problemas modelo" más adelante en este capítulo y prueba hacerla en 1½ minutos. Poder administrar tu tiempo es el indicador más importante de éxito de cualquier examen como el GED.

Si puedes ajustarte a tu cronograma de menos de 1½ minutos por pregunta, tendrás suficiente tiempo para revisar tus respuestas y aplicar los cambios necesarios después de terminar de resolver todas las preguntas.

Con un cronograma tan apretado para tomar el Examen de Matemáticas, claramente no tienes tiempo para desesperarte. Más allá del factor que entrar en pánico te distrae de tu objetivo general, también consume tiempo. Y tienes muy poco tiempo para desaprovechar. Así que relájate y haz tu mejor esfuerzo. Ahórrate el pánico para otro día.

✔ **Tómate el tiempo.** Si no entiendes qué es lo que te pide una pregunta en unos segundos, vuelve a leer la pregunta e inténtalo de nuevo. Si sigue sin quedar claro, pasa a la siguiente pregunta. Gastar todo el tiempo que tienes para resolver un problema a costa de los demás no es una buena idea. Observa tu reloj. Ponlo en la mesa frente a ti. Si no tiene una aguja para los segundos o un indicador de segundos, piensa en pedir uno prestado que sí la tenga.

Practica tomarte el tiempo mientras trabajas con los exámenes de práctica de los Capítulos 25 y 27. Familiarizarte con llevar un registro del tiempo antes de tomar el examen real, garantizará que se te acaben las preguntas antes de que se te acabe el tiempo.

✔ **Lee rápido.** La clave para desarrollar habilidades de lectura rápida es asegurarse de que no sacrifices la comprensión del material mientras estás leyendo. Sigue estos pasos para mejorar tus habilidades de lectura rápida:

1. Consigue cualquier libro con párrafos cortos y calcula el número de palabras de dos párrafos típicos. La forma más rápida de hacerlo es contar el número de palabras de tres líneas consecutivas y dividirlo entre tres. (¿No es interesante como las matemáticas se filtran por todas partes?) Escribe el número promedio de palabras por línea de modo de no olvidarlo y multiplícalo por el número de líneas de un párrafo para descubrir el número total de palabras en ese párrafo.

2. Ahora recluta a tu amigo para que te ayude otra vez. Cuando tu amigo te lo indique, comienza a leer el párrafo e indícale cuando hayas terminado. Luego puedes calcular cuánto te toma leer una palabra dividiendo el tiempo que tardas en leer por el número de palabras.

3. Lee otros párrafos del mismo modo, pero trata de leerlos más rápido. Puedes intentar guiar tus ojos con los dedos, moviendo tu dedo a lo largo de la línea del texto y así lentamente acelerar la velocidad en la que lees. Lee *Speed Reading For Dummies* de Richard Sutz (Wiley) para obtener más consejos e ideas para practicar. Si piensas que aumentar tu velocidad de lectura puede mejorar tu puntaje en el examen o reducir tu ansiedad por terminar todas las preguntas en el tiempo asignado, este libro es un buen lugar para conseguir ayuda.

Práctica con Problemas Modelo

La mejor forma de prepararte para el Examen de Matemáticas es practicar problemas. En este examen encontrarás problemas que evalúan tus habilidades en una gran variedad de áreas, así que revisa los problemas de muestra de esta sección para prepararte a resolver todos. Te ofrecemos varios ejemplos para cada habilidad evaluada en el examen. Al final de esta sección, te daremos otro mini examen para que practiques aún más. Puedes revisar los capítulos 25 y 27 para más práctica.

Operaciones con números y sentido numérico

Para resolver bien las preguntas que evalúan operaciones con números y sentido numérico, necesitas ser capaz de usar números en formas equivalentes, tales como enteros, fracciones, decimales, porcentajes, exponentes y notación científica, y luego reconocer equivalencias ($\frac{3}{30}$ = $\frac{1}{10}$ = 0,1 = 10%). Necesitas saber cómo usar números enteros, decimales, fracciones, porcentajes, razón aritmética, proporciones, exponentes, raíces y notación científica cuando corresponda y decidir qué operación usar para resolver los problemas. Para estos tipos de problema, también querrás relacionar operaciones aritméticas básicas entre sí (por ejemplo, saber que la suma y la resta son operaciones inversas: 5 + 2 = 7 y 7 – 2 = 5). Finalmente, debes saber cómo realizar cálculos con lápiz y papel, con una calculadora y en tu cabeza, además de saber cómo estimar la solución a un problema para asegurarte de que tu respuesta sea razonable.

Prueba con los siguientes problemas de ejemplo para practicar operaciones con números y sentido numérico:

1. Vlad está buscando comprar una nueva camisa ya que todas las tiendas tienen ofertas de fin de temporada. Sam's Special Shirts ofrece a Vlad un 20% de descuento en todas las compras, mientras que Hardworking Harry's Haberdashery tiene una oferta especial de cinco camisas al precio de cuatro. ¿Cuál es el mejor negocio?

   (1) ninguno

   (2) Sam's Special Shirts

   (3) los dos son iguales

   (4) Hardworking Harry's Haberdashery

   (5) no hay suficiente información para saberlo

En este caso, la respuesta correcta es la Opción (3), porque cinco camisas al precio de cuatro representan un descuento del 20%. Piensa que compras camisas por $10 cada una y obtienes una gratis. Entonces, cinco camisas te costarán $40, o un valor promedio de $8 cada una, que es un 20% menos que el precio normal ($10). Ten en cuenta que los mismos precios se suelen expresar de distintas maneras.

2. Lillian está dibujando un diagrama a escala de su apartamento para llevar cuando compre alfombras. Si ya ha tomado todas las medidas del apartamento, ¿qué operación deberá utilizar para hacer su dibujo a escala?

   (1) decimales

   (2) exponentes

   (3) escalas

   (4) notación científica

   (5) suma

La respuesta correcta es la Opción (3). Un dibujo a escala representa una dimensión con una más pequeña mientras mantiene la misma forma de la habitación. Lillian puede haber decidido representar 1 pie real como 1 pulgada en su dibujo (una escala de 1 pie igual a 1 pulgada), lo que da como resultado una pared de 12 metros representada con una línea de 12 pulgadas. No todas las respuestas son operaciones y deberían excluirse inmediatamente.

3. Sylvia no pudo dormir una noche y se puso a pensar cuánta agua entraría en su habitación si la llenara hasta el techo. Midió todas las paredes y supo las medidas, incluido el largo, ancho y altura. ¿Qué operación debe usar para calcular cuántos pies cúbicos de agua se necesitarían para llenar el cuarto?

   (1) suma

   (2) resta

   (3) multiplicación

   (4) división

   (5) raíz

La respuesta correcta es la Opción (3), porque la fórmula para calcular el volumen de una habitación es multiplicar el largo por el ancho por la altura. (La fórmula para calcular el volumen aparece en la lista de la hoja de fórmulas provista para el Examen de Matemáticas. Consulta los Capítulos 25 y 27.)

4. Hassan ha desarrollado un nuevo truco para jugarle a sus compañeros de clase. Les pide que escriban sus edades y las multipliquen por 4, dividan por 2, luego resten 6 y finalmente sumen 8. Cuando le dicen el número resultante, Hassan siempre puede adivinar sus edades. Si uno de los amigos le dice a Hassan que el número resultante es 52, ¿cuántos años tiene?

   (1) 33

   (2) 25

   (3) 52

   (4) 24

   (5) 26

La respuesta correcta es la Opción (2). Hassan sabe que la multiplicación y la división son operaciones inversas, lo que significa que multiplicar por 4 y dividir por 2 arroja un número que es el doble del original. La suma y la resta también son operaciones inversas, así que restar 6 y sumar 8 da un número que es igual al resultado más 2. Si el número que dice el amigo de Hassan es 52, Hassan sólo necesita restar 2 del número resultante (52) y dividir por 2, lo que equivale a 25.

5. Susie está comprando comestibles. Compra una hogaza de pan por $1,29 y medio galón de leche por $1,47. Nota que su queso favorito está en oferta por $2,07. Si tiene $5,00 en su cartera, ¿puede comprar el queso?

   (1) no estoy seguro

   (2) sí

   (3) no tiene suficiente dinero

   (4) hay demasiada información

   (5) no hay suficiente información

La respuesta correcta es la Opción (2). La forma más sencilla de resolver este problema es sumar el costo del pan y la leche para obtener $2,76. El queso cuesta $2,07, lo que sumado a los $2,76 da un total de $4,83, que es menos que $5,00. También puedes estimar el resultado sumando $1,30 (aproximación de $1,29) y $1,50 (aproximación de $1,47) para obtener $2,80. Si luego sumas $2,10 (aproximación de $2,07) por el queso, el resultado es $4,90, que es menos que $5,00. Usar aproximaciones puede ayudarte a responder algunas preguntas rápidamente y darte una idea de si la respuesta que lograste usando una calculadora tiene sentido o no.

Medidas y geometría

Para resolver bien las preguntas que tratan con medidas y geometría, necesitas poder resolver problemas que incluyan figuras geométricas utilizando ideas de perpendicularidad, paralelismo, congruencia y similitud. Necesitas saber cómo "ver" figuras geométricas y sus traslaciones y rotaciones, además de comprender y aplicar el teorema de Pitágoras (o relación pitagórica) para resolver problemas. También debes poder calcular y usar la *pendiente* de una línea (que es igual a elevación sobre avance), la *intersección con el eje y* de una línea (el punto en el que la línea cruza el eje y) y la *intersección* de dos líneas (donde dos líneas se cruzan). Y necesitas saber cómo usar coordenadas para describir y dibujar figuras geométricas en un gráfico.

Debes poder identificar, estimar y convertir unidades de medida métricas y usuales, además de resolver problemas que impliquen una velocidad uniforme (por ejemplo, millas por hora). Debes ser capaz de leer e interpretar balanzas, medidores y calibres. Además, necesitas saber cómo resolver preguntas que tratan de longitud, perímetro, área, volumen, medición de ángulos, peso en volumen y masa. Finalmente, debes poder predecir cómo un cambio en longitud y ancho afecta el perímetro, área y volumen de un objeto.

Prueba con los siguientes problemas de ejemplo para practicar medidas y geometría:

1. Alvin está trazando un diagrama de su habitación. Ha trazado la línea que representa el piso y está listo para trazar la línea que representa la pared. ¿Cómo debería ser esa línea respecto a la línea que representa al piso?

   (1) congruente

   (2) paralela

   (3) similar

   (4) perpendicular

   (5) igual

La respuesta correcta es la Opción (4), porque las paredes son perpendiculares a los pisos (si no fuera así, la habitación probablemente se vendría abajo).

2. Olga diseñó un logotipo para una nueva compañía que consiste en un triángulo equilátero dentro de un círculo. Lo diseñó con un vértice del triángulo señalando al nor-noreste. El cliente dijo que le gusta el diseño, pero preferiría que el vértice del triángulo apuntara al sur. ¿Qué rotación debería aplicar Olga para dejar conforme a su cliente?

(1) 90 grados a la derecha

(2) 45 grados a la izquierda

(3) 110 grados a la derecha

(4) 135 grados a la izquierda

(5) 135 grados a la derecha

La respuesta correcta es la Opción (5). Si visualizas el triángulo equilátero trazado dentro del círculo con un vértice apuntando hacia el nor-noreste, puedes ver que el vértice está a 45 grados respecto a la horizontal, lo que corresponde al este. Para ir del este al sur se necesita una rotación de 90 grados hacia la derecha. La rotación completa sumaría 45 grados + 90 grados = 135 grados a la derecha. Si leer este problema te resulta confuso, dibújalo. Los diagramas a menudo ayudan a visualizar más fácilmente los problemas.

3. Georgio quiere subir una escalera apoyada a un lado de su casa para revisar el estado de los aleros, que están a 22 pies del piso. Por seguridad, la escalera debe colocarse a 10 pies de la casa. ¿Cuál sería la longitud mínima de la escalera que necesita para alcanzar los aleros, redondeado al pie más cercano?

(1) 24

(2) 25

(3) 26

(4) 27

(5) 28

La respuesta correcta es la Opción (2). Dibuja una escalera apoyada contra una casa mediante un triángulo rectángulo con una altura vertical de 22 pies y una base de 10 pies. La escalera representa la hipotenusa del triángulo. Para calcular la longitud de la escalera, debes aplicar el teorema de Pitágoras. Si representas la longitud de la escalera como x, $x = \sqrt{10^2 + 22^2} = \sqrt{100 + 484} = 24.166091$. Como quieres que la escalera sea lo suficientemente larga para alcanzar la pared, tiene que tener una longitud de 25 pies.

Pitágoras, un matemático griego, probó que el cuadrado de la hipotenusa de un triángulo rectángulo es igual a la suma de los cuadrados de los catetos. La *hipotenusa* es el lado opuesto al ángulo recto. Encontrarás el teorema de Pitágoras en la hoja de fórmulas que recibes con el examen, así que no te olvides de revisarla para encontrar información importante que puedas necesitar mientras trabajas en el examen.

4. Calvin y Kelvin, dos fabulosos carpinteros, están construyendo una escalera para sus clientes, los Coalman. La escalera sirve para conectar un espacio de 10 pies de altura y la distancia desde la parte frontal del escalón inferior a la parte posterior del escalón superior mide 14 pies. ¿Cuál es la pendiente de la escalera expresada con 2 posiciones decimales?

(1) 0,68

(2) 0,69

(3) 0,70

(4) 0,71

(5) 0,72

La respuesta correcta es la Opción (4). Para calcular la pendiente, debes dividir la elevación por el avance. Lo cual da $\frac{10}{14} = 0.7142857$, ó 0,71 con 2 posiciones decimales.

La *pendiente* de una línea es elevación sobre avance (mira la figura siguiente). Así, la pendiente de una escalera es igual a las distancias sobre el piso del último escalón sobre la distancia desde el frente del primer escalón a la parte posterior del escalón más alto.

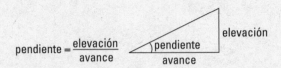

5. Describe en qué lugar del gráfico estaría el punto (–4, –4), trazándolo en la grilla del plano de coordenadas.

   El punto (–4, –4) se ubica 4 unidades a la izquierda del eje *y*, y 4 unidades por debajo del eje *x* (observa la siguiente grilla).

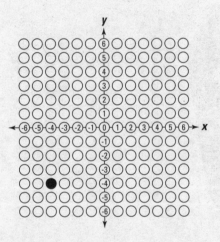

6. Félix y Francis acaban de comprarse autos nuevos. Félix, al ser estadounidense, tiene un automóvil con velocímetro graduado en unidades usuales. Francis, al ser canadiense, tiene un velocímetro graduado en unidades métricas. Si están conduciendo en el auto de Félix a una velocidad de 55 millas por hora, ¿qué indicaría el velocímetro de Francis en kilómetros por hora?

   (1) 160

   (2) 88

   (3) 55

   (4) 77

   (5) 100

   La respuesta correcta es la Opción (2). Porque 1 milla = 1,6 kilómetros, entonces 55 millas = 88 kilómetros (55×1.6). Ambas velocidades se expresan en unidades por hora, por lo tanto, 55 mph = 88 kph.

7. Aaron quiere pintar el piso de su apartamento. Su comedor/sala de estar mide 19 pies por 16 pies. Su habitación mide 12 pies por 14 pies y su pasillo mide 6 pies por 8 pies. Cediendo ante la presión de sus amigos, decidió no pintar el piso de la cocina ni del baño. ¿Cuántos pies cuadrados de piso debe pintar?

(1) 304

(2) 520

(3) 250

(4) 216

(5) 560

La respuesta correcta es la Opción (2). Para hallar el área, debes multiplicar longitud por ancho. El área del comedor/sala de estar mide $19 \times 16 = 304$ pies cuadrados, el área de la habitación mide $12 \times 14 = 168$ pies cuadrados, y el área del pasillo mide $6 \times 8 = 48$ pies cuadrados. El área total es la suma de todas las áreas, ó $304 + 168 + 48 = 520$ pies cuadrados.

8. Lee el siguiente medidor e ingresa la lectura en la grilla estándar.

La respuesta correcta es 1.483. Para indicar la respuesta 1483 en una grilla estándar, simplemente oscurece los círculos para los números 1, 4, 8 y 3 en ese orden (como se muestra en la siguiente grilla).

Las preguntas 9 a 10 se basan en la siguiente información:

April está considerando dos apartamentos. Son de igual tamaño, excepto por las habitaciones. La habitación A mide 19 pies por 14 pies y la habitación B mide 17 pies por 16 pies.

9. ¿Cuántos pies cuadrados más tiene la habitación más grande?

    (1) 9

    (2) 8

    (3) 7

    (4) 6

    (5) 5

La respuesta correcta es la Opción (4). El área de la habitación A es $19 \times 14 = 266$ pies cuadrados. El área de la habitación B es $17 \times 16 = 272$ pies cuadrados. La habitación B mide $272 - 266 = 6$ pies cuadrados más.

10. April quiere una alfombra para el piso de la habitación más grande que cubra el piso dejando un espacio de 1 pie desde cada pared. Si la alfombra tiene un borde decorativo todo alrededor, ¿Cuántos pies de longitud debe medir el borde decorativo?

    (1) 58

    (2) 29

    (3) 85

    (4) 55

    (5) 88

La respuesta correcta es la Opción (1). La medida del borde decorativo es el perímetro de la alfombra. Como la alfombra cubriría el piso a un pie de cada pared, el largo de la alfombra sería $17 - 2 = 15$ pies, y el ancho sería $16 - 2 = 14$ pies. La razón por la que tienes que restarle 2 a cada medida es que la alfombra está a 1 pie de distancia de cada pared, lo que resulta en una alfombra 2 pies más corta que la habitación en cada dimensión. Perímetro = $2(l + a)$, en donde l es el largo y a es el ancho, así que el perímetro de la alfombra = $2(15 + 14) = 2(29) = 58$ pies.

Análisis de datos, estadística y probabilidad

Para resolver correctamente las preguntas que tratan sobre análisis de datos, estadística y probabilidad, necesitas poder construir, comprender e inferir a partir de tablas, diagramas y gráficos. Necesitas entender la diferencia entre correlación y causalidad, y debes poder dibujar gráficos basadas en los datos presentados y asegurarte de que los gráficos tengan sentido. También debes saber cómo predecir a partir de los datos utilizando el método informal que mejor se ajuste.

Para esta sección del GED, debes saber cómo calcular la media, mediana y moda de un grupo de datos y evaluar lo que ocurre con esos números cuando se cambian los datos. También debes poder reconocer una tendencia en conclusiones estadísticas y hacer predicciones a partir de datos producidos por experimentos o probabilidades teóricas.

Prueba con los siguientes problemas de ejemplo para practicar análisis de datos, estadística y probabilidad:

Las preguntas 1 y 2 se refieren a la siguiente tabla.

Fabricante de automóviles	Ventas — julio de 2009 (en millas)	Ventas — julio de 2008 (en millas)	% Cambio
Commonwealth	90	105	−14
Frisky	175	147	+19
Goodenough	236	304	−22
Horsesgalore	99	64	+55
Silkyride	24	16	+50

1. Según la tabla, ¿qué fabricante de automóviles demostró el mayor porcentaje de aumento en ventas?

    (1) Commonwealth

    (2) Frisky

    (3) Goodenough

    (4) Horsesgalore

    (5) Silkyride

    La respuesta correcta es la Opción (4). El mayor porcentaje de aumento lo obtuvo Horsesgalore con un aumento del 55% en ventas.

2. Según la tabla, ¿a cuál de las siguientes conclusiones puede arribarse a partir de los datos?

    (1) Las ventas de autos están aumentando para todos por igual.

    (2) Las ventas de autos están disminuyendo para todos por igual.

    (3) Los fabricantes pequeños están vendiendo más automóviles.

    (4) Los grandes fabricantes están vendiendo más automóviles.

    (5) No es posible hacer una generalización a partir de estos datos.

    La respuesta correcta es la Opción (5). A partir de los datos proporcionados, no se puede hacer una generalización: algunos grandes fabricantes muestran un alza en las ventas y otros muestran una baja. Este factor elimina las primeras cuatro afirmaciones.

La pregunta 3 se refiere a la siguiente tabla.

Semana	Calorías consumidas	Peso (libras)	Altura (pies/pulgadas)
1	12.250	125	5 ft. 1.5 in.
2	15.375	128	5 ft. 1.5 in.
3	13.485	128	5 ft. 1.5 in.
4	16.580	130	5 ft. 1.5 in.
5	15.285	129	5 ft. 1.5 in.

3. Alan llevó un registro de su consumo calórico, su peso y su altura por un período de cinco semanas. ¿Qué conclusión puedes sacar a partir de sus observaciones?

   (1) Comer mucho te hace más alto.

   (2) Algunas semanas Alan tenía más hambre que otras.

   (3) Comer más calorías te hace aumentar de peso.

   (4) Comer más calorías te hace más alto.

   (5) No hay correlación entre los datos presentados.

   La respuesta correcta es la Opción (3). Cuanto más come Alan, más pesado se pone (lo que representa una posible relación causal). La tabla no ofrece fundamento para las otras respuestas.

Si dos valores cambian en consonancia con el otro, tienen una relación *correlativa*. Por ejemplo, hay una correlación positiva entre la altura y la edad durante la adolescencia. Es decir, te vuelves más alto a medida que creces. Si un evento conduce a otro o provoca otro, los eventos forman una relación *causal*. Por ejemplo, comer todas las gomitas de dulce rojas altera el porcentaje de gomitas de dulce anaranjadas en una mezcla que contiene igual cantidad de cada color, porque al comer una gomita de dulce roja, la misma queda eliminada del conjunto de gomitas de dulce, que originalmente tenía la misma cantidad de cada color. Como resultado, el porcentaje de gomitas de dulce anaranjadas aumenta.

4. Conecta los siguientes puntos para trazar una figura geométrica en la grilla del plano de coordenadas. (3,1), (–4, –3), (–5,5).

   La respuesta correcta debería verse así:

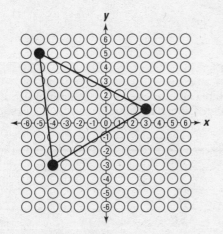

Prepárate para dibujar gráficos a partir de datos presentados, pero siempre recuerda que la única manera de dibujar un gráfico para una pregunta en este examen es usar una grilla del plano de coordenadas, que tiene limitaciones de tamaño. Siempre asegúrate de que tu gráfico tenga sentido. Si la tendencia es decreciente, el gráfico debe orientarse en forma descendente hacia el eje *x* (eje horizontal). Los valores negativos siempre aparecen del lado izquierdo del eje *y* (eje vertical) o debajo del eje *x*.

La Pregunta 5 se refiere a la siguiente tabla, que muestra las calificaciones de Sheila en su último año de secundaria.

Asignatura	Calificación (%)
Literatura	94
Matemáticas	88
Educación física	86
Ciencias	92
Español	90

5. En una grilla estándar, marca la calificación media que resultaría de una caída de 6 puntos en la nota de Español de Sheila.

La calificación media si su calificación en Español bajara 6 puntos sería (94 + 88 + 86 + 92 + 84) ÷ 5 = 88,8. Así se vería en una grilla estándar.

Las preguntas 6 y 7 se refieren a la siguiente tabla, que muestra los resultados que obtuvo Julio al medir y entrevistar a varios de sus compañeros sobre sus alturas y meses de nacimiento.

Mes de nacimiento	Altura
Marzo	5 ft. 4 in.
Junio	5 ft. 6 in.
Marzo	5 ft. 1 in.
Enero	5 ft. 8 in.
Agosto	5 ft. 5 in.
Enero	5 ft. 4 in.

6. ¿Qué mes produciría las personas de menor estatura según esta teoría? Representando los meses en el eje x y las pulgadas de altura en el eje y, registra el punto que representaría las pulgadas de altura en la grilla del plano de coordenadas.

El gráfico debería verse así:

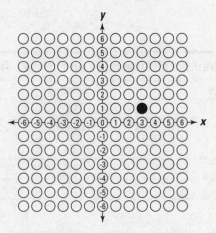

7. Según el gráfico de los resultados de Julio, ¿a qué conclusión puede llegarse, si la hubiera?

(1) No se puede llegar a ninguna conclusión.

(2) Las personas nacidas en los meses más fríos son más altas.

(3) Las personas nacidas en marzo son más bajas.

(4) Las personas nacidas en los meses más cálidos son de altura similar.

(5) Dos de los compañeros de clase de Julio nacieron en los meses de enero y marzo, respectivamente.

La respuesta correcta es la Opción (5). La única conclusión a la que se puede llegar de una muestra tan pequeña y tendenciosa es el número de compañeros que nacieron en cada mes.

La pregunta 8 se refiere a la siguiente tabla.

Persona entrevistada	Sabor preferido			
	Chocolate	Vainilla	Fresa	Maní
Madre de Donalda	No	No	Sí	No
Padre de Donalda	No	No	Sí	No
Hermano de Donalda	No	No	No	Sí
Hermana de Donalda	No	No	Sí	No

8. Donalda recopiló la información en la tabla como parte de su investigación sobre el sabor más popular de helado. Después de entrevistar a varios sujetos e ingresar sus datos en la tabla, llegó a las siguientes conclusiones. ¿Cuál es la más verosímil?

(1) A nadie le gusta el helado de chocolate.

(2) A nadie le gusta el helado de vainilla.

(3) El helado de fresa es el sabor más popular del mundo.

(4) No se puede llegar a una conclusión con estos datos.

(5) El helado de maní es el segundo sabor más popular en Estados Unidos.

La respuesta correcta es la Opción (4). La muestra que usó Donalda es tendenciosa porque los sujetos están relacionados. Una muestra apropiada en un experimento se selecciona al azar. Dado que los datos pertenecen a una muestra tendenciosa, no se puede arribar a ninguna conclusión a partir de los resultados.

La pregunta 9 se refiere a la siguiente tabla.

Edad al Contraer Matrimonio de Quienes se Divorcian en Estados Unidos

Edad	Mujeres	Hombres
Menos de 20 años	27,6%	11,7%
20 a 24 años	36,6%	38,8%
25 a 29 años	16,4%	22,3%
30 a 34 años	8,5%	11,6%
35 a 39 años	5,1%	6,5%

9. La información de esta tabla indica que para reducir la probabilidad de divorcio:

    (1) Las mujeres más jóvenes deben casarse con hombres mayores.

    (2) Los hombres mayores deben casarse con mujeres más jóvenes.

    (3) Nadie debe casarse.

    (4) Se divorcian menos hombres que mujeres.

    (5) No se puede llegar a una conclusión a partir de esta tabla.

    La respuesta correcta es la Opción (5). Esta tabla es una compilación de estadísticas y refleja la situación hasta la fecha en que se recopilaron las estadísticas. Siendo realistas, no es posible sacar conclusiones a partir de este tipo de datos, salvo para indicar cosas como "5,1% de las mujeres de entre 35 a 39 años se divorciaron". Sólo porque alguien te presente una tabla de datos, no significa que puedas sacar conclusiones generales a partir de ella.

    La pregunta 10 se refiere a la siguiente tabla.

Marca y Modelo	Precio
Hopper Modelo A1	$249,99
Vacuous Vacuum Company Modelo ZZ3	$679,99
Clean-R-Up Special Series	$179,00
Electrified Home Upright	$749,99
Super Suction 101	$568,99

10. Pierre está buscando una aspiradora para su apartamento. Tiene un presupuesto limitado y quiere gastar lo menos posible en su compra. Su mejor amigo le dijo que si gasta alrededor de la suma media por una aspiradora conseguirá un equipo promedio. Su padre dice que gastar aproximadamente la cantidad mediana es la forma más inteligente de conseguir un buen precio. ¿Cuál aspiradora se acerca más a cumplir con ambos criterios?

    (1) Hopper Modelo A1

    (2) Vacuous Vacuum Company Modelo ZZ3

    (3) Clean-R-Up Special Series

    (4) Electrified Home Upright

    (5) Super Suction 101

    La respuesta correcta es la Opción (5). Puedes calcular la media del precio sumando todos los precios y dividiendo la suma por el número de precios: (249,99 + 679,99 + 179,99 + 749,99 + 568,99) ÷ 5 = $485,79. Para determinar la mediana de precios, debes poner todos los precios en orden; el que quede en el medio es la mediana. En este caso, la mediana es $568,99, porque se ubica en el medio de los precios: 749,99, 679,99, 568,99, 249,99, 179,99. El equipo que se acerca más a satisfacer ambos criterios es la Super Suction 101, porque su precio es el mismo de la mediana. La diferencia entre el precio de la Super Suction 101 y la media de precios es $194,20. La diferencia entre el precio de la Hopper Modelo A1 y la media de precios es $235,80, lo que deja a la Super Suction 101 como claro ganador matemáticamente.

Algo que debes tener en mente es que los problemas matemáticos de este examen no siempre son reflejos de la realidad. La técnica utilizada para comprar aspiradoras en la pregunta 10 no es una forma razonable para comprar nada. Pero es una buena pregunta porque prueba tu conocimiento de la media, mediana y resta.

Álgebra, funciones y patrones:

Para resolver correctamente los tipos de pregunta que tratan sobre álgebra, funciones y patrones, debes poder dibujar gráficas o tablas, crear descripciones verbales y ecuaciones para representar los datos presentados, y representar esos mismos datos de distintas formas. Necesitas comprender que la misma función puede utilizarse en distintos problemas. Tienes que saber cómo resolver problemas usando expresiones algebraicas y ecuaciones y cómo evaluar fórmulas. Necesitas comprender la variación directa e indirecta, usarlas para resolver problemas, y ver patrones en tablas y gráficos. También debes ser capaz de explicar cómo un cambio en una cantidad de una ecuación da como resultado cambios en otras cantidades de la ecuación. Finalmente, necesitas poder comprender, usar y resolver problemas que incluyan funciones exponenciales, lineales y cuadráticas.

Intenta practicar álgebra, funciones y patrones con los siguientes problemas de ejemplo:

La pregunta 1 se refiere a la siguiente tabla.

Producción Anual del Wonderful World of Widgets	
Año	*Producción anual (en millones de unidades)*
2009	43
2008	29
2007	72
2006	70
2005	71

1. El gerente general del Wonderful World of Widgets quiere presentar estas cifras de una forma visual y fácil de comprender a la junta directiva, para que puedan entender el efecto que está causando la recesión económica en la producción de dispositivos. ¿Cuál sería el mejor modo de presentar las cifras?

   (1) un gráfico

   (2) una serie de tablas

   (3) descripciones verbales

   (4) imágenes del exterior de la planta

   (5) un vídeo de cómo se usan los dispositivos en Estados Unidos

La mejor respuesta es la Opción (1). Un gráfico es una representación visual de datos, es fácil de entender y sirve para comparar visualmente los datos. Es posible usar alguna de las otras opciones para representar los datos, pero serían mucho más complejas que un gráfico.

2. Rachel y Ronda están planeando decorar su primer apartamento y deciden repartirse las tareas de compra necesarias. Rachel se encargó de averiguar cuánto costaría alfombrar la sala de estar y Ronda se encargó de averiguar cuánto costaría pintar las paredes de la habitación. ¿Qué fórmula necesitarán usar para obtener una respuesta que les permita deducir el precio de cada trabajo?

   (1) $P = 2(l + w)$

   (2) $A = l \times w$

   (3) $V = l \times w \times d$

   (4) $A = \pi r^2$

   (5) $C = \pi d$

   La respuesta correcta es la Opción (2). En cada caso, Rachel y Ronda deben calcular el área del espacio con el que cuentan para obtener el precio de la alfombra y la pintura. La fórmula para el área es $A = l \times w$.

3. Roger y Ekua fueron juntos a comprar ropa. Ekua gastó el doble de lo que gastó Roger. Si ambos gastaron en total $90,00, ¿cuánto gastó Roger en ropa?

   (1) $60,00

   (2) $90,00

   (3) $40,00

   (4) $30,00

   (5) $20,00

   La respuesta correcta es la Opción (4). Si representas la cantidad de dinero que gastó Roger con x, la cantidad que gastó Ekua es $2x$. Puedes representar sus gastos con la ecuación $90 = x + 2x$ o $3x = 90$, en cuyo caso $x = 30$. Así que Roger gastó $30,00 en ropa.

4. Evalúa la siguiente fórmula hasta 2 posiciones decimales:

   $N = \sqrt{a + c - 2ac}$, si $a = 25$ y $c = 9$

   (1) 34,67

   (2) 20,40

   (3) 22,47

   (4) sin respuesta

   (5) 27,99

   La respuesta correcta es la Opción (4). No puedes hallar la raíz cuadrada de un número negativo, y $2ac$ siempre será mayor que $a + c$, lo que convierte a la diferencia entre ambos en un número negativo.

5. Resuelve x en la siguiente ecuación:

   $x = 2y + 6z - y^2$, si $y = 6$ y $z = 2$

   (1) 12

   (2) 11

   (3) −12

   (4) −11

   (5) ninguno de los anteriores

   La respuesta correcta es la Opción (3). Puedes resolver esta ecuación reemplazando 6 por y y 2 por z, lo que generará esta ecuación: $2(6) + 6(2) - 6^2 = -12$

La pregunta 6 se refiere a la siguiente tabla.

Sujeto	Altura	Talla de calzado
1	5 ft. 3 in.	5
2	5 ft. 9 in.	8
3	5 ft. 6 in.	5½
4	6 ft. 1 in.	10
5	5 ft. 7 in.	6

6. Althea tiene una teoría sobre los hombres de su clase. Determinó que los hombres más altos tienen mayor talla de calzado que los más bajos. Para probar su teoría, pidió a varios de los hombres que se midieran a sí mismos y le dijeran su talla de calzado. A partir de sus observaciones, creó la tabla anterior.

A partir de sus observaciones, Althea decidió hacer un gráfico con los resultados para comprobar si su teoría era digna de crédito. Traza el punto que representa la talla de calzado para la mediana de altura en la grilla del plano de coordenadas si el eje *y* representa las tallas de calzado.

La grilla debería verse así:

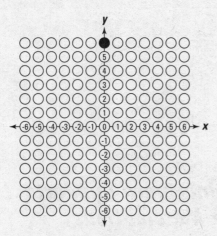

Como puedes observar en la grilla, la talla de calzado para la mediana de altura es 6 y está marcada en la grilla. Althea no tiene una teoría propiamente dicha (aunque sí hizo una observación interesante). Puedes comprobar esto con sólo observar la tabla, ya que su tabla incluye una muestra muy limitada y por lo tanto, no prueba nada.

7. Los estudiantes de la clase de matemáticas están observando la ecuación $A = l \times w$. El profesor pregunta qué resultado arrojaría duplicar el largo *(l)* sobre el área *(A)*. ¿Cuál es la respuesta correcta?

(1) ninguno

(2) la duplicaría.

(3) la cuadruplicaría.

(4) la triplicaría.

(5) no es posible determinar el resultado sin el valor de *w*

La respuesta correcta es la Opción (2). En la ecuación lineal, cualquier múltiplo de un término da como resultado el mismo múltiplo en la respuesta. Multiplicar l por 2 es igual a multiplicar A por 2.

Mientras te preparas para el Examen de Matemáticas, definitivamente querrás recordar esta regla sobre las ecuaciones: Lo que sea que hagas de un lado, debes hacerlo del otro lado:

La pregunta 8 se refiere a la siguiente tabla.

a	b	F
1	2	−16
2	1	−3
3	2	−18
2	3	−35
3	4	x

8. Herman desarrolló la siguiente función para entretenerse. $F = 2a + 3b^2 - 2ab$. Llevó un registro de sus resultados en esta tabla.

Usando la función de Herman, ¿cuál es el valor de x?

(1) 53

(2) 82

(3) 88

(4) 66

(5) 42

La respuesta correcta es la Opción (4). Usando la función de Herman, $x = 2(3) - 3(4)(4) - 2(3)(4) = 6 - 48 - 24 = 66$.

Un breve examen preliminar para ayudarte a preparar el Examen De Matemáticas

Para practicar un poco más para el Examen de Matemáticas, toma este breve examen preliminar. Después de completar cada pregunta, revisa tu respuesta y lee la explicación provista. Cuanto más sepas y practiques, mejor te irá el día del examen:

1. Una pared mide 20 pies de largo y 8 pies de altura. Si toda la pared debe pintarse con dos capas de pintura azul, ¿cuántos pies cuadrados de pared deben cubrirse?

(1) 56

(2) 160

(3) 230

(4) 320

(5) 40

La respuesta correcta es la Opción (4). El área de la pared es $20 \times 8 = 160$ pies cuadrados. Cada capa requiere que pintes 160 pies cuadrados, pero como debes pintar dos capas, la respuesta es $2 \times 160 = 320$. Si tu primera opción de respuesta fue la Opción (2), te olvidaste de la segunda mano de pintura. Si elegiste la Opción (1) confundiste el perímetro con el área. Recuerda que el *perímetro* es la distancia alrededor de un objeto. En este caso, es $2(20 + 8) = 56$. La Opción (4) es la correcta con los dos primeros dígitos invertidos (es decir, ¡es un recordatorio para que revises tus respuestas con cuidado!). Invertir dígitos al sentirte presionado por el límite de tiempo no es raro ni imposible. La opción (5) está directamente mal. Puedes eliminar esta opción inmediatamente, lo que te deja cuatro respuestas para considerar.

2. Barry gana $1.730 por mes después de deducir impuestos. Todos los meses paga $900 de alquiler y gasta $600 en subsistencia, como comida y servicios. ¿Cuánto le queda para comprar artículos de lujo y gastar en entretenimiento?

   (1) $170

   (2) $230

   (3) $390

   (4) $320

   (5) $180

La respuesta correcta es la Opción (2). Barry gasta $900 + $600 = $1.500 en renta y subsistencia. Tiene $1.730 – $1.500 = $230 restantes. Las otras opciones simplemente están mal. Algunas de ellas pueden parecer correctas si no sabes cómo resolver el problema.

3. El lunes Mary caminó 12 cuadras. El martes caminó 10 cuadras y el miércoles caminó 14 cuadras. Si para el jueves quiere mejorar su promedio de caminata de esos tres días, ¿cuántas cuadras deberá caminar, por lo menos?

   (1) 10

   (2) 11

   (3) 9

   (4) 13

   (5) 12

La respuesta correcta es la Opción (4). Su caminata promedio para esos tres días fue $(12 + 10 + 14) \div 3 = 36 \div 3 = 12$ cuadras. Para superar su promedio, debe caminar 13 cuadras el jueves. Si camina 12 cuadras, igualará (no superará) su promedio. Todas las demás respuestas son menores al promedio.

4. Resuelve x en la siguiente ecuación: $3x + 12 = 24$

   (1) 12

   (2) 24

   (3) 3

   (4) 4

   (5) 36

La respuesta correcta es la Opción (4). Si $3x + 12 = 24$, puedes restar 12 de ambos lados para que $3x = 24 - 12$, o $3x = 12$, o $x = 4$. Nuevamente, recuerda la regla fundamental de las ecuaciones: Lo que sea que hagas de un lado, debes hacerlo del otro lado.

5. ¿Dónde se ubican todos los puntos con una coordenada x de –4 en un gráfico?

(1) 4 unidades por encima del eje x

(2) 4 unidades a la izquierda del eje x

(3) 4 unidades a partir del eje y

(4) 4 unidades por encima del eje y

(5) 4 unidades a la izquierda del eje y

La respuesta correcta es la Opción (5). Todos los puntos con coordenadas x negativas están ubicados a la izquierda del eje y (el eje vertical). Por lo tanto, si un punto tiene una coordenada x de–4, está ubicado en una línea 4 unidades a la izquierda del eje y.

Algunos Consejos Prácticos al Descubierto

Mientras te preparas para el examen de matemáticas, ten en cuenta lo siguiente:

- **Principios aritméticos fundamentales** Aproximadamente la mitad del examen depende de la aritmética básica (suma, resta, multiplicación, división, decimales y fracciones). Cuanto más conozcas estos principios, mejor te irá en este examen.

- **Comprender cómo resolver problemas.** Para dominar el modo de resolver problemas matemáticos básicos, practica mucho con problemas antes del examen. Cuantos más problemas resuelvas, más natural te resultará resolver los problemas. Pide prestado o compra todos los libros de matemáticas que puedas y consulta las preguntas de muestra para desarrollar tu capacidad de resolución de problemas. (Asegúrate de conseguir uno que incluya las respuestas atrás para poder revisar tu trabajo.) Revisa todas las respuestas inmediatamente después de trabajar con la pregunta. Si respondiste de forma incorrecta, averigua por qué. Si no puedes responder, pide que te expliquen la solución.

- **Comprender las reglas de la matemática.** Los libros de texto están llenos de reglas, teoremas, hipótesis y demás. Lee todas las reglas que puedas, y trata de explicar las más importantes a un amigo. Si puedes explicar una regla en particular (por ejemplo, el teorema de Pitágoras) a un amigo y él o ella lo entiende, es que dominas la regla. Si no puedes explicarla, pide que te ayuden a entender mejor la regla.

- **Toma exámenes de práctica.** Ve a los Capítulos 25 y 27 para tomar dos exámenes de práctica completos. Si dos no te alcanzan, compra o pide prestado otros libros de preparación que incluyan exámenes de matemáticas de muestra. Sé estricto con las restricciones de tiempo. Después de revisar tus respuestas, averigua por qué erraste algunos problemas y corrige tus errores.

  La única parte del examen que no puedes reproducir es la sensación de estar sentado en la sala de examen apenas antes de empezar. Pero cuantos más exámenes de práctica hagas, más cómodo te sentirás cuando finalmente llegue el día del examen.

Capítulo 25

Examen de Práctica — Examen de Matemáticas: Partes I y II

El Examen de Matemáticas consiste en preguntas de opción múltiple y de formato alternativo cuyo objetivo es medir las habilidades matemáticas generales y la capacidad de resolver problemas. Las preguntas se basan en lecturas cortas que suelen incluir un gráfico, cuadro o figura.

Al igual que el Examen de Redacción de Artes del Lenguaje, el Examen de Matemáticas consta de dos partes. En la Parte I se permite el uso de una calculadora para ayudarte a responder las preguntas. En la parte II, no. Cada parte tiene 25 preguntas.

Tienes 45 minutos para completar cada parte. Trabaja con atención, pero no pierdas mucho tiempo en una sola pregunta. Asegúrate de responder todas las preguntas.

Las fórmulas que puedes necesitar están en la hoja anterior a la primera pregunta de cada parte. Sólo algunas preguntas requieren el uso de fórmulas. No todas las fórmulas provistas serán necesarias.

Algunas preguntas contienen más información de la que necesitas para resolver el problema; otras no brindan suficiente información. Si una pregunta no brinda suficiente información para resolver el problema, la opción correcta es: "No hay suficiente información".

Nota: Cuando termines la Parte I del Examen de Matemáticas, el administrador del examen GED recogerá tu calculadora. Cuando entregues tu calculadora y el administrador te lo indique, puedes empezar la Parte II.

Hoja de respuestas para el examen de matemáticas: Parte 1

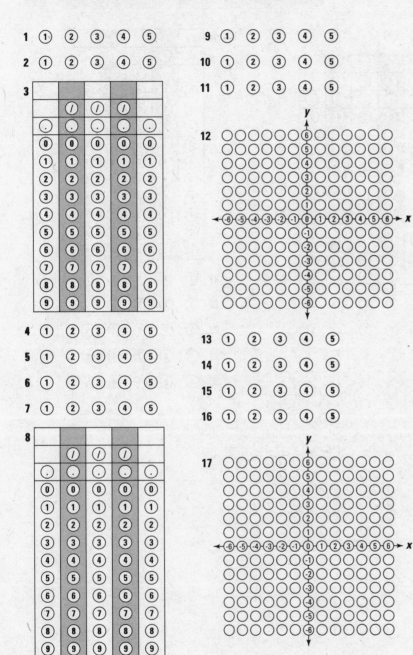

Hoja de respuestas para el examen de matemáticas: Parte II

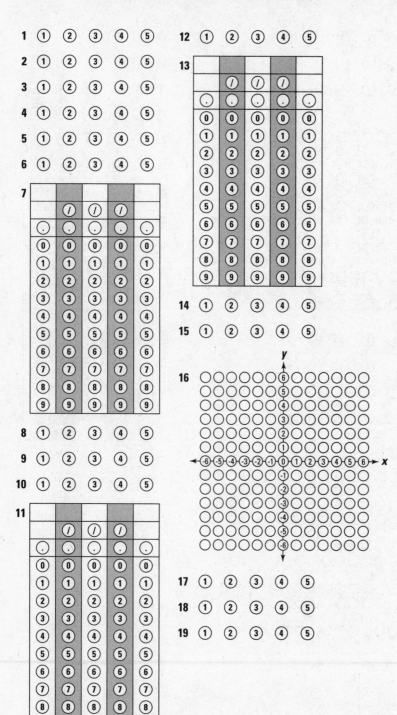

Examen de Matemáticas Parte 1

Se permite el uso de calculadoras únicamente en la Parte I.

No escribas en este cuadernillo de examen. El administrador del examen te dará papel en blanco para que hagas tus cálculos. Registra tus respuestas en la hoja de respuestas adicional provista. Asegúrate de que toda la información esté debidamente registrada en la hoja de respuestas.

Para registrar tus preguntas, rellena el círculo en la hoja de respuestas con el número que corresponde a la respuesta que tú seleccionaste para cada pregunta del cuadernillo de examen.

EJEMPLO:

Si la cuenta del supermercado suma $15,75 en total y se paga con un billete de $20,00, ¿cuánto es el vuelto?

(1) $5.25

(2) $4.75

(3) $4.25

(4) $3.75

(5) $3.25

(En la Hoja Respuestas)

① ② ● ④ ⑤

La respuesta correcta es "$4,25"; por lo tanto debe marcarse la opción de respuesta 3 en la hoja de respuestas.

No apoyes la punta del lápiz en la hoja de respuestas mientras estás pensando tu respuesta. No hagas marcas fuera de lugar o innecesarias. Si cambias una respuesta, borra completamente tu primera marca. Sólo marca una respuesta para cada pregunta; las respuestas múltiples serán consideradas incorrectas. No dobles o arrugues tu hoja de respuestas. Todos los materiales del examen deben devolverse al administrador del examen.

Nota: Consulta el Capítulo 26 para obtener las respuestas de la Parte I y II de este examen de práctica.

Instrucciones para Usar la Calculadora

Para usar la calculadora por *primera* vez, presiona la tecla ON (en el extremo superior derecho). Aparecerá la leyenda "DEG" en el extremo superior central de la pantalla y "0" a la derecha. Esto indica que la calculadora está configurada correctamente para todos tus cálculos.

Para usar la calculadora en *otra* pregunta, presiona la tecla ON o la tecla roja AC . Esto elimina cualquier entrada ingresada previamente.

Para hacer cálculos de aritmética, ingresa la expresión tal como está escrita. Presiona = (signo igual) al finalizar.

EJEMPLO A: $8 - 3 + 9$

Primero presiona ON o AC

Ingresa lo siguiente: 8 , − , 3 , + , 9 , =

La respuesta correcta es 14.

Si la expresión entre paréntesis debe multiplicarse por un número, presiona × (signo multiplicación) entre el número y el signo de paréntesis.

EJEMPLO B: $6(8 + 5)$

Primero presiona ON o AC

Ingresa lo siguiente: 6 , × , (, 8 , + , 5 ,) , =

La respuesta correcta es 78.

Para hallar la raíz cuadrada de un número

- ✔ Ingresa el número.
- ✔ Presiona la tecla SHIFT (extremo superior izquierdo) ("SHIFT" aparece en el extremo superior izquierdo de la pantalla).
- ✔ Presiona x^2 (tercera tecla de izquierda a derecha en la fila superior) para acceder a su segunda función: raíz cuadrada.

NO presiones SHIFT y x^2 al mismo tiempo.

EJEMPLO C: $\sqrt{64}$

Primero presiona ON o AC

Ingresa lo siguiente: 6 , 4 , SHIFT , x^2 , =

La respuesta correcta es 8.

Para ingresar un número negativo, como por ejemplo –8

- ✔ Ingresa el número sin el signo negativo (presiona el 8).
- ✔ Presiona la tecla "cambiar signo" (+/−), ubicada directamente arriba de la tecla 7 .

Todas las operaciones pueden hacerse con números positivos y/o negativos.

EJEMPLO D: $-8 - (-5)$

Primero presiona ON o AC

Ingresa lo siguiente: | 8 |, | +/− |, | − |, | 5 |, | +/− |, | = |

La respuesta correcta es −3.

Grilla estándar

No se pueden ingresar números mixtos tales como 3½ en la grilla estándar. En cambio, represéntalos como números decimales (en este caso, 3,5) o fracciones (en este caso, 7/2). Además, en la grilla estándar la respuesta nunca puede ser un número negativo, como −8.

Para registrar tu respuesta en la grilla estándar

✔ Comienza por cualquier columna que te permita ingresar la respuesta.

✔ Escribe tu respuesta en los recuadros de la fila superior.

✔ En la columna debajo de una barra de fracción o punto decimal (si lo hubiere) y cada número de tu respuesta, rellena el círculo que representa ese caracter.

✔ Deja en blanco toda columna no utilizada.

EJEMPLO:

La escala de un mapa indica que ½ pulgada representa una distancia real de 120 millas. En pulgadas, ¿a qué distancia en el mapa estarán las dos ciudades si la distancia real es de 180 millas?

La respuesta al ejemplo anterior es ¾, o 0,75 pulgadas. A continuación se muestra cómo debe marcarse la respuesta en la grilla.

Puntos para recordar:

✔ Una máquina calificará la hoja de respuestas. **Los círculos deben rellenarse correctamente.**

✔ No marques más de un círculo en una columna.

✔ Marca una sola respuesta en la grilla, aunque haya más de una respuesta correcta.

✔ Los números mixtos tales como 3½, deben marcarse en la grilla como 3,5 o ½.

✔ **En una grilla estándar la respuesta nunca puede ser un número negativo.**

Grilla del Plano de Coordenadas

Para registrar una respuesta en la grilla del plano de coordenadas debes tener un valor *x* y un valor *y*. En una grilla del plano de coordenadas la respuesta nunca tendrá un valor que sea una fracción o un decimal.

Marca siempre un <u>sólo</u> círculo que represente tu respuesta.

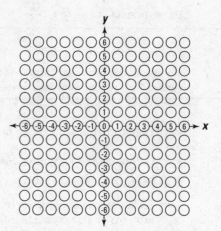

EJEMPLO:

Las coordenadas del punto A que se muestran en el siguiente gráfico son (2,–4).

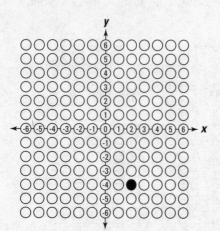

Las coordenadas del punto B, que no se muestran en el gráfico, son (–3,1). ¿Cuál es la ubicación del punto B?

NO MARQUES TU RESPUESTA EN EL GRÁFICO ANTERIOR.

Registra tu respuesta en la grilla del plano de coordenadas de la hoja de respuestas (a la derecha).

RESPUESTA CORRECTA:

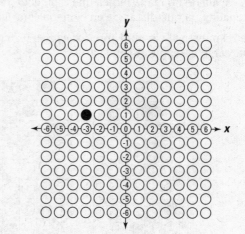

Fórmulas

ÁREA de un:

cuadrado	Área = lado^2
rectángulo	Área = largo × ancho
paralelogramo	Área = base × altura
triángulo	Área = ½ × base × altura
trapecio	Área = ½ × (base$_1$ + base$_2$) × altura
círculo	Área = π × radio^2; π es aproximadamente igual a 3,14

PERÍMETRO de un:

cuadrado	Perímetro = 4 × lado
rectángulo	Perímetro = (2 × largo) + (2 × ancho)
triángulo	Perímetro = lado$_1$ + lado$_2$ + lado$_3$

CIRCUNFERENCIA de un círculo — Circunferencia = π × diámetro; π es aproximadamente igual a 3,14

VOLUMEN de un:

cubo	Volumen = lado^3
sólido rectangular	Volumen = largo × ancho × alto
pirámide cuadrangular	Volumen = ⅓ × (área de la base)^2 × altura
cilindro	Volumen = π × radio^2 × altura; π es aproximadamente igual a 3,14
cono	Volumen = ⅓ × π × radio^2 × altura; π es aproximadamente igual a 3,14

GEOMETRÍA DE COORDENADAS — distancia entre puntos $= \sqrt{(x_2 - x_1)^2 + (y_2 - y_1)^2}$; (x_1, y_1) y (x_2, y_2) son dos puntos en el plano

pendiente de una recta $= \dfrac{y_2 - y_1}{x_2 - x_1}$; (x_1, y_1) y (x_2, y_2) son dos puntos en la recta

TEOREMA DE PITÁGORAS — $a^2 + b^2 = c^2$; a y b son catetos y c es la hipotenusa de un triángulo rectángulo

MEDIDAS DE TENDENCIA CENTRAL — **media** $= \dfrac{x_1 + x_2 + \cdots + x_n}{n}$; donde las x son los valores para los cuales se busca una media y n es la cantidad total de valores de x

mediana = el valor medio de un número impar de series *ordenadas* y que está a mitad de camino entre los dos valores medios de un número par de series *ordenadas*

INTERÉS SIMPLE — interés = capital × tasa × tiempo

DISTANCIA — distancia = tasa × tiempo

COSTO TOTAL — costo total = (cantidad de unidades) × (precio por unidad)

NO COMIENCES A HACER ESTE EXAMEN HASTA QUE SE TE INDIQUE

Instrucciones: Elige la <u>mejor respuesta</u> para cada pregunta.

1. Dharma está haciendo carteles de oferta para la súper liquidación de verano de la Tienda de Súper Ahorro de Trajes de Baño. El impuesto sobre las ventas en el estado de Dharma es del 5%. Confecciona una serie de carteles:

   Cartel A: ½ de descuento en toda la mercadería

   Cartel B: Compre un artículo, obtenga el segundo de igual valor gratis

   Cartel C: 50% de descuento en toda la mercadería

   Cartel D: Le devolvemos nueve veces el valor de impuestos sobre las ventas

   ¿Qué podría notar un consumidor perspicaz sobre los carteles?

   (1) El cartel A ofrece una mejor compra.

   (2) El cartel C ofrece el peor negocio.

   (3) El cartel D ofrece el peor negocio.

   (4) El cartel B ofrece un mejor negocio.

   (5) Todos los carteles ofrecen el mismo negocio.

2. Daryl está enmarcando un cuadro. Traza el siguiente diagrama como ayuda:

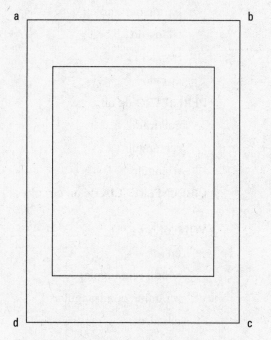

   ¿Cuál de las siguientes opciones es verdadera respecto del diagrama anterior?

   (1) *ab* debe ser perpendicular a *ad*.

   (2) *ab* debe ser paralelo a *bc*.

   (3) *ad* debe ser paralelo a *ab*.

   (4) *ab* y *dc* deben ser perpendiculares.

   (5) *ab* y *ad* deben ser paralelas.

Ve a la siguiente página ⟹

3. La familia Hammerhill está construyendo una tarima detrás de su casa. La tarima medirá 16 pies de largo por 21 pies de ancho, y el material fue cotizado a $45,00 la yarda cuadrada. ¿Cuál será el costo, en dólares, del material para la tarima? Marca la respuesta en la grilla estándar de la hoja de respuestas.

4. Margaret Millsford, directora financiera de la Aggravated Manufacturing Corporation, ha enviado un informe a la Junta Directiva. Se le ordenó analizar las ventas de cada una de las líneas de producto de la empresa y recomendar la baja de la menos rentable. Descubrió que si bien la ganancia por unidad en todas las líneas era la misma, el volumen producido era diferente. Margaret preparó el siguiente gráfico para respaldar su recomendación.

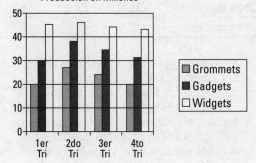

Producción en Millones

¿Qué línea menos rentable recomendaría ella dar de baja?

(1) widgets

(2) grommets

(3) gadgets

(4) grommets y widgets

(5) gadgets y widgets

5. Quan quiere construir escalones para el porche de 6 pies de altura ubicado detrás de su casa. El escalón más bajo debería estar a 7 pies de distancia de la casa para permitir una inclinación leve. ¿Qué longitud en pies deben medir los escalones (calcula tu respuesta con dos decimales)?

(1) 8,22

(2) 13,00

(3) 2,92

(4) 13,22

(5) 9,22

6. Alice estaba tratando de explicar cómo la cantidad de tiempo que puede correr todas las mañanas se ha incrementado cada mes desde que empezó, a excepción del mes en el que se torció el tobillo. Trazó el siguiente gráfico para demostrar a sus amigos Mary y Kevin la cantidad de tiempo promedio (en minutos) que corrió cada día, cada mes:

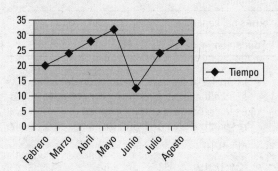

¿En qué mes Alice se torció el tobillo?

(1) Junio

(2) Febrero

(3) Agosto

(4) Septiembre

(5) Mayo

Ve a la siguiente página

7. Dominic y Paula compararon sus boletines de calificaciones de la siguiente manera:

Boletín de Calificaciones de Dominic

Asignatura	Calificación (%)
Matemáticas	63
Estudios Sociales	76
Ciencias	65
Artes del Lenguaje	84
Educación Física	72

Boletín de Calificaciones de Paula

Asignatura	Calificación (%)
Matemáticas	80
Estudios Sociales	64
Ciencias	76
Artes del Lenguaje	72
Educación Física	88

El profesor les dijo que la razón del total de sus calificaciones estuvo muy cercana. ¿Cuál es la razón de las calificaciones de Paula respecto de las de Dominic en sus boletines?

(1) 9:10
(2) 18:19
(3) 10:9
(4) 19:18
(5) 2:1

8. En la serie 4, 6, 10, 18, . . . , ¿cuál es el primer término múltiplo de 11? Marca la respuesta en la grilla estándar de la hoja de respuestas.

9. Simone sigue atentamente los movimientos del mercado de valores. Ha estado siguiendo con especial atención a Cowardly Corporation durante los últimos meses y mantuvo un registro de su investigación en la siguiente tabla:

Fecha	Valor de cierre (en dólares estadounidenses)
7 de agosto	15,03
17 de agosto	16,12
1 de septiembre	14,83
9 de septiembre	15,01
16 de septiembre	14,94
20 de septiembre	15,06
23 de septiembre	15,17
24 de septiembre	15,19

Simone compró participaciones de acciones el 24 de septiembre y quiere hacer algo de dinero antes de venderlas. Pagó una comisión del 3% a su agente de bolsa por comprar y pagará lo mismo por vender. ¿Cuál es el precio más bajo (en dólares estadounidenses) que Simone puede vender cada acción sin ganar o perder?

(1) 16,48
(2) 16,13
(3) 15,66
(4) 20,00
(5) 15,99

10. Si $22.4 = \dfrac{56a}{5a+10}$, ¿cuál es el valor de a?

(1) 0
(2) −56
(3) 4
(4) −4
(5) 56

Ve a la siguiente página

Las preguntas 11 y 12 se refieren al siguiente gráfico.

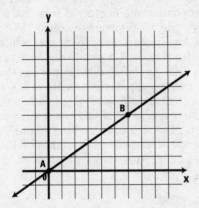

11. Calcula la pendiente de la recta AB

    (1) ⅔

    (2) ¾

    (3) ½

    (4) ¼

    (5) −¾

12. Si la pendiente de AB permanece igual, pero se cruza con el eje *y* en C (0,4), ¿dónde se cruza con el eje *x*? Usa la grilla del plano de coordenadas en la hoja de respuestas para trazar el punto donde AB se cruza con el eje *x*.

13. Si se enciende un fuego en una parrilla cuadrada, ¿cuál es el lugar más seguro para pararse y evitar el intenso calor del fuego?

    (1) en una esquina

    (2) del lado izquierdo

    (3) del lado derecho

    (4) a 6 pies del medio

    (5) no hay suficiente información

14. Lydia y Wayne están comprando alfombras para su hogar y buscan la mejor alfombra al mejor precio. Carnie's Carpets ofrece una alfombra de lana a $21,50 por yarda cuadrada. Flora's Flooring dice que igualan la misma alfombra por sólo $2,45 el pie cuadrado, mientras que Dora's Deep Discount les ofrece una alfombra de 8 por 12 pies del mismo material por $210,24. ¿Cuál es el precio más bajo por pulgada cuadrada ofrecido a Lydia y Wayne?

    (1) $24,50

    (2) $2,45

    (3) $21,90

    (4) $2,19

    (5) $2,39

Ve a la siguiente página

15. La compañía Miscellaneous Appliances Limited está preocupada por su producción en la Planta A. Para su informe anual los representantes de la compañía prepararon los siguientes gráficos que indican la producción de cada trimestre durante los últimos dos años:

Producción en la Planta A – 2007

■	1er Tri
■	2do Tri
□	3er Tri
▨	4to Tri

Producción en la Planta A – 2008

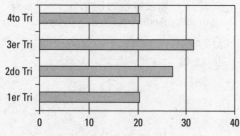

Porcentaje de la Producción Total

¿Qué trimestre de 2008 indicó una dramática caída de la producción en 2008?

(1) 3º trimestre

(2) 1º trimestre

(3) 4º trimestre

(4) 2º trimestre

(5) no hay un cambio significativo

16. Los Ngs quieren ampliar su casa de dos plantas y han calculado que necesitarán por lo menos 630 pies cuadrados más para vivir cómodamente. Quieren usar el sótano para almacenamiento y el resto para vivienda. Un contratista cotizó $15,80 por pie cuadrado para renovar sin incluir re-decoración. Un agente de bienes raíces les dice que pueden aumentar el valor de su casa en aproximadamente $18.000 al construir la ampliación. Si quieren ampliar tanto espacio adicional como fuera posible teniendo en cuenta los $18.000 que recuperarán, ¿cuánto espacio adicional, en pies cuadrados, deben ampliar?

(1) 630

(2) 1.260

(3) 1.620

(4) 1.140

(5) 1.329

17. En un experimento que consiste en lanzar un dado de 20 caras, se obtuvieron los siguientes resultados:

Tiro	Con la mano derecha	Con la mano izquierda
1	2	4
2	4	12
3	5	2
4	9	6
5	11	13
6	10	15
7	4	17
8	6	3
9	7	5

Usando la grilla del plano de coordenadas en la hoja de respuestas, traza el punto que representa las medianas combinadas de los tiros usando la mediana de los resultados de la mano izquierda como el valor x y la mediana de los resultados de la mano derecha como el valor y.

Ve a la siguiente página

18. LeeAnne está comprando un nuevo vehículo. Conduce aproximadamente 18.000 millas por año. Está muy preocupada por el costo de la gasolina y otros costos operativos, como el seguro y el mantenimiento. Espera que la gasolina valga en promedio $3,50 el galón durante los cinco años que tendrá el automóvil y fundamentará su decisión en ese precio. Mientras compra, arma el siguiente cuadro:

Tipo de vehículo	Millas por gallon	Costos operativos por milla
SUV	12,8	$0,78
Sedán	19,6	$0,48
2 puertas	19,5	$0,54
Tracción en las cuatro ruedas	17,2	$0,62
Auto deportivo	18,6	$0,66

Basándose en su criterio, ¿qué auto debería comprar LeeAnne?

(1) SUV

(2) sedán

(3) 2 puertas

(4) tracción en las cuatro ruedas

(5) auto deportivo

19. Tom está preocupado por llegar al centro de exámenes GED a horario. Sabe que conduce a una velocidad promedio de 40 millas por hora camino a los exámenes. Si el centro de exámenes está a 47 millas de la casa de Tom y quiere llegar 20 minutos antes, ¿cuánto tiempo debe reservar para el viaje contando la espera?

Elige la respuesta que indique qué operaciones necesita hacer y el orden en el que deben hacerse para resolver la pregunta.

(1) sumar y luego dividir

(2) multiplicar y luego sumar

(3) dividir y luego sumar

(4) sumar y luego multiplicar

(5) dividir y luego multiplicar

20. Leonora acaba de recibir su boletín de calificaciones de mitad de año. Sus calificaciones son las siguientes:

Boletín de calificaciones de Leonora	
Asignatura	Calificación (%)
Inglés	84
Geografía	78
Matemáticas	68
Educación física	77
Física	82

Su calificación promedio es 77,8%. Para poder ingresar a la universidad que quiere, necesita un promedio del 80%. Inglés es su mejor asignatura. ¿Cuántos puntos porcentuales debe subir su nota de inglés, suponiendo que todas las otras materias permanezcan igual, para poder ingresar a la universidad?

(1) 7

(2) 8

(3) 9

(4) 10

(5) 11

21. Sonia tiene una receta de arroz estupenda. Por cada 1 taza de arroz, ella agrega 2 tazas de sopa de vegetales y un cuarto de taza de lentejas. Este fin de semana tiene planeada una gran cena y se da cuenta de que necesita cocinar 3½ tazas de arroz para sus invitados. ¿Qué cantidad de los otros ingredientes necesita usar?

(1) 7 tazas de sopa y ⅞ taza de lentejas

(2) 3½ tazas de sopa y ½ taza de lentejas

(3) 7 tazas de sopa y 1 taza de lentejas

(4) 1 taza de sopa y 7 tazas de lentejas

(5) 6 tazas de sopa y ⅞ taza de lentejas

Ve a la siguiente página

22. Al sacar cartas de un mazo, cada carta tiene las mismas posibilidades de salir. Luego de sacar y apartar seis cartas, ¿cuál es la probabilidad de sacar un as de corazones si aún no salió?

    (1) 1:52
    (2) 1:50
    (3) 1:48
    (4) 1:46
    (5) 1:44

23. Los Symon están redecorando una habitación de su casa. Tienen algunas ideas interesantes. Quieren poner una alfombra en el piso, rodeada de un marco de baldosas. Están pensando en colocar paneles de teca hasta la mitad de cada pared. Además, puede que corten parte del techo para poner un tragaluz. Este es un diagrama de su habitación:

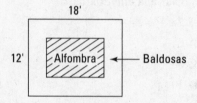

La alfombra cuesta $7,50 el pie cuadrado, y las baldosas cuestan $9,00 el pie cuadrado. La alfombra que les gusta mide 16 pies por 10 pies, dejando un área pequeña alrededor para las baldosas. Sin embargo, en la tienda ven otra alfombra que mide apenas 12 pies por 8 pies, pero tiene el patrón y colores perfectos para su habitación. ¿Qué tratamiento para el piso resulta más económico?

    (1) ambos tienen el mismo costo
    (2) la alfombra más grande
    (3) la alfombra más pequeña sin el panel
    (4) la alfombra más pequeña
    (5) no hay suficiente información

24. Brad es un comprador incógnito de la tienda Friendly Furniture. Su trabajo consiste en ir a tiendas competidoras y controlar los precios de una serie de artículos para asegurarse de que su empleador pueda anunciar que tiene los mejores precios. Su jefe quiere lanzar una nueva campaña publicitaria: "Friendly Furniture — siempre precios inferiores al precio promedio de nuestros competidores". El trabajo de Brad consiste en comprar en varias tiendas para asegurarse de que esta declaración sea justa. Los resultados de Brad se registran en la siguiente tabla:

Artículo	Tienda A	Tienda B	Tienda C	Tienda D	Friendly Furniture
Diván	$1.729	$1.749	$1.729	$1.699	$1.719
Juego de comedor	$4.999	$4.899	$5.019	$4.829	$4.899
Sofá de dos plazas	$1.259	$1.199	$1.279	$1.149	$1.229
Mesa de café	$459	$449	$479	$429	$449
Sillón reclinable	$759	$799	$739	$699	$739

¿Qué artículo no puede publicitarse como "inferior al precio promedio"?

    (1) diván
    (2) juego de comedor
    (3) sofá de dos plazas
    (4) mesa de café
    (5) sillón reclinable

25. En un concurso de comer pistachos, Sarah come 48 pistachos en 18 minutos. Si pudiera mantener su tasa de ingesta de pistachos, ¿cuántos comería en 2 horas? Registra tu respuesta en la grilla estándar de la hoja de respuestas.

FIN DE LA PARTE 1

Examen de Matemáticas Parte II

El uso de calculadoras <u>no</u> está permitido en la Parte II.

No escribas en este cuadernillo de examen. El administrador del examen te dará papel en blanco para que hagas tus cálculos. Registra tus respuestas en la hoja de respuestas adicional provista. Asegúrate de que toda la información esté debidamente registrada en la hoja de respuestas.

Para registrar tus respuestas, rellena el círculo en la hoja de respuestas con el número que corresponde a la respuesta que tú seleccionaste para cada pregunta del cuadernillo de examen.

EJEMPLO:

Si la cuenta del supermercado suma $15,75 en total y se paga con un billete de $20,00, ¿cuánto es el vuelto?

(1) $5.25

(2) $4.75

(3) $4.25

(4) $3.75

(5) $3.25

La respuesta correcta es "$4,25"; por lo tanto debe marcarse la opción de respuesta 3 en la hoja de respuestas.

No apoyes la punta del lápiz en la hoja de respuestas mientras estás pensando tu respuesta. No hagas marcas fuera de lugar o innecesarias. Si cambias una respuesta, borra completamente tu primera marca. Sólo marca una respuesta para cada pregunta; las respuestas múltiples serán consideradas incorrectas. No dobles o pliegues tu hoja de respuestas. Todos los materiales del examen deben devolverse al administrador del examen.

Si terminas la Parte II antes de que se acabe el tiempo, puedes volver a la Parte I pero sin usar la calculadora.

Nota: Consulta el Capítulo 26 para obtener las respuestas para la Parte I y II de este examen de práctica.

La Grilla Estándar

No se pueden ingresar números mixtos tales como 3½ en la grilla estándar. En cambio, represéntalos como números decimales (en este caso, 3,5) o fracciones (en este caso, ½). Además, en la grilla estándar la respuesta nunca puede ser un número negativo, como −8.

Para registrar tu respuesta a una pregunta en la grilla estándar

- ✔ Comienza por cualquier columna que te permita ingresar la respuesta.

- ✔ Escribe tu respuesta en los recuadros de la fila superior.

- ✔ En la columna debajo de una barra de fracción o punto decimal (si lo hubiere) y cada número de tu respuesta, rellena el círculo que representa ese caracter.

- ✔ Deja en blanco toda columna no utilizada.

EJEMPLO:

La escala de un mapa indica que ½ pulgada representa una distancia real de 120 millas. En pulgadas, ¿a qué distancia en el mapa estarán las dos ciudades si la distancia real es de 180 millas?

La respuesta al ejemplo anterior es ¾, o 0,75 pulgadas. A continuación se muestra cómo debe marcarse la respuesta en la grilla.

Puntos para recordar:

- ✔ Una máquina calificará la hoja de respuestas. **Los círculos deben rellenarse correctamente.**

- ✔ No marques más de un círculo en una columna.

- ✔ Marca una sola respuesta en la grilla, aunque haya más de una respuesta correcta.

- ✔ Los números mixtos tales como 3½, deben marcarse en la grilla como 3,5 o ½.

- ✔ **En una grilla estándar la respuesta nunca puede ser un número negativo.**

La Grilla del Plano de Coordenadas

Para registrar una respuesta en la grilla del plano de coordenadas debes tener un valor x y un valor y. En una grilla del plano de coordenadas, la respuesta nunca tendrá un valor que sea una fracción o un decimal.

Marca siempre un <u>sólo</u> círculo que represente tu respuesta.

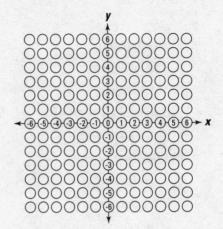

EJEMPLO:

Las coordenadas del punto A que se muestran en el siguiente gráfico son (2,–4).

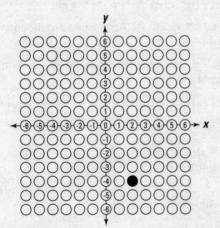

Las coordenadas del punto B, que no aparecen en el gráfico, son (–3,1). ¿Cuál es la ubicación del punto B?

NO MARQUES TU RESPUESTA EN EL GRÁFICO ANTERIOR.

Marca tu respuesta en la grilla del plano de coordenadas que está en la hoja de respuestas (a la derecha).

RESPUESTA CORRECTA:

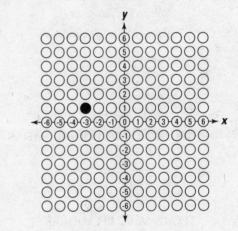

Fórmulas

ÁREA de un:

cuadrado	Área = lado^2
rectángulo	Área = largo × ancho
paralelogramo	Área = base × altura
triángulo	Área = ½ × base × altura
trapecio	Área = ½ × (base$_1$ + base$_2$) × altura
círculo	Área = π × radio^2; π es aproximadamente igual a 3,14

PERÍMETRO de un:

cuadrado	Perímetro = 4 × lado
rectángulo	Perímetro = (2 × largo) + (2 × ancho)
triángulo	Perímetro = lado$_1$ + lado$_2$ + lado$_3$

CIRCUNFERENCIA de un círculo — Circunferencia = π × diámetro; π es aproximadamente igual a 3,14

VOLUMEN de un:

cubo	Volumen = lado^3
sólido rectangular	Volumen = largo × ancho × alto
pirámide cuadrangular	Volumen = ⅓ × (área de la base)^2 × altura
cilindro	Volumen = π × radio^2 × altura; π es aproximadamente igual a 3,14
cono	Volumen = ⅓ × π × radio^2 × altura; π es aproximadamente igual a 3,14

GEOMETRÍA DE COORDENADAS — distancia entre puntos = $\sqrt{(x_2 - x_1)^2 + (y_2 - y_1)^2}$; (x_1, y_1) y (x_2, y_2) son dos puntos en el plano

pendiente de una recta = $\dfrac{y_2 - y_1}{x_2 - x_1}$; (x_1, y_1) y (x_2, y_2) son dos puntos en la recta

TEOREMA DE PITÁGORAS — $a^2 + b^2 = c^2$; a y b son catetos y c es la hipotenusa de un triángulo rectángulo

MEDIDAS DE TENDENCIA CENTRAL — **media** = $\dfrac{x_1 + x_2 + \cdots + x_n}{n}$; donde las x son los valores para los cuales se busca una media y n es la cantidad total de valores de x

mediana = el valor medio de un número impar de series *ordenadas* y que está a mitad de camino entre los dos valores medios de un número par de series *ordenadas*

INTERÉS SIMPLE — interés = capital × tasa × tiempo

DISTANCIA — distancia = tasa × tiempo

COSTO TOTAL — costo total = (cantidad de unidades) × (precio por unidad)

NO COMIENCES A HACER ESTE EXAMEN HASTA QUE SE TE INDIQUE

Instrucciones: Elige la <u>mejor respuesta</u> para cada pregunta.

1. Kevin quiere pintar su habitación que mide 9 pies y 5 pulgadas de largo, 8 pies y 3 pulgadas de ancho, y 8 pies y 2 pulgadas de alto. La etiqueta de la lata de pintura advierte que debe renovarse el aire de la habitación cada 12 minutos. Cuando Kevin busca extractores de aire para mantener el flujo de aire, descubre que están calibrados en pies cúbicos por minutos. ¿Qué operación deberá hacer Kevin primero para determinar qué tamaño de ventilador necesita?

   (1) multiplicación

   (2) división

   (3) suma

   (4) resta

   (5) raíz cuadrada

2. ¿Cuál de las siguientes figuras tiene la misma relación respecto a la horizontal después de una rotación de 90 grados alrededor de un punto en el perímetro?

   (1) cuadrado

   (2) triángulo isósceles

   (3) círculo

   (4) pentágono

   (5) no hay suficiente información

3. En una gran empresa, las cuatro posiciones más altas se organizan de la siguiente manera:

   Cada departamento tiene el siguiente presupuesto:

Departamento	Presupuesto (millones de $)
Operaciones	14,7
Recursos Humanos	2,1
Marketing	5,6

   ¿Cuál es la razón del presupuesto más grande respecto al presupuesto más pequeño?

   (1) 7:1

   (2) 14:1

   (3) 5:2

   (4) 7:5

   (5) 14:5

Ve a la siguiente página

4. Una compañía ha duplicado sus ventas desde el 1º al 3º trimestre. ¿Qué gráfico indica este patrón?

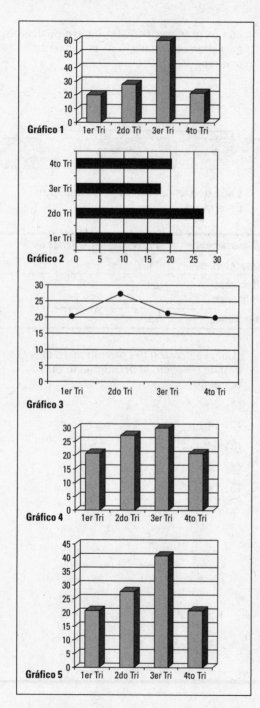

(1) Gráfico 1

(2) Gráfico 2

(3) Gráfico 3

(4) Gráfico 4

(5) Gráfico 5

5. Un guardabosques de 6 pies de altura parado a 16 pies de un árbol usa su telémetro digital para calcular que la distancia entre su ojo y la copa del árbol es de 25 pies. ¿Qué altura tiene el árbol?

(1) $\sqrt{41}$

(2) $\sqrt{881}$

(3) $\sqrt{256}$

(4) $\sqrt{97}$

(5) no hay suficiente información

6. Lawrie está tratando de ahorrar dinero y lo deposita en su cuenta corriente y caja de ahorro. Cada semana deposita 24,00 de su sueldo en su caja de ahorro. Sin embargo, la cuarta semana sobregira de su cuenta corriente unos $7,50, y el banco transfiere el dinero desde su caja de ahorro. Por brindar este servicio, el banco cobra a Lawrie $10,00. ¿Cuál es el saldo de su caja de ahorro al cabo de la cuarta semana?

(1) $88,50

(2) $96,00

(3) $86,00

(4) $78,50

(5) $24,00

7. Sarah está negociando el precio de una silla para su habitación. El precio original era $96,00. La Tienda A le ofrece un descuento de ⅓. La Tienda B le ofrece un descuento del 30%. ¿Cuánto se ahorrará si acepta el precio más bajo? Usa la grilla estándar en la hoja de respuestas para registrar tu respuesta en dólares.

Ve a la siguiente página

Las preguntas 8 a 10 se basan en la siguiente información y figura.

Mientras una banda de rock se prepara para un concierto, el ingeniero de sonido está calibrando los amplificadores que se usarán en el concierto. Tiene un instrumento que desarrolla y muestra un gráfico para cada configuración en los controles del amplificador. El gráfico se ve así:

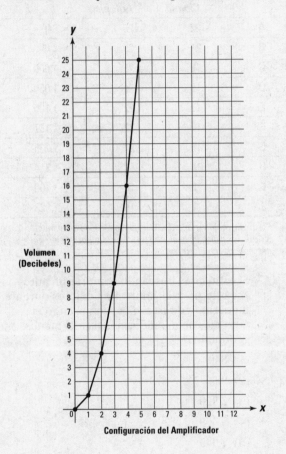

Configuración del Amplificador

8. Basándote en el gráfico, calcula el volumen en decibeles para una configuración de 10 en el amplificador.

   (1) 20

   (2) 30

   (3) 50

   (4) 100

   (5) 10

9. La ecuación que genera este gráfico es $V = S^2$, en la que V es el volumen en decibeles y S es la configuración de volumen. Si el volumen es 144, ¿cuál es la configuración de volumen del amplificador?

   (1) 8

   (2) 9

   (3) 10

   (4) 11

   (5) 12

10. En este auditorio en particular, el volumen de sonido se reduce a la mitad cada 10 pies de distancia del escenario en que se ubica una persona. Si el volumen en el escenario es 144 decibeles, ¿cuál será el volumen en decibeles para una persona sentada a 20 pies del escenario?

   (1) 24

   (2) 36

   (3) 48

   (4) 60

   (5) 72

11. Gary y Georgina George compraron un auto nuevo y están tratando de estimar el consumo de combustible por milla. El nuevo auto recorre 240 millas a un costo de $54,00. El precio de la gasolina es $2,70 por galón. Estiman que el auto rendirá 18 millas por galón. Muestra el millaje real en la grilla estándar de la hoja de respuestas.

Ve a la siguiente página

La pregunta 12 se basa en las siguientes figuras reimpresas de Physical Science: What the Technology Professional Needs to Know de C. Lon Enloe, Elizabeth Garnett, Jonathan Miles, y Stephen Swanson (Wiley).

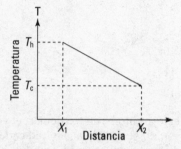

12. Si la persona fotografiada quiere permanecer a una temperatura constante, ¿qué figura geométrica debería seguir como ruta?

(1) hexágono

(2) elipse

(3) línea

(4) cuadrado

(5) círculo

13. Igor está a cargo de la piscina de un centro recreativo local. La piscina mide 120 pies de largo por 24 pies de ancho y contiene 12.902 pies cúbicos de agua. ¿Cuál es la profundidad promedio de la piscina en pies? Registra tu respuesta en la grilla estándar de la hoja de respuestas.

Las preguntas 14 a 16 se refieren a la siguiente tabla.

Millaje Promedio y Costo Anual del combustible para vehículos seleccionados

Vehículo	Millaje (Millas por galón)		Costo anual ($)*
	Ciudad	Autopista	
A	23	28	840
B	21	29	875
C	19	25	1.000
D	18	24	1.050
E	17	22	1.105
F	16	22	1.167
G	15	21	1.235
H	14	19	1.314
I	13	18	1.400
J	12	16	1.823

*El costo anual incluye 15.000 millas recorridas anualmente; 55% de las millas en la ciudad y 45% en la autopista; precio estándar del combustible

14. Si estuvieras buscando comprar un auto, ¿cuánto podrías ahorrar en dólares durante un período de tres años, comprando el auto más económico en lugar del menos económico?

(1) 840

(2) 983

(3) 2.520

(4) 5.469

(5) 2.949

15. ¿Cuál es la diferencia en millas por galón entre la media del millaje en la ciudad y la mediana de los millajes en la ciudad para estos vehículos?

(1) 1⅔

(2) ⅓

(3) 17

(4) 2½

(5) 2

Ve a la siguiente página

16. Grafica los resultados del Vehículo A en la grilla del plano de coordenadas, con la diferencia entre el millaje de la ciudad y de la autopista como el punto apropiado del eje *y*.

17. Para poder resolver un problema en su clase de matemáticas, Jan tenía que resolver el siguiente grupo de ecuaciones:

    $2x + 3y = 10$

    $5x + 6y = 13$

    ¿Cuál es el valor correcto de *y*?

    (1) +4

    (2) -8

    (3) -6

    (4) +6

    (5) +8

18. Una encuesta internacional reveló la siguiente información sobre la participación en la educación para adultos:

    Porcentaje de la población mayor a 21 años que participa en la educación para adultos en el año 2003

País	Índice de participación total (%)
Dinamarca	62,3
Hungría	17,9
Noruega	43,1
Portugal	15,5
Estados Unidos	66,4

    Compara los índices de participación de los países con los índices más altos y más bajos calculando aproximadamente cuántos adultos más participan en la educación adulta en el país con el índice más alto que en el país con el índice más bajo.

    (1) 2 veces más

    (2) 4 veces más

    (3) 6 veces más

    (4) 8 veces más

    (5) no hay suficiente información

19. Gordon tiene que pagar las siguientes seis cuentas este mes:

Cuenta por pagar a	Cantidad
Bedding by Vidalia	$23,00
Chargealot Credit Corp.	$31,00
Dink's Department Store	$48,00
Furniture Fit for a Princess Shoppe	$13,00
Highest Fidelity Sound Shop	$114,00
Overpriced Gas Corporation	$39,00

    Todos los meses asigna $250,00 para pagar sus cuentas. Este mes sus cuentas superan su presupuesto. ¿Cuánto dinero extra debe asignar para pagar todas sus cuentas?

    (1) $8,00

    (2) $268,00

    (3) $28,00

    (4) $18,00

    (5) $38,00

20. Si un tramo de escaleras mide 15 pies de largo y el segundo piso se ubica a 9 pies del piso anterior, ¿qué longitud de piso ocupará la escalera? Usa la grilla estándar en la hoja de respuestas para registrar tu respuesta.

21. Andrew acaba de comprar una piscina circular pequeña para que jueguen sus hijos. El diámetro de la piscina mide 12 pies y Andrew puede llenarla en forma segura hasta una profundidad de 9 pulgadas. Si un pie cúbico de agua pesa 62,42 libras, ¿cuántas libras pesa el agua dentro de la piscina de Andrew?

    (1) aproximadamente 27,000

    (2) aproximadamente 2,700

    (3) aproximadamente 53,000

    (4) aproximadamente 1,300

    (5) aproximadamente 5,300

Ve a la siguiente página

22. Si Giorgio pide prestados $100 por un año y tres meses y paga $108 incluido un interés simple, ¿cuál es la tasa de interés que le han cobrado?

    (1) 6.4%

    (2) 8.0%

    (3) 4.0%

    (4) 4.6%

    (5) 8.4%

23. Chico fue a comprar comestibles para su familia. Su lista de compras era la siguiente:

    • 2 libras de manzanas

    • 5 bananas

    • 1 cartón de leche

    • 1 hogaza de pan

    Si las manzanas cuestan $0,79 por libra, las bananas $0,23 cada una, la leche $1,27 por cartón y el pan $0,98 la hogaza, ¿cuál es el costo total aproximado de los comestibles?

    (1) $3,90

    (2) $4,10

    (3) $4,90

    (4) $5,50

    (5) $6,00

24. ¿Cuál es el siguiente número de la serie? 4, 7, 12, 19, . . . ?

    (1) 28

    (2) 26

    (3) 24

    (4) 32

    (5) 30

25. En un gráfico se representa un rectángulo con 5 unidades de longitud y 4 unidades de altura. Si tres de las esquinas se ubican en (3,2), (3,–2) y (–2,2), ¿dónde se ubicará la cuarta esquina?

    (1) (–2,2)

    (2) (2,–2)

    (3) (-2,–2)

    (4) (2,2)

    (5) (5,4)

ALTO NO DES VUELTA LA PÁGINA HASTA QUE SE TE INDIQUE QUE LO HAGAS. NO REGRESES A UN EXAMEN ANTERIOR.

Capítulo 26

Respuestas y Explicaciones para el Examen de Matemáticas

• •

Después de tomar el Examen de Matemáticas del Capítulo 25, usa este capítulo para revisar tus respuestas. Tómate tu tiempo para leer las explicaciones de las respuestas para las Partes I y II que damos en las primeras dos secciones. Pueden ayudarte a entender por qué te equivocaste en algunas respuestas. Quizás quieras leer las explicaciones de las preguntas que respondiste correctamente, porque al hacerlo puedes tener una mejor idea del razonamiento que te ayudó a elegir las respuestas correctas.

Si tienes poco tiempo, ve al final del capítulo para ver la clave de respuestas resumida para las Partes I y II del Examen de Matemáticas.

Análisis de las Respuestas para la Parte 1

Nota: En todas las explicaciones que siguen, las respuestas dadas son las que deberían leerse en la pantalla de la calculadora si se ingresaron los números correctos. Las calculadoras siempre muestran la máxima cantidad de dígitos que cabe en la pantalla. Depende de la persona que opera la calculadora establecer el número de posiciones decimales, si es posible, o hacer que la respuesta tenga sentido.

1. **3.** Este problema pone a prueba tu comprensión de los números y sus equivalentes (enteros, fracciones, decimales y porcentajes) en una situación del mundo real. Los Carteles A, B y C otorgan a los clientes un 50% de descuento. El Cartel D otorga un 45% (9 × 5% del impuesto sobre las ventas). El cartel D ofrece el menor descuento.

2. **1.** Este problema involucra medidas y geometría, y evalúa tu comprensión de las líneas perpendiculares y paralelas en una figura geométrica. Los marcos son rectángulos. Cada par de lados opuestos debe ser paralelo para formar un rectángulo.

3. **1680 en la grilla estándar.** Este problema evalúa tu conocimiento y dominio de las operaciones numéricas y el sentido numérico. Usa la calculadora porque incluye conversiones, incluida la siguiente:

   El área de la tarima es $16 \times 21 = 336$ pies cuadrados

   9 pies cuadrados = 1 yarda cuadrada

   $^{336}\!/_{9} = 37\frac{1}{3}$ yardas cuadradas

   1 yarda cuadrada de tarima cuesta $45,00

   $37\frac{1}{3}$ yardas cuestan $1.680,00

4. **2.** Este problema evalúa tu capacidad para analizar datos. Te piden que interpretes y deduzcas datos a partir del gráfico de barras. Como la ganancia por unidad es la misma para todos los productos, el producto que vende la menor cantidad de unidades ofrece la ganancia más baja. En cada trimestre, según el gráfico de barras, los grommets vendieron la menor cantidad de unidades. Los grommets fueron los productos menos rentables y, por lo tanto, se recomienda abandonar su producción.

5. **5.** Este problema evalúa tus habilidades en medición y geometría. Te piden que apliques el teorema de Pitágoras para calcular una distancia. Es una buena pregunta para usar la calculadora porque implica elevar al cuadrado, sumar y calcular la raíz cuadrada.

El *Teorema de Pitágoras* establece que el cuadrado de la hipotenusa de un triángulo rectángulo es igual a la suma de los cuadrados de los catetos. (Puede que recuerdes que este término se llama también *Relación pitagórica*.) La hipotenusa es el lado opuesto al ángulo recto.

Para ayudarte a resolver este problema, dibuja un boceto similar a este:

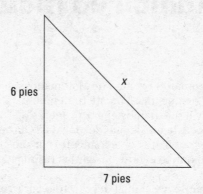

En el boceto, la x representa la longitud de la hipotenusa. Gracias al teorema de Pitágoras, incluido en la hoja de fórmulas del Examen de Matemáticas, sabes que el cuadrado de x es igual al cuadrado de 6 más el cuadrado de 7, o

$6^2 + 7^2 = x^2$

$36 + 49 = 85$

Por lo tanto $x^2 = 85$

$x = 9{,}22$

La longitud de la escalera es 9,22 pies, redondeada a dos decimales.

6. **1.** Alice ha convertido su historial en un gráfico y te piden que interpretes el gráfico lineal en función de su historial. Debido a que el tiempo diario promedio ha aumentado hasta mayo, disminuido en junio y recuperado en julio y agosto, puedes asumir que el tobillo torcido provocó la desaceleración en su ritmo. Probablemente esto ocurrió en junio.

7. **4.** Para resolver este problema se usan operaciones numéricas. Se pide que obtengas el promedio de calificaciones para cada persona y lo compares usando una razón. Puedes simplificar esta pregunta usando la calculadora.

El total de las calificaciones de Paula es $80 + 64 + 76 + 72 + 88 = 380$.

El total de las calificaciones de Dominic es $63 + 76 + 65 + 84 + 72 = 360$.

Dado que divides cada total por 5 para obtener los promedios de Paula y Dominic, puedes simplemente aplicar la razón de los totales para obtener la respuesta, ya que será igual a la razón de los promedios. (Observa que si uno de los estudiantes tuviera seis calificaciones y el otro cinco, por ejemplo, tendrías que usar la razón de los promedios, no de los totales.)

La razón de las notas de Paula respecto de Dominic es 380:360, lo que puedes simplificar dividiendo el valor superior e inferior por 20 para obtener 19:18. Observa que la opción (2) es la razón de las calificaciones de Dominic respecto de las de Paula, pero eso no es lo que pide la pregunta.

8. **66 en la grilla estándar.** Este problema se resuelve con álgebra, funciones y patrones: Los números 4, 6, 10, 18, . . . forman un patrón (también llamado *serie*). Después de observar cuidadosamente la serie, verás que el segundo término se forma al restar 1 del primer término y luego multiplicar por 2. Intenta esto en el tercer número: $(6 - 1) \times 2 = 10$. Has encontrado tu patrón. Sigue la serie: 4, 6, 10, 18, 34, 66, . . . , el primer término que obtienes múltiplo de 11 es 66.

9. **3.** Este problema utiliza análisis de datos y procesamiento de números. Se resuelve mejor usando la calculadora. La mayor parte de la información dada es irrelevante, salvo que Simone tal vez haya decidido comprar en alza. El precio fundamental a considerar es $15,19. Además del precio por acción, Simone debe pagar a su agente un 3% de comisión.

Por lo tanto, su precio final por acción el 24 de septiembre es $15,19 + $0,03(15,19) = $15,6457. Dado que tratas con dinero, tienes que redondear el número a dos posiciones decimales, lo que convierte a su precio final por acción en $15,65. Esta cantidad de dinero salió de su cuenta bancaria para cada acción que compró.

Si decide vender las acciones a este precio, $15,65, tiene que pagarle a su agente otra comisión del 3%, o $0,03(15,65) = $0,4695. Redondeado a dos decimales, tiene que pagar una comisión de $0,47 por acción. Luego recibe el valor de las acciones, $15,65, menos la comisión de $0,47, por un total de $15,18 por acción. Es decir, por cada acción vendida, el agente deposita $15,18 en su cuenta. Observa que esta cantidad es inferior a la cantidad que pagó por cada acción.

Para cubrir los gastos, Simone tiene que recibir $15,65 por acción, deducida la comisión. Organiza la ecuación de esta manera:

$1x - x(0,03) = 15,65$, donde x es el precio de venta

$1x - 0,03x = 15,65$, donde x es el precio de venta

$0,97 + x = 15,65$.

Ahora divide ambos lados por 0,97 y $x = 16,13$

10. **4.** Esta pregunta utiliza álgebra. Debes resolver una ecuación lineal de la siguiente manera:

$$22.4 = \frac{56a}{5a + 10}$$

Haz una multiplicación cruzada y escribe esta ecuación: $22,4(5a + 10) = 56a$

Al quitar los paréntesis, la ecuación se ve así: $112a + 224 = 56a$

Al llevar todas las a a la izquierda y los números a la derecha, obtienes: $112a - 56a = -224$

Al combinar las a, obtienes: $56a = -224$

Divide ambos lados por 56 para obtener una a del lado izquierdo: $a = -4$

11. **1.** Esta pregunta evalúa tus habilidades en medición y geometría. Pide hallar la pendiente de una línea trazada.

El *eje x* corre en forma horizontal en el papel. El *eje y* corre en forma vertical hacia arriba y abajo en el papel. El *origen* es la intersección de los dos ejes. Los puntos a la izquierda del eje y son valores negativos de x. Los puntos debajo del eje x son valores negativos de y. La *intersección x* de una línea es el punto en el que la línea corta el eje x. La *intersección y* de una línea es el punto en el que la línea corta el eje y. Todas las líneas paralelas al eje x tienen pendientes de 0.

La pendiente de una línea es elevación sobre avance. La elevación es 4 y el avance es 6. Esto significa que la pendiente es ⅘ o ⅔ (divide el valor superior e inferior por 2 para simplificar).

12. **(-6,0) en la grilla del plano de coordenadas.** Esta pregunta evalúa tus habilidades en medición y geometría. Pide que identifiques la intersección de x y la intersección de y, para luego trazar una línea con una pendiente de ⅔ en la grilla del plano de coordenadas.

Si trazas una línea que atraviese el punto del eje y con la misma pendiente, cruzará el eje x en (−6,0). Simplemente cuenta 3 a la izquierda (el avance), 2 abajo (elevación) y llegarás a (−3,2). Pero como te pidieron la intersección de x, repite el proceso. Avanza 3 puntos más a la izquierda y 2 puntos más abajo y estarás en (−6,0).

13. **5.** Esta pregunta no ofrece suficiente información para dar una respuesta precisa. Si el fuego tuviera una forma rectangular, la respuesta sería distinta de un fuego circular o un fuego con forma irregular. La pregunta brinda información solamente sobre la forma de la parrilla.

14. **4.** Piensa en el precio por pie cuadrado en cada tienda:

Carnie's Carpets: $21,50 por pulgada cuadrada = $21,50 ÷ 9 = $2,39 por pie cuadrado

Flora's Flooring: $2,45 por pie cuadrado

Dora's Deep Discount: El área de una alfombra de 8 por 12 es 8 × 12 = 96 pies cuadrados. El costo de 96 pies cuadrados es $210,24 o $210,24 ÷ 96 = $2,19 por pie cuadrado.

15. **1.** En esta pregunta se pide que analices gráficos para identificar patrones en una situación del ámbito laboral.

En el primer gráfico para 2007, el tercer trimestre registra la mitad de la producción anual. En el segundo gráfico, el tercer trimestre del año 2008 registra un valor apenas por encima del 30% de la producción. La mejor respuesta para esta pregunta es el tercer trimestre.

16. **4.** Este problema trata sobre medidas. Específicamente, área y dinero. Suponiendo que el presupuesto para renovación fuera preciso, el número de pies cuadrados de renovación que los Ngs pueden pagar por $18.000 es $18.000 ÷ 15,80 pies cuadrados = 1.139,24 pies cuadrados. Redondea este número a 1.140, porque no necesitas sumar una parte de un pie cuadrado.

17. **(6,6) en la grilla del plano de coordenadas.** Este problema se resuelve con análisis de datos, estadística y probabilidad: Se te pide que grafiques un punto que represente las medianas de dos conjuntos de datos. Primero, encuentra la mediana (el número del medio en una serie ordenada) del primer conjunto de números. La mediana es 6. Luego, encuentra la mediana del segundo conjunto de números. Nuevamente, es 6.

La prolijidad no cuenta en tus cálculos preliminares. No pierdas tiempo creando tablas impecables en tu papel borrador. Tan sólo haz un boceto de la respuesta.

18. **2.** Este problema se basa en medidas que utilizan coeficientes uniformes, y pide que tomes una decisión basándote en información factual. Para averiguar el costo de la gasolina en el transcurso de un período de cinco años, organiza el problema de este modo:

$$18{,}000 \text{ millas} \times \frac{1 \text{ galón}}{12.8 \text{ millas}} \times \frac{\$3.50}{\text{galón}} \times 5 \text{ años}$$

Para averiguar los costos operativos durante cinco años, prepara el problema de este modo:

$$18{,}000 \text{ millas} \times \frac{\$0.78}{\text{milla}} \times 5 \text{ años}$$

Para ayudarte a decidir qué auto debe comprar LeeAnne, crea un cuadro como el siguiente:

Tipo de vehículo	Millas por galón	Costo total del combustible	Costos operativos por milla	Costo operativo total	Costo total
SUV	12,8	$24.609,38	$0,78	$70.200,00	$94.809,38
Sedán	19,6	$16.071,43	$0,48	$43.200,00	$59.271,43
2 puertas	19,5	$16.153,83	$0,54	$48.600,00	$64.753,83
Tracción en las cuatro ruedas	17,2	$18.313,94	$0,62	$55.800,00	$74.113,94
Auto deportivo	18,6	$16.935,47	$0,66	$59.400,00	$76.335,47

Según estas cifras, puedes concluir que el sedán es la mejor compra.

19. **3.** Este problema involucra operaciones numéricas. En lugar de pedir la respuesta, que es bastante simple, solicita que indiques las operaciones necesarias para resolver el problema. Primero divides (millas al sitio ÷ millas por hora) y luego sumas (la cantidad de tiempo que Tom quiere llegar antes).

20. **5.** Esta pregunta implica análisis de datos. Se te pide que apliques medidas de tendencia central (la media) y analices el efecto de los cambios en los datos sobre esta medida. Si el promedio actual de Leonora es 77,8% y quiere conseguir un promedio del 80%, necesita suficientes notas para conseguir 2,2% adicional (80 − 77,8).

Dado que cursa cinco asignaturas, necesita 5 puntos extra por cada aumento de porcentaje. Por lo tanto, necesita $2.2 \times 5 = 11$ puntos adicionales. El problema dice que inglés es su mejor asignatura, así que debería sumar los 11 puntos extra en inglés.

21. **1.** Esta pregunta evalúa tu capacidad de descubrir cómo un cambio en la cantidad de arroz utilizado resulta en cambios en la cantidad de sopa y lentejas necesarias.

    Dado que cada taza de arroz requiere 2 tazas de sopa, 3½ tazas de arroz necesitan $2 \times 3½ = 7$ tazas de sopa.

    Dado que cada taza de arroz requiere ¼ taza de lentejas, 3½ tazas de arroz requieren $3½ \times ¼ = ⁷⁄₂ \times ¼ = ⅞$ taza de lentejas.

22. **4.** Esta pregunta es un ejercicio de probabilidad. Te piden que averigües la probabilidad de que ocurra un evento. Si tienes un mazo completo de 52 cartas, la probabilidad de sacar un as de corazones es de 1:52. Si retiras 6 cartas y ninguna de ellas es el as de corazones, es como si tuvieras un mazo de 46 cartas (52 – 6). La probabilidad de sacar un as de corazones de un mazo de 46 cartas es de 1:46.

23. **2.** Este problema evalúa tus habilidades de medición. Se te pide que predigas el impacto de los cambios en las dimensiones lineales de la alfombra en cuanto a su área y costo. La opción (3) parece lógica, pero la pregunta nunca menciona el costo de los paneles, así que no la puedes considerar como respuesta.

    Dibuja un boceto de la habitación con la alfombra más grande. Dibujar alrededor un borde con baldosas. Tienes que averiguar cuántos pies cuadrados de baldosas y alfombra necesitas para este piso, de la siguiente manera:

    El área de la habitación es $18 \times 12 = 216$ pies cuadrados.

    La alfombra más grande cubrirá $16 \times 10 = 160$ pies cuadrados del piso. Esto deja 56 pies cuadrados (216 – 160) para cubrir con azulejos. El costo de la alfombra es $\$7{,}50 \times 160 = \$1.200$. El costo de las baldosas es $\$9{,}00 \times 56 = \$504{,}00$. El costo total es $\$1.200{,}00 + \$504{,}00 = \$1.704{,}00$.

    La alfombra más pequeña cubrirá $12 \times 8 = 96$ pies cuadrados del piso. Esto deja $216 - 96 = 120$ pies cuadrados para cubrir con azulejos. El costo de la alfombra es $\$7{,}50 \times 96 = \$720{,}00$. El costo de las baldosas es $\$9{,}00 \times 120 = \$1.080{,}00$. El costo total es $\$720{,}00 + \$1.080{,}00 = \$1.800{,}00$. Resulta más caro cubrir todo el piso con la alfombra más pequeña.

    Embaldosar cuesta más por pie cuadrado que alfombrar, así que puedes deducir sin necesidad de hacer ningún cálculo que tener más baldosas dará como resultado un costo mayor.

24. **3.** Esta pregunta es un ejercicio de análisis de datos. Se pide que compares conjuntos de datos en base a la media (promedio) de precios de otras cuatro tiendas. Puedes sintetizar los precios promedio en una tabla borrador como esta:

Artículo	Tienda A	Tienda B	Tienda C	Tienda D	Precio promedio	Friendly Furniture
Diván	$1.729,00	$1.749,00	$1.729,00	$1.699,00	$1.726,50	$1.719,00
Juego de comedor	$4.999,00	$4.899,00	$5.019,00	$4.829,00	$4.936,50	$4.899,00
Sofá de dos plazas	$1.259,00	$1.199,00	$1.279,00	$1.149,00	$1.221,50	$1.229,00
Mesa de café	$459,00	$449,00	$479,00	$429,00	$454,00	$449,00
Sillón reclinable	$759,00	$799,00	$739,00	$699,00	$749,00	$739,00

    Puedes observar que el único artículo que Friendly Furniture vende por encima del precio promedio es el sofá de dos plazas, lo que responde la pregunta.

25. **320 en la grilla estándar.** Esta pregunta evalúa tu conocimiento de operaciones numéricas al pedir que resuelvas un problema que involucra cálculos. Sarah comió $48 \div 18$ pistachos por minuto. En 2 horas o 120 minutos, podría comer $120 \times \dfrac{48}{18} = 320$.

Análisis de las Respuestas para la Parte II

1. **1.** Esta pregunta trata de operaciones numéricas. Te pide que selecciones la operación apropiada para resolver un problema. Debido a que la primera operación es hallar el volumen de la habitación, y la fórmula para volumen es largo × ancho × altura, la primera operación que usarás para resolver el problema es multiplicación.

2. **5.** Esta pregunta evalúa tu conocimiento sobre medidas y geometría. Se te pide que visualices y describas figuras geométricas en una rotación de 90 grados. Cada figura cambia con la rotación. Prueba dibujar cada una de esas figuras, eligiendo un punto en el perímetro y rotándolo 90 grados. Como esto es un examen con tiempo limitado, intenta dibujar una o dos. Notarás que cambian bastante. Usa tu imaginación para verificar el resto. Luego de descubrir que ninguna de las cuatro figuras tiene la misma relación respecto de la línea horizontal después de una rotación de 90 grados alrededor de un punto en su perímetro, ya tienes la respuesta: no hay suficiente información.

3. **1.** Esta pregunta evalúa tu capacidad para analizar datos al pedirte que interpretes un cuadro y respondas una pregunta sobre un cálculo.

   El presupuesto más grande es el presupuesto de Operaciones, mientras que el presupuesto más pequeño es el de Recursos Humanos. La relación entre estos dos presupuestos es de 14,7 a 2,1 o 7:1 (dividiendo ambos lados por 2,1).

   Si quisieras calcular esto en tu cabeza, observa que 14:2 (la relación aproximada entre los presupuestos de Operaciones y Recursos Humanos) es el doble de 7:1.

4. **5.** Esta pregunta evalúa tu conocimiento de patrones al pedirte que compares distintos gráficos para extraer información. El Gráfico 5 presenta al primer y tercer trimestre en la proporción requerida.

5. **5.** Este problema implica medición y geometría, y pide que apliques el teorema de Pitágoras para resolver un problema.

   Sin embargo este problema no se puede resolver. Como el telémetro está midiendo la distancia desde el ojo del guardabosques y no sabes a qué altura está su ojo desde el piso, no puedes calcular la altura del árbol. Puedes calcular la distancia desde el ojo del guardabosques a la copa del árbol aplicando el teorema de Pitágoras, pero la pregunta pide la altura del árbol (que es la distancia desde el piso, no desde el ojo del guardabosque, hasta la copa del árbol). Por consiguiente, no tienes suficiente información.

6. **4.** Esta pregunta evalúa tu conocimiento de operaciones numéricas al pedirte que realices varias operaciones para calcular una respuesta. Después de la cuarta semana, Lawrie habría depositado 4 × $24,00 = $96,00. Habría dos retiros por un total de $7,50 + $10,00 = $17,50. Su saldo al cabo de la cuarta semana sería $96,00 − $17,50 = $78,50.

7. **3,20 en la grilla estándar.** Esta pregunta evalúa tus habilidades en porcentajes y descuentos. La Tienda A ofrece a Sarah un descuento de ⅓ o 96 ÷ 3 = $32,00 sobre el precio original. La Tienda B le ofrece un descuento del 30%. 30% es 0,30, de este modo obtendrá un descuento de 96 × 0,30 = $28,80 sobre el precio original. Al comprar en la Tienda A, obtendría la silla por $32.00 − $28.80 = $3,20 menos. Así pues, se ahorraría $3,20.

8. **4.** Esta pregunta evalúa tus destrezas al pedirte que uses información de un gráfico para resolver un problema. Según el gráfico, el volumen en decibeles es el cuadrado de la configuración del volumen. Para una configuración de 4, el volumen es de 16 decibeles. Por lo tanto, para una configuración de 10, el volumen es 100 decibeles (10^2).

9. **5.** Esta pregunta evalúa tus habilidades de álgebra al pedirte que resuelvas ecuaciones. La ecuación dada es $V = S^2$. Si $S^2 = 144$, la raíz cuadrada de 144 es 12. Por lo tanto, la respuesta correcta es 12.

10. **2.** Si el volumen se reduce a la mitad cada 10 pies de distancia del escenario y el volumen en el escenario es 144 decibeles, una persona sentada a 10 pies del escenario escucharía a un volumen de 72 decibeles (144 ÷ 2) y una persona sentada a 20 pies del escenario escucharía a un volumen de 36 decibeles (72 ÷ 2).

11. **12 en la grilla estándar.** Esta pregunta implica operaciones con números. Pide que calcules las millas promedio por galón para un vehículo. En lugar de darte el número de galones consumidos, te da el costo de la gasolina y el costo del viaje de 240 millas. Para calcular la cantidad de combustible utilizado debes dividir $54,00 por $2,70 y obtener 20 galones. Puedes hacer esta operación mentalmente para acelerar las cosas. A continuación, divide las millas, 240, por el combustible consumido, 20 galones, para obtener el millaje, 12 millas por galón ($240 \div 20 = 12$).

12. **5.** Esta pregunta evalúa tus habilidades en medición y geometría. Para mantener una temperatura constante, debes permanecer a una distancia constante del fuego.

    La trayectoria de un punto que recorre una distancia constante desde otro punto es un círculo.

13. **4,48 en la grilla estándar.** Este problema evalúa tu capacidad para hacer cálculos y aplicar una fórmula: Volumen = largo × ancho × profundidad. Por lo tanto, 12.902 pies cúbicos = 120 pies × 24 pies × profundidad promedio. La profundidad promedio es $= \dfrac{12,902}{(120 \times 24)} = 4.48$ (el resultado está redondeado).

14. **5.** Esta pregunta evalúa tu capacidad para tomar una decisión basada en datos presentados en una tabla y luego usar esa información para responder a una pregunta. El automóvil menos económico cuesta $1.823 para conducir un año, mientras que el más económico cuesta $840 por el mismo período bajo las mismas condiciones. La diferencia de costo en un año es $1.823 – $840 = $983. El costo por tres años es $983 × 3 = $2.949.

15. **1.** Esta pregunta evalúa tu capacidad para analizar datos usando la media y la mediana para responder una pregunta sobre los datos provistos. La media de los millajes de la ciudad es la suma de los millajes divididos por 10 (el número de entradas), lo que equivale a 16,8. La mediana de los millajes está en el punto intermedio entre los dos del centro, o 16,5. La diferencia entre los dos números (16.8 – 16.5) es $\frac{1}{3}$ (o 0,3).

16. **(0,5) en la grilla del plano de coordenadas.** Esta pregunta evalúa tu capacidad para analizar datos representándolos gráficamente.

    Para el Vehículo A, la diferencia entre el millaje de la ciudad y la autopista es 5 mpg (28 – 23). El punto que buscas en el eje y es (0,5), y es lo que necesitas marcar en la grilla del plano de coordenadas.

17. **5.** Esta pregunta evalúa tus habilidades en álgebra al pedirte que resuelvas un sistema de ecuaciones lineales:

    $$2x + 3y = 10$$
    $$5x + 6y = 13$$

    Recuerda que una *ecuación lineal* es aquella en la que las potencias de todas las variables son igual a 1. Para resolver este sistema, debes eliminar x multiplicando cada ecuación por un número que te permita restar uno del otro y quedarte solamente con valores y. Multiplica la primera ecuación por 5 y la segunda ecuación por 2:

    $$5(2x + 3y = 10) = 10x + 15y = 50$$
    $$2(5x + 6y = 13) = 10x + 12y = 26$$

    Resta la segunda ecuación de la primera y obtendrás $3y = 24$; $y = 8$. (Observa que también puedes multiplicar la segunda ecuación por -2 y luego sumar las dos ecuaciones. De un modo u otro, se obtiene la misma respuesta.)

18. **2.** Esta pregunta te pide que analices una situación representada en una tabla. La tabla indica que el país con mayor índice de participación es Estados Unidos, con un índice del 66,4. El país con menor índice de participación es Portugal, con un índice del 15,5. Como se te pide un cálculo aproximado, puedes decir que el índice de participación en Estados Unidos es 60 y en Portugal 15, lo que significa que hay 4 veces más adultos que participan de la educación en Estados Unidos que en Portugal.

19. **4.** Este problema involucra operaciones numéricas. La suma total de las cuentas de Gordon es $23,00 + $31,00 + $48,00 + $13,00 + $114,00 + $39,00 = $268,00. Si Gordon destina solamente $250,00 para pagar estas cuentas, terminará faltándole $268,00 – $250,00 = $18,00. Ten cuidado con la Opción (2), que es una trampa especial para los que no leen la pregunta con atención.

20. **12 en la grilla estándar.** Esta pregunta evalúa tu habilidad para aplicar el teorema de Pitágoras en función de un problema.

Si la hipotenusa mide 15 pies y la altura vertical es 9 pies, el cuadrado del tercer lado es igual a $15^2 - 9^2$, que es igual a $225 - 81$, que a su vez es igual a 144. La raíz cuadrada de 144 es 12, así que 12 es tu respuesta.

21. **5.** Este problema evalúa tu conocimiento sobre medición y geometría al pedirte que resuelvas un problema que incluye volumen y peso. Puedes resolver este problema en tu cabeza, pero primero te guiaremos por los pasos usando cálculos.

La fórmula para obtener el volumen de un cilindro (el cilindro es la parte circular interior de una pileta hasta una altura de 9 pulgadas) es $\pi \times r^2 \times h$, donde π = aproximadamente 3,14, r = radio y h = altura. Si el diámetro es 12 pies, el radio es 6 pies. Si la altura es 9 pulgadas, es 9/12 pies, que puede simplificarse a ¾ pies.

En una fórmula, no olvides que todas las unidades deben ser las mismas. Es decir, pies y pies o pulgadas y pulgadas.

El volumen es $(3,14)(6 \times 6)(¾)$ = 85,59 pies cúbicos.

Como 1 pie cúbico pesa 62,42 libras, el peso de 85,59 pies cúbicos es $85,59 \times 62,42$ = 5.343 o 5.300 redondeado a la centena más cercana.

Para resolver este problema en tu cabeza, multiplica 6×6 para obtener 36. Multiplica 36 por ¾ para obtener 27, y luego multiplica 27 por 3 para obtener 81. El volumen aproximado de la piscina es 81 pies cúbicos, lo que no está mal para una aproximación. Para propósitos de esta pregunta, digamos que el volumen es 80 pies cúbicos, lo que todavía está cerca. El peso de un pie cúbico de agua es 62,42 libras, así que redondéalo a 60 libras. Ahora multiplica 80 por 60 para obtener 4.800, lo más cercano a la Opción (5). Puedes quedarte con esa aproximación porque es muy cercana a una de las respuestas.

22. **1.** Esta pregunta evalúa tu capacidad para comprobar una respuesta usando una fórmula. Esta fórmula, $I = p \times r \times t$ no está en el formato que quisieras porque quieres calcular la tasa. Eso significa que debes averiguar r. Puedes cambiar la ecuación a $r = \dfrac{I}{p \times t}$, lo que te permite calcular la tasa de interés a partir de la información dada. Al sustituir en esta ecuación obtienes $r = \dfrac{8}{100 \times 1.25}$.

(Recuerda que 1 año y 3 meses es 1¼ o 1,25 de un año.)

Por lo tanto, $r = \dfrac{8}{125} = 0.064 = 6.4\%$.

23. **3.** Esta pregunta implica operaciones con números. Pide que calcules (en tu cabeza) la respuesta a un problema.

Para resolver el problema con cálculos mentales, redondea todo. Considera las manzanas a $0,80 por libra, las bananas a $0,20 cada una, la leche a $1,30, y la hogaza de pan a $1,00. El total de esta aproximación es $(2 \times \$0,80) + (5 \times \$0,20) + \$1,30 + \$1,00 = \$4,90$. Observando las opciones de respuesta, la Opción (3) es la única que se acerca a esta aproximación.

24. **1.** Esta pregunta evalúa tu conocimiento sobre patrones al pedirte que deduzcas el siguiente número de una serie. Al observar la serie, parece que cada número es el cuadrado de la posición del número en la lista, más 3. Es decir, el primer número es 1^2 más 3, o 4. El segundo número es 2^2 más 3, o 7. Y el tercer término es 3^2 (o 9) más 3, o 12. El quinto término sería 5^2 (o 25) más 3, que es 28.

25. **3.** Esta pregunta evalúa tus habilidades en geometría al pedirte que visualices el gráfico de un objeto. Dado que el objeto es un rectángulo, los lados opuestos tienen igual longitud y son paralelos. La cuarta esquina estará 2 unidades a la izquierda del eje y, otorgándole una coordenada x de -2, y 2 unidades por debajo del eje x, otorgándole una coordenada y de -2. Por lo tanto, el punto se ubicaría en $(-2,-2)$.

La coordenada x es la distancia del eje y. La coordenada y es la distancia del eje x.

Clave de respuestas para la Parte 1

1. **3**

2. **1**

3. **1680** (en la grilla estándar)

4. **2**

5. **5**

6. **1**

7. **4**

8. **66** (en la grilla estándar)

9. **3**

10. **4**

11. **1**

12.

13. **5**

14. **4**

15. **1**

16. **4**

17.

18. **2**

19. **3**

20. **5**

21. **1**

22. **4**

23. **2**

24. **3**

25. **320** (en la grilla estándar)

Clave de respuestas para la Parte II

1. **1**

2. **5**

3. **1**

4. **5**

5. **5**

6. **4**

7. **3,20** (en la grilla estándar)

8. **4**

9. **5**

10. **2**

11. **12** (en la grilla estándar)

12. **5**

13. **4,48** (en la grilla estándar)

14. **5**

15. **1**

16.

17. **5**

18. **2**

19. **4**

20. **12** (en la grilla estándar)

21. **5**

22. **1**

23. **3**

24. **1**

25. **3**

Capítulo 27

Otro Examen de Práctica — Examen de Matemáticas: Partes I y II

. . . .

*E*l Examen de Matemáticas consiste en preguntas de opción múltiple y de formato alternativo destinadas a evaluar las habilidades matemáticas generales y la capacidad de resolver problemas. Las preguntas se basan en lecturas cortas que a menudo incluyen gráficos, cuadros o figuras.

Al igual que el Examen de Redacción de Artes del Lenguaje, el Examen de Matemáticas tiene dos partes. En la Parte I se permite el uso de una calculadora para ayudarte a responder las preguntas. En la parte II, no. Cada parte tiene 25 preguntas.

Tienes 45 minutos para completar cada parte. Trabaja con atención, pero no pierdas mucho tiempo en una sola pregunta. Responde todas las preguntas.

Las fórmulas que puedes necesitar están en la hoja anterior a la primera pregunta de cada parte. Sólo algunas preguntas requieren el uso de fórmulas. No todas las fórmulas provistas serán necesarias.

Algunas preguntas contienen más información de la que necesitas para resolver el problema; otras no brindan suficiente información. Si una pregunta no brinda suficiente información para resolver el problema, la opción correcta es: "No hay suficiente información".

Nota: Cuando termines la Parte I del Examen de Matemáticas, el administrador del examen GED recogerá tu calculadora. Cuando entregues tu calculadora y el administrador te lo indique, puedes empezar la Parte II.

Hoja de respuestas para el examen de matemáticas: Parte 1

Hoja de respuestas para el examen de matemáticas: Parte II

1 ① ② ③ ④ ⑤

2 ① ② ③ ④ ⑤

3 ① ② ③ ④ ⑤

4 ① ② ③ ④ ⑤

5 ① ② ③ ④ ⑤

6 ① ② ③ ④ ⑤

7 ① ② ③ ④ ⑤

8 ① ② ③ ④ ⑤

9 ① ② ③ ④ ⑤

10 ① ② ③ ④ ⑤

11 ① ② ③ ④ ⑤

12 ① ② ③ ④ ⑤

13 ① ② ③ ④ ⑤

14 ① ② ③ ④ ⑤

15 (grid-in answer box)

16 ① ② ③ ④ ⑤

17 ① ② ③ ④ ⑤

18 ① ② ③ ④ ⑤

19 ① ② ③ ④ ⑤

20 (grid-in answer box)

21 ① ② ③ ④ ⑤

22 ① ② ③ ④ ⑤

23 (coordinate grid)

24 ① ② ③ ④ ⑤

25 ① ② ③ ④ ⑤

Examen de Matemáticas: Parte 1

Se permite el uso de calculadoras únicamente en la Parte I.

No marques las respuestas en este cuadernillo. El administrador del examen te dará una hoja en blanco para hacer tus cuentas. Registra tus respuestas en la hoja de respuestas adicional provista. Asegúrate de que toda la información requerida esté debidamente registrada en la hoja de respuestas.

Para registrar tus respuestas, rellena el círculo en la hoja de respuestas con el número que corresponde a la respuesta que tú seleccionaste para cada pregunta del cuadernillo de examen.

EJEMPLO:

Si la cuenta del supermercado suma $15,75 en total y se paga con un billete de $20,00, ¿cuánto es el vuelto?

(1) $5.25

(2) $4.75

(En la Hoja de Respuestas)

① ② ● ④ ⑤

(3) $4.25

(4) $3.75

(5) $3.25

La respuesta correcta es "$4,25"; por lo tanto debe marcarse la opción de respuesta 3 en la hoja de respuestas.

No apoyes la punta del lápiz en la hoja de respuestas mientras estás pensando tu respuesta. No hagas marcas fuera de lugar o innecesarias. Si cambias una respuesta, borra completamente tu primera marca. Solo marca una respuesta para cada pregunta; las respuestas múltiples serán consideradas incorrectas. No dobles o pliegues tu hoja de respuestas. Todos los materiales del examen deben devolverse al administrador del examen.

Nota: Consulta el Capítulo 28 para obtener las respuestas de las Partes I y II de este examen de práctica.

Instrucciones para Usar la Calculadora

Para usar la calculadora por **primera** vez, presiona la tecla $\boxed{\text{ON}}$ (en el extremo superior derecho). Aparecerá la leyenda "DEG" en el extremo superior central de la pantalla y "0" a la derecha. Esto indica que la calculadora está configurada correctamente para todos tus cálculos.

Para usar la calculadora en **otra** pregunta, presiona la tecla $\boxed{\text{ON}}$ o la tecla roja $\boxed{\text{AC}}$. Esto elimina cualquier entrada ingresada previamente.

Para hacer cálculos de aritmética, ingresa la expresión tal como está escrita. Presiona $\boxed{=}$ (signo igual) al finalizar.

EJEMPLO A: $8 - 3 + 9$

Primero presiona $\boxed{\text{ON}}$ o $\boxed{\text{AC}}$

Ingresa lo siguiente: $\boxed{8}$, $\boxed{-}$, $\boxed{3}$, $\boxed{+}$, $\boxed{9}$, $\boxed{=}$

La respuesta correcta es 14.

Si la expresión entre paréntesis debe multiplicarse por un número, presiona $\boxed{\times}$ (signo multiplicación) entre el número y el signo de paréntesis.

EJEMPLO B: $6(8 + 5)$

Primero presiona $\boxed{\text{ON}}$ o $\boxed{\text{AC}}$

Ingresa lo siguiente: $\boxed{6}$, $\boxed{\times}$, $\boxed{(}$, $\boxed{8}$, $\boxed{+}$, $\boxed{5}$, $\boxed{)}$, $\boxed{=}$

La respuesta correcta es 78.

Para hallar la raíz cuadrada de un número

✔ Ingresa el número.

✔ Presiona la tecla $\boxed{\text{SHIFT}}$ (extremo superior izquierdo) ("SHIFT" aparece en el extremo superior izquierdo de la pantalla).

✔ Presiona $\boxed{x^2}$ (tercera tecla de izquierda a derecha en la fila superior) para acceder a su segunda función: raíz cuadrada.

NO presiones $\boxed{\text{SHIFT}}$ y $\boxed{x^2}$ al mismo tiempo.

EJEMPLO C: $\sqrt{64}$

Primero presiona $\boxed{\text{ON}}$ o $\boxed{\text{AC}}$

Ingresa lo siguiente: $\boxed{6}$ $\boxed{4}$, $\boxed{\text{SHIFT}}$, $\boxed{x^2}$, $\boxed{=}$

La respuesta correcta es 8.

Para ingresar un número negativo, como por ejemplo –8

✔ Ingresa el número sin el signo negativo (presiona el 8).

✔ Presiona la tecla "cambiar signo" ($\boxed{+/-}$), ubicada directamente arriba de la tecla $\boxed{7}$.

Todas las operaciones pueden hacerse con números positivos y/o negativos.

EJEMPLO D: $-8 - (-5)$

Primero presiona $\boxed{\text{ON}}$ o $\boxed{\text{AC}}$

Ingresa lo siguiente: | 8 | , | +/− | , | − | , | 5 | , | +/− | , | = |

La respuesta correcta es –3.

Grilla estándar

No se pueden ingresar números mixtos tales como 3½ en la grilla estándar. En cambio, represéntalos como números decimales (en este caso, 3,5) o fracciones (en este caso, 7/2). Además, en la grilla estándar la respuesta nunca puede ser un número negativo, como –8.

Para registrar tu respuesta en la grilla estándar

- Comienza por cualquier columna que te permita ingresar la respuesta.

- Escribe tu respuesta en los recuadros de la fila superior.

- En la columna debajo de una barra de fracción o punto decimal (si lo hubiere) y cada número de tu respuesta, rellena el círculo que representa ese caracter.

- Deja en blanco toda columna no utilizada.

EJEMPLO:

La escala de un mapa indica que ½ pulgada representa una distancia real de 120 millas. En pulgadas, ¿a qué distancia en el mapa estarán las dos ciudades si la distancia real es de 180 millas?

La respuesta al ejemplo anterior es ¾, o 0,75 pulgadas. A continuación se muestra cómo debe marcarse la respuesta en la grilla.

3	/	4		

	3	/	4	

0	.	7	5	

	.	7	5	

Puntos para recordar:

- Una máquina calificará la hoja de respuestas. **Los círculos deben rellenarse correctamente.**

- No marques más de un círculo en una columna.

- Marca una sola respuesta en la grilla, aunque haya más de una respuesta correcta.

- Los números mixtos tales como 3½, deben marcarse en la grilla como 3,5 o ½.

- **En una grilla estándar la respuesta nunca puede ser un número negativo.**

La Grilla del Plano de Coordenadas

Para registrar una respuesta en la grilla del plano de coordenadas debes tener un valor x y un valor y. En una grilla del plano de coordenadas, la respuesta nunca tendrá un valor que sea una fracción o un decimal.

Marca siempre un <u>sólo</u> círculo que represente tu respuesta.

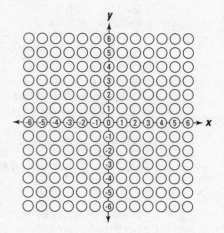

EJEMPLO:

Las coordenadas del punto A que se muestran en el siguiente gráfico son (2,–4).

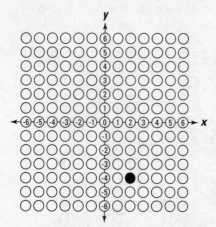

Las coordenadas del punto B, que no aparecen en el gráfico, son (–3,1). ¿Cuál es la ubicación del punto B?

NO MARQUES TU RESPUESTA EN EL GRÁFICO ANTERIOR.

Marca tu respuesta en la grilla del plano de coordenadas que está en la hoja de respuestas (a la derecha).

RESPUESTA CORRECTA:

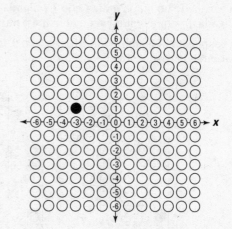

Fórmulas

ÁREA de un:

cuadrado	Área = lado^2
rectángulo	Área = largo × ancho
paralelogramo	Área = base × altura
triángulo	Área = ½ × base × altura
trapecio	Área = ½ × (base$_1$ + base$_2$) × altura
círculo	Área = π × radio^2; π es aproximadamente igual a 3,14

PERÍMETRO de un:

cuadrado	Perímetro = 4 × lado
rectángulo	Perímetro = (2 × largo) + (2 × ancho)
triángulo	Perímetro = lado$_1$ + lado$_2$ + lado$_3$

CIRCUNFERENCIA de un círculo — Circunferencia = π × diámetro; π es aproximadamente igual a 3,14

VOLUMEN de un:

cubo	Volumen = lado^3
sólido rectangular	Volumen = largo × ancho × alto
pirámide cuadrangular	Volumen = ⅓ × (área de la base)^2 × altura
cilindro	Volumen = π × radio^2 × altura; π es aproximadamente igual a 3,14
cono	Volumen = ⅓ × π × radio^2 × altura; π es aproximadamente igual a 3,14

GEOMETRÍA DE COORDENADAS — distancia entre puntos = $\sqrt{\left(x_2 - x_1\right)^2 + \left(y_2 - y_1\right)^2}$; (x_1, y_1) y (x_2, y_2) son dos puntos en el plano

pendiente de una recta = $\dfrac{y_2 - y_1}{x_2 - x_1}$; (x_1, y_1) y (x_2, y_2) son dos puntos en la recta

TEOREMA DE PITÁGORAS — $a^2 + b^2 = c^2$; a y b son catetos y c es la hipotenusa de un triángulo rectángulo

MEDIDAS DE TENDENCIA CENTRAL — **media** = $\dfrac{x_1 + x_2 + \cdots + x_n}{n}$; donde las x son los valores para los cuales se busca una media y n es la cantidad total de valores de x

mediana = el valor medio de un número impar de series *ordenadas* y que está a mitad de camino entre los dos valores medios de un número par de series *ordenadas*

INTERÉS SIMPLE — interés = capital × tasa × tiempo

DISTANCIA — distancia = tasa × tiempo

COSTO TOTAL — costo total = (cantidad de unidades) × (precio por unidad)

NO COMIENCES A HACER ESTE EXAMEN HASTA QUE SE TE INDIQUE

Instrucciones: Elige la <u>mejor respuesta</u> para cada pregunta.

La pregunta 1 se refiere a la siguiente tabla.

Medidas al Nivel de Planta (En Pies)	
Comedor	9,71 x 8,01
Sala	19,49 x 10,00
Cocina	13,78 x 7,09
Solarium	19,00 x 8,01
Dormitorio Principal	13,78 x 12,40
Segundo Dormitorio	11,42 x 8,60

1. Singh compró un nuevo apartamento y quiere alfombrar la sala, el comedor y el dormitorio principal. Si calcula que el alfombrado y la instalación le costarán $35,00 por yarda cuadrada, ¿cuánto le costará alfombrar estas habitaciones?

   (1) $1.674,08

   (2) $1.457,08

   (3) $1.724,91

   (4) $1.500,08

   (5) $1.745,08

2. Al preguntar cómo llegar a un restaurante, a Sarah le dijeron que estaba 1.000 yardas más adelante, pero el cuenta kilómetros de su automóvil lee las distancias en millas y decenas de millas. ¿Cuántas millas debería recorrer hasta encontrar el restaurante, redondeando a la decena más cercana? Anota tu respuesta en la grilla estándar de la hoja de respuestas.

3. Arthur está haciendo una alfombra redonda con pequeños trozos de tela pegados sobre un material de soporte. Si quiere una alfombra de 7 pies y 8 pulgadas de ancho, incluido un ribete de 2 pulgadas alrededor de toda la alfombra, ¿cuántos pies cuadrados de material de soporte necesita cubrir, redondeando la cifra hasta el primer decimal?

   (1) 168,9

   (2) 45,72

   (3) 54,7

   (4) 42,2

   (5) 45,7

4. Los vértices de un triángulo son A(–6,4), B(–8,–6), y C(8,7). ¿Cuál es el lado más largo?

   (1) AB

   (2) BC

   (3) CA

   (4) AC

   (5) no hay suficiente información

La pregunta 5 se refiere al siguiente gráfico.

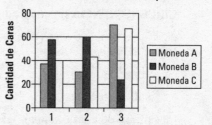

Resultado de lanzar monedas desequilibradas

5. A modo de experimento, una clase lanza tres monedas 100 veces y anota los resultados en un cuadro. Las monedas no están del todo equilibradas. Según el cuadro, ¿qué moneda y en qué serie de tiros está más cerca del equilibrio?

   (1) moneda B, tercera serie

   (2) moneda C, tercera serie

   (3) moneda A, segunda serie

   (4) moneda B, primera serie

   (5) moneda C, primera serie

6. Mientras Sam y Arnold comían helados de cucurucho, Arnold se preguntó qué volumen de helado contendría su cucurucho. Sam midió el cono y halló que tenía 2½ pulgadas de ancho en la parte superior y 5½ pulgadas de alto. ¿Cuántas pulgadas cúbicas de helado cabrían en el cono, redondeando la cifra hasta el primer decimal, si lo llenaran hasta el tope? Registra tu respuesta en la grilla estándar de la hoja de respuestas.

Ve a la siguiente página

7. Donna practica mucho la marcha atlética. Para no aburrirse, empezó a contar cuántas veces respira a cada paso que da. Descubrió que respira 3 veces por cada paso de 27 pulgadas. ¿Cuántas veces respira en una caminata de 1.000 yardas?

    (1) 5.332

    (2) 1.280

    (3) 2.126

    (4) 4.767

    (5) 4.000

8. Yvonne está observando un mapa. Está a 47 millas al sur del lugar adonde quiere ir, pero la carretera se extiende 17 millas al oeste hasta una intersección que después tuerce hacia el noreste en dirección a su destino. ¿Qué distancia extra aproximada tiene que recorrer a causa de la traza de la carretera?

    (1) 3 millas

    (2) 20 millas

    (3) 16 millas

    (4) 50 millas

    (5) 45 millas

Las preguntas 9 y 10 se basan en la siguiente información.

Carlos quiere comprar un automóvil usado. Le han dicho que un automóvil pierde 4,3 centavos de su valor en libros por cada milla que acumula pasadas las 100.000 millas. Encuentra justo el automóvil que quiere, pero el cuenta kilómetros marca 137.046 millas. Si el valor en libros del automóvil es $13.500, ¿cuánto vale el automóvil realmente?

9. Estima el valor real del automóvil, redondeando a los $10 más próximos.

    (1) $10.907

    (2) $13.750

    (3) $87.046

    (4) $12.020

    (5) $11.000

10. Calcula el valor real del automóvil, redondeando a la unidad de dólar más próxima. Registra tu respuesta en la grilla estándar de la hoja de respuestas.

11. Elena quiere pintar un mural en la pared de su casa. La pared mide 9 pies de alto y 17 pies de largo. Para planear el mural, hace un dibujo a escala del área del mural en un trozo de papel de 11 pulgadas de largo. ¿Qué altura, en pulgadas, debería tener el dibujo para mantener la escala?

    (1) 6,2

    (2) 5,8

    (3) 8,5

    (4) 9,0

    (5) 5,0

12. Si la pendiente de una recta es 0,75 e y_2 = 36, y_1 = 24, y x_1 = 12, ¿cuál es el valor de x_2?

    (1) 14

    (2) −28

    (3) 28

    (4) −14

    (5) 22

Las preguntas 13 y 14 se basan en la siguiente tabla.

Índices de Alfabetismo en Países Seleccionados

País	Población	Índice de Alfabetismo (%)
China	1,315,844,000	90.9
Cuba	11,269,000	99.8
Etiopía	77,431,000	35.9
Haití	8,895,000	54.8
India	1,103,371,000	61.0
Israel	6,725,000	97.1
Rusia	143,202,000	99.4
Sudáfrica	47,432,000	82.4
Estados Unidos	298,213,000	99.0

13. Si comparas los índices de alfabetismo de China, Estados Unidos y Rusia, ¿cuánto mayor sería el índice de alfabetismo más alto respecto del índice más bajo? Registra tu respuesta, redondeada al primer decimal, en la grilla estándar de la hoja de respuestas.

Ve a la siguiente página

14. ¿Cuántas más personas alfabetas (en millones) hay en India que en Israel?

    (1) 109

    (2) 666

    (3) 90

    (4) 100

    (5) 103

15. La probabilidad de que ocurra un evento, *P*, es igual al número de maneras en que puede ocurrir un evento determinado, dividido por el número de maneras, *M*, o *P = N ÷ M*. Para comprobar esta teoría, un estudiante quita todas las cartas con figuras que hay en un mazo. ¿Cuál es la probabilidad de sacar una carta menor a 6? (En este caso, los ases valen 1).

    (1) 1 en 3

    (2) 1 en 5

    (3) 1 en 2

    (4) 1 en 4

    (5) 1 en 6

Las preguntas 16 y 17 se basan en la siguiente información.

Las calificaciones de Peter en las materias de su último año del secundario son 81, 76, 92, 87, 79, y 83.

16. Para ganar una beca, la mediana de las calificaciones de Peter debe estar por encima de la mediana de las calificaciones de la escuela, que es 82. ¿Cuántos puntos de diferencia tiene por encima o por debajo del estándar?

    (1) 4

    (2) 2

    (3) 1

    (4) 0

    (5) 3

17. Si la meta de Peter es graduarse con una calificación media del 90%, ¿cuántos puntos en total le faltan para alcanzar la meta?

    (1) 42

    (2) 43

    (3) 44

    (4) 45

    (5) 46

18. Olga tiene un automóvil que funciona con gas propano. Le dijeron que es seguro llenar el tanque cilíndrico de propano a razón de 1¾ pies cúbicos por minuto. Si el tanque de propano mide 4,8 pies de largo y 2,1 pies de diámetro y está vacío, ¿cuánto tiempo, en minutos, llevará llenar el tanque? Registra tu respuesta, redondeada al primer decimal, en la grilla estándar de la hoja de respuestas.

19. La fórmula del interés compuesto sobre un préstamo es $M = P(1 + i)^n$, donde *M* es el monto final, incluido el capital, *P* es el monto del capital, *i* es la tasa de interés anual y *n* es la cantidad de años de inversión.

    Si Amy invierte los $1.574 que le regalaron para su graduación de la escuela primaria en un Certificado de Inversión Garantizada, que paga un interés compuesto del 3,75%, calculado en forma anual durante los siete años que le restan para graduarse de la universidad, ¿cuánto dinero tendrá?

    (1) $341,18

    (2) $1.978,18

    (3) $462,67

    (4) $2.036,67

    (5) $1.878,18

20. Observa la ecuación $E = mc^2$. Si se triplica el valor de *m* y el valor de *c* se mantiene constante, ¿cuál es el efecto sobre *E*?

    (1) es 36 veces mayor

    (2) es 9 veces mayor

    (3) es 27 veces mayor

    (4) es 3 veces mayor

    (5) no hay efecto

Ve a la siguiente página

21. Un investigador de accidentes calcula la velocidad de un automóvil al derrapar, multiplicando lo siguiente: la raíz cuadrada del radio de la curva que recorre el centro de la masa, *r*, × una constante, *k*, × el factor de arrastre de la carretera, *m*. Si calculó una velocidad de 47 millas por hora y el factor de arrastre era 0,65, ¿cuál era el radio de la curva que recorrió el centro de la masa del automóvil?

    (1) 11,6

    (2) 8,5

    (3) 5,8

    (4) 4,9

    (5) no hay suficiente información

22. Vladimir está diseñando tanques de gas para camiones. La longitud de los tanques es fija, pero el diámetro puede variar de 3 a 4 pies. ¿Cuántos pies cúbicos más de gas puede contener el tanque más grande?

    (1) 8,50

    (2) 3,00

    (3) 2,75

    (4) 4,75

    (5) no hay suficiente información

Las preguntas 23 a 25 se basan en la siguiente tabla.

Resumen de los Números Ganadores en Siete Sorteos de Lotería Consecutivos

Número de Sorteo	*Números Ganadores*
1	8, 10, 12, 23, 25, 39
2	1, 29, 31, 34, 40, 44
3	1, 14, 26, 38, 40, 45
4	1, 6, 14, 39, 45, 46
5	10, 12, 22, 25, 37, 44
6	13, 16, 20, 35, 39, 45
7	10, 16, 17, 19, 37, 42

23. Basándote sólo en los resultados de la tabla y asumiendo que en la serie que se sortea hay 49 números posibles, ¿qué probabilidad tienes de sacar un 1 en el primer sorteo?

    1) 1 en 343

    (2) 3 en 343

    (3) 3 en 7

    (4) 1 en 49

    (5) no hay suficiente información

24. Si tienes que elegir un número de esta lotería, ¿qué probabilidades hay, sobre la base de estos resultados, de que entre los números ganadores salga un número mayor que 25?

    (1) 26 en 49

    (2) casi con certeza

    (3) 20 en 49

    (4) 17 en 49

    (5) 21 en 26

25. Louise tenía la teoría de que las medianas de los números ganadores en cada sorteo de esta lotería serían muy parecidas. Teniendo en cuenta los números ganadores presentados, ¿es acertada la hipótesis de Louise?

    (1) de ningún modo

    (2) casi siempre

    (3) casi la mitad de las veces

    (4) ocasionalmente

    (5) casi un cuarto de las veces

FIN DE LA PARTE I

Examen de Matemáticas Parte II

El uso de calculadoras <u>no</u> está permitido en la Parte II.

No escribas en este cuadernillo de examen. El administrador del examen te dará papel en blanco para que hagas tus cálculos. Registra tus respuestas en la hoja de respuestas adicional provista. Asegúrate de que toda la información esté debidamente registrada en la hoja de respuestas.

Para registrar tus respuestas, rellena el círculo en la hoja de respuestas con el número que corresponde a la respuesta que tú seleccionaste para cada pregunta del cuadernillo de examen.

EJEMPLO:

Si la cuenta del supermercado suma $15,75 en total y se paga con un billete de $20,00, ¿cuánto es el vuelto?

(1) $5.25

(2) $4.75

(3) $4.25

(4) $3.75

(5) $3.25

(En la Hoja de Respuestas)

① ② ● ④ ⑤

La respuesta correcta es "$4,25"; por lo tanto debe marcarse la opción de respuesta 3 en la hoja de respuestas.

No apoyes la punta del lápiz en la hoja de respuestas mientras estás pensando tu respuesta. No hagas marcas fuera de lugar o innecesarias. Si cambias una respuesta, borra completamente tu primera marca. Sólo marca una respuesta para cada pregunta; las respuestas múltiples serán consideradas incorrectas. No dobles o pliegues tu hoja de respuestas. Todos los materiales del examen deben devolverse al administrador del examen.

Si terminas la Parte II antes de que se acabe el tiempo, puedes volver a la Parte I pero sin usar la calculadora.

Nota: Consulta el Capítulo 28 para obtener las respuestas de las Partes I y II de este examen de práctica.

La Grilla Estándar

No se pueden ingresar números mixtos tales como 3½ en la grilla estándar. En cambio, represéntalos como números decimales (en este caso, 3,5) o fracciones (en este caso, ½). Además, en la grilla estándar la respuesta nunca puede ser un número negativo, como –8.

Para registrar tu respuesta en la grilla estándar

➤ Comienza por cualquier columna que te permita ingresar la respuesta.

➤ Escribe tu respuesta en los recuadros de la fila superior.

➤ En la columna debajo de una barra de fracción o punto decimal (si lo hubiere) y cada número de tu respuesta, rellena el círculo que representa ese carácter.

➤ Deja en blanco toda columna no utilizada.

EJEMPLO:

La escala de un mapa indica que ½ pulgada representa una distancia real de 120 millas. En pulgadas, ¿a qué distancia en el mapa estarán las dos ciudades si la distancia real es de 180 millas?

La respuesta al ejemplo anterior es ¾, o 0,75 pulgadas. A continuación se muestra cómo debe marcarse la respuesta en la grilla.

Puntos para recordar:

➤ Una máquina calificará la hoja de respuestas. **Los círculos deben rellenarse correctamente.**

➤ No marques más de un círculo en una columna.

➤ Marca una sola respuesta en la grilla, aunque haya más de una respuesta correcta.

➤ Los números mixtos tales como 3½, deben marcarse en la grilla como 3,5 o ½.

➤ **En una grilla estándar la respuesta nunca puede ser un número negativo.**

La Grilla del Plano de Coordenadas

Para registrar una respuesta en la grilla del plano de coordenadas debes tener un valor x y un valor y. En una grilla del plano de coordenadas, la respuesta nunca tendrá un valor que sea una fracción o un decimal.

Marca siempre un <u>sólo</u> círculo que represente tu respuesta.

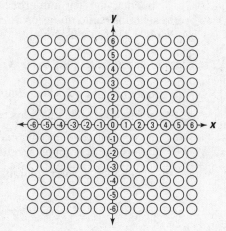

EJEMPLO:

Las coordenadas del punto A que se muestran en el siguiente gráfico son (2,–4).

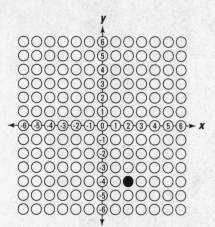

Las coordenadas del punto B, que no aparecen en el gráfico, son (–3,1). ¿Cuál es la ubicación del punto B?

NO MARQUES TU RESPUESTA EN EL GRÁFICO ANTERIOR.

Marca tu respuesta en la grilla del plano de coordenadas que está en la hoja de respuestas (a la derecha).

RESPUESTA CORRECTA:

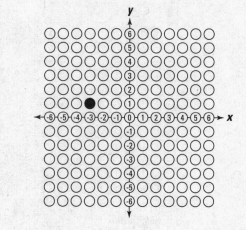

Fórmulas

ÁREA de un:

cuadrado	Área = lado^2
rectángulo	Área = largo × ancho
paralelogramo	Área = base × altura
triángulo	Área = ½ × base × altura
trapecio	Área = ½ × (base$_1$ + base$_2$) × altura
círculo	Área = π × radio^2; π es aproximadamente igual a 3,14

PERÍMETRO de un:

cuadrado	Perímetro = 4 × lado
rectángulo	Perímetro = (2 × largo) + (2 × ancho)
triángulo	Perímetro = lado$_1$ + lado$_2$ + lado$_3$

CIRCUNFERENCIA de un círculo — Circunferencia = π × diámetro; π es aproximadamente igual a 3,14

VOLUMEN de un:

cubo	Volumen = lado^3
sólido rectangular	Volumen = largo × ancho × alto
pirámide cuadrangular	Volumen = ⅓ × (área de la base)^2 × altura
cilindro	Volumen = π × radio^2 × altura; π es aproximadamente igual a 3,14
cono	Volumen = ⅓ × π × radio^2 × altura; π es aproximadamente igual a 3,14

GEOMETRÍA DE COORDENADAS — distancia entre puntos = $\sqrt{(x_2 - x_1)^2 + (y_2 - y_1)^2}$; (x_1, y_1) y (x_2, y_2) son dos puntos en el plano

pendiente de una recta = $\dfrac{y_2 - y_1}{x_2 - x_1}$; (x_1, y_1) y (x_2, y_2) son dos puntos en la recta

TEOREMA DE PITÁGORAS — $a^2 + b^2 = c^2$; a y b son catetos y c es la hipotenusa de un triángulo rectángulo

MEDIDAS DE TENDENCIA CENTRAL — **media** = $\dfrac{x_1 + x_2 + \cdots + x_n}{n}$; donde las x son los valores para los cuales se busca una media y n es la cantidad total de valores de x

mediana = el valor medio de un número impar de series *ordenadas* y que está a mitad de camino entre los dos valores medios de un número par de series *ordenadas*

INTERÉS SIMPLE — interés = capital × tasa × tiempo

DISTANCIA — distancia = tasa × tiempo

COSTO TOTAL — costo total = (cantidad de unidades) × (precio por unidad)

NO COMIENCES A HACER ESTE EXAMEN HASTA QUE SE TE INDIQUE

Instrucciones: Elige la mejor respuesta para cada pregunta.

1. Jerry puso un negocio de venta de computadoras. Puede comprar una buena computadora usada por $299 y venderla a $449. Lo único que se pregunta es si ganará dinero. Si sus gastos generales (alquiler, luz, calefacción y aire acondicionado) suman $48 por unidad y sus impuestos suman $3 por unidad, ¿cuántas computadoras tiene que vender para ganar $700 por semana?

    (1) 6

    (2) 9

    (3) 7

    (4) 8

    (5) 10

2. Para que un estudiante gane una beca en Constant College, sus calificaciones tienen que estar por encima de la mediana de todos los estudiantes de su año y su media debe alcanzar por lo menos el 90%. Georgio ansiaba ganar una beca. Estas son sus calificaciones:

    Matemáticas: 94

    Ciencia Aplicada: 92

    Inglés: 87

    Español: 96

    Física: 90

    La mediana de las calificaciones de los estudiantes que se gradúan fue 86,5. ¿Cuántos puntos porcentuales obtuvo Georgio por encima de la media mínima necesaria?

    (1) 3,2

    (2) 1,8

    (3) 86,5

    (4) 91,8

    (5) 93,2

La pregunta 3 se refiere a la siguiente tabla.

Capacidad Eléctrica-Geotérmica de Algunos Países en 2004

País	Capacidad Instalada (Megawatts)
China	6
Italia	502
Nueva Zelanda	248
Rusia	26
Estados Unidos	1,850

3. ¿Cuál es la razón aproximada de Capacidad Instalada, de mayor a menor?

    (1) 1850:26

    (2) 274:2

    (3) 308:1

    (4) 5:4

    (5) 803:1

Ve a la siguiente página

4. Elayne quiere comprar un automóvil de bajo consumo. Ve el comercial de un nuevo automóvil que tiene un rendimiento de 100 mpg en ciudad y 70 mpg en autopista. Después de registrar datos sobre su viejo automóvil durante una semana, elabora la siguiente tabla.

Día	Conduciendo en ciudad (Millas)	Conduciendo en autopista (Millas)
Lunes	30	5
Martes	35	25
Miércoles	25	10
Jueves	30	20
Viernes	20	5
Sábado	5	70
Domingo	5	75

Si el rendimiento de su viejo automóvil es de 18 mpg en ciudad y 12 mpg en autopista y el combustible cuesta $2,70 el galón, ¿cuánto ahorrará en una semana si compra este nuevo automóvil híbrido de bajo consumo?

(1) $12,15

(2) $22,50

(3) $57,60

(4) $47,25

(5) $69,75

La pregunta 5 se refiere a la siguiente tabla.

Tasas de Interés Ofrecidas por Distintos Concesionarios de Automóviles

Concesionario	Tasa de Interés Ofrecida
A	Tasa Preferencial + 2%
B	7.5%
C	½ de la tasa preferencial + 5%
D	Tasa preferencial + 20% de la tasa preferencial por gastos administrativos

5. Donald está desconcertado. Está buscando un automóvil para comprar, pero cada concesionario le ofrece una tasa de interés distinta. Si la tasa de interés preferencial es del 6%, ¿qué concesionario le ofrece a Donald las mejores condiciones de financiación?

(1) Concesionario D

(2) Concesionario C

(3) Concesionario B

(4) Concesionario A

(5) no hay suficiente información

6. La fórmula de la desviación media que se usa en estadísticas es la siguiente:

Desviación media $= \dfrac{|x|}{n}$, donde x es la desviación, $|x|$ es el valor absoluto de x, y n es la cantidad de valores.

Si los valores de la desviación son −7, +6, +2, −13, −9, y +17, ¿cuál es la desviación media?

(1) 5

(2) 6

(3) 7

(4) 8

(5) 9

Ve a la siguiente página

7. Henry quería averiguar cuánta gente miraba *Four's a Mob,* el último sitcom. Hizo una encuesta entre sus 12 mejores amigos y descubrió que 10 de ellos habían visto el último episodio. Sabiendo que la población de Estados Unidos supera los 288.000.000, Henry calculó que 240.000.000 personas miraban su sitcom favorito. ¿Cuál es el error en la conclusión de Henry?

    (1) En Estados Unidos hay más habitantes.

    (2) La muestra es demasiado pequeña.

    (3) Puede que algunas personas esa noche hayan salido.

    (4) Hizo mal las cuentas.

    (5) No hay ningún error.

Las preguntas 8 y 9 se basan en la siguiente información.

En septiembre, Ken y Ben querían bajar de peso antes de julio del año siguiente. Supusieron que si se alentaban el uno al otro, seguían una dieta equilibrada baja en calorías y hacían ejercicio, podrían bajar 0,5 libras por semana.

8. ¿Qué operación(es) matemática(s) usarías para calcular cuánto peso podrían perder entre el principio de septiembre y el final de junio?

    (1) división

    (2) conteo y suma

    (3) división y conteo

    (4) conteo y multiplicación

    (5) resta

9. Si se atienen a su plan, ¿aproximadamente cuánto peso podría perder cada uno entre el principio de septiembre y el final de junio?

    (1) 20 libras

    (2) 50 libras

    (3) 30 libras

    (4) 36 libras

    (5) 48 libras

10. Mary y Samantha planean hacer un viaje de 900 millas. Mary dice que puede conducir a una velocidad promedio de 45 millas por hora. Samantha dice que irá en avión, pero que tarda 45 minutos en llegar al aeropuerto y 1 hora 15 minutos en ir desde el aeropuerto hasta su destino después de aterrizar. Si tiene que estar en el aeropuerto 3 horas antes del despegue y el avión vuela a un promedio de 300 mph, ¿cuántas horas Samantha tendrá que esperar a Mary?

    (1) 2

    (2) 8

    (3) 9

    (4) 12

    (5) 16

La pregunta 11 se refiere a la siguiente información y gráfico.

La *Queenly Hat Company* de Lansing, Michigan, fabrica sombreros de diseño para las mujeres que piensan que un sombrero completa su atuendo. Sus ventas varían de un trimestre a otro y de una fábrica a otra. El cuadro que sigue refleja las ventas de un año.

Venta de Sombreros en Filiales Regionales

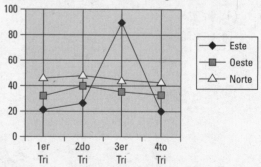

11. De las tres fábricas, ¿en qué fábricas y durante qué trimestre la razón aproximada de volúmenes de venta es 2:1?

    (1) este y oeste durante el 2do trimestre

    (2) oeste y norte durante el 3er trimestre

    (3) este y norte durante el 3er trimestre

    (4) oeste y este durante el 1er trimestre

    (5) este y oeste durante el 1er trimestre

Ve a la siguiente página →

Las preguntas 12 y 13 se basan en la siguiente tabla.

Expectativa de Vida de los Habitantes Urbanos

Edad (en Años)	Hombres	Mujeres
10	61.4	67.3
20	50.3	55.1
30	40.4	45.1
40	32.8	36.5
50	22.1	26.4
60	15.2	17.8
70	9.9	10.7

12. Según los datos de la tabla, ¿qué interpretación se puede hacer?

    (1) Las mujeres envejecen mejor que los hombres.

    (2) Los hombres viven más que las mujeres en todas las categorías de edad.

    (3) La cantidad de años por vivir disminuye a medida que aumenta la edad.

    (4) Los habitantes urbanos viven más que los habitantes rurales en todas las categorías de edad.

    (5) No hay suficiente información.

13. Según los datos, haz una hipótesis sobre por qué las mujeres viven más que los hombres en entornos urbanos.

    (1) Las mujeres cuidan más su salud.

    (2) Un porcentaje mayor de hombres trabaja en un contexto urbano.

    (3) Los hombres sufren más accidentes de tránsito en un contexto urbano.

    (4) Las poblaciones rurales viven más.

    (5) No hay suficiente información.

14. El costo de un producto terminado es igual al doble del costo de producción, más el 120% de los gastos generales en el comercio minorista, más las ganancias. Si el producto se vende en tres tiendas, A, B y C, y la tienda B sufre un aumento del 50% en el alquiler, ¿cómo afecta esto el precio de venta del producto?

    (1) El precio de venta baja.

    (2) El precio de venta no cambia.

    (3) El precio de venta sube.

    (4) Todo el mundo sube los precios.

    (5) Todo el mundo baja los precios.

15. Sol quería escribir la población de Estados Unidos en notación científica para un proyecto en el que estaba trabajando. Si la población de Estados Unidos es 288.257.352, ¿cuál es el valor de x, si escribe la población como 28.8×10^x? Marca tu respuesta en la grilla estándar de la hoja de respuestas.

16. Harry y Karry se están preparando para la gran carrera. Han estado registrando sus tiempos en la siguiente tabla:

Tiempos Comparados

Tiempos de Harry (En Segundos)	Tiempos de Karry (En Segundos)
15.6	15.9
14.9	16.1
16.0	15.8
15.8	16.2
16.1	14.8

¿Qué conclusión puedes sacar comparando la media de sus tiempos?

    (1) Karry es ligeramente más rápido.

    (2) Harry es ligeramente más lento.

    (3) Están casi iguales.

    (4) Karry tiene una media de tiempo más alta.

    (5) Harry tiene una media de tiempo más alta.

Ve a la siguiente página

17. Maria compró un apartamento. El área total del piso es 1.400 pies cuadrados. Si los cielorrasos están a 9 pies de altura y el sistema de ventilación aspira y reemplaza 63 pies cúbicos de aire por minuto, ¿cuánto tiempo, en minutos, lleva aspirar y reemplazar todo el aire del apartamento?

    (1) 180

    (2) 200

    (3) 220

    (4) 240

    (5) 260

18. Peter está vaciando su piscina. Puede bombear 9 pies cúbicos de agua por minuto. Si su piscina mide 45 pies por 12 pies y tiene una profundidad promedio de 4 pies, ¿cuándo terminará de vaciarse la piscina si empieza a bombear al mediodía del martes?

    (1) 9:00 a.m. del miércoles

    (2) 4:00 a.m. del miércoles

    (3) 6:00 p.m. del martes

    (4) 2:00 p.m. del martes

    (5) 4:00 p.m. del martes

19. Mohammed trabaja en ventas. Comparando el promedio de su sueldo de las últimas cuatro semanas, ve que en un mes de cuatro semanas ganó un promedio de $420,00 por semana. Si la primera semana ganó $480,00, la tercera semana $400,00 y la última semana $550,00, ¿cuánto ganó la segunda semana?

    (1) $250.00

    (2) $280.00

    (3) $340.00

    (4) $190.00

    (5) $300.00

20. Georgia salió a hacer compras con $500,00 en su cartera. Cuando regresó a casa después de hacer compras tenía $126,00 en su bolso y $83 en recibos de tarjeta de crédito. ¿Cuánto gastó en sus compras? Registra tu respuesta en dólares en la grilla estándar de la hoja de respuestas.

21. Si abres una lata en forma horizontal a lo largo de la juntura y cortas casi hasta dar toda la vuelta en cada extremo, ¿qué forma acabará teniendo la lata?

    (1) un círculo

    (2) un rectángulo con un círculo en cada extremo

    (3) un rectángulo

    (4) un círculo con dos rectángulos en cada extremo

    (5) un cono

22. El automóvil de Sonya consume gasolina en proporción directa a su velocidad. Si aumenta la velocidad promedio en 10 millas por hora para ahorrar tiempo, ¿cuál es el efecto económico?

    (1) Ahorrará tiempo.

    (2) Ahorrará dinero.

    (3) Llegará cerca de la misma hora.

    (4) Gastará más dinero en gasolina.

    (5) Gastará lo mismo que antes.

23. Se dibuja un círculo cuyo centro está en el origen y de un diámetro de 8 unidades. ¿Dónde estará la intersección de la circunferencia con el eje negativo y? Marca este punto en la grilla del plano de coordenadas de la hoja de respuestas.

Ve a la siguiente página ⟶

24. Un medidor de combustible que funciona con precisión marca que hay ⅛. Si la capacidad del tanque de gasolina es de 24 galones, ¿cuántos galones de combustible se necesitan para llenarlo?

    (1) 18
    (2) 19
    (3) 20
    (4) 21
    (5) 22

25. Como parte de su examen de matemáticas, Ying debe resolver la siguiente ecuación:

    $4x + 2y = 20$

    $2x + 6y = 35$

    ¿Cuál es el valor de y?

    (1) 4
    (2) 5
    (3) 6
    (4) 7
    (5) 8

ALTO NO DES VUELTA LA PÁGINA HASTA QUE SE TE INDIQUE QUE LO HAGAS. NO REGRESES A UN EXAMEN ANTERIOR.

Capítulo 28

Respuestas y Explicaciones para el Examen de Matemáticas

• •

Después de tomar el Examen de Matemáticas del Capítulo 27, usa este capítulo para revisar tus respuestas. Tómate tu tiempo para leer las explicaciones de las respuestas para las Partes I y II que damos en las primeras dos secciones. Pueden ayudarte a entender por qué te equivocaste en algunas respuestas. Quizás quieras leer las explicaciones de las preguntas que respondiste correctamente, porque al hacerlo puedes tener una mejor idea del razonamiento que te ayudó a elegir las respuestas correctas.

Si tienes poco tiempo, ve al final del capítulo para ver la clave de respuestas resumida para las Partes I y II del Examen de Matemáticas.

Análisis de las Respuestas para la Parte I

Nota: En todas las explicaciones que siguen, las respuestas dadas son las que deberían leerse en la pantalla de la calculadora si se ingresaron los números correctos. Las calculadoras siempre muestran la máxima cantidad de dígitos que cabe en la pantalla. Depende de la persona que opera la calculadora establecer el número de posiciones decimales, si es posible, o hacer que la respuesta tenga sentido.

1. **3.** Esta pregunta contiene más información de la que necesitas. Se dan las medidas de todas las habitaciones del apartamento, pero Singh no quiere alfombrarlas todas. Como en esta parte del examen puedes usar la calculadora, puedes calcular una respuesta exacta. Lo primero que debes hacer es calcular el área de cada una de las habitaciones que Singh quiere alfombrar.

Área = largo × ancho; el largo y el ancho deben estar en la misma unidad de medida.

Estas son las áreas que obtendrás:

Sala: $19,49 \times 10,00 = 194,90$

Comedor: $9,71 \times 8,01 = 77,7771$

Dormitorio principal: $13,78 \times 12,40 = 170,872$

La calculadora no agrega ceros al final de un número, así que el área del dormitorio principal tiene una posición decimal menos que los otros, pero así está bien.

Después tienes que sumar las áreas: $194,9 + 77,7771 + 170,872 = 443,5491$.

Como el largo y el ancho están en pies, el resultado queda en pies cuadrados, PERO el costo de la alfombra está en yardas cuadradas. Para convertir pies cuadrados a yardas cuadradas, tienes que dividir por 9: $443,5491 \div 9 = 49,283233$, que es el área en yardas cuadradas.

No necesitas todos estos decimales, pero como ya los ingresaste en la calculadora, puedes conservarlos.

El presupuesto de la alfombra era de $35,00 por yarda cuadrada, así que tienes que multiplicar el área total que Singh quiere alfombrar por el costo por yarda cuadrada: $49,283233 \times 35,00 = 1724,9131$.

Debes responder en dólares y centavos, así que tienes que redondear al segundo decimal. (El tercer número entero decimal es 2, por lo que debes redondear para abajo.) Por lo tanto, el presupuesto para alfombrar es $1.724,91 — Opción (3).

Esta no es buena pregunta para adivinar porque no puedes eliminar lógicamente ninguna respuesta sin hacer las cuentas.

2. **0.6 (en la grilla estándar).** Para convertir yardas a millas, tienes que dividir la cantidad de yardas que quieres convertir a millas por 1.760 (pues una milla equivale a 1.760 yardas). 1.000 yardas son 0,57 millas aproximadamente ($1.000 \div 1.760 = 0,568181818$). Los cuenta kilómetros por lo general marcan hasta el primer decimal, así que Sarah debería recorrer cerca de 0,6 millas, redondeando la cifra, pues el segundo decimal es mayor que 5, lo que la dejaría un poco más adelante del restaurante.

3. **5.** La alfombra circular tiene un diámetro de 7 pies y 8 pulgadas y un ribete de 2 pulgadas alrededor de toda la alfombra. Para calcular el diámetro que hay que cubrir con el material de soporte, tienes que restar el ancho del ribete (multiplicando 2 pulgadas por 2, pues el ribete suma 2 pulgadas a ambos lados del círculo):

   7 pies y 8 pulgadas – 4 pulgadas = 7 pies y 4 pulgadas

   Como para calcular el área debes usar las mismas unidades, tienes que convertir el diámetro a pulgadas: 7 pies y 4 pulgadas = $7 \times 12 + 4 = 88$ pulgadas.

   El diámetro es el doble del radio, así que el radio del área cubierta = $^{88}\!/_2$ = 44 pulgadas.

   Ahora puedes usar la fórmula para el área de un círculo que aparece en la hoja de fórmulas, $A = \pi \times r^2$, donde π es aproximadamente 3,14. Por lo tanto, el área es $3,14 \times 44 \times 44 = 6,079.04$ pulgadas cuadradas.

   Como debes responder la pregunta en pies cuadrados, tienes que convertir las pulgadas cuadradas a pies cuadrados dividiendo por 144 (12 pulgadas = 1 pie; $12^2 = 144$):

   $6,079.04 \div 144 = 42.215555$ o $42,2$, redondeado al primer decimal.

   La Opción (4) es lo que hubieras calculado si olvidabas restar el ribete y la Opción (1) es el resultado de tomar el diámetro en lugar del radio al aplicar la fórmula. La Opción (2) es la consecuencia de no leer bien la pregunta; es parecida, pero tiene dos decimales.

4. **2.** Esta pregunta evalúa tus habilidades en geometría, pues te hace calcular la longitud de los lados de un triángulo cuando sabes los *vértices* (esquinas de un triángulo).

   La longitud de la recta que une los puntos (x_1, y_1) y (x_2, y_2) es $\sqrt{\left(x_2 - x_1\right)^2 + \left(y_2 - y_1\right)^2}$. Por eso, cuando en esta ecuación reemplazas los tres puntos del triángulo, obtienes las siguientes longitudes de *AB, BC,* y *CA* (o *AC*):

   $$AB = \sqrt{\left(-8 - \left[-6\right]\right)^2 + \left(-6 - 4\right)^2} = 10.198039 = 10.20$$

   $$BC = \sqrt{\left(-8 - \left[-8\right]\right)^2 + \left(7 - \left[-6\right]\right)^2} = 20.615528 = 20.62$$

   $$CA = \sqrt{\left(-8 - \left[-6\right]\right)^2 + \left(-7 - 4\right)^2} = 11.180339 = 11.18$$

   Según estas longitudes, puedes ver que el lado más largo del triángulo es *BC.*

   Si dibujas un gráfico y ubicas los puntos de este triángulo, *BC* es obviamente el lado más largo. Cuando la respuesta es tan evidente, hacer un dibujo te puede ahorrar mucho tiempo de hacer cuentas, así que procura hacer primero un dibujo.

5. **4.** En esta pregunta tienes que hacer una inferencia a partir de un gráfico. Observando el gráfico con atención, la Moneda B, en la primera serie, se acerca más al 50%, que es la probabilidad teórica de que salga cara o seca cuando la moneda alcanza el equilibrio.

6. **9.0 (en la grilla estándar).** La forma de un cucurucho de helado es un cono y el volumen de un cono = $\frac{1}{3} \times \pi \times radio^2 \times altura$, donde π es aproximadamente igual a 3,14 (esta ecuación aparece en la hoja de fórmulas que te dan en el examen).

   Para simplificar las cuentas usando la calculadora, pasa las fracciones a decimales:

   $2\frac{1}{2}$ = 2,5. $5\frac{1}{2}$ = 5,5 y $\frac{1}{3}$ = 0,3333333

   Ahora tienes que completar la ecuación insertando los valores que hay en la pregunta (recuerda que el radio se calcula dividiendo el diámetro por 2):

   Volumen = $0,3333333 \times 3,14 \times (2,5 \div 2)^2 \times 5,5$ = 8,9947896, o 9,0 pulgadas cúbicas, redondeadas al primer decimal

   Registra tu respuesta en la grilla estándar.

7. **5.** En esta pregunta tienes que resolver un problema usando operaciones básicas. Si Donna respira 3 veces por cada paso de 27 pulgadas y camina 1.000 yardas (que es igual a 36.000 pulgadas, porque una yarda tiene 36 pulgadas), camina ÷ 27 = 1.333,3 pasos. Si respira 3 veces por paso, a lo largo de su caminata de 1.000 yardas respira $3 \times 1.333,3$ = 3.999,9 o 4.000 veces.

8. **2.** Este problema evalúa tus conocimientos sobre cómo aplicar el teorema de Pitágoras. Para resolverlo, dibuja un mapa: Las direcciones sur y oeste están a ángulos rectos. Así que el recorrido de Yvonne es un triángulo, donde la última parte del trayecto es la hipotenusa. Pitágoras (el tipo que, como te imaginarás, inventó la relación pitagórica), dijo que el cuadrado de la hipotenusa de un triángulo rectángulo es igual a la suma del cuadrado de los otros dos lados. Por lo tanto, el cuadrado de la última pata del viaje de Yvonne es igual a $47^2 + 17^2$ = 2.498. La raíz cuadrada de 2.498 es 49,98. Como ninguno de los números de este problema tiene números detrás de la coma decimal, puedes redondear la respuesta a 50. Sin embargo, la pregunta es qué distancia extra recorrió: Terminó recorriendo 17 + 50 = 67 millas y hubiera tenido que recorrer 47 millas. Por lo tanto, recorrió 67 – 47 = 20 millas extra.

9. **4.** Si para este problema quieres usar valores aproximados, podrías decir que la depreciación del automóvil es de alrededor de 4 centavos por milla después de las 100.000 millas. Este automóvil tiene cerca de 37.000 millas por encima de ese límite, lo que significa que se ha depreciado casi 4×37.000 centavos. Pero, sin embargo, debes dar la respuesta en dólares. Para convertir centavos a dólares, tienes que dividir por 100 (porque un dólar son 100 centavos): 4×370 = 1,480.

   Después puedes restar este valor aproximado del precio original: $13,500 – $1,480 = $12,020.

10. **11,907 (en la grilla estándar).** Usando el mismo cálculo que usaste en el problema 9, pero tomando valores exactos, obtienes $13.500 – (4,3 \times 37.046) \div 100$ = 11.907,02 o $11.907, redondeando al dólar más próximo.

11. **2.** Este problema evalúa tus habilidades en geometría, pues debes resolver un problema que presenta semejanzas con figuras geométricas. Para hacer un dibujo a escala, el largo y el ancho se deben reducir en la misma proporción. Si la pared tiene 17 pies o (17×12 = 204 pulgadas) y el papel tiene 11 pulgadas de largo, la relación entre el largo del papel y el largo real es 11:204. El ancho del dibujo debe seguir la misma proporción. Si la altura del dibujo es H, entonces 11:204 = $H(9 \times 12)$ o 11:204 = $H(108)$. En otras palabras, $\frac{11}{204} = \frac{H}{108}$. Haciendo multiplicaciones cruzadas, obtienes que $H = (11 \times 108) \div 204$ = 5,8. Observa que la repuesta está redondeada.

12. **3.** Esta pregunta evalúa tus habilidades en álgebra, pues debes analizar un término de una ecuación. La ecuación para la pendiente de una recta es $\frac{y_2 - y_1}{x_2 - x_1}$.

   Reemplazando en la ecuación, obtienes que $0.75 = \frac{36 - 24}{x_2 - 12}$.

Luego, como 0,75 es lo mismo que ¾, puedes decir lo siguiente: $\frac{3}{4} = \frac{12}{x_2 - 12}$.

Haciendo multiplicaciones cruzadas, obtienes lo siguiente:

$$3(x_2 - 12) = 4 \times 12$$

$$3x_2 - 36 = 48$$

$$3x_2 = 48 + 36$$

$$3x_2 = 84$$

$$x_2 = \frac{84}{3} = 28$$

13. **1.1 (en la grilla estándar).** Mirando la tabla puedes ver que el índice de alfabetismo más alto es el de Rusia, con el 99,4% y el más bajo es el de China, con el 90,9%. Si analizas Rusia y Estados Unidos, verás que sus índices de alfabetismo son tan parecidos que, a todo efecto práctico, son iguales y, por eso, no hay necesidad de calcular la relación entre ellos.

    Si tomas el índice de alfabetismo de Rusia dividido por el de China, obtienes 99,4 ÷ 90,9 = 1,093509351 o 1,1, redondeando al primer decimal.

    El índice de alfabetismo de Rusia es 1,1 veces mayor que el índice de alfabetismo de China.

14. **2.** La población de India es de 1.103.371.000, de la cual el 61,0% es alfabeta. Para calcular la cantidad de personas alfabetas en India, calcula el 61,0% de 1.103.371.000: 1.103.371.000 × 0,61 = 673.056.310.

    Observa que antes de hacer la cuenta tienes que pasar el 61,0% a números decimales, 0,61.

    La población de Israel es de 6.725.000, de la cual el 97,1% es alfabeta. Para calcular la cantidad de personas alfabetas en Israel, calcula el 97.1% de 6,725,000: 6,725,000 × 0.971 = 6,529,975.

    Para calcular cuántas más personas alfabetas hay en India, tienes que restar la cantidad de personas analfabetas que hay en Israel de la cantidad que hay en India: 673.056.310 – 6.529.975 = 666.526.335. Por lo tanto, en India hay 666.526.335 personas analfabetas más que en Israel, lo que en realidad no te dice nada, salvo que la población de India es mucho mayor a la de Israel. La respuesta es 2.666 millones.

    La Opción (1) es la cantidad de personas analfabetas de India, cosa que la pregunta no pide directamente. Las demás respuestas sencillamente son incorrectas.

    En los problemas donde debes calcular números grandes, presta atención al leer los dígitos de la calculadora y copiarlos en la hoja y luego vuelve a revisar los números una vez más.

15. **3.** Esta pregunta evalúa tu destreza para calcular probabilidades. Usa la fórmula dada ($P = N ÷ M$) para calcular los resultados. Para sacar una carta menor a 6, puedes elegir entre 5 cartas posibles (menos que 6) × 4 (la cantidad de palos) = 20. La cantidad total de cartas posibles es 52 (total de cartas en un mazo) – las cartas con figuras (4 sotas, 4 reinas y 4 reyes), es decir, 52 – 12 = 40. Ahora, usando la ecuación, la probabilidad es 20 ÷ 40 = ½. Esta es otra forma de escribir 1 en 2.

16. **4.** Esta pregunta evalúa tus habilidades en estadísticas, pues debes resolver un problema que involucra la mediana de un conjunto de números. La mediana de las calificaciones de Peter fue 82, lo que averiguas al poner sus calificaciones en orden creciente — 76, 79, 81, 83, 87, 92 — y tomando la calificación que está justo en el medio. Si tuvieras una cantidad de calificaciones impar, sería fácil elegir la calificación que está en el medio. Como tienes una cantidad de calificaciones par, la mediana es la media (o promedio) de los dos números del medio, o $\frac{81+83}{2} = 82$.

17. **1.** Esta pregunta evalúa tus habilidades en análisis de datos. La calificación promedio de Peter fue (81 + 76 + 92 + 87 + 79 + 83) ÷ 6 = 83. No alcanzó su meta por un 7%. Cada porcentaje es equivalente a un punto por materia, o 7 × 6 = 42 puntos.

18. **9.5 (en la grilla estándar).** Esta pregunta evalúa tus habilidades con medidas que involucran coeficientes uniformes, como millas por hora, galones por minutos o, en este caso, pies cúbicos por minuto. El tanque se llena a un coeficiente uniforme, lo que significa que puedes

responder la pregunta sin ponerte a hacer una serie de cálculos. El volumen de un cilindro = $\pi \times radio^2 \times altura$. Completa la ecuación con los números que hay en la pregunta:

Volumen del cilindro = $3,14 \times (2,1 \div 2)^2 \times 4,8 = 16,61688$ o $16,6$

El coeficiente seguro de llenado es ¾ o 1,75 pies cúbicos por minuto. Llenar el tanque llevará $16,6 \div 1,75 = 9,4857142$ o 9,5 minutos (redondeado al primer decimal).

19. **4.** Usando la fórmula dada, puedes calcular el monto total que tendrá al cabo de los siete años:

$M = P(1 + i)^n$

$M = \$1{,}574\,(1 + .0375)^7$

$M = \$1{,}574\,(1.0375)^7$

$M = \$2{,}036.67$

20. **4.** Esta pregunta evalúa tus conocimientos sobre ecuaciones, pues debes analizar cómo cambiar una cantidad de una ecuación exponencial, $E = mc^2$, hace que cambie otra cantidad. En esta función, la variación entre E y m es lineal y directa, lo que significa que cualquier cosa que le pase a m, le pasa también a E. Si m se triplica, E se triplica también.

21. **5.** Esta pregunta evalúa tu habilidad para darte cuenta de que no tienes suficiente información para resolver un problema. Sin el valor de la constante, la respuesta podría ser cualquier cosa.

22. **5.** Sin la longitud del tanque, no tienes suficiente información para responder la pregunta.

23. **4.** Esta pregunta evalúa tus habilidades en estadísticas. Si en un conjunto hay 49 números posibles, la probabilidad de sacar cualquiera de esos números es de 1 en 49.

24. **3.** Este problema evalúa tus habilidades en análisis de datos, pues tienes que hacer inferencias a partir de datos. Si se sacan 49 números por sorteo, la probabilidad de sacar un número mayor a 25 es de 20 en 49. Contando los números mayores a 25 que aparecen en la tabla, verás que hay 20.

    Aunque la tabla contiene mucha información, los sorteos de lotería son sucesos independientes (no dependen uno del otro) y los resultados de uno no afectan los resultados del otro. Por lo tanto, para esta pregunta puedes tomar en cuenta un solo sorteo.

25. **4.** Esta pregunta evalúa tus conocimientos de estadística y medidas de tendencia central (en este caso, la mediana). Analiza la siguiente adaptación de la tabla dada. (La mediana siempre es el número del medio cuando los números se ordenan de menor a mayor; cuando tienes una cantidad de números par, como tienes aquí, para obtener la mediana toma los dos números del medio, súmalos y divide el resultado por 2.)

Resumen de los Números Ganadores en Siete Sorteos de Lotería Consecutivos

Número de Sorteo	Números Ganadores	Mediana
1	8, 10, 12, 23, 25, 39	17.5
2	1, 29, 31, 34, 40, 44	32.5
3	1, 14, 26, 38, 40, 45	32.0
4	1, 6, 14, 39, 45, 46	26.5
5	10, 12, 22, 25, 37, 44	23.5
6	13, 16, 20, 35, 39, 45	27.5
7	10, 16, 17, 19, 37, 42	18.0

La teoría de Louise es curiosa en el sentido de que parecería no tener fundamento. Cuando observas los números presentados, hay dos medianas que son parecidas, así que la mejor respuesta es *ocasionalmente*.

Análisis de las Respuestas para la Parte II

1. **4.** Para calcular el costo básico de la computadora, tienes que sumar el costo neto más los gastos generales (299 + 48 + 3 = 350). Como a Jerry cada computadora le cuesta $350 y las vende a $449, obtiene una ganancia neta de $99 (449 – 350 = 99).

   Para calcular la cantidad de computadoras que tendría que vender para ganar $700 por semana, divide el monto de la ganancia que quiere obtener por el costo bruto de cada computadora:

   700 ÷ 99 = 7.070707071

   Como no se puede vender menos de una computadora, la respuesta correcta es 8.

2. **2.** La media de Georgio fue (94 + 92 + 87 + 96 + 90) ÷ 5, o 459 ÷ 5, o 91,8. Como el requisito mínimo era del 90%, Georgio obtuvo un 91,8 – 90 = 1,8% por encima del mínimo, que es la Opción (2). Si elegiste la Opción (4), olvidaste restar la calificación mínima.

3. **3.** La mayor capacidad instalada es la de Estados Unidos, con 1.850 megawatts y la menor es la de China, con 6 megawatts. Para calcular la razón, tienes que dividir la mayor por la menor o dividir 1.850 por 6, que da 308.3333333, o sea 308 aproximadamente. La razón es 308:1

4. **3.** La manera más simple de resolver este problema es hacer un cuadro calculando los costos diarios del automóvil viejo y los costos diarios del automóvil nuevo, dividiendo las millas recorridas por el millaje y multiplicando por el costo por galón. Por ejemplo, el lunes, conduciendo su automóvil viejo en la ciudad, Elayne gasta lo siguiente: 30 millas ÷ 18 mpg × $2,70 = $4.50.

   Después de averiguar cuánto gasta Elayne por día en su automóvil viejo y cuánto gastaría por día en su automóvil nuevo, para obtener los costos por semana de cada automóvil tienes que sumar los costos de los siete días de la semana.

Día	Conduciendo en Ciudad	Costo del Automóvil Viejo	Costo del Automóvil Nuevo	Conduciendo en Autopista	Costo del Automóvil Viejo	Costo del Automóvil Nuevo
Lun	30	$4.50	$0.81	5	$1.13	$0.19
Mar	35	$5.25	$0.95	25	$5.63	$0.96
Mie	25	$3.75	$0.68	10	$2.25	$0.39
Jue	30	$4.50	$0.81	20	$4.50	$0.77
Vie	20	$3.00	$0.54	5	$1.13	$0.19
Sab	5	$0.75	$0.14	70	$15.75	$2.70
Dom	5	$0.75	$0.14	75	$16.88	$2.89
TOTAL	**150**	**$22.50**	**$4.05**	**210**	**$47.25**	**$8.10**

   Los ahorros son la diferencia entre los costos del automóvil viejo y los costos del automóvil nuevo:

   ($22.50 + $47.25) – ($4.05 + $8.10) = $57.60.

5. **1.** Esta pregunta evalúa tu habilidad para hacer operaciones numéricas. Adaptando la tabla, podría verse así:

Tasas de Interés Ofrecidas por Distintos Concesionarios de Automóviles		
Concesionario	*Tasa de Interés Ofrecida*	*Tasa Equivalente*
A	Tasa preferencial + 2%	8% (6% + 2%)
B	7.5%	7.5%
C	½ de la tasa preferencial + 5%	8% (½ de 6% + 5% = 3% + 5%)
D	Tasa preferencial + 20% de la tasa preferencial para gastos administrativos	7.2% (6% + [20% de 6%] = 6% + 1.2%)

El Concesionario D ofrece las mejores condiciones de financiación.

6. **5.** Esta pregunta evalúa tus habilidades en álgebra, pues debes usar una ecuación para resolver un problema.

Usando la fórmula que aparece en la pregunta, puedes establecer que la desviación media es (7+6+2+13+9+17) ÷ 6 = 54 ÷ 6 = 9. Como se usan valores absolutos, se usan números sin signo. Tienes que dividir por 6 porque hay que tomar en cuenta 6 valores.

El *valor absoluto* (lo que hay dentro de las dos líneas verticales) de un número es su valor sin considerar el signo. Por eso, el valor absoluto de un número negativo siempre es un número positivo.

7. **2.** En estadística, para que los resultados sean válidos, las muestras tienen que ser extensas y aleatorias. En esta pregunta, la muestra es demasiado pequeña para decir algo estadísticamente relevante y además la muestra está compuesta por amigos, no por personas elegidas al azar. La mejor respuesta es que la muestra es demasiado pequeña.

8. **4.** Esta pregunta evalúa tus habilidades en operaciones numéricas, pues para resolver el problema debes elegir las operaciones adecuadas. Para hacerlo, tienes que contar la cantidad de semanas que hay entre septiembre y el final de junio y multiplicar por 0,5 (es decir, 0,5 libras), o sea que debes aplicar el conteo y la multiplicación.

9. **1.** Esta pregunta evalúa tus habilidades para hacer estimaciones a fin de resolver problemas que involucran operaciones numéricas. Entre el principio de septiembre y el final de junio hay diez meses. Si calculas que cada mes tiene 4 semanas (en realidad cada mes tiene cerca de 4,3 semanas), este lapso tiene 40 semanas. Podrían perder alrededor de 20 libras (40 × 0.5) cada uno.

10. **4.** Esta pregunta evalúa tus habilidades en el uso de medidas para resolver problemas que involucran coeficientes uniformes. Si Mary puede conducir a una velocidad promedio de 45 millas por hora, recorrer 900 millas le llevará 900 ÷ 45 = 20 horas. Por su parte, Samantha viajará en un avión a 300 millas por hora durante 900 ÷ 300 = 3 horas, pero deberá sumar 45 + 75 (1 hora y 15 minutos son 75 minutos) + 180 (tres horas, en minutos) = 300 minutos. 300 minutos son 5 horas (300 ÷ 60). Su viaje durará 3 horas + 5 horas = 8 horas en total, o 12 horas menos que el viaje de Mary.

11. **3.** Según el gráfico, durante el tercer trimestre la planta este parece haber producido el doble (razón de 2:1) de sombreros que la planta norte.

Se considera que esta respuesta es una aproximación, puesto que los gráficos no son del todo exactos.

12. **3.** Esta pregunta evalúa tu destreza para interpretar los datos de una tabla. Los datos presentados son la cantidad de años que le quedan por vivir a personas de distintos rangos de edad. La única interpretación válida que puedes hacer de estos datos es que la cantidad de años por vivir disminuye a medida que aumenta la edad, que es la Opción (3).

Lee las respuestas con la misma atención con que lees las preguntas. Las mujeres podrán tener una expectativa de vida mayor, pero eso no necesariamente significa que envejezcan mejor o peor que los hombres. Esa es otra cuestión.

13. **5.** Esta pregunta evalúa tus habilidades en análisis de datos, pues debes ponderar argumentos. También tienes que ver si cuentas con suficiente información para elegir una razón por la que las mujeres viven más que los hombres. En este caso, en la tabla no hay suficiente información para que puedas desarrollar una hipótesis, por lo que la Opción (5) es la correcta. En la pregunta 12, sí hay suficiente información para hacer una generalización amplia y abarcadora, pero no es el caso de esta pregunta. Antes de elegir una respuesta, lee siempre las preguntas con atención para asegurarte de que la pregunta se pueda responder.

14. **3.** Esta pregunta evalúa tu capacidad de análisis, pues tienes que explicar cómo la modificación de una cantidad afecta otra cantidad. El precio de un artículo se fija mediante una función lineal que incluye los gastos generales (los costos de tener una actividad comercial que no cambian según la cantidad de productos vendidos — cosas como alquiler, facturas de servicios, salarios y cosas así), el costo de adquirir el artículo y la ganancia. Si alguna de estas cifras aumenta, también sube el precio de venta, por lo que la respuesta correcta es la Opción (3). En esta ecuación, cada término afecta la respuesta de manera lineal. Si aumenta el alquiler, o bien sube el precio de venta, o bien disminuye la ganancia pero, en cualquiera de los dos casos, el aumento del alquiler tiene un efecto sobre el costo básico del artículo y, por lo tanto, también sobre el precio de venta.

15. **7 (en la grilla estándar).** Esta pregunta evalúa tus habilidades en operaciones numéricas, pues debes escribir un número grande en notación científica. Para escribir 288.257.352 en notación científica, debes empezar con una aproximación — 288.000.000 está lo bastante cerca. La cantidad de ceros define la potencia de x. La población se podría escribir como 288×10^6. Como Sol quiere escribirlo con mayor exactitud que $28.8 \times$ la potencia de diez, la potencia tendría que ser mayor que 6, o 7.

16. **4.** Esta pregunta evalúa tus habilidades en estadísticas, pues tienes que comparar medidas de tendencia central (las medias o los promedios). El tiempo medio de Harry es $(15,6 + 14,9 + 16,0 + 15,8 + 16,1) \div 5 = 15,68$. El tiempo medio de Karry es $(15,9 + 16,1 + 15,8 + 16,2 + 14,8) \div 5 = 15,76$. El tiempo medio de Karry es más alto (lo que significa que Harry es ligeramente más rápido).

17. **2.** Esta pregunta evalúa tus habilidades en el uso de medidas para resolver problemas que involucran volúmenes. Si el área total del piso es 1.400 pies cuadrados y los cielorrasos están a 9 pies de altura, el volumen del apartamento es $1,400 \times 9 = 12.600$ pies cúbicos. Si el sistema de ventilación puede reemplazar 63 pies cúbicos por minuto, aspirar y reemplazar todo el aire llevará $12.600 \div 63 = 200$ minutos, que es la Opción (2). Las otras opciones de respuesta son incorrectas, pero las Opciones (1) y (3) son lo bastante parecidas para hacer que te confundas si tratas de responder usando aproximaciones.

Cuando algunas respuestas tienen valores parecidos, el esfuerzo adicional de hacer cuentas en lugar de estimaciones vale la pena.

18. **5.** Esta pregunta evalúa tus habilidades en geometría y medidas. Tienes que resolver un problema que involucra coeficientes uniformes. La piscina de Peter contiene $45 \times 12 \times 4 = 2.160$ pies cúbicos de agua. Puede bombear 9 pies cúbicos por minuto. Le llevaría $2.160 \div 9 = 240$ minutos. Para pasar de horas a minutos, tienes que dividir por 60 (porque una hora tiene 60 minutos). O sea que a Peter le llevaría $240 \div 60 = 4$ horas vaciar la piscina. Si empezó a bombear al mediodía del martes, terminará cuatro horas más tarde, es decir, a las 4:00 pm del martes.

Una forma fácil de simplificar este problema es dividir un número primero por 9: $45 \div 9 = 5$. Después multiplicar: $5 \times 12 \times 4 = 240$. Es más fácil hacer mentalmente esta cuenta que la forma anterior.

19. **1.** Esta pregunta evalúa tus habilidades en álgebra, pues tienes que analizar datos para calcular la media de un conjunto de números. Si en cuatro semanas Mohammed ganó un promedio de $420,00, ganó un total de 420 × 4 = $1.680,00. En las otras tres semanas ganó $480,00 + $400,00 + $550,00 = $1.430,00. La semana restante ganó $1,680.00 – $1,430.00 = $250.00.

20. **457 (en la grilla estándar).** Esta pregunta evalúa tus habilidades en operaciones numéricas. Georgia gastó $500,00 – $126,00 = $374,00 más $83,00 en compras con tarjeta de crédito. $374,00 + $83,00 = $457,00, o 457, que debes marcar en dólares en la grilla común.

21. **2.** Esta pregunta evalúa tus habilidades en geometría y visualización espacial. Si abres la lata en forma horizontal a lo largo de la juntura, obtendrás un rectángulo y dos círculos, uno en cada extremo. En las preguntas de este tipo tienes que usar la imaginación. Imagina una lata y córtala mentalmente a lo largo de la juntura, después corta alrededor de la base y la tapa para que quede plana. El resultado será el rectángulo de la lata en sí y un círculo en cada extremo, que son la base y la tapa.

22. **4.** Esta pregunta evalúa tus habilidades para leer con atención y responder una pregunta. Si el automóvil de Sonya consume gasolina en proporción directa a su velocidad, cuanto más rápido conduzca, más gasolina consumirá. Cuanta más gasolina consuma, más caro le resultará conducir, lo que representa un efecto económico — así que la opción correcta es la (4). La Opción (1) no es un efecto económico, aunque sea un hecho verdadero.

Lee las respuestas con atención. Una respuesta que está bien pero que no responde la pregunta es una respuesta incorrecta.

23. **(0,–4) en la grilla del plano de coordenadas.** Si el centro está en el origen y el diámetro (que es el doble del radio) es de 8 unidades, la intersección del círculo con cada uno de los ejes estará a una distancia de 4 unidades del círculo. Por lo tanto, la intersección con el eje negativo y estará en (0,–4).

24. **4.** Si el medidor marca ⅛, en el tanque quedan 24 ÷ 8 = 3 galones de gasolina. Como la capacidad del tanque es de 24 galones, para llenarlo se necesitan 24 – 3 = 21 galones.

25. **2.** Para resolver estas ecuaciones tienes que restar una de la otra y quedarte solo con las y. Para deshacerte de una de las variables usando este método, necesitas tener el mismo coeficiente delante de la variable que quieres eliminar. Puedes multiplicar por un número cada término de la ecuación y seguir manteniendo la ecuación. Observa:

Multiplica la segunda ecuación por 2 y deja la primera como está (o multiplica por 1, que es lo mismo):

$1(4x + 2y = 20) = 4x + 2y = 20$

$2(2x + 6y = 35) = 4x + 12y = 70$

Resta y obtendrás $10y = 50$; $y = 5$.

Fíjate que también puedes multiplicar la segunda ecuación por –2 y sumar ambas ecuaciones. Cualquier método arroja la misma respuesta.

Clave de Respuestas para la Parte 1

1. **3**

2. **0.6** (en la grilla estándar)

3. **5**

4. **2**

5. **4**

6. **9.0** (en la grilla estándar)

7. **5**

8. **2**

9. **4**

10. **11,907** (en la grilla estándar)

11. **2**

12. **3**

13. **1.1** (en la grilla estándar)

14. **2**

15. **3**

16. **4**

17. **1**

18. **9.5** (en la grilla estándar)

19. **4**

20. **4**

21. **5**

22. **5**

23. **4**

24. **3**

25. **4**

Clave de Respuestas para la Parte II

1. **4**

2. **2**

3. **3**

4. **3**

5. **1**

6. **5**

7. **2**

8. **4**

9. **1**

10. **4**

11. **3**

12. **3**

13. **5**

14. **3**

15. **7** (en la grilla estándar)

16. **4**

17. **2**

18. **5**

19. **1**

20. **457** (en la grilla estándar)

21. **2**

22. **4**

23.

24. **4**

25. **2**

Parte VII
La Parte de los Diez

The 5th Wave   By Rich Tennant

Perdón, pero girar la cabeza me ayuda a relajarme durante el examen.

En esta parte . . .

Esta parte — que aparece en todos los libros *Para Dummies* — incluye listas de diez ítems que sorprenden, asombran, deslumbran, divierten, clarifican, motivan, educan, dilucidan, exponen y explican. (Ten en cuenta que hemos utilizado diez verbos recién.)

Esta parte te brinda consejos para salir exitoso de los exámenes GED, maximizar tu puntaje y aprovechar ese maravilloso diploma una vez aprobados los exámenes.

Si aprovechas seriamente el material de este libro y te diviertes con lo que ofrecemos, estarás preparado para los exámenes. Sólo tú puedes cambiar tu vida. Lee esta parte y crea tu propia lista de cómo un diploma GED cambiará tu vida para bien.

Capítulo 29

Diez (Más Una) Maneras Infalibles de Maximizar tu Puntaje en los Exámenes GED

En Este Capítulo

▶ Encontrar maneras de mejorar tus habilidades para cada examen

▶ Reservar tiempo para estudiar y para dormir

▶ Prepararte para el gran día

Claro que quieres que te vaya bien en el GED — si no fuera así, no estarías leyendo este libro. Pero sabemos también que tu tiempo es limitado, así que este capítulo te brinda diez (eh . . . once — ¡nos dejamos llevar por el entusiasmo!) ideas y consejos para aprobar los exámenes.

Estudiar Libros Específicos de la Materia

Si ya tomaste todos los exámenes de práctica de este libro (ver Capítulos 5, 7, 10, 12, 15, 17, 20, 22, 25 y 27) posiblemente hayas identificado áreas claves en las que necesitas ejercitar tus habilidades. Si bien esos exámenes de muestra no pueden predecir tu puntaje, te dan práctica y una idea general de tus puntos fuertes y débiles. Si no obtuviste el 80% de respuestas correctas en ninguno de los exámenes de práctica, necesitas mejorar tus habilidades en esa área.

Te recomendamos visitar tu tienda de libros o biblioteca local y buscar los tantos libros *Para Dummies, CliffsNotes y CliffsQuickReview* (Wiley) orientados específicamente para estudiantes. Por ejemplo, ten en cuenta los siguientes libros divertidos, interesantes y fáciles de leer de la serie *Para Dummies* que pueden tanto mejorar tus habilidades como familiarizarte (y por lo tanto, hacer que te sientas más cómodo o cómoda) con ciertas asignaturas:

- *Algebra For Dummies* de Mary Jane Sterling (matemáticas)

- *Algebra II For Dummies* de Mary Jane Sterling (matemáticas)

- *Algebra Workbook For Dummies* de Mary Jane Sterling (matemáticas)

- *Anatomy and Physiology For Dummies* de Donna Rae Siegfried (ciencias)

- *Astronomy For Dummies,* 2da. Edición, de Stephen P. Maran (ciencias)

- *Biology For Dummies* de Donna Rae Siegfried (ciencias)

- *The Civil War For Dummies* de Keith D. Dickson (estudios sociales)

- *Congress For Dummies* de David Silverberg (estudios sociales)

- *English Grammar For Dummies,* 2da. Edición, de Geraldine Woods (artes del lenguaje)

- *Everyday Math For Dummies* de Charles Seiter (matemáticas)

- *Geography For Dummies* de Charles Heatwole (estudios sociales, ciencias)

- *Geometry For Dummies,* 2da. Edición, de Mark Ryan (matemáticas)

- *Poetry For Dummies* de The Poetry Center, John Timpane y Maureen Watts (artes del lenguaje)

- *Politics For Dummies,* 2da. Edición, de Ann DeLaney (estudios sociales)

- *Shakespeare For Dummies* de John Doyle y Ray Lischner (artes del lenguaje)

- *Supreme Court For Dummies* de Lisa Paddock (estudios sociales)

- *U.S. History For Dummies,* 2da. Edición, de Steve Wiegand (estudios sociales)

- *Vocabulary For Dummies* de Laurie E. Rozakis (artes del lenguaje)

- *World History For Dummies,* 2da. Edición, de Peter Haugen (estudios sociales)

- *World War II For Dummies,* de Keith D. Dickson (estudios sociales)

Para averiguar qué otros libros útiles de la serie *Para Dummies* han sido publicados desde la publicación de este libro, visita www.dummies.com.

Considera hojear los libros de viaje *Para Dummies* para ayudarte con los estudios sociales. Tal vez quieras revisar algunos de los libros que tratan del ámbito laboral y forman parte de la serie *Para Dummies* sobre recursos humanos y administración de empresas y así conocer material de lectura referido al ámbito laboral, que suele aparecer en el Examen de Lectura de Artes del Lenguaje.

La serie *CliffsNotes Literature* te ayuda a estudiar libros, obras de teatro, poemas y cuentos específicos. Si bien el Examen de Lectura de Artes del Lenguaje no evalúa tu conocimiento sobre literatura, leer material literario siempre es una buena manera de prepararte para el examen. Piensa en leer una o dos obras de teatro de Shakespeare y otras obras dramáticas, poesía desde el 1600 hasta el presente, novelas a partir de 1920 hasta la actualidad y cuentos recientes. Si tienes dudas acerca de lo que estás leyendo, consulta el libro *CliffsNotes* sobre la pieza literaria en cuestión y descubre aquello que pudiste haberte perdido en la primera lectura. Para encontrar un libro *CliffsNotes* que trate sobre la obra literaria que estás leyendo, visita www.cliffsnotes.com.

Los libros de la serie *CliffsQuickReview* y *CliffsAP* también pueden resultar útiles. Ten en cuenta que la serie *CliffsAP* está orientada a estudiantes de nivel avanzado que están cursando el secundario e intentando tomar exámenes que les permitan obtener créditos universitarios. Los libros *Cliffs* y *CliffsQuickReview* están específicamente destinados a estudiantes del secundario y la universidad que tienen dificultades para entender un tema en particular. Antes de comprar un libro, hojea cada título que estás considerando para asegurarte de que satisface tus necesidades.

Aprovecha bien tu biblioteca (incluso los préstamos interbibliotecarios) para no terminar gastando el dinero que tanto te costó ganar en libros. Aquí presentamos algunos de los libros más útiles de la serie *CliffsNotes* relacionados con las áreas temáticas del GED:

- *Cliffs Math Review for Standardized Tests* de Jerry Bobrow (matemáticas)

- *Cliffs Memory Power for Exams* de William Browning (general)

- *Cliffs Verbal Review for Standardized Tests* de William Covino y Peter Orton (artes del lenguaje)

✔ *CliffsAP Biology,* 3ra. Edición, de Phillip Pack (ciencias)

✔ *CliffsAP Chemistry,* 4ta. Edición, de Bobrow Test Preparation Services (ciencias)

✔ *CliffsAP English Language and Composition,* 3ra. Edición, de Barbara Swovelin (artes del lenguaje)

✔ *CliffsAP English Literature and Composition,* 2da. Edición, de Allan Casson (artes del lenguaje)

✔ *CliffsAP United States History,* 3ra. Edición de Paul Soifer y Abraham Hoffman (estudios sociales)

✔ *CliffsQuickReview Algebra I* de Jerry Bobrow (matemáticas)

✔ *CliffsQuickReview Algebra II* de Edward Kohn y David Alan Herzog (matemáticas)

✔ *CliffsQuickReview American Government* de Paul Soifer, Abraham Hoffman y D. Stephen Voss (estudios sociales)

✔ *CliffsQuickReview Anatomy and Physiology* de Phillip Pack (ciencias)

✔ *CliffsQuickReview Astronomy* de Charles Peterson (ciencias)

✔ *CliffsQuickReview Basic Math and Pre-Algebra* de Jerry Bobrow (matemáticas)

✔ *CliffsQuickReview Biology* de I. Edward Alcamo y Kelly Schweitzer (ciencias)

✔ *CliffsQuickReview Chemistry* de Harold D. Nathan y Charles Henrickson (ciencias)

✔ *CliffsQuickReview Economics* de John Duffy (estudios sociales)

✔ *CliffsQuickReview Geometry* de Edward Kohn (matemáticas)

✔ *CliffsQuickReview Linear Algebra* de Steven A. Leduc (matemáticas)

✔ *CliffsQuickReview Physical Geology* de Mark J. Crawford (estudios sociales)

✔ *CliffsQuickReview Physics* de Linda Huetinck y Scott Adams (ciencias)

✔ *CliffsQuickReview Psychology* de Theo Sonderegger (estudios sociales)

✔ *CliffsQuickReview U.S. History I* de Paul Soifer y Abraham Hoffman (estudios sociales)

✔ *CliffsQuickReview U.S. History II* de Paul Soifer y Abraham Hoffman (estudios sociales)

✔ *CliffsQuickReview Writing, Grammar, Usage, and Style* de Jean Eggenschwiler y Emily Dotson Biggs (artes del lenguaje)

Algunos libros de preparación (libros como éste que te preparan para tomar los exámenes GED) incluyen también tutorías en las áreas de contenido del examen. (Estos libros suelen tener de 800 a 1.000 páginas, muchas más de las que este libro puede albergar.) Visita tu tienda de libros o biblioteca local y busca un libro actualizado de preparación para exámenes que contenga al menos dos series adicionales de exámenes de práctica, que sea fácil de entender e incluya algún material que favorezca el desarrollo de habilidades en las áreas que necesitas ayuda. Tal vez quieras además intentar hacer un Examen de Práctica Oficial del GED. Este examen está disponible en centros de examen y clases preparatorias. El examen de práctica oficial puede ayudarte a predecir tu puntaje. Ese puntaje te permitirá determinar que tan cerca estás de pasar el GED real.

Quizás también quieras echarle un vistazo a *The SAT I For Dummies,* 6ª. Edición, de Geraldine Woods y *The ACT For Dummies,* 4ª. Edición, de Michelle Rose Gilman, Veronica Saydak y Suzee Vlk (Wiley). Aunque están destinados a estudiantes jóvenes y mayores que están tomando exámenes de ingreso a la universidad, si logras dominar el material de estudio y las preguntas de muestra, no sólo te estarás preparando para los GED sino también para los exámenes de ingreso a universidades a las que puedes aplicar una vez que recibas tu diploma.

Inscribirse en Una Clase de Preparación para los GED

Si te gusta interactuar con otras personas y prefieres que un maestro te guíe a través del proceso de preparación, considera la posibilidad de tomar una *clase de preparación para los GED:* una clase concebida con el objeto de prepararte para tomar y aprobar los exámenes GED. Estas clases suelen ofrecerse sin cargo.

Para encontrar una de estas clases en tu área de residencia: Pregunta a personas que conozcas que hayan tomado los GED, administradores y maestros de tu escuela secundaria o universidad local o empleados del centro de exámenes GED de tu área de residencia. También puedes tomar cursos a distancia (significa que haces las tareas por tu cuenta y contactas a tu instructor vía Internet), podría ser una buena opción para ti.

Luego de elegir entre distintas clases potenciales, visita la clase o instructor, de ser posible. Asegúrate de que su estilo de enseñar corresponda con tu estilo de aprender. La clase de preparación implicará una gran inversión de tu tiempo, así que compara bien las ofertas.

Luego de elegir una clase de preparación, forma un grupo de estudio — un grupo pequeño de otros estudiantes que toman los exámenes GED y se ayudan mutuamente con preguntas de estudio. Así podrán ayudarse a estudiar entre sí y comentar diferentes aspectos sobre el examen. Por no mencionar que esto te permitirá salir con tus amigos y divertirte, sin aburrir a todos hablando única y exclusivamente de los exámenes GED.

Pero sé precavido antes de comprometerte con un grupo: Si la idea de estudiar que tienen los otros miembros del grupo es divertirse por tres horas y estudiar cinco minutos, y tú quieres estudiar tres horas y socializar cinco minutos, no te sentirás a gusto. Habla con los otros miembros del grupo de estudio y presta atención a cuáles son los objetivos del grupo. Si hallas un grupo apropiado, comprométete y disfruta de tus nuevos amigos.

Organizar el Tiempo para Estudiar

Ya sea que estudies solo o con un instructor, reserva un momento cada día para estudiar. Respeta tu cronograma como si tu calificación dependiera de eso (y dicho sea de paso, ¡depende de eso!). Estudia regularmente apegándote al siguiente esquema:

1. **Toma exámenes de práctica para descubrir las áreas en las que tienes dificultades.**

   Verifica cada respuesta en los exámenes de práctica y lee las explicaciones para esas respuestas. Asegúrate de entender en qué te equivocaste.

2. **Concentra tu mayor esfuerzo en la(s) área(s) que tienes que reforzar.**

3. **Toma más exámenes de práctica.**

Prepararte Mentalmente para el Examen

Para bajar la ansiedad que puedas sentir ante los exámenes GED, visualízate en los exámenes. Imagínate entrando a la sala, sentándote frente al escritorio, escuchando las instrucciones y tomando tu bolígrafo o lápiz. Recorre mentalmente esta rutina hasta familiarizarte con ella. Luego visualízate abriendo el cuadernillo de preguntas y ojeando las preguntas (preguntas con las cuales seguramente estarás familiarizado porque has tomado muchos exámenes de práctica). Imagínate descubriendo lo fácil que son las preguntas y empezando a responderlas. Al repetir esta secuencia visual una y otra vez en tu cabeza, se tornará familiar — y lo que resulta familiar no es ni de cerca tan estresante como una situación desconocida.

Descansar Bien la Semana Anterior al Examen

Como parte de tu plan de preparación, incluye actividades sociales, tiempo improductivo y mucho tiempo para descansar porque todos rinden mejor si han descansado bien. De hecho, tu memoria y habilidad para resolver problemas mejora notablemente cuando has descansado bien.

Hagas lo que hagas, no sientas pánico ante el inminente examen y te quedes toda la noche despierto (o todas las noches de la semana) justo antes del examen. En cambio, planifica tu última semana antes del examen para tener tiempo de dormir mucho y estar preparado física y mentalmente para el examen.

Vestirse con Ropa Cómoda

Piensa en la siguiente situación. Estás por permanecer sentado aproximadamente las próximas siete horas y media en lo que probablemente sea una silla incómoda. La sala podrá estar muy cálida o muy fría.

Entonces, ¿cuál de las siguientes opciones es la ropa apropiada para los exámenes GED?

(1) vestimenta formal dado que es una situación importante

(2) un chaquetón esquimal sobre un traje de baño ya que es imposible predecir el clima

(3) algo muy cómodo para poder concentrarse en los exámenes

(4) tu mejor ropa porque una buena impresión es lo que cuenta

(5) lo que esté más a mano en el ropero

Si elegiste la Opción (3), sabes de lo que estás hablando. Viste ropa cómoda y abrígate con distintas prendas. Toda tu concentración debe estar dirigida al examen, no tu ropa ni las personas a tu alrededor ni las condiciones de la sala.

Asegúrate de Contar con la Identificación Apropiada

Para tomar los exámenes GED, necesitas una identificación con foto que resulte aceptable. Dado que lo que es considerado *aceptable* varía de un estado a otro, verifica con tu oficina estatal del GED o tu centro de exámenes local (o analiza la información que te envíen una vez que te hayas inscrito) antes del examen.

La identificación con foto suele ser una licencia de conducir o pasaporte; en cualquier caso, es siempre algo común y fácil de obtener. Sólo verifica con antelación cuáles son los requisitos y asegúrate de tener todo listo para poder rendir los exámenes.

Practica el Camino hacia el Lugar de Examen

Hay días en los que no quieres perderte. Esos días incluyen el día de tu boda, una entrevista importante, y el día que estás tomando los exámenes GED. Asegúrate de planear la ruta desde tu casa hasta el lugar del examen. Traza un mapa de la ruta y practica llegar hasta el centro de exámenes.

Reserva un tiempo adicional por si acaso. Nunca puedes saber con certeza si tu calle será declarada cruce de elefantes y una manada de elefantes decide deambular ese día por tu calle. La multitud y los elefantes pueden hacerte llegar tarde al examen a menos que hayas reservado tiempo extra.

Llegar Temprano

Piensa en las dos siguientes situaciones:

- El Estudiante Uno llega 15 segundos antes del comienzo de los exámenes y lo único que siente es pánico. El Estudiante Uno apenas llega al escritorio con el tiempo justo para tomar el lápiz y comenzar a hacer el examen. El Estudiante Uno está tan distraído que demora 15 minutos en calmarse, y para ese momento, el primer examen ya comenzó hace rato.

- El Estudiante Dos llega 40 minutos antes. El Estudiante Dos tiene tiempo de tomar un café y relajarse antes del examen. Sentado calmo frente al escritorio, el Estudiante Dos se relaja, escucha las instrucciones y comienza a hacer el primer examen tranquilamente.

¿Cuál de los estudiantes quisieras ser tú? ¡Sal temprano para el examen! Que otros se estresen y sientan pánico. Sé el estudiante relajado y precavido.

Un par de semanas antes de los exámenes, confirma el horario en que se supone empezará tu examen. Puede que recibas una carta de confirmación antes de la fecha de examen. De no ser así, llama por teléfono al centro de exámenes para confirmar.

Empezar por las Preguntas Fáciles

Cuando abras cada examen, empieza por las preguntas fáciles — las que estás seguro que sabes responder. Tan pronto tengas el examen en mano, examina rápidamente las preguntas, identifica las fáciles y resuelve primero esos problemas. Una vez hecho esto, estarás listo para abordar las otras preguntas sintiéndote relajado y seguro.

Sin importar la estrategia que escojas, no marques la hoja de examen a medida que avanzas por las preguntas. Hacerlo podría descalificar tu examen.

Usar Técnicas de Relajación

Sentir un poco de estrés antes de hacer los exámenes GED es normal. Un poquito de estrés incluso puede ayudarte a rendir mejor, pero no querrás que el estrés te impida pensar.

Debes encontrar maneras de relajarte. Aquí tienes algunas técnicas que podrían servirte:

✔ **Piensa en positivo.** En lugar de escuchar todas las cosas negativas que podrían pasar, empieza a escuchar las cosas positivas. Puedes aprobar los exámenes GED. Puedes ingresar a la universidad. Puedes conseguir un fantástico empleo. Puedes ganar la lotería — bueno, tal vez eso sea ir demasiado lejos. No seas insaciable. ¡Simplemente sé positivo!

✔ **Respira profundo.** Lo primero para recordar en una situación estresante es respirar. Lo segundo es respirar profundo. Puedes lograrlo siguiendo estos pasos:

   1. **Busca tu diafragma.**

      No un diagrama, aunque puedes usar un diagrama para encontrar tu diafragma. Tu diafragma es ese músculo plano debajo de la caja toráxica que llena tus pulmones de aire. Esta arriba de tu ombligo.

   2. **Inhala y eleva el diafragma tanto como puedas.**

   3. **Exhala lentamente.**

   4. **Repite elevando el diafragma cada vez más.**

Luego de comprobar cómo este proceso logra relajarte, intenta repetirlo antes de cada examen.

✔ **Cuenta hacia atrás a partir de diez (en tu cabeza).** Puedes hacerlo antes de cualquier examen, no sólo el de matemáticas. Empieza a contar hacia atrás sin pensar en nada. Si un pensamiento, por más ínfimo que sea, pasa por tu cabeza, debes volver a comenzar. Nota cuántas veces te lleva contar de diez a uno sin que un sólo pensamiento se cruce por tu cabeza.

No hagas esto *durante* los exámenes, únicamente *antes.* Este ejercicio podría consumir tiempo precioso si intentas hacerlo durante uno de los exámenes.

✔ **Aprieta y afloja los puños.** Esta simple técnica de relajación se concentra en tus manos y le recuerda a tu mente que se relaje.

   1. **Siéntate con las manos frente a ti.**

   2. **Inhala profundamente mientras aprietas lentamente los puños.**

   3. **Después de apretarlos, exhala lentamente mientras los aflojas.**

Tal vez tengas que repetir este proceso varias veces, pero al cabo de un par de repeticiones, comenzarás a sentirte relajado.

✔ **Mira a través de una ventana.** Mira a lo lejos a través de una ventana. Intenta divisar un punto más allá del horizonte. Mientras lo haces, siente cómo se relajan tus ojos. Deja que tus ojos se relajen hasta que esa sensación se extienda a cada parte de tu cuerpo. Disfruta esa sensación lo bastante como para soltar todo el estrés que se ha acumulado. Cuando estés calmo y lleno de energía, vuelve al examen.

Si tu sala de examen no tiene una ventana, mira fijamente una pared blanca y visualiza tu escena de relajación favorita. Pero no cedas ante la tentación de cerrar los ojos. Si estás un poco cansado o estresado, puedes quedarte dormido y despertarte cuando el examen ya terminó.

Capítulo 30

Diez Maneras de Aprobar con Éxito los Exámenes GED

Quieres salir exitoso de los Exámenes GED. De no ser así, no tendrías este libro en la mano ni tampoco pasarías todo tu tiempo libre preparándote para los exámenes, ¿verdad? Para tu beneficio, presentamos en este capítulo diez maneras rápidas y fáciles de ayudarte a alcanzar tu objetivo.

Elegir la Mejor Fecha Posible para el Examen

¿Para qué planear tomar los exámenes GED justo cuando tienes un millón de otras cosas que hacer? Obvio, llevas una vida ocupada, pero intenta buscar un periodo dentro de tu vida ocupada donde puedas concentrar tus esfuerzos en prepararte para pasar los exámenes. Sé astuto al elegir la fecha del examen. Si tienes tiempo suficiente para prepararte, aprobarás. Es así de simple. Elige una fecha que te permita prepararte bien, sin que por ello se ubique tan lejos en la distancia como para jubilarte antes de tomar los exámenes. Consulta el Capítulo 1 para más información sobre programar tu examen.

Prepararse, Prepararse y Prepararse Todavía Más

Si piensas inscribirte para el examen, esperar a que llegue la fecha, y entrar a hacerlo — sin preparación ni estudio previo — te sentirás decepcionado con los resultados. No se te ocurriría empezar a construir una casa llegando a la obra sin nada más que tu irresistible atractivo y tu mejor sonrisa, ¿no? El coronamiento exitoso — de cualquier meta — exige una planificación integral y meticulosa. Consulta el Capítulo 3 para leer algunos consejos generales que te servirán para preparar los exámenes. Además dedica algún tiempo a repasar los Capítulos 4, 9, 14, 19 y 24, que brindan consejos y sugerencias para preparar cada examen en particular.

Estar confiado es genial. Estar demasiado confiado puede darte problemas. Si crees que estás valorando en exceso tu conocimiento, toma tantos exámenes de práctica como puedas, y tómalos bajo las mismas condiciones que los exámenes reales. Si tu confianza excede los resultados, sigue tomando exámenes de práctica, no le eches la culpa a éstos. Considérate afortunado de saber las áreas en las que necesitas más práctica. Después, empieza seriamente a prepararte para el evento que probablemente cambie tu vida. La preparación nunca es tiempo perdido, y el tiempo perdido nunca se destina a la preparación.

Ser Realista

Mientras estás tomando el examen, debes mantener la calma. Prepararse (consulta la sección anterior) es la mejor forma de alcanzar este objetivo. El optimismo por sí solo no es garantía de éxito. Aunque una actitud optimista combinada con una preparación realista te llevará lejos en este mundo. Tu actitud mental puede guiarte hacia esa dirección. Mira el vaso medio lleno, pero sé realista.

Para ayudarte, haz una lista de todas las cosas que podrían preocuparte. Si te resulta más fácil, haz una serie de listas: personal, familiar, comunitaria, estatal, nacional, regional, mundial, ecológica, ambiental, financiera, gubernamental, etc. Procura que la lista sea lo más larga y completa posible. Déjala reposar un día, e intenta agregar más elementos después. Cuando tu lista quede lo más completa posible, léela, tírala y promete no preocuparte por nada de lo que figura en esa lista hasta terminar de rendir los exámenes GED. Preocuparte te distrae de la única cosa que debería estar en tu lista de preocupaciones: aprobar los exámenes GED. Por otra parte, si haces una lista de los cambios que podrían ocurrir en tu vida si apruebas los exámenes GED, estarás mirando hacia el futuro. La preparación realista te ayudará a cumplir tus metas.

Llegar a Horario para el Inicio de los Exámenes

Si llegas tarde al lugar del examen, probablemente no te permitan ingresar y deberás tomar los exámenes otro día. Sin mencionar que probablemente tengas que volver a pagar para tomar los exámenes. ¿Quién necesita tanto sufrimiento? Todo lo que tienes que hacer para evitar esta tragedia es llegar temprano a los exámenes, que en contra de la opinión general, no es tan difícil como parece. Puedes preparar tu ruta y horario de llegada de la misma forma que preparas los exámenes. Consulta mapas de carreteras en Internet. Verifica los horarios del servicio de transporte público local. Investiga, reserva tiempo extra para imprevistos y llega a tiempo y preparado para los exámenes.

Guárdate Tus Comentarios para Ti

Un poco de estrés es normal al entrar a rendir un examen. Pero lo último que quieres es aumentar tu nivel de estrés. Aunque parezca antisocial, mantén tu charla seria a un nivel mínimo e indispensable antes de los exámenes. Si quieres intercambiar bromas sobre el clima, adelante. Si quieres arreglar para tomar un café después de los exámenes, haz tus planes. Si quieres involucrarte en una charla seria acerca de cómo todo lo que has hecho hasta ahora sólo puede garantizar un fracaso, ¡huye tan pronto como puedas sin decir una palabra a nadie! La gente matando el tiempo en el centro de exámenes o que va a dar el examen y tiene cientos de consejos para darle a todo el mundo seguro van a acrecentar tu nivel de estrés. Si te preparaste, estás listo. Escucha tu voz interior que dice que estás listo. No escuches a los expertos de la calle que entran a dar el examen contigo. Si fueran tan listos, ya tendrían su GED.

Concéntrate en la Tarea en Cuestión

Un arquero que quiere dar en el blanco, concentra todas sus facultades mentales en el objetivo que tiene entre manos. Nadie nunca acertó en el blanco fantaseando sobre la próxima fiesta. Por eso, controla tu mente, no dejes que divague durante el examen. Dejar que tu mente se remonte hacia las vacaciones más fantásticas que tuviste puede ser muy relajante, pero si pasa durante un examen será un desastre. Necesitas mantener tu mente alerta y concentrada antes y durante los exámenes, así que concéntrate en la tarea que tienes a mano — poner lo mejor de ti para aprobar los GED.

Asegúrate de dormir bastante en las noches y semanas previas al examen. Si estás bien descansado, te resultará más fácil concentrarte en cada pregunta y responder correctamente.

La Mirada Puesta en Tu Examen

Si existiera el Premio al Peor Error para los que toman exámenes, se lo darían al que mira el examen de al lado. Esta acción se llama copiarse y es muy grave. No sólo te pedirán que te retires del centro de exámenes, sino que deberás esperar de varios meses a un año para que te permitan programar otra fecha de examen. Mantén la mirada únicamente en tu examen. Mientras duren los exámenes, tu examen y cuadernillos de respuesta son los objetos más bellos y fascinantes del mundo. Así pues, es imposible desviar la mirada de ellos. Lo más probable es que tu vecino tenga un examen distinto.

No des el menor indicio de que tal vez, ni remotamente, puedas estar mirando el examen de otro. Al supervisor del examen no le importará lo que estabas haciendo en realidad, lo que él vio fue que tú mirabas en dirección al examen de otra persona, lo que como tú sabes, es considerado hacer trampa.

Escribir Clara y Atentamente

Los GED tienen un solo examen que te permite escribir una respuesta (en lugar de rellenar círculos). En el ensayo de la Parte II del Examen de Redacción de Artes del Lenguaje (consulta la Parte II de este libro), asegúrate de escribir clara y atentamente. Dos calificadores de exámenes van a leerlo, y si leen algo mal porque el texto es ilegible, perderás puntos. Si eres descuidado para escribir, dedica tiempo a mejorar esto o aprende a escribir rápido con letras de imprenta. Sé bueno con quienes calificarán tus exámenes — escribe de forma clara. Puedes escribir en cursiva o letra de imprenta. Simplemente, sé prolijo. Consulta el Capítulo 4 para más consejos.

Pensar en Positivo

Los chicos suelen decir a sus padres que ellos "pueden solos". Si bien esto no siempre es cierto para un niño de 4 años, es bien cierto para un adulto. Tú estás a cargo de tus pensamientos. Puedes pensar en positivo o en negativo. Todo lo que podemos decir es que los pensamientos positivos te harán sentir más feliz, más productivo y más seguro; todo lo cual te ayudará a rendir mejor los exámenes GED.

Pon lo Mejor de Ti, Sin Importar lo que Pase

No todos pasan los exámenes GED la primera vez. Si ya has tomado los exámenes, no te sientas un fracasado por no aprobarlos — tómalo como una experiencia de aprendizaje. Utiliza tu último examen como un motor para descubrir tus puntos débiles en el aspecto académico. A veces es posible obtener más ventajas de no tener éxito que de tenerlo. Ya sea que estés tomando los exámenes por primera vez o no, concéntrate en poner lo mejor de ti.

La vida está llena de altibajos. Aunque pongas lo mejor de ti en el examen, desafortunadamente, el destino podría jugarte una mala pasada. Puede que no te sientas bien, o que los chicos te hayan puesto los nervios de punta justo antes de salir de casa. No importa el motivo, no te preocupes. Siempre puedes volver a hacer los exámenes. Ten en cuenta que poner lo mejor de ti te brindará la confianza necesaria para acercarte más a tu objetivo la próxima vez.

Puedes rendir los exámenes hasta un máximo de tres veces al año y durante muchos años, de ser necesario. Fallar una sóla vez no es una condición permanente, pero no poner lo mejor de ti puede convertirse en tal.

Sólo debes volver a rendir los exámenes que no aprobaste. *Nota:* Hay un arancel adicional por volver a rendir un examen en particular. El precio puede variar, así que consulta con tu administrador local.

Capítulo 31

Diez Maneras de Usar Tu GED Después de Aprobar los Exámenes

En Este Capítulo

▶ Aprovechar al máximo tu diploma en el ámbito laboral

▶ Cosechar algunos beneficios personales gracias a tu diploma

---

Pasar los exámenes GED hace que la vida sea más gratificante porque abre puertas que ni siquiera sabías que estaban cerradas antes de aprobar los exámenes. Seguramente ya sabes para qué quieres tu GED; de no ser así, este capítulo te cuenta diez grandes ventajas que el GED te puede ofrecer.

Conseguir un Trabajo

Muchos empleadores quieren ver un diploma de secundario o su equivalente antes de siquiera pensar en ofrecerte trabajo. De hecho, un diploma de secundario o su equivalente a menudo se usa como filtro en las entrevistas. Un GED te permite saltar esa barrera. Demuestra a posibles empleadores que dominas destrezas equivalentes a la mayoría de los graduados del secundario. Este mérito puede ayudarte a conseguir una entrevista, y cuando el entrevistador vea lo brillante que eres, te ayudará a conseguir el empleo.

El gobierno de Estados Unidos, uno de los más grandes empleadores, acepta el GED como equivalente a un diploma de secundario. ¿Y quién va a discutir con el Tío Sam?

Lograr un Ascenso

Si ya estás trabajando, querrás demostrar a tu supervisor que estás listo para un ascenso. El GED tiene estampado: "¡Trabajé duro para conseguir este diploma y obtener algo especial!" Aprobar los GED te permite demostrar a tu empleador que estás listo para hacer lo mismo — es decir, trabajar duro — desde tu función. Demuestra además que has tomado la responsabilidad de tu vida y estás listo para tomar mayores responsabilidades en el trabajo. Obtener un GED te ofrece un documento que prueba que dominas ciertas destrezas y estás listo para dominar todavía más. Has resuelto problemas e interpretado cuadros y diagramas y estás preparado para hacer lo mismo en el trabajo.

Demostrar a los Demás lo que Puedes Lograr

Al obtener un GED le demuestras al mundo que has logrado — por tu cuenta — algo que para lograrlo, la mayoría de los estudiantes de secundario necesitó un edificio, maestros, consejeros, directores y al menos cuatro años. Ahora es el momento de visitar antiguos maestros e ir a reuniones para mostrar a viejos conocidos lo que has logrado tú solo. A veces hasta pensamos que deberías ponerte una medalla que diga: "GED — ¡Lo hice!" Después de todo, poder demostrar a los demás que has logrado algo grande gracias a tu propio esfuerzo es importante — tanto en tu vida personal como profesional.

Incluir Tu GED en Tu Portafolio Universitario

Tu portafolio universitario es una carpeta que detalla todas tus habilidades y experiencia de forma organizada. Muchas universidades requieren un formato particular de portafolio; si tu universidad no lo requiere, asesores laborales pueden sugerirte formatos genéricos. También puedes crear tu propio formato. Lo importante es tener un lugar donde enumerar todas tus habilidades y experiencia para presentar ante una universidad o entrevistas de trabajo.

Tu GED es la pieza central de tu portafolio. Tu diploma es un sello de aprobación sobre todo tu aprendizaje previo. Demuestra oficialmente que sabes lo que los graduados de secundario saben.

Probar que Estás Listo para una Educación Superior

Una vez que ya domines destrezas equivalentes a las de la mayoría de los graduados de secundario, estarás listo para dar el próximo paso: la universidad. La mayoría de las universidades acepta el GED como diploma equivalente al obtenido luego de graduarse del secundario. Si tu meta es la educación superior, recuérdale al secretario de admisiones de las universidades a las cuales quieras asistir que eres un estudiante maduro que ha trabajado duro para llegar adonde está. Destaca las destrezas del mundo real que has logrado dominar trabajando en el mundo real, y explica cómo esas destrezas te convierten en un gran candidato para esa universidad.

En un discurso enunciado durante una sesión conjunta del Congreso celebrada el 24 de febrero de 2009, el Presidente Obama sostuvo la necesidad de que más estudiantes se gradúen de la escuela secundaria y de prestar apoyo para su ingreso en instituciones de estudios superiores. Aprobar los exámenes GED prueba que estás listo para ser uno de esos estudiantes preparados para ingresar a la universidad.

Dar un Ejemplo a Tus Hijos

Si eres como la mayoría, entonces quieres que tus hijos (o nietos) accedan a una educación mejor y sean más exitosos de lo que tú pudiste ser. Tan pronto pases los exámenes GED, habrás elevado un poco las expectativas para ellos. Tu logro también les recuerda a tus hijos que la educación es importante — para ti y para ellos.

Realzar la Decoración de Tu Cuarto

Probablemente ya tengas interesantes recuerdos de tu vida colgando en la pared pero, ¿qué podría ser más emocionante que tu propio diploma del GED enmarcado? Un diploma se verá genial en tu pared porque representa todo el esfuerzo que has dedicado para pasar los exámenes — sin mencionar el mérito que implica haberlo logrado.

Si planeas enmarcar tu diploma del GED, haz un par de copias antes para empleadores potenciales y universidades. Haz copias del certificado analítico detallando los resultados de tus exámenes también. De esta forma, tendrás listas para incluir copias de estos documentos al aplicar a universidades y empleos (tan pronto termines de llenar esos formularios).

Sentir que Eres Parte de un Grupo Selecto

Obtener el GED significa que has superado el rendimiento del 40 por ciento de los graduados del secundario, lo que en sí mismo es admirable. Te ubica en las grandes ligas. El comediante Bill Cosby y Dave Thomas, el fallecido fundador de Wendy's, son graduados del GED. Si bien nadie puede prometerte que pasar los exámenes GED te convertirá en estrella del mundo del espectáculo o te ayudará a establecer una cadena de comida rápida, te hará sentir muy especial. ¿Quién sabe cuándo seas lo bastante famoso como para mencionarte en esta sección de una edición futura de este libro?

Darte Ánimo

Lo particular que tienen los exámenes difíciles, es que debes enfrentar el desafío que te imponen por ti mismo. Puedes afirmar que has superado esos desafíos gracias a tu esfuerzo y determinación, y así darte ánimo en las iniciativas que emprendas a futuro. Si aprobaste con éxito los exámenes GED mediante una preparación y planificación rigurosas, nada puede detenerte. Después de todo, has logrado algo que no todos pueden lograr. Disfruta la sensación que te brinda pasar el GED y úsala en el futuro al embarcarte en mejores y mayores búsquedas.

Mejorar Tu Autoestima

Al pasar los exámenes GED, eres esencialmente un graduado del secundario y puedes probarlo (gracias al conveniente diploma y certificado analítico que recibes una vez aprobados los exámenes). Pero el trozo de papel es sólo una prueba concreta de tu hazaña. Los resultados reales están en tu mente y en tus propios sentimientos sobre ti. Debes recordar que pasaste los exámenes tú solo, con un poco de ayuda de textos preparatorios, tal vez — pero el verdadero trabajo lo hiciste tú. Disfruta la sensación de triunfo que sientas luego de aprobar los exámenes, y aprovéchala para sentirte mejor contigo mismo.

Índice

Notas

Notas